高等院校"十三五"应用型规划教材

U0463260

中国对外贸易概论

主　编　周　经

副主编　李东亮

微信扫一扫

教师服务入口　　　学生服务入口

 南京大学出版社

内容简介

本书全面系统地介绍了中国对外贸易的基本理论。全书共分九章,包括中国对外贸易导论,中国对外贸易战略,中国对外贸易管理,中国对外贸易约束,中国对外贸易促进制度,中国对外贸易价格,中国对外贸易经济效益,中国进出口贸易,中国对外贸易关系等。

书中提供了与中国对外贸易有关的大量案例、常识、资料和形式多样的思考与练习题,以供读者阅读、练习使用,便于学生巩固所学知识和培养从事外贸的能力。该书在实用性和操作性方面都具有很强的指导作用。

本书适合本专科院校国际贸易专业、国际物流专业、商务英语专业以及其他经济管理类专业的教学和科研,同时也可以作为从事外贸工作及企业管理人员的自学用书。

图书在版编目(CIP)数据

中国对外贸易概论 / 周经主编. —南京:南京
大学出版社,2017.7
高等院校"十三五"应用型规划教材·国际贸易专业
ISBN 978 - 7 - 305 - 15848 - 3

Ⅰ. ①中… Ⅱ. ①周… Ⅲ. ①对外贸易—中国—高等
学校—教材 Ⅳ. ①F752

中国版本图书馆 CIP 数据核字(2017)第 160841 号

出版发行 南京大学出版社
社　　址　南京市汉口路 22 号　　邮　编　210093
出 版 人　金鑫荣
丛 书 名　高等院校"十三五"应用型规划教材·国际贸易专业
书　　名　中国对外贸易概论
主　　编　周经
责任编辑　胡晓爽　武坦　　　编辑热线　025 - 83597482
照　　排　南京理工大学资产经营有限公司
印　　刷　常州市武进第三印刷有限公司
开　　本　787×1092　1/16　印张 15.75　字数 373 千
版　　次　2017 年 7 月第 1 版　2017 年 7 月第 1 次印刷
ISBN 978 - 7 - 305 - 15848 - 3
定　　价　39.00 元

网　　址:http://www.njupco.com
官方微博:http://weibo.com/njupco
官方微信号:njuyuexue
销售咨询热线:(025)83594756

前　言

　　"中国对外贸易"是我国实行改革开放后建立和发展起来的一门新学科。该学科研究我国对外经济贸易的基础理论、基本政策和基本实践,是高等学校国际经济与贸易专业必修的主干专业基础课程,也是获得对外经济贸易行业职业资格证的必考课程。

　　本书以了解对外贸易知识为出发点,以掌握对外贸易政策为立足点,探讨了中国由外贸大国迈向外贸强国的途径;阐述了中国发展对外贸易的理论依据;讨论了中国实行对外开放、发展社会主义市场经济和加入世界贸易组织与发展中国对外贸易的关系;研究了中国进出口贸易、服务贸易、技术贸易、外贸价格的政策与做法;论证了深化外贸体制改革和加强外贸管理,提高外贸经济效益的途径;分析了针对不同的外贸国别对象的政策与原则;诠释了中国对外贸易发展的总体战略和基础战略,以期使读者能够从总体上了解中国对外贸易的发展情况,把握国际贸易的发展方向。

　　本书具有以下特点:

　　一是新颖性。随着中国改革开放的不断深入,中国的外贸体制、做法逐步与世贸组织的要求接轨,中国对外贸易的战略、方针、政策以及外贸实际部门的工作都在不断发生变化,面对新的国际经济形势,特别是美国金融风暴和欧洲债务危机的影响,需要探讨的新情况、新问题很多。本书的撰写采用了最新的切入角度,运用最新的材料,一般是2013年的新材料,针对最新的问题(如中国如何从外贸大国迈向外贸强国、如何实行互利共赢的战略等)进行探讨,提出了编者最新的看法。

　　二是实践性。本书强调从实际出发,针对当前我国对外贸易实践,分析了对外贸易面临的国内外的新形势、新情况,注重解决实践中凸显的新问题,以期促进对外贸易更快更好地发展。

　　三是应用性。本书依据《中华人民共和国对外贸易法》和其他有关法律、法规,以及世贸组织法规、惯例,对外贸业务工作的宏观和微观管理及运作,作了全面、具体的阐述和介绍,并配有阅读材料和案例讨论材料,具有应用性、可操作性。

　　本书是为了满足我国由外贸大国迈向外贸强国过程中对大量外贸应用型人才的需求而编写的,既适用于大学本科有关专业培养外贸应用型人才,也可作为对外经贸职业资格证考试的教材。

编　者

2017 年 6 月

目　录

第一章　中国对外贸易导论

学习要求

通过本章的学习,要求学生掌握对外贸易的概念、特点,熟悉对外贸易的评价指标,理解对外贸易发展的基本原则,了解中国发展对外贸易的积极作用,并掌握中国开展对外贸易的理论基础依据及法律基础。

关键词

对外贸易　对外贸易额　对外贸易量　贸易差额　对外贸易地理方向　对外贸易结构　贸易条件　贸易依存度　价格竞争　非价格竞争　贸易术语　对外贸易法律　国际公约　国际贸易惯例

随着全球经济一体化程度的加深,对外开放成为各国经济贸易发展的客观要求,中国应该顺应历史发展潮流,以更加积极的态度融入国际社会,以更高的水平发展对外贸易,进而获得发展所需资源及技术,提高企业国际竞争力,促进经济持续性增长。

第一节　中国对外贸易

对外贸易是一国社会生产力发展到一定水平的产物,是一国参与国际分工、对外经济联系的重要形式。一国对外贸易的规模和水平,是衡量该国国民经济发展程度、对外开放程度的重要指标。

一、对外贸易的概念

对外贸易也称国外贸易、进出口贸易,简称"外贸",是指一个国家(地区)与另一个国家(地区)之间的商品、劳务和技术的交换活动。对外贸易由进口和出口两个部分组成。对运进商品或劳务的国家(地区)来说,就是进口;对运出商品或劳务的国家(地区)来说,就是出口。

对外贸易与国际贸易有所不同,对外贸易是指一国(或地区)同其他国家(或地区)所进行的商品、技术和服务的交换活动。因此,提到对外贸易时要指明特定的国家,如中国的对外贸易等。某些岛国如英国、日本等也称对外贸易为海外贸易。国际贸易也称世界贸易,泛指国际间的商品、劳务和技术的交换活动。它由各国(地区)的对外贸易构成,是世界各国对外贸易的总和。国际贸易在奴隶社会和封建社会就已发生,并随生产力的发展而逐渐扩大,到资本主义社会,其规模空前扩大,具有了世界性。

二、对外贸易的特点

由于对外贸易业务涉及领域广阔,故与国内贸易相比较,具有政策性、复杂性、专业性、长期性、风险性等特点。

1. 政策性

国内贸易主要由国内贸易政策来规范,而对外贸易不仅要遵守本国的法律政策,还要遵守贸易伙伴国的政策以及加入的双边或多边贸易协定。因此,对外贸易比国内贸易更具有政策性。

2. 复杂性

首先,从贸易伙伴来看,由于对外贸易涉及的贸易伙伴是国外的客户,且国外客户的民族风俗、宗教信仰、生活传统等与国内客户有很大不同,从而导致对外贸易面对的是更为复杂的客户群体。

其次,从贸易环境来看,对外贸易要对全球市场环境进行综合考虑,发展对外贸易不仅要立足于本国的政治、经济等环境,还要对国外市场乃至全球市场的政治、经济、社会等因素进行综合分析。考虑的因素越多、越复杂,对外贸易越难操作。

最后,对外贸易涉及环节多、程序多、关系方多,处理业务繁多,虽有既定的框架,但处理方式灵活多变,各关系方即使处理同样一笔业务也往往有其特色,各不相同,因此对外贸易要比国内贸易更为复杂。

3. 专业性

对外贸易有其本身一套成熟的贸易方式和操作流程,并且与国内贸易有很多的不同之处,因此专业性强。对外贸易包括货物贸易、服务贸易、技术贸易等,每种贸易方式都有其特点。例如在货物贸易中,贸易术语的选择、贸易合同的签订、贸易方式的操作、运输与投保等都与国内贸易有很大的不同,需要专业人才进行处理。

4. 长期性

对外贸易涉及主体多,包括进口商、出口商、进口地银行、出口地银行、运输公司(海运、空运、陆运)、保险公司、商检公司、专业认证公司、海关、外汇监管、SWIFT(环球同业银行金融电讯协会)、ICC(国际商会)、FCI(国际保理商联合会)、仲裁机构等;环节长,包括谈判、签订合同、选择银行、运输与投保、结算等;不确定性大,如谈判破裂、船只遇险、溢短装、收发货错误等,这些都导致对外贸易的时间比国内贸易长,并且不确定性大。

5. 风险性

对外贸易业务具有涉外性,活动范围大于国内贸易,还涉及不同货币的兑换、不同的文化背景以及复杂的法律环境等;同时,受国际上政治、经济及其他不稳定因素的影响与制约,对外贸易业务中的当事人面临着各种各样的风险,例如信用风险、汇率风险、利率风险等以及近年来对外贸易的欺诈犯罪、滥用职权现象的日益猖獗,导致进出口企业以及银行等相关当事人都比较重视对外贸易业务风险的防范。

三、对外贸易的作用

（1）发展对外贸易，可以互通有无，调剂余缺，调节资源的优化配置。任何一个国家都不可能拥有世界上所有的自然资源，即使某些国家拥有生存或生产所需要的所有资源，但也有可能存在部分资源相对较少，而有些资源相对较多的情况。在自身发展过程中，经济资源的限制往往导致该国无法进行所有的生产活动，所以需要与其他国家进行调节，利用自己多余的资源去换取自己相对贫乏的资源，进而优化本国的资源配置，实现经济的均衡发展。

另一个方面，国家发展战略、科技水平、宗教信仰等因素往往导致资源配置相同的国家之间生产的产品也具有很大的不同，在这种情况下，进行对外贸易显然是其最优选择。

（2）发展对外贸易，可以节约社会劳动，取得较好的经济效益。对外贸易也和其他经济活动一样，要通过对投入产出的比较来反映其效率与收益。对外贸易的经营者在出口贸易中投入了商品的生产成本、管理成本和流通费用等，产出的是出口获得的外汇收入；在进口贸易中投入的是外汇、关税、运费等，产出的是进口商品在国内市场的销售收入。

对外贸易经济效益从不同层次考察，可分为宏观经济效益和微观经济效益。外贸宏观经济效益是指对外贸易活动给整个国民经济带来的效益，又称对外贸易社会效益。外贸宏观经济效益包括许多内容，如通过对外贸易促使国民经济在较高水平上达到综合平衡从而获得较快的发展速度和良好的经济效益；通过对外贸易提高本国科学技术和生产技术水平，从而提高劳动生产率，促进自力更生能力的增强；通过对外贸易活动，直接或间接地改善人民生活；通过对外贸易活动，增加国内就业与产品出口，增加国民收入，为国家积累建设资金。外贸微观经济效益是指通过外贸活动，外贸企业所取得的盈利。在出口贸易中，是外贸企业通过将货物销售到国外市场而获得的收入与成本之差额。进口贸易则是外贸企业从国外市场购入国内需要的商品，卖给国内用货部门及消费者，从中获取国内销售收入与进口成本之差额。对于外贸企业来说，微观经济效益就是实实在在的企业盈亏状况，因此在市场经济条件下，外贸企业越来越重视这种经济效益水平的提高。

（3）发展对外贸易，可以吸收和引进当代世界先进的科学技术成果，增强本国的经济实力。对外贸易对一国经济增长的贡献还在于它通过对外商品贸易和直接的国际技术交换，引进世界先进技术，同时促进本国科技进步和产业结构调整，促进本国产业的规模经营和技术生产率上升。这种从产品消费、模仿制造到形成产业，逐步扩大产业规模的过程，被国际经济学界称为"边干边学"效应。特别是对于发展中国家而言，它能够起到弥补长期性的技术缺口的作用。

对外贸易提供了新兴产业的技术和市场，因而有利于一国产业规模的壮大和经济增长。产业规模的扩大通常伴随着资本有机构成的提高。扩大的社会再生产过程必然伴随着资本有机构成的提高，这种有机构成的提高在全社会范围内体现为整体产业结构的优化和升级。

（4）发展对外贸易，接受国际市场的竞争压力和挑战，可以促进国内企业不断更新技术，提高劳动生产率和产品的国际化水平。随着区域经济和全球经济一体化进程的加快，全球市场竞争愈发激烈，国内企业面临着国际企业的同步竞争，在优胜劣汰的过程中，必然导致生产效率低下，产品国际竞争能力弱的企业倒闭，但同时也会培育一批科技进步、核心竞争力强的企业，使其发展壮大，进而能够提高国内企业的发展层次和水平。

另外,国内企业在守住本土市场的同时,也需要积极主动地参与国际市场的竞争。面对其他国际化企业的挑战,国内企业要积极构建国际化发展战略,走向国际市场,参与国际竞争,在竞争中提高,在竞争中发展。

(5) 对外贸易促进了对外关系的发展和同各国人民的友好合作。政治与经济是密不可分的。现代外交都很重视经济,经济关系往往影响政治关系,促进政治关系的发展,政治关系又需要用经济关系来巩固和推进。我国与许多国家都曾在建交前建立了民间的、半官方的或官方的贸易关系,为两国建交创造条件,即所谓的"外贸先行"。通过发展与各友好国家平等互利的贸易,可以促进彼此之间正常友好的国家关系,这不仅有助于为我国进行社会主义建设争取较好的外部条件和环境,还有利于世界和平与发展事业。

四、评价对外贸易水平的指标

1. 对外贸易额与对外贸易量

对外贸易额又称对外贸易值,它是由一国或地区一定时期进口总额与出口总额构成,是反映一国对外贸易规模的重要指标之一,一般都用本国货币表示,也有用国际上通用货币表示的。联合国编制和发表的世界各国对外贸易额的资料是以美元表示的。

把世界上所有国家的进口总额或出口总额按同一种货币单位换算后加在一起,即为国际贸易额——世界进口总额或出口总额。由于一国的出口就是另一国的进口,因此,从世界范围来看,所有国家进口的合计理应等于所有国家出口的合计,但是,由于各国在进行货物贸易统计时一般是按离岸价格(FOB,启运港船上交货价,其中不包括保险费和运费)计算出口额,按到岸价格(CIF,成本、保险费加运费)计算进口额,因此世界出口总额总是小于世界进口总额。

与一个国家的进出口总额不同,世界进出口总额没有任何独立的经济意义,因为它经过了重复计算。通常所说的国际贸易额是针对世界出口总额而言。

货币所表示的对外贸易额经常受到价格变动的影响,因而不能确切地反映一国对外贸易的实际规模,不同时期的对外贸易额也无法直接比较,所以,在实际工作中,往往要用以固定年份为基期计算的进口或出口价格指数去调整当年的进口额或出口额,得到相当于按不变价格计算的进口额或出口额。通过这种方法计算出来的对外贸易额已经剔除了价格变动的影响,单纯反映对外贸易的数量规模,被称为对外贸易量。这一指标便于进行不同时期对外贸易额的比较。

2. 贸易差额

一定时期内一国出口总额与进口总额之间的差额称为贸易差额。贸易差额用以表明一国对外贸易的收支状况。当出口总额超过进口总额时,称为贸易顺差,或贸易出超;当进口总额超过出口总额时,称为贸易逆差,或贸易入超,又由于逆差额在国际收支平衡表中用红字表示,所以通常也叫贸易赤字。通常贸易顺差以正数表示,贸易逆差以负数表示。如果出口总额与进口总额相等,则称为贸易平衡。

一国的进出口贸易收支是其国际收支项目中最重要的组成部分,故贸易差额状况对一国的国际收支有重大的影响。

3. 对外贸易地理方向

对外贸易地理方向又称对外贸易地区分布或国别结构,是指一定时期内各个国家或区域集团在一国对外贸易中所占地位,通常以它们在该国进出口总额或进口总额、出口总额中的比重来表示。对外贸易地理方向指明一国出口商品的去向和进口商品的来源,从而反映一国与其他国家或区域集团之间经济贸易联系的程度。一国的对外贸易地理方向通常受经济互补性、国际分工的形式与贸易政策的影响。

4. 对外贸易结构

广义的对外贸易结构是指货物、服务在一国进出口或世界贸易中所占的比重;狭义的对外贸易结构又称对外贸易货物结构。对外贸易货物结构是指一定时期内一国进出口贸易中各类货物的构成,即某大类或某种货物进出口贸易与整个进出口贸易额之比,以份额表示。对外贸易结构可以反映出一国的经济发展水平、产业结构状况和第三产业发展水平等。

5. 贸易条件

贸易条件(Trade Term)是指一国或地区在一定时期内出口贸易商品价格指数与进口贸易商品价格指数之间的比率,它反映了一国或地区进出口商品的需求状况和价格水平,即

$$贸易条件 = \frac{出口商品价格指数}{进口商品价格指数} \times 100\%$$

6. 贸易依存度

贸易依存度也称外贸依存率、外贸系数。一国对贸易的依赖程度一般用对外贸易进出口总值在国内生产总值(GDP)中所占比重来表示。比重的变化意味着对外贸易在国内经济中所处地位的变化,也是判断一个国家对外开放的程度的重要指标,即

$$贸易依存度 = \frac{对外贸易总额}{国内生产总值(GDP)}$$

贸易依存度还可以用对外贸易总额在国民生产总值中所占比重来表示,即

$$贸易依存度 = \frac{对外贸易总额}{国民生产总值(GNP)}$$

外贸依存度可分为出口依存度和进口依存度。

$$出口依存度 = \frac{出口总额}{国内生产总值}$$

$$进口依存度 = \frac{进口总额}{国内生产总值}$$

7. 价格竞争和非价格竞争

价格竞争是依靠低廉的价格争取销路、占领市场、战胜竞争对手的一种竞争形式。当一国或企业与另一国或企业生产的产品在性能、效用、样式、装潢、提供的服务、生产者的信誉、广告宣传等各方面都相同或无差异时,国家或企业只有以低于其竞争对手的价格销售产品,方能吸引顾客,从而使自己的产品拥有市场。产品功能或外观的差异从一定程度上可以抵消这种竞争的效果。一般在国际贸易发展初期,价格竞争是重要的方式之一,例如19世纪末,西方列强对中国低价倾销"洋布",迅速占领了中国市场;而20世纪80年代,中国商品在

国际上也成为"价廉"的代表,与之相应的是中国的出口持续快速增长。

非价格竞争是指在产品的价格以外或销售价格不变的情况下,借助于产品有形和无形差异、销售服务、广告宣传及其他推销手段等非价格形式销售产品、参与市场竞争的一种竞争形式。由于社会经济的迅速发展,商品生命周期不断缩短,故单靠价格竞争很难取得超额利润;同时,生产力的提高使消费结构发生显著变化,因而,非价格竞争就成为扩大商品销路的重要手段。非价格竞争的主要方法有以下几种:采用新技术;提高管理水平;改进产品的质量、性能、包装和外观式样等;提供优惠的售后服务;通过广告宣传、商标、推销手段等造成公众的心理差异等。

8. 国际贸易术语

国际贸易术语就是用一简短的概念或英文缩写字母来表示商品的价格构成,说明交易地点,确定买卖双方的责任、费用、风险划分等问题的专门用语。国际贸易术语的使用可以简化交易手续,缩短交易过程,节省磋商的时间和费用,便于达成交易和履约。

根据《国际贸易术语解释通则》(INCOTERMS 2010)规定了 11 种贸易术语,分别是适用于任何运输方式的贸易术语 EXW、FCA、CPT、CIP、DAP、DAT、DDP 以及仅适用海洋运输或内河运输的贸易术语 FAS、FOB、CFR 和 CIF。

第二节　中国对外贸易基本原则

一、实行全国统一的对外贸易制度的原则

实行统一的对外贸易制度是指由中央政府统一制定,在全国范围内统一实施的制度。对外贸易政策措施只能由中央政府制定,各省、自治区、直辖市不能自行制定。《对外贸易法》第 4 条规定:"国家实行统一的对外贸易制度,鼓励发展对外贸易。"统一的对外贸易制度包括方针、政策的统一,法律、法规的统一以及各项外贸管理措施、制度的统一。一方面,实行统一的对外贸易制度,鼓励发展对外贸易,可使全国的外贸经营者处于同一起跑线上,激发他们的积极性、开拓性,形成一个公平自由竞争的局面;另一方面,是为顺利开展国际贸易,消除国际贸易壁垒,与外国政府或国际组织缔结双边或多边条约、协定,符合世界贸易组织的规则。因此,中国实行统一的对外贸易制度是保证履行这些义务的前提,也是履行国际法意义上的最惠国待遇、国民待遇等待遇的重要条件。

统一的对外贸易制度,不但是中国市场经济统一性的内在要求,也是国际社会对其成员的要求,世界贸易组织要求各成员应以统一的方式实施各自的有关国际贸易方面的法律和制度。

二、维护公平、自由对外贸易秩序的原则

《对外贸易法》第 4 条规定,国家"维护公平、自由的对外贸易秩序"。对外贸易秩序是指对外贸易主体自身及国家运用经济的、法律的、行政的手段进行规范、监督和管理对外贸易竞争行为,制止不正当竞争与不公平交易,维护国家经济利益而形成的有序状态。它包括对外贸易的管理秩序和经营秩序。前者是为了维护国家的经济利益和政治利益而产生,所反

映的是作为对外贸易管理者的国务院对外贸易主管部门与对外贸易经营者之间的权力义务关系;后者是适应对外贸易活动的客观规律而形成的,所反映的是作为平等主体的对外贸易经营者之间的民商事权利义务关系。

"维护公平、自由的对外贸易秩序"是指,国家在法律政策上为企业提供平等、自由的竞争环境,尊重、维护对外贸易经营者独立自主经营的地位,维护公平的进出口秩序,制止和处罚违反对外贸易秩序的行为。只有保持一个公平的贸易秩序,中国对外贸易才能持续、快速、健康、协调发展,并提高国家和对外贸易经营者在世界贸易中的声誉。

《对外贸易法》规定"自由的对外贸易秩序",但自由并不是绝对的、无条件的,自由的对外贸易秩序应建立在遵守国家法律、法规的基础之上,建立在平等、有序、公平竞争的基础之上。任何在中国境内从事对外贸易的经营者都应遵守国家的法律、法规。

三、实行平等互利、互惠对等的国际贸易关系的原则

《对外贸易法》的第 5 条、第 6 条、第 7 条对中国政府如何处理对外贸易关系做出了明确规定,"中国根据平等互利的原则,促进和发展同其他国家和地区的贸易关系,缔结或者参加关税同盟协定、自由贸易区协定等区域经济贸易协定,参加区域经济组织","在对外贸易方面根据所缔结或参加的国际条约、协定,给予其他缔约方、参加方,或者根据互惠、对等原则给予对方最惠国待遇、国民待遇等","任何国家或者地区在贸易方面对中国采取歧视性的禁止、限制或其他类似措施的,中国可以根据实际情况对该国或地区采取相应的措施"。归纳起来就是平等互利原则。

平等互利发展与世界其他国家或地区的贸易是中国一贯奉行的原则,也是国家对外政策的重要组成部分。平等是指国家之间的平等,即不管是大国还是小国,发达国家还是发展中国家,都应在平等地位的基础上发展双边贸易。互利是指对外贸易对双方国家或地区的经济能起到互补、互惠作用,对双方都有利;平等是互利的前提条件,只有平等才能达到互利;因此,只有坚持平等互利的原则,才能促进和发展中国同其他国家和地区的贸易往来。

互惠是指各成员利益或特权的相互或相应让与。它是各方之间建立和发展贸易关系的基础,是国家之间相互给予最惠国待遇、国民待遇的前提。对等是指贸易双方相互给予对方同等待遇:一是对等地给予同样的优惠待遇;二是当对方给予自己不平等或歧视性待遇时,对等地采取相应的报复措施。

四、实行货物与技术的自由进出口的原则

《对外贸易法》第 14 条规定:"国家准许货物与技术的自由进出口。但是,法律、行政法规另有规定的除外。"它要求除法律、行政法规明确禁止或者限制进出口外,任何单位和个人均不得对进出口设置、维持禁止或者限制措施。这一法律规定表明,中国对货物与技术的进出口奉行更加开放、更加自由的贸易原则。这一原则既符合中国经济发展的需要,也符合世界贸易组织的宗旨和基本原则。从法律上确定货物、技术自由进出口的原则十分重要,它要求政府各级管理部门减少行政干预,减少对外贸经营者的限制与约束,为外贸经营者依据市场竞争法则开展对外贸易创造宽松的环境。外贸经营者自由进出口货物与技术的原则受到《对外贸易法》有关条款及国家其他有关法律法规的约束。

五、按协议承诺开展国际服务贸易的原则

《对外贸易法》第 24 条规定,中国"根据所缔结或者参加的国际条约、协定中所作的承诺,给予其他缔约方、参加方市场准入和国民待遇"。中国是一个发展中国家,服务贸易还比较落后,缺乏国际竞争能力,只能通过谈判达成的承诺对外国服务或服务提供者逐步开放中国市场,因此,中国对国际服务贸易采取逐步发展的原则。这不但符合中国的国情,也符合世界贸易组织《服务贸易总协定》允许发展中国家逐步开放服务贸易的原则。服务贸易是世界贸易组织管辖的一个重要领域,开展国际服务贸易对中国服务业的发展起着激励作用,因此,中国对国际服务贸易采取积极、稳妥、开放的态度,通过谈判逐步开放国内服务贸易市场。

第三节　中国对外贸易理论基础

一、马克思主义的对外贸易理论

1. 社会再生产理论

马克思主义的社会再生产理论,从商品使用价值的角度阐明了一国发展对外贸易的必要性和重要性。马克思主义关于社会再生产的原理告诉人们,社会生产各部类之间以及每个部类的内部必须保持一定的比例关系。农业、轻工业和重工业之间,农业生产内部,工业生产内部,都必须保持适当的比例关系。这样,社会扩大再生产才能顺利地发展,取得高的经济发展速度和好的经济效益。社会生产各部类之间及其内部的比例关系,不仅在价值形态上要求平衡,而且在实物形态上也要求平衡。但是,由于各国的生产水平、经济结构、科学技术条件以及资源和气候因素等影响,各国社会总产品的实际实物构成,往往与扩大再生产的发展以及进行技术改造所要求的实物构成有差距,也就是说,在一国范围内,不可能在实物形态上完全达到社会扩大再生产所要求的平衡关系。任何一个国家都不可能生产自己发展经济所需要的一切。

而对外贸易的主要特点是可以同国外实现实物形态的转换,即可以把生产资料转换成消费资料,把消费资料转换成生产资料,或者在生产资料和消费资料内部实现转换调剂,这是国内其他经济部门所无法做到的。从这个意义上看,可以说对外贸易是国民经济的一个特殊的经济部门。只有通过对外贸易,用国内的一部分产品到国外去换取本国社会扩大再生产所需要的另一部分产品,即进行实物形态的转换,以调整农、轻、重之间以及它们的内部结构在实物形态上的比例关系,在较高的水平上实现综合平衡,才能取得社会经济发展的宏观经济效益。通过对外贸易实物形态转换实现的这种社会扩大再生产的比例关系,对一国经济的发展具有战略意义。

如果不发展对外贸易,社会扩大再生产的客观比例关系得不到满足,国民经济综合平衡就只能建立在短线经济部门的基础上,这是一种原始的国民经济综合平衡,扩大再生产完全建立在封闭的民族经济自我循环的基础上。这样,民族经济的内在力量不能全部投入社会扩大再生产,将严重影响社会再生产的规模和经济发展速度。相反,积极发展对外贸易,进行实物形态的转换,根据扩大再生产的需要,以我所有换我所无,以长线产品换短线产品,使

国民经济各部门之间及其内部的比例关系得到调剂和补充,就可以建立一种中等水平的国民经济综合平衡,使民族经济的内在力量基本上能进入社会再生产活动,从而扩大社会再生产规模,加快经济发展的速度,取得较好的社会经济效益。毫无疑问,发展这样的对外贸易,相较于不发展对外贸易、不利用国际分工是一个巨大的进步。

2. 国际价值理论

马克思应用劳动价值论来考察世界市场,创立了"国际价值"的科学概念,这是马克思的国内价值理论的进一步发展。马克思的价值理论指出:价值规律是商品生产和商品交换的经济规律,只要存在商品生产和商品交换,就必然存在价值规律的作用。商品的价值不取决于生产者的主观愿望,也不取决于商品生产者的个别劳动时间,而是取决于生产商品的社会必要劳动时间。当各国的产品相遇在世界市场时,商品交换的比例显然不能各按各的"国民平均水平的强度"为依据。

由此可见,形成一个商品的国际价值的社会必要劳动时间,是指在世界平均劳动强度和平均劳动生产率条件下,生产该商品的劳动时间。既然决定国际商品交换比例基础的是在国际范围内生产该种商品的社会必要劳动时间,就说明,参加贸易的各国,虽然在各自的商品中耗费的劳动量不等,但是等于相同数量的国际价值。所以,可以按同一比例进行交换,从而把比较利益原则建立在科学的基础之上。

由于各国的劳动强度和劳动生产率的差异,故不同国家在同一劳动时间所生产的同种商品的不同量,有不同的国际价值。因此,各国的国别价值往往高于或低于国际价值。同时,国际价值也要转化为国际生产价格,在世界市场上以国际生产价格为基础进行交换,这就需要自由竞争在国际范围内发展到一定程度。国际间资本和劳动力虽然能够自由流动,但不可能达到国内那样自由的程度,所以,国际价值转化为国际生产价格与一国价值转化为生产价格相比,是一个更为复杂和困难的过程。

随着供求关系的变化,国际生产价格通过实际成交价格的上下波动而发生作用,通过价格围绕价值或生产价格的上下波动为生产者和消费者传递信息,促使各种商品增加生产或压抑需求,而争取供求大体平衡。这也促使参与国际交换的各国企业一方面通过世界市场的不同价格的比较与竞争找出本国商品的差距,从而改进技术,降低消耗,提高劳动生产率,提高竞争能力;另一方面,在出口时,注意研究世界市场行情,根据供求的动向组织各种资源的流向和配置,以获得较高的利润。总之,在发展对外贸易,参与国际分工,进行国际交换时,只有善于利用价值规律,才能达到节约社会劳动,获得比较利益的目的。

二、西方对外贸易理论

1. 绝对成本理论

英国古典经济学家亚当·斯密在1776年出版的《国民财富的性质和原因的研究》(《国富论》)中抨击了重商主义的保护贸易政策,提出了经济自由主义和国际分工的绝对成本理论。

首先,斯密分析了分工的利益,他认为分工可以提高劳动生产率。其原因包括:① 分工能提高劳动的熟练程度;② 分工使每个人专门从事某项作业,可以节省与生产没有直接关系的时间;③ 分工有利于发明创造和改进工具。斯密将一国内部不同职业之间、不同工种之间的分工原则推演到各国之间的分工,从而形成国际分工理论。其次,斯密认为,两国间的贸易动机建立在绝对成本差异的基础上,如果外国的产品比自己国内生产的便宜,那么最好是输出本国用有利条件下生产的产品去交换外国的产品,而不是自己生产。再者,他认为国际分工是建立在一个国家拥有自然优势的基础上,一个国家输出具有绝对优势的商品,其生产成本绝对低于他国的商品。每一个国家都有适宜生产某些特定产品的绝对有利条件,在此条件下进行专业化生产,然后彼此进行交换,将会使各国的资源、劳动力和资本得到最有效的利用,将会大大提高劳动生产率和增加物质财富,这对进行贸易的双方国家都是有利的。

2. 比较成本理论

英国经济学家大卫·李嘉图在 1817 年出版的《政治经济学及赋税原理》一书中提出了按"比较成本"进行国际分工的学说,回答了斯密没有解答的理论问题,即一个国家生产所有的产品都有成本优势或一个国家生产所有的产品都没有成本优势,但对这些国家来说,优势中有最优,劣势中有次劣,如果两国根据"两利相权取其重、两弊相衡取其轻"的原则进行国际分工,那么也可以提高劳动生产率,实现资源有效配置,享受国际分工的好处。因此,他认为,各国间的比较成本差异是产生国际分工和国际贸易的根源。正是由于这一更具有实用性的理论说明,奠定了比较成本学说(又叫比较优势学说)在国际分工和国际贸易理论中的传统地位。

李嘉图认为,"各国应集中生产优势较大或者劣势较小的商品,这样的国际分工对贸易各国都有利"。这就是说,在各种商品的生产上都有绝对优势的国家,应集中生产优势相对大的产品,而在各种产品的生产上都处于劣势的国家,则应生产劣势相对较小的产品。

比较成本学说将国际分工的成因从绝对成本差异推广到比较成本差异,这就解决了处于不同生产力发展水平的国家,特别是落后国家能否从国际分工和国际贸易中获利的问题,比较优势学说不仅成为发展中国家参与国际分工的理论依据,更广泛成为国际分工和国际贸易理论的传统机制。不过,比较成本学说的一个重大缺陷是未能解释两国进行商品交换的比率问题。

3. 资源禀赋理论

20 世纪 30 年代,瑞典经济学家俄林在著作《地区间贸易和国际贸易》一书中,用各国劳动和资本要素丰裕程度的不同来解释劳动成本的差别,从资源配置的角度揭示了国际分工的基础,认为国际分工和国际贸易产生的原因是生产要素禀赋丰裕程度的差别,由此创立了资源禀赋理论。由于俄林的理论采取了其师瑞典经济学家赫克歇尔的主要论点,因而 H—O 常冠以其师之名,称为赫克歇尔—俄林资源禀赋理论,也有称为要素比例说,简称 H—O 模型。

H—O 模型认为,生产商品需要不同的生产要素,而不仅仅是劳动力,据此提出了"三要素"论,即劳动力、土地和资本是一切社会生产不可缺少的 3 个要素,商品的价值由这 3 个要素共同创造,劳动力的报酬是工资,使用土地的报酬是地租,使用资本的报酬则是利息,这些报酬(收入)确定了商品的价值。

H—O 模型的要点是,各国应按照本国生产诸要素(劳动力、土地、资本等)的丰缺状况来生产和出口商品,参与国际分工,并以各国间要素禀赋的相对差异和生产各种商品利用这些要素强度的差异作为国际分工与国际贸易产生的原因。其包括以下主要结论:

(1)按照要素丰缺安排生产和出口。资源禀赋理论提出,每个区域或国家用相对丰富的生产要素从事商品生产,就处于比较有利的地位;而用相对稀少的生产要素从事商品生产,就处于比较不利的地位,因此,每个区域或国家在国际分工和国际贸易体系中应生产和输出前面那些种类的商品,输入后面那些种类的商品。

资源禀赋理论分析了不同的商品生产中不同的生产要素配置,有些商品的生产技术性较高,需要大量的机器设备和资本投入,可称为资本密集型产品;有些商品的生产主要是手工操作,需要大量的劳动力,可称为劳动密集型产品。各国生产要素的储备比例不同,一般来说,劳动力充裕的国家,生产劳动密集型产品可能有利;资本相对雄厚的国家,生产资本密集型产品可能有利。据此,资源禀赋理论认为,各国应集中生产和出口那些能充分利用本国充裕要素的产品,以换取那些本国稀缺要素的产品。

(2)国际贸易的直接原因是价格差别。资源禀赋理论还进一步分析了国际贸易产生的原因,指出区域贸易或国际贸易的直接原因是价格差别,即各个地区或国家的商品价格不同。然而,各国间同一商品的价格差别是成本的差别,所以成本的国际绝对差是国际贸易发生的第一个原因。第二个原因则是两国国内各种商品的成本比例不同,即比较成本是国际贸易的重要条件。造成不同国家有不同的成本比例是因为各国国内的生产要素的价格比例不同,而每种不同的生产要素的价格是由供求关系决定的,进而两国生产要素价格的比例不同也是因为两国生产要素的供给与需求存在着不同的比例关系。但是,各国赋有的各种要素的数量、种类和质量不同,因此,国际贸易是建立在各国各种生产要素多寡和价格高低的基础上的。另外,即使生产诸要素的供给比例相同,对这些生产要素的不同需求也会产生生产诸要素的不同价格比例,从而为国际贸易提供一个基础。

(3)调整要素收益和要素分配的国际差别。资源禀赋理论等从资源禀赋理论的结论出发,得出一个推论:要素价格均等化定理。这一推论包括两方面的含义:一是要素相对价格均等化,即原来要素价格比率不一致的两个国家,在发生自由贸易后,要素价格比率会逐渐趋于均等,最后达到完全相等;二是要素绝对价格均等化,即原来同一种要素的绝对价格在不同的国家不相等,经过自由贸易后,同一种要素的绝对价格会逐渐趋于均等,最后达到完全相等。他们认为,在开放经济中,区域间因生产要素自然禀赋不同而引起的生产要素价格差异将通过两条途径逐步缩小。这一推论,成为传统国际资本流动的理论基础,即国际贸易的根本原因在于不同国家间要素禀赋的差异,而自由贸易替代要素的流动导致国际间要素价格趋于一致,包含了生产要素国际间可流动性假定。

需要强调,资源禀赋理论将生产要素价格、供给和需求联系起来,使国际分工和贸易理论成为一般生产布局理论的一部分,从而获得了有力的理论支持。同时,该理论将生产要素价格差异、生产中要素的密集程度和国际贸易量联系起来,从而更直接地反映出以资源禀赋差异为标志的比较优势来源,使理论更接近于现实国际分工和国际贸易活动,得到经济学界的广泛认同。

第四节 中国对外贸易法律基础

随着对外开放的深入,中国加快了对外经济贸易法律建设。目前,已经基本形成了体系完整、符合中国国情、与国际惯例接轨的对外贸易法律法规体系。

一、对外贸易法律概述

1. 对外贸易法律的概念

对外贸易法律是指一国对其外贸活动进行行政管理和服务的所有法律规范的总称,一国的对外法律制度是为保护和促进国内产业增加出口、限制进口或者为政治、外交以及其他目的,对进出口采取的鼓励和限制措施,这是一国对外贸易总政策的集中体现。

2. 对外贸易法律的特点

对外贸易法律除了包括法律制度的基本特点之外,还有与其他法律制度不同的特点:

(1) 对外贸易法律调整的是国家管理对外贸易这一纵向法律关系,属于公法范围。对外贸易法律与涉外民商法调整的范围是不同的,前者调整的是平等的民商事主体之间的权利和义务关系,而后者调整的是政府与企业之间纵向的对外贸易法律关系。

(2) 一国对外贸易法律通常受到国际法的影响。一般来说,在国内法中,对外贸易法律与 WTO 及国际惯例最接近,受其影响最大,所以对外贸易法律的共同规则在 WTO 核心文件中得到了较为充分的体现,因此形成了对外贸易法律的共同点。

(3) 对外贸易法律的调整范围扩大。传统的对外贸易法律一般仅仅调整货物贸易事项,而随着全球服务贸易、技术贸易的不断扩大,对外贸易法律也涵盖了金融、教育、旅游等服务贸易的内容以及技术进出口、知识产权保护等技术贸易的内容。

二、对外贸易的法律渊源

中国对外贸易法律渊源由国内法渊源和国际法渊源两部分构成。

1. 国内法渊源

(1) 宪法

宪法是国家最高权力机关,即全国人民代表大会,依据特定立法程序制定的国家根本大法,在中国法律体系中具有最高的法律效力。国家的立法行为和政府的行政管理行为都要遵循宪法的基本原则。中国宪法明确将实行改革开放的基本国策写进了序言,同时还明确规定了国务院相关部门负责管理对外贸易的权力。

(2) 法律

这是指全国人民代表大会及其常务委员会制定颁布的法律,包括专门性的法律,如《对外贸易法》、《进出口商品检验法》、《海关法》等;也包括含有对外贸易规定的非专门性法律,如《专利法》、《商标法》、《仲裁法》等。

(3) 行政法规和部门规章

行政法规是指国家最高行政机关,即国务院,根据宪法、法律制定颁布的条例、规定、实施细则、办法等。其内容广泛涉及对外贸易管理的各个方面,如工商、海关、商检、外汇、税收、原产地等。

部门规章是指国务院各有关部委颁布的处理对外贸易问题的具体规定。在中国改革开放不断深化的过程中,由于对外贸易法律往往较为简单且原则性强,故需要大量的配套行政法规和部门规章的订立增强法律的可操作性,特别是国务院颁布的大量行政法规构成了中国对外贸易法律实施的主要依据。

2. 国际法渊源

国际法渊源主要包括世界贸易组织规则以及中国参加和缔结的国际条约和承认的国际贸易惯例等。

(1)《马拉喀什建立世界贸易组织协定》和《中国加入世界贸易组织议定书》

《马拉喀什建立世界贸易组织协定》由序言、16 个条文、解释性说明和 4 个附件组成。附件一包括货物贸易方面的各项实质性贸易协定、服务贸易总协定、与贸易有关的知识产权协定。附件二是争端解决规则与程序的谅解。附件三是建立国际贸易政策多边监督程序的贸易政策审查机制。附件一、二、三所包括的各项协定(称为"多边贸易协定")对 WTO 所有成员均有约束力。附件四包括只对其表示接受的成员有约束力的各项协定(称为"诸边贸易协定")。

《马拉喀什建立世界贸易组织协定》是世界贸易组织的根本法,不仅确定了世界贸易组织的宗旨,而且赋予它一定的权力,还规定 WTO 各成员政府在制定与实施国际贸易立法和规章方面的具体权利和义务。它不仅是 1995 年 1 月 1 日根据《乌拉圭回合最后文件》建立的多边贸易体系的法律基础,而且实际上也是保证国际货物与服务商在外国市场获得公平待遇的权利和保护其进入国外市场权利的唯一世界性法律架构。

加入世界贸易组织就必须接受《马拉喀什建立世界贸易组织协定》及其前 3 个附件包含的所有协定,即所谓的"一揽子协定",不得提出保留。中国于 2001 年 12 月加入世界贸易组织,《马拉喀什建立世界贸易组织协定》和《中国加入世界贸易组织议定书》就成为对中国具有法律效力的文件。

(2) 其他国际条约

条约一般分为两国(地区)之间缔结的双边条约和多国(地区)之间缔结的多边条约。如果条约的缔结国(地区)较多,并且又规定了一般性的国际行为规范,那么就称其为国际公约。

截至 2010 年底,中国已与世界上 231 个国家和地区建立了经济贸易关系,同其中的 130 多个国家和地区签订了相关贸易关系的双边条约、协定。与 80 多个国家和地区签订了避免双重征税和防止偷漏税协定,并与 130 多个国家签订了双边投资保护协定。中国已经与五大洲 28 个国家和地区进行了 15 个自由贸易安排或紧密经贸关系安排谈判,签订和实施了 10 个自由贸易协定或紧密经贸关系安排以及 5 个正在进行的自由贸易协定谈判。

在多边条约方面,中国已参加了 100 多个国际条约(组织),其中大部分是国际经济贸易方面的,主要包括各类国际商品协定、货物销售合同、金融组织及条约、海关组织及条约、保护知识产权组织及公约、国际运输公约、国际商事仲裁和司法协助公约等。

(3) 国际贸易惯例

国际贸易惯例是指在国家(地区)间的相互贸易往来中,当事人经常引用用以确定当事人之间权利义务关系的规则。在有关国际条约和中国经济法律没有规定的情况下,可以适用国际贸易惯例。国际贸易惯例主要包括《国际贸易术语解释通则》、《华沙—牛津规则》、《联合运输单证统一规则》、《跟单信用证统一惯例》、《托收统一规则》等。

三、中国对外贸易法律架构

按照所管辖的领域划分,中国对外贸易法律包括货物贸易法律、技术贸易法律和服务贸易法律三部分,涉及国家对货物进出口、技术进出口和国际服务贸易进行管理和控制的一系列法律、法规和其他具有法律效力的规范性文件。

1. 货物贸易法律

货物贸易直接影响到整个对外贸易的发展,是中国对外贸易的关键组成部分,也是发展成效最为显著的一部分。中国货物贸易法律体系主要由货物进出口管理、进出口流程各环节管理和实施对外贸易救济等法律和法规构成。

(1) 货物进出口管理法律

《货物进出口管理条例》及其配套规章构成了中国货物进出口管理的主要法律依据。《货物进出口管理条例》自 2002 年 1 月 1 日起施行。作为《对外贸易法》的配套法规,该条例的整体架构和内容基本符合《对外贸易法》的总体框架和相关规定,主要内容包括《货物进出口管理条例》的适用范围、货物进出口管理原则、货物进出口管理办法、进出口监测和临时措施、对外贸易促进、法律责任等几部分。

为了配合该条例的实施,国务院有关部委陆续颁布了与其配套的部门规章,主要涉及进出口许可证管理、进出口配额管理和国营贸易与指定经营管理几方面,如《货物进口许可证管理办法》《货物出口许可证管理办法》《货物自动进口许可管理办法》《出口商品配额招标办法》《纺织品被动配额管理办法》《机电产品进出口管理办法》《原油、成品油、化肥国营贸易进口经营管理试行办法》《出口收汇核销管理办法》等。

(2) 货物进出口主要环节管理法律

① 进出口商品检验管理法律。1989 年颁布、2002 年修订的《进出口商品检验法》是规范进出口商品检验活动的基本法,是进行进出口商品检验最主要的法律依据。该法对立法宗旨、进出口商品检验体制、商检主体及其行为规范、商检原则、商检分类、商检内容、商检依据、商检监管制度、进口商品检验和出口商品检验管理、商检工作人员的法律责任、违法行为及其处罚等,都做出了明确规定。《进出口商品检验法》的配套法律、法规和规章主要包括《进出口商品检验法实施条例》《进出境动植物检疫法》《进出境集装箱检验检疫管理办法》《出入境检验检疫标志管理办法》《强制性产品认证管理规定》等。

② 海关管理法律。我国于 1987 年颁布、2000 年修订的《中华人民共和国海关法》为海关法律体系的核心,是海关法规、规章的立法依据。《海关法》涉及的主要内容包括,海关的性质、任务、基本权力、监管对象,执法相对方的基本义务及权利,海关组织领导体制、职责权限,海关及其工作人员的行为规范,海关对进出境运输工具、货物、物品的监管,海关对关税征收监管,海关统计,海关缉私,海关事务担保,海关行政复议,行政诉讼程序等。除《海关法》外,还有一些时效性及操作性很强的行政法规及规章作为对具体执行办法的补充,如《进出口关税条例》《知识产权海关保护条例》《保税区海关监管办法》等。对《海关法》的执行产生影响的法律主要有《刑法》《刑事诉讼法》《行政处罚法》《行政复议法》等。此外,中国政府缔结或参加的国际海关组织及相关条约、协议也是中国海关立法体系的组成部分。

③ 外汇管理法律。外汇管理的主要法律依据是国务院于 1996 年颁布、1997 年修订,并

于 2008 年再次修订的《外汇管理条例》。该条例作为外汇管理的基本行政法规,主要规定了中国外汇管理的基本原则与制度,涉及的主要内容包括,条例的立法目的、外汇管理机关、外汇管理原则,明确规定国家对经常性国际支付和转移不予限制;经常项目外汇管理规定,如经常项目外汇收入不实行强制结汇、进出口收付汇核销制度、居民个人外汇管理等;资本项目外汇管理规定,如对资本项目外汇收支实行管制的政策,对外商投资、境外投资和外债的管理等;金融机构外汇业务管理规定;人民币汇率和外汇市场管理规定等。此外,针对各种外汇管理目标,中国还陆续颁布了一系列专门规范外汇管理业务的法规、规章和规范性文件。

④ 货物原产地管理法律。海关总署于 1986 年颁布的《海关关于进口货物原产地的暂行规定》,是中国第一个有关原产地的行政法规;国务院于 1992 年颁布的《出口货物原产地规则》,则是中国第一个有关出口货物原产地的行政法规。2004 年,国务院颁布《进出口货物原产地条例》,并于 2005 年 1 月 1 日起施行,该条例颁布后,上述两个法规同时废止,从此统一了中国进出口货物原产地规则。《进出口货物原产地条例》共 27 条,分别对立法宗旨、适用范围、原产地确定原则、原产地证书签发以及核查、违反条例的法律责任等问题做了比较明确的规定。海关总署也相应发布了《关于非优惠原产地规则中实质性改变标准的规定》及《海关进出口货物优惠原产地管理规定》等配套文件,分别自 2005 年 1 月 1 日和 2009 年 3 月 1 日起施行。

（3）对外贸易救济法律

我国于 2004 年新修订的《对外贸易法》专门增加了"对外贸易救济"一章,其中明确规定,国家根据对外贸易调查结果可以采取适当的对外贸易救济措施。自 2002 年 1 月 1 日起,我国施行了《反倾销条例》、《反补贴条例》和《保障措施条例》。2004 年 3 月,国务院对这 3 个条例进行了修订,并于同年 6 月 1 日起施行。为使上述条例进一步明确和细化,增强其可操作性,国务院有关部委还先后颁布施行了一系列配套规章,如《反倾销产业损害调查规定》、《反补贴产业损害调查规定》、《保障措施产业损害调查规定》等。这些法规、规章的出台,使得我国反倾销、反补贴案件的调查和裁决有了具体依据。在出口贸易持续面临一些国家滥用反倾销、反补贴和保障措施的同时,中国也应善于使用这些手段来有效合理地保护本国的民族工业。运用好符合世界贸易组织规则的反倾销、反补贴和保障措施,可以有效制止国外向我国大量低价倾销产品,消除倾销对国内相关产业造成的损害,也可对国际上那些对中国产品滥用这些措施的国家和地区形成威慑,进一步为中国企业营造公平的国内外贸易环境,维护国家的经济利益。

2. 技术贸易法律

大力发展对外技术贸易是实现中国由贸易大国向贸易强国跨越的必由之路,也是加强出口商品结构战略性调整、促进国内产业结构优化升级的重大战略选择,必须用法律制度来规范和引导中国技术贸易,促进其健康、有序和可持续发展。中国技术贸易管理立法由技术进出口管理的法律、法规和规章以及保护知识产权的法律、法规和规章构成。

（1）技术进出口管理法律

改革开放后,中国在技术进出口管理方面曾公布过 3 个行政法规:《技术引进合同管理条例》、《技术引进合同管理条例施行细则》和《技术出口管理暂行条例》。这些法规在规范技术进出口合同管理、维护技术进出口秩序等方面曾发挥过积极作用。但随着技术进出口管理体制改革的不断深化,特别是在中国"入世"之后,上述 3 个法规已难以适应新形势的需要,因此,在 2001 年 12 月 10 日,国务院颁布了我国统一的技术进出口管理法规《技术进出口管理条例》,并从 2002 年 1 月 1 日起施行。

《技术进出口管理条例》的主要内容包括,国家对技术进出口实行统一的管理制度;技术进出口的具体形式包括专利权转让、专利申请权转让、专利实施许可、技术秘密转让、技术服务和其他方式的技术转移等;技术进出口管理分禁止进出口技术、限制进出口技术和自由进出口技术 3 类,并对禁止或限制进出口的技术实行目录管理,对限制进出口的技术实行许可证管理;明确技术进出口合同的生效之日,限制进出口的技术为其许可证颁发之日,自由进出口的技术则为其合同依法成立之时,不以登记为合同生效的依据。

为配合《技术进出口管理条例》的实施,商务部制定并颁布了《禁止进口、限制进口技术管理办法》、《禁止出口、限制出口技术管理办法》、《技术进出口合同登记管理办法》等部门规章。

(2) 知识产权保护法律

知识产权构成当今国际技术贸易的主要标的,与知识产权保护有关的法律、法规也是中国技术贸易管理立法的重要组成部分。在技术贸易中,依法对知识产权实行保护,不仅对技术输出方有利,而且有利于技术引进方。

对知识产权的保护,几乎涵盖我国对外技术贸易的所有方面。自 1982 年起,我国陆续颁布实施了一系列法律法规,为开展对外技术贸易提供了法律保障。在知识产权保护方面,我国已经形成了较为完整的法律体系。迄今为止,我国与技术贸易有关的法律主要有《对外贸易法》、《专利法》、《商标法》、《合同法》、《反不正当竞争法》、《著作权法》以及《中外合资经营企业法》、《中外合作经营企业法》、《外资企业法》等。此外,《民事诉讼法》、《行政诉讼法》、《刑事诉讼法》等程序性法律规定了知识产权权利人维护合法权益的途径和程序。国务院及相关政府部门颁布了大量保护知识产权的行政法规和规章,如《商标法实施条例》、《专利法实施细则》、《著作权法实施条例》、《知识产权海关保护条例》、《计算机软件保护条例》、《集成电路布图设计保护条例》、《植物新品种保护条例》等。最高人民法院、最高人民检察院也发布了若干关于执行知识产权法律的司法解释。

在不断健全完善国内法律体系的同时,从 20 世纪 80 年代起,中国相继参加了一些主要的知识产权保护国际公约、条约和协定。自 1980 年加入《建立世界知识产权组织公约》起至今,中国先后加入或签署了《保护工业产权巴黎公约》、《商标国际注册马德里协定》、《保护文学艺术作品伯尔尼公约》、世界贸易组织《与贸易有关的知识产权协定》等知识产权协定和条约。这些协定和条约也是中国技术贸易立法不可缺少的组成部分。中国还在积极参与世界贸易组织、世界知识产权组织、国际植物新品种联盟、亚太经合组织、亚欧会议等国际组织的国际知识产权制度的改革和国际知识产权问题的谈判,并不断加强多边知识产权保护合作。

3. 服务贸易法律

在当今经济全球化浪潮中,服务贸易正在成为国际贸易发展的主导力量。中国要成为真正的贸易强国,提高对外贸易竞争力,就必须顺应这一世界发展潮流,积极发展对外服务贸易,建立健全本国的服务贸易法律体系。

自 20 世纪 80 年代起,中国就开始着手有关涉外服务贸易管理的国内立法工作,目前已初步形成由法律、行政法规、部门规章共同组成的多层次的服务贸易法律体系。该体系以

《对外贸易法》为核心,包括投资、金融、保险、电信、法律服务、海运及工程承包、咨询等服务领域的各种法律法规。

(1)《对外贸易法》

《对外贸易法》第四章主要针对国际服务贸易,确立了国际服务贸易的基本原则,指出国家促进国际服务贸易的发展步骤,确立了国际服务贸易逐步自由化的方针。这是基于我国服务业仍处于初级阶段的现状提出来的。《对外贸易法》关于服务贸易的规定虽然是粗线条的,却涉及我国服务贸易领域的基本法律原则,是服务贸易立法的基础和核心。

(2)外资管理立法中的有关规定

《对外贸易法》明确规定,国际服务贸易企业和组织的设立及经营活动,应当遵守本法及其他有关法律、行政法规的规定。因此,外资管理立法中关于国际服务贸易企业的规定,也属于我国服务贸易立法的组成部分。外资管理立法主要包括《中外合资经营企业法》、《中外合作经营企业法》、《外资企业法》及有关实施细则,它们对国际服务贸易企业和组织的设立条件、方式、期限及经营活动都做了具体规定。此外,我国还制定了《外商投资产业指导目录》,详细规定了中国在服务业中鼓励、允许、限制及禁止的外商投资项目。

(3)服务贸易立法的具体部门法规

服务贸易涉及范围广泛、部门众多,所以相应的法律、法规的门类也较多,主要包括:① 金融服务业立法,主要有《人民银行法》、《商业银行法》及《外资金融机构管理条例》等;② 保险服务业立法,主要有《保险法》等;③ 运输服务业立法,主要有《海商法》、《国际班轮运输管理规定》、《国际船舶代理管理规定》、《民用航空法》等;④ 旅游服务业方面,主要有《旅游法》、《旅行社管理条例》及其实施细则等;⑤ 建筑工程服务业立法,主要有《建筑法》及《在中国承包工程的外国企业的资质管理办法》等;⑥ 商业服务业方面,目前我国也无相关法律,只有《外商投资产业指导目录》及《关于商业零售领域利用外资问题的批复》等法规;⑦ 广告服务业方面,目前我国已颁布了《广告法》,另外还有国务院颁布的《涉外广告代理条例》等;⑧ 专业服务业方面,这个领域较广,对其调整的法律主要有《律师法》、《注册会计师法》等。

四、《对外贸易法》概述

我国《对外贸易法》于 1994 年 7 月 1 日正式实施。为适应中国加入世界贸易组织后的新形势,我国于 2004 年对该法进行了修订,修订后的《对外贸易法》于 2004 年 7 月 1 日起施行。《对外贸易法》是中国对外贸易法律的基本法,是中国整个对外贸易制度的核心。《对外贸易法》的出台为中国对外贸易持续、稳定和健康发展奠定了法律基础,具有重要的现实意义和深远的历史影响。现行《对外贸易法》由 11 章 70 条组成。其基本框架和主要内容如下。

第一章"总则",对《对外贸易法》的立法宗旨,对外贸易制度的基本特征、基本原则及法律适用范围等做了原则规定。

第二章"对外贸易经营者",对经营者的主体资格及其权利、义务进行了规范,指出国家可以对部分货物的进出口实行国营贸易管理。

第三章"货物进出口与技术进出口"及第四章"国际服务贸易",对对外贸易客体、货物贸易、技术贸易和国际服务贸易的管理进行了规范。

第五章"与对外贸易有关的知识产权保护",规定了通过实施贸易措施,防止侵犯知识产权的货物进出口和知识产权权利人滥用权利以及促进我国知识产权在国外的保护的相关内容。该章为2004年修订时新增加的一章。

第六章"对外贸易秩序",主要从公平竞争角度进一步规范了对外贸易主体与客体之间的法律关系,规定经营者应当依法经营、公平竞争,遵守国家有关管理的规定。

第七章"对外贸易调查",规定为维护对外贸易秩序,对外贸易主管部门可以依法启动对外贸易调查,并规定了调查的范围、手段和对调查结果的处理。

第八章"对外贸易救济",指出国家可以根据对外贸易调查结果,采取适当的救济措施。对规避救济措施的行为,可以采取必要的反规避措施。

第九章"对外贸易促进",规定国家建立和完善对外贸易促进机制,设立对外贸易发展基金、风险基金,使用进出口信贷、出口信用保险、出口退税及其他贸易促进手段,建立公共信息服务体系,扶持和促进中小企业开展对外贸易。

第十章"法律责任",重点对不同主体的违法行为进行法律追究方面作了明确规定,指出通过刑事处罚、行政处罚和从业禁止等多种手段,对对外贸易违法行为进行处罚。

第十一章"附则",着重对与特殊物质有关的贸易、特殊对外贸易方式、单独关税区法的不适用性及法的时间效力上作了补充规范。

 **本章小结**

对外贸易也称国外贸易、进出口贸易,简称"外贸",是指一个国家(地区)与另一个国家(地区)之间的商品、劳务和技术的交换活动。

由于对外贸易业务涉及领域广阔,故与国内贸易相比较,具有政策性、复杂性、专业性、长期性、风险性等特点。

对外贸易额又称对外贸易值,它是由一国或地区一定时期进口总额与出口总额构成,是反映一国对外贸易规模的重要指标之一,一般都用本国货币表示,也有用国际上通用货币表示的。

对外贸易的基本原则包括全国统一对外贸易制度,维护公平、自由对外贸易秩序,平等互利、互惠对等,货物与技术自由进出,开展服务贸易。

马克思主义的对外贸易理论包括社会再生产理论、国际价值理论等;西方主要对外贸易理论主要包括绝对成本理论、相对成本理论、资源禀赋理论。

对外贸易法律是指一国对其外贸活动进行行政管理和服务的所有法律规范的总称,一国的对外法律制度是为保护和促进国内产业增加出口,限制进口或者为政治、外交以及其他目的,对进出口采取的鼓励和限制措施,这是一国对外贸易总政策的集中体现。

中国对外贸易法律渊源由国内法渊源和国际法渊源两部分构成。

《对外贸易法》是中国对外贸易法律的基本法,是中国整个对外贸易制度的核心。

 复习思考题

1. 简述对外贸易的特点。
2. 说明中国发展对外贸易的作用。
3. 简答中国发展对外贸易的基本原则。
4. 论述马克思主义的对外贸易理论的主要内容。
5. 论述对外贸易法律渊源。

微信扫码查看

第二章　中国对外贸易战略

学习要求

通过本章的学习,要求学生了解对外贸易战略的概念和分类,明确中国对外贸易战略的原则和指导思想,掌握中国对外贸易的总体战略和基础战略。

关 键 词

对外贸易战略　进口替代战略　出口导向战略　混合型外贸战略　外开内撑型外贸战略　"大经贸"战略　"走出去"战略　互惠共赢战略　自由贸易区战略　"以质取胜"战略　科技兴贸战略　对外贸易可持续发展战略

中国对外贸易战略是我国经济发展战略在对外贸易方面的内容,是在全国国民经济总体发展战略指导下,一个比较长的历史时期内有关对外贸易发展的全局性决策和长期性规划。中国对外贸易战略是实现我国经济发展战略目标的重要保证,它对于我国社会主义现代化建设、中华民族振兴有着重要意义。中国对外贸易战略包括总体外贸战略和基础外贸战略。实施中国对外贸易战略,既要在宏观与总体上把握,又要在微观上落实到具体的基础,才能不断开创对外贸易发展的新局面。

第一节　对外贸易战略的概念与分类

一、对外贸易战略的概念

对外贸易战略是指在一国经济总体发展战略指导下的对外贸易部门发展战略,即对对外贸易发展目标和实现手段的全局性的长期安排和筹划。

对外贸易战略的内涵,首先应包含明确的对外贸易发展战略目标,考虑外贸利益。外贸利益大致有三种情况。第一种情况是谋求外贸之外的利益,即在特定时期,针对特定政治、经济环境作出的选择。例如我国在新中国成立初期,为了突破帝国主义的封锁、禁运,我们着重发展了对苏联、东欧国家的全面紧密的经济合作和贸易往来,逐步同亚洲、非洲和拉丁美洲的独立国家建立了贸易合作关系,体现了谋求国家政治利益的战略思想。第二种情况主要是获得静态的外贸利益。第三种情况则主要是获得动态的贸易利益。20 世纪 90 年代以来,我国外贸发展战略的目标已从出口创汇等静态利益转向促进产业结构调整、升级,提高规模经济水平和增强国际竞争力等动态贸易利益目标上来。

其次,对外贸易战略应包含战略重点,即部门发展偏向。实行进口替代战略,就是要进口工业设备,限制进口消费品,为国内工业的成长创造条件。实行出口导向型贸易战略,重视在国际市场上合理调配资源,放松进口管制,对出口生产部门和外贸部门实行多方面支持措施,目的是以出口增长带动产业升级和经济增长。

再次,对外贸易战略应包含保证外贸战略目标和重点实现的体制和政策体系。与外贸战略相适应的体制以及相互配合的政策体系是对外贸易战略是否完善的标志和能否成功的保证。对外贸易体制主要通过决策机制、信息机制和动力机制逐步实现对外贸易战略的目标意图,通过收集、处理信息推进对外贸易战略的实施,并根据条件的变化及时纠正对外贸易战略实施过程中出现的偏差,调节对外贸易利益分配关系。对外贸易政策包括总体政策、具体政策和国别政策。总体政策规定了一国对外贸易的总的方针和方向。具体政策包含产业政策、结构政策、商品政策等相关配套政策。国别政策是根据国家之间的关系决定一国的政治利益。

对外贸易战略是经济总体发展战略的重要组成部分,反映了经济总体发展战略要求,并在一定程度上决定了一国经济发展的目标和方向。

对外贸易战略在一国经济发展战略中居于核心地位。对外贸易战略是一国经济发展战略的有机组成部分,但对外贸易战略与经济发展战略不是一般的整体与部分之间的关系。对外贸易战略要考虑如何在世界经济的大环境下参与国际分工、实现资源优化配置、促进经济发展,其发展规划决定了一国经济发展战略的许多重要内容,反映了一国经济发展的目标和方向,因而处于一国经济发展战略的核心地位。

对外贸易战略的核心地位使其具有以下几个特点。

一是对外贸易战略的全局性。一国对外贸易战略的制定,要着眼于国际经济和世界经济的国际分工体系,充分考虑国内的资源条件和经济发展目标,所提出的体制和政策,不仅对外贸行业,而且对全国经济发展都将起到指导作用,因而具有全局性的特点。

二是对外贸易战略的整体性。对外贸易战略的各构成部分,包括对外贸易战略的制定原则、指导思想、总体战略及模式、基础战略以及外贸体制、外贸政策等,是相互联系、相互协调、相互促进、相辅相成的关系,从整体上对外贸发展和经济发展发挥着促进和制约作用,具有整体性特点。

三是对外贸易战略的稳定性。稳定性是一国经济发展战略和外贸发展战略内在的要求。经济发展战略和外贸战略都是对未来较长时期经济和外贸发展方向、发展方式、发展目标等方面的安排,要长期发挥引导作用,不能朝令夕改、随意变动,要在一定时期保持稳定。虽然由于国际、国内环境的变化,可以对战略的某些具体指标和要求进行调整,但其基础部分和基本要求是不能随意改变的。对外贸易发展战略保持稳定,才能保证经济和外贸的安全有序发展,才能吸引更多的投资者和贸易伙伴。

二、对外贸易战略的分类

西方经济学家和国际组织在开展广泛调查研究的基础上,依据不同的研究目的和研究方法,将发展中国家的对外贸易战略进行了不同的分类。

钱纳里等人应用多国计量模型进行分析比较,把发展中国家的对外贸易战略划分为出口促进战略、进口替代战略和平衡发展战略。

克鲁格根据统计数据对"二战"后 10 个发展中国家的制造业的有效保护率进行测算,把发展中国家的对外贸易战略分为出口促进战略、进口替代战略和温和的进口替代战略三种类型。

世界银行根据 1963—1985 年 41 个国家和地区的资料,把发展中国家的对外贸易战略分为坚定外向型、一般外向型、一般内向型和坚定内向型四种类型。

以上对外贸易战略类型的划分,可以归结为以下三种基本的类型。

(一) 进口替代战略

进口替代战略又称内向型战略,是指用本国产品替代进口品,通过建立和发展本国的工业,实现对进口工业制成品的替代,从而达到减少进口、节约外汇、发展本国工业,加强经济自立能力,减少对国外经济依附的目的。实行进口替代战略一般都会对本币汇率高估,保护本国幼稚产业,对本国市场实行不同程度的保护,抵制外来产品。

实施进口替代战略一般要经过两个发展阶段:第一阶段主要是建立和发展一般的最终消费品工业,实现对这方面产品的进口替代;第二阶段是在第一阶段实施到一定程度后,需集中力量建立和发展生产资本品、中间产品的工业,如机械设备制造、石油提炼、炼钢轧钢、冶金、化工等需要大量资本和专门技术的工业,实行替代工业升级。第一阶段的实施比较容易,一般发展中国家都可实现,但第二阶段的实施受资金、技术、人才和市场等条件的限制,许多发展中国家难以成功实施。

进口替代战略的优点如下:首先,所生产的一般工业品的国内有效需求已经基本存在,建立新工业的风险较低,较易实施;其次,对本国幼稚工业和民族工业的保护,有利于本国建立独立的工业体系;再次,一般消费品工业发展有利于解决就业问题。

进口替代战略随着经济发展显露出明显的局限性。一是国内市场容量决定了进口替代战略的发展潜力有限。国内经济获得了一定发展后,有限的市场需求将成为制约经济发展的主要因素,一旦国内市场达到饱和,经济的增长速度就会受到抑制,甚至出现倒退。二是容易造成国际收支失衡。实行进口替代的国家一般是依靠农产品、资源性初级产品的出口换取外汇,用于进口国内经济发展所需的机器设备。初级产品换汇能力低,而进口所需外汇量大,长期下去易导致国际收支失衡。三是国内受到保护而获得发展的行业容易失去竞争意识,产生不求进取的懒惰行为,对经济发展产生不良影响。

实施进口替代经过一定时期发展后,进口替代战略就走到了尽头,就会以极端扭曲的国内资源配置和国际比较利益关系换取本国工业在"闭关锁国"状态下的缓慢发展,维护其落后状态。对此,世界上不少发展中国家都有过深刻的历史教训。

(二) 出口导向战略

出口导向战略又称为外向型战略,是指主要通过促进和扩大制成品出口,以出口增长带动产业升级和经济增长。这是一种出口鼓励型贸易战略,重视在国际市场上合理调配资源,贸易和工业政策不歧视内销的生产或供出口的生产,也不歧视购买本国商品或外国商品。

它将国内国际市场同等看待,把国内市场看作开放性市场,看作国际市场的一个组成部分。该战略遵循国际分工的比较优势原则,利用国内丰富的资源或廉价的劳动力等优势发展资源密集型和劳动密集型产品,参与国际分工和合作,获取国际贸易的静态利益和动态利益,促进国内产业结构升级、改善出口产品结构、实现国际收支平衡等经济发展目标。

出口导向战略的配套政策有,降低关税,减少配额、许可证等数量限制,实施自由贸易政策;对出口部门采取特殊优惠政策,包括税收优惠、出口退税、提供出口信贷、外汇担保;货币对外贬值,促进出口贸易发展。

出口替代是外向型或出口导向型战略发展到较高阶段的结果。出口替代分为两个相互连接的阶段,首先实行以制成品出口替代传统的初级产品出口;接着实现出口产品由简单制成品向高新技术、高附加值制成品转换。

出口导向型战略的优点是,能克服发展中国家国内市场狭小的限制,把国内市场和国际市场融合在一起,形成无限的市场容量,因而有利于引进先进技术、改造产业结构、利用规模经济,促进本国经济的工业化和现代化。中国香港、中国台湾、新加坡和韩国等国家和地区均通过成功实施出口导向战略而实现了经济腾飞。

出口导向型战略也会随着经济的内外部环境变化而表现出它的不足。一是过度依赖国际市场,容易受国际经济波动的影响。亚洲金融危机的爆发就是这种对国际市场过度依赖造成的。二是在要求别国开放市场的同时必然要开放自己的市场,国内经济面临着发达国家雄厚大公司带来的巨大压力,给本国工业发展、产业结构升级带来了严重的困难。三是发达国家由于经济衰退,新贸易保护主义抬头,对发展中国家的劳动密集型产品的出口实施了各种贸易限制,使发展中国家实施出口导向型战略面临巨大挑战。

(三)混合发展战略

混合发展战略是在总结发展中国家实施进口替代战略和出口导向战略的经验教训,比较两种不同类型战略优点和局限的基础上提出的,力图将进口替代战略和出口导向战略各自有效的成分结合起来,取长补短,集合而成的一种新型对外贸易战略。

混合发展战略在战略重点上既要利用进口替代迅速形成能满足国内需求的独立工业化体系,又要积极利用国际分工扩大出口;在战略措施上则既要继续实行较严格的贸易保护政策,又要实施财政和金融措施扶持出口。

在理论界,关于如何实现进口替代战略和出口导向战略的结合有以下几种主要观点:一种认为应综合运用两种战略优势,实施双层次的、重点有序的综合发展战略;另一种认为,应该平衡交叉运用进口替代战略和出口导向战略;第三种认为,进口替代战略以国内市场为主要目标,出口导向战略以国际市场为主要目标,应交替实施两种战略;还有的认为,出口导向战略要求比较自由的贸易政策,而进口替代战略则要求高度保护的贸易政策,将体现两种相互矛盾、排斥的政策要求的贸易发展战略结合在一起是无法操作实行的。

在实践中,印度从20世纪70年代初对这两种战略的结合进行了尝试,但由于开放的程度不足,对国内工业保护过度,实施效果不理想。巴西在20世纪60年代中期开始混合使用两种贸易发展战略并取得了成功,创造了经济快速发展的奇迹。

第二节　制定中国对外贸易战略的原则与指导思想

一、制定中国对外贸易战略的原则

制定中国对外贸易战略,应根据我国现阶段国民经济、社会发展水平和要求,经济体制改革与对外开放的进程,考虑到国际经济、政治环境的变化,参照国际惯例和经验,并贯彻如下原则。

(一) 自由贸易与保护贸易适当结合的原则

国内产业发达,掌握贸易竞争优势或经济技术先发优势的发达国家和地区是自由贸易坚定的支持者;而国内产业不发达,居于贸易竞争劣势或经济技术后进地位的国家和地区则倾向于保护贸易。在当代世界经济由单纯的商品贸易向服务贸易、国际投资与技术知识产权、环境保护及可持续发展等领域交流合作转化的过程中,竞争更趋激烈和复杂,采用纯粹的自由贸易或保护贸易都不是制定对外贸易战略的良好原则,更多的国家开始转向实行自由贸易与保护贸易相结合的"管理贸易"。我国虽是一个经济和外贸大国,但产业发展参差不齐,地区经济呈现明显的二元经济特征,出口产品结构水平低,竞争优势不足,因此,在制定对外贸易战略时更应贯彻自由贸易与保护贸易适当结合的原则。

(二) 进口替代和出口导向有机结合的原则

我国国民经济与社会发展正处在工业化的关键时期,扩大经济总量、提升产业结构、改善贸易条件、增进社会福利的任务十分繁重,因此在对外贸易发展中必须强调进口替代。在经济全球化和国际分工不断深化的今天,我们必须遵循国际分工的比较优势原则,利用国内比较优势,在参与国际分工和合作中获取国际贸易的静态利益和动态利益,这就要把进口替代和出口导向结合起来,通过出口为进口创造条件,通过进口替代实现重要产业的建立和发展,然后再通过出口进一步实现国内产业升级,使进口替代的成果落实到出口替代的实效中去,发挥出两个战略成果的优点,实现二者优势互补的有机结合。

(三) 国内市场和国际市场主辅结合的原则

中国应坚定不移地实行对外开放,与国际经济接轨,但是绝不能过度依赖国际市场,特别是少数几个发达国家的市场。过度依赖国际市场很容易受到发达国家经济运行和波动的影响,亚洲金融危机就是被发达国家的经济波动卷入危机深渊的,所以中国制定对外贸易战略时,应在充分利用国际市场特别是发达国家市场的同时,保持国家经济发展的独立性,不要过度依赖发达国家市场,应坚持国内市场为主,以国内市场作为中国经济发展的中心和依托,把国际市场作为促进国内市场发展的有效补充。中国作为一个经济大国,国内市场巨大,有着很大的发展潜力,制定对外贸易战略应以国内市场为主,以国际市场为辅,实现二者协调发展的主辅结合。

二、制定中国对外贸易战略的指导思想

(一)坚持从实际出发

制定中国对外贸易战略,首先必须从中国社会主义现代化建设的实际出发,既要符合国民经济总体发展战略的需要,与国民经济各部门发展要求相适应,又要是我国现在的国力和发展水平有可能实现的。中国社会主义现代化建设的现实条件,是制定中国对外贸易战略的国内依据。其次,制定中国对外贸易战略,还必须依据国际条件,从世界经济的客观实际出发,要根据世界经济发展状况和国际贸易发展趋势以及世界政治经济格局的变化制定中国对外贸易发展战略。

(二)坚持对外开放的基本国策

对外开放是被载入我国宪法的一项基本国策,制定中国对外贸易战略,必须坚定不移地坚持贯彻这一基本国策。不仅对社会主义国家开放,而且对资本主义国家开放;不仅对发达国家开放,而且对发展中国家开放;不仅国内经济特区、沿海发达地区开放,而且沿边地区和内陆地区也开放;不仅现在开放,而且将来也长期开放,对外开放政策永远不会变。要通过开放,摆脱那种基本上属于一国经济自我循环的状况,建立以国内资源和市场为主的、国外资源和市场为辅的有机结合的新的良性循环系统。

(三)坚持以提高经济效益为中心

提高经济效益是我们考虑一切经济问题的根本出发点,也是我们制定中国对外贸易战略的指导方针。我们在处理经济效益与发展速度的关系时,要确定能够取得最佳经济效益的对外贸易发展规模和速度。通过对外经济技术的交流与合作,使国民经济实现实物形态的转换,取得社会劳动的节约,达到增加使用价值和价值、争取最佳经济效益的目的。

(四)坚持科学发展观

科学发展观是在经济全球化迅猛推进,中国全面实行对外开放历史条件下提出的发展战略理念,是处理中国对外经贸关系,引领中国对外贸易战略调整的重要指导思想。制定中国对外贸易战略,要以科学发展观为指导,在客观、全面分析全球经济发展格局和变化态势的基础上,抓住经济全球化不断深化的历史机遇,进一步扩大对外开放,全面提升中国参与国际经济技术合作的水平,进而为中国经济社会全面、协调、可持续发展提供强大动力,并采取有效措施,确保国家利益和社会、经济以及生态安全,实现国际、国内全面协调和可持续发展。

(五)坚持自力更生方针

独立自主、自力更生是我国社会主义现代化建设的根本指导方针。在我们这样一个13亿人口的大国进行社会主义现代化建设,必须主要依靠本国的资源和市场,依靠本国人民的力量。同时,我们还要通过对外开放,充分利用国内外两种资源和市场,还要学习和借鉴外国有益的经验,目的是为了增强自力更生的能力,加快社会主义现代化建设,但绝不是要依赖外国,放弃自力更生。我们在制定中国对外贸易战略时,既要反对忽视国外资源和市场,闭关自守、孤立奋斗的做法,又要反对一切依靠国外资源和市场的做法,自主决定和处理本

国一切事物,在和平共处五项原则基础上发展对外经济技术交流合作,利用好国内外两个市场、两种资源。

第三节 中国对外贸易总体战略

中国对外贸易总体战略是从宏观角度提出的全局性的总体战略。在不同时期由于开放程度不同,对外贸易总体战略也不同,具体包括改革开放前的进口替代战略、有限开放时期的混合发展战略、全面开放后的"大经贸"战略、"走出去"战略、互利共赢战略和自由贸易区战略。

一、关于中国对外贸易总体战略选择的争论

改革开放以来,开展了关于中国对外贸易总体战略选择的讨论,特别是东南亚金融危机爆发后,对中国对外贸易的发展该选择哪种战略的争论非常激烈。针对中国经济发展情况的不同侧重,大致形成了以下四种不同的看法。

(一)主张实行进口替代战略

主张实行进口替代战略的理由有如下几点。

1. 保护幼稚产业的需要

中国作为一个发展中的大国,国内工业体系还不完善,还有许多幼稚产业需要保护,只有实行进口替代战略,才能继续实施保护贸易政策,有效保护幼稚产业,促进中国民族工业发展,完善中国的工业体系。

2. 坚持独立自主对外政策的需要

实行进口替代战略有助于中国实行独立自主的对外政策,有利于减少国际政治、经济的影响。

3. 中国目前经济发展水平不高的需要

中国是一个发展中大国,人口众多、地域辽阔,区域经济发展很不平衡,二元经济特征明显,因而不适合采用出口导向战略,否则就会加剧地区间不平衡,拉大收入差距,不利于构建和谐社会和实现共同富裕。此外,中国的市场体系还不够完善,还缺乏在国际市场上具有导向性的出口产业和出口导向的条件,因而只能实行进口替代战略。

4. 中国国内市场巨大的需要

由于中国国内市场巨大,应立足于国内市场,通过实行进口替代,促进国内经济大循环,依靠内需拉动经济增长。实践已经证明,中国完全可以依靠扩大内需来拉动经济增长。

5. 应对发达国家市场壁垒的需要

当今国际市场上,发达国家一面高喊自由贸易,竭力打开发展中国家的市场,一面又对发展中国家高筑市场壁垒。在这种情况下很难实行出口导向战略,参与国际分工,因而只能实行进口替代战略。

(二)主张实行出口导向战略

主张实行出口导向战略的观点如下。

1. 实行出口导向战略是进口替代战略已经完成使命,必须转向的要求

中国经过多年实行进口替代战略取得了良好效果,已经建立起了完整的工业体系,完成了该战略的历史使命,必须转向出口导向战略,通过出口导向实现出口创汇,进口先进的技术、设备,才能促进国民经济的进一步发展。

2. 实行出口导向战略是适应当今世界经济发展趋势,融入国际分工的要求

长期实行进口替代,过度进行贸易保护,会导致国内产业的"惰性",并且当代世界经济一体化趋势不可阻挡,要实行高度贸易保护几乎不可能。实行出口导向适应了世界经济发展的大趋势,通过发展外向型经济,实现用工业制成品替代初级产品出口,用技术层次高、附加值高和加工层次深的产品出口代替技术、加工层次低的产品出口,这样就可以更好地融入到广泛深入的国际分工之中。

3. 实行出口导向战略是实现中国产业升级的必由之路

通过实行出口导向战略,建立起中国与世界经济的联系,利用中国的比较优势参与国际分工,在积极引进外国资金和先进技术、设备的条件下,集中资源和优势培育中国出口行业的竞争力,发展对外贸易,不仅可以解决中国外汇短缺的问题,而且可以获得国际贸易的各种静态利益和动态利益,并逐步实现中国产业升级。

(三)主张实行混合型外贸战略

混合型贸易战略是基于出口导向战略和进口替代战略各有利弊,在综合考虑中国国情条件下提出的将两种战略结合起来互补的混合型或平衡型外贸战略。至于如何实行这种混合型外贸战略,有三种不同的看法。

1. 在沿海、东部等经济比较发达的地区以及中、西部经济欠发达的地区分别实行出口导向战略和进口替代战略

由于中国地域辽阔,区域经济发展很不平衡,不可能在全国一刀切地实行单一的进口替代战略或出口导向战略。从中国经济发展不平衡的实际出发,只能是在沿海和东部等经济发达地区实行出口导向战略,直接参与国际竞争,而在中西部经济欠发达地区继续实行进口替代战略,对中国的幼稚产业进行保护,经过一段时间的发展后再适时转向实行出口导向战略。

2. 在不同的产业部门分别实行出口导向战略和进口替代战略

在一些关系到国计民生的重要部门和幼稚产业部门实行进口替代战略,以通过实施必要的保护促进这些产业部门的发展;而在纺织行业、机电行业等已经发展比较成熟的产业实行出口导向战略,通过发展外向型出口部门产业,进行出口创汇,引进先进的技术、设备,改善国内产业,促进中国经济发展。

3. 通过实现要素融合把两种战略有机结合起来

就是既鼓励进口替代的部门发展外向型经济成分,同时也在外向型经济出口产业部门引进先进的技术、设备,提升出口产品的竞争力,把两方面战略要素有机结合起来。这种结合既不受地区、部门的限制,又不受时间制约,要根据需要交替强调、灵活调整。

由于两种战略要求实行的是相反的政策措施,进口替代实行的保护贸易政策会影响到出口部门的发展,而出口导向实行的促进出口和保护进口的措施又会因不同政策的抵消而达不到预期效果。

（四）主张实行外开内撑型外贸战略

外开内撑型战略是中国经济学者提出的一种新的外贸战略。外开内撑型战略是以国际比较优势为依据，以国内市场为依托，以适度保护为辅助，努力撑大本国内部市场，全面对外开放的贸易战略，其内容如下。

1. 发挥比较优势走开放发展道路

当代世界经济联系越来越紧密，国际分工不断深化，经济全球化进程加快，任何国家和企业企图摆脱国际经济联系，走自我封闭、自我发展道路，都是一条走不通的死路。中国应坚定不移地走开放型发展道路，重视扩大国外市场，积极主动参与国际分工，在扩大国际经济的交流与合作中发现并利用本国的比较优势，建立自己有竞争力的出口产业和主导产业，促进对外贸易和国民经济的长期持续发展。

2. 撑大国内市场促进对外贸易发展

在走开放型发展道路时，还应当强调重视国内市场的作用。我国由于经济高速增长、实行扩大内需政策，带来了巨大的市场机会，对于对外贸易的发展将有重要支撑作用。首先，广阔的国内市场对出口产业能发挥规模经济的作用。可以使本国产品成本降低，有利于获得国际竞争优势。其次，广阔的国内市场对国外资本、技术流动有吸引作用。这对于国家的工业化和现代化有重要作用。再次，广阔的国内市场可以起到出口商品"蓄水池"的作用，出口产品在国际市场一旦受阻，就可以通过扩大国内市场销售的办法来缓解压力。最后，广阔的国内市场对国外的贸易壁垒有抑制作用。由于担心失去中国的巨大市场，国外的贸易保护不得不有所收敛。

3. 适度保护下的自由贸易政策

我们要实行全面对外开放，就要实行自由贸易政策，但实行自由贸易政策并不是完全排斥任何形式的政府保护，适度的政府保护还是必要的。当今世界上没有完全实行自由贸易的国家，我们应该利用自由贸易参与国际竞争，但同时也应该由政府提供适度的保护，以促进国内幼稚产业的发展。

二、改革开放前的进口替代战略

改革开放前（1949—1978年），我国实行的对外贸易总体战略是进口替代战略。对外贸易的目的是"互通有无，调剂余缺"，着重强调的是自力更生，只有中国生产不了的才考虑进口，而不是为了根据国际分工的比较优势原则参与国际分工获取对外贸易利益。

（一）实行进口替代战略的依据

改革开放前实行进口替代战略的依据如下：首先，当时的国内形势严峻，经济环境险恶。当时新中国成立不久，国民经济经历了多年战争的摧残，全面崩溃，百废待兴，急需要建立工业、恢复生产、保障供给。其次，国际上存在着资本主义和社会主义两大阵营的对立，以美国为首的西方资本主义国家对中国实行经济封锁和禁运，企图完全切断中国与世界经济的联系。再次，面对国内、国外严峻的形势，我国不得不采取独立自主、自力更生的建设方针，建立和发展自己的工业体系，逐步恢复国民经济。最后，中国当时实行的是高度集中的计划经济体制，为了保护国内幼稚产业的发展，防止西方资本主义经济对中国的冲击，维护社会主义制度,在高度集中的计划体制下,基本上采取了"闭关锁国"的做法,经济建设排斥对外经济,实行的是封闭状态下的进口替代。

(二)实行进口替代战略的意义

在改革开放前的历史环境条件下,实行进口替代战略,对中国的外贸和经济发展起到了积极作用。一是外贸和经济都得到了恢复和发展,达到了较高的增长速度。1952—1978年中国对外贸易增长了5.5倍,其中出口增长约6.2倍,进口增长6倍。经济增长率在1949—1978年达到年均增长7.3%的水平,特别是工业产值的平均增长率在1953—1978年达到了11.3%的水平。二是中国初步建立起了比较完整的民族工业体系,并实现了出口产品由农产品为主到轻工业产品为主的过渡。三是充分发挥国内劳动力资源充裕的优势,形成了劳动密集型的轻工业产品略占优势的出口商品结构,在国际市场的竞争中取得了一定的比较优势。

(三)实行进口替代战略的缺陷

由于长期实行进口替代战略,暴露了该战略存在的缺陷,给中国经济发展带来了如下不利影响。首先,实行这种战略使中国一直孤立于世界经济之外。进口替代战略从本质上排斥进口,同时也歧视出口,不是以比较优势为原则发展对外贸易,因而不能获得国际贸易的各种静态利益和动态利益,从而使自己孤立于世界经济之外。其次,导致了资源配置的低效率。由于对国内产业过度保护,资源配置不合理、效率低,加上实行高度集中的计划经济体制,使得企业更加缺乏竞争意识和效率观念,效率低下造成资源的极大浪费。再次,结构失衡影响中国经济的进一步发展。实行进口替代优先发展重工业,使轻工业与重工业、农业与工业、生产与生活等经济结构严重失衡,中国经济的进一步发展受到很大影响。

三、有限开放时期的混合发展战略

1978—1992年的有限开放时期,我国基本上实行的是混合发展战略。1978年我国将对外开放确定为基本国策后,外贸战略开始转变,由进口替代战略逐步转向混合发展战略。

(一)实行混合发展战略的依据

之所以要实行外贸发展战略的转变,主要是由于当时中国国情的变化和世界经济全球化趋势的发展。

1. 国内经济体制的变化

通过改革,国内经济体制逐步实现了由高度集中的计划经济体制向市场经济体制的转变,外贸体制也进行了符合市场经济体制要求的改革。原来计划经济体制下的对外贸易战略随着其赖以存在的经济体制基础的转变,必然表现出与新的经济体制不相适应的矛盾和冲突,需要用混合发展战略来代替原来的进口替代战略,即实行以进口替代为主,与出口导向相结合的对外贸易战略,才能与市场经济的新体制相适应。

2. 国内经济发展不平衡,结构不合理

中国幅员辽阔、人口众多,城乡之间、地区之间、产业部门之间经济发展很不平衡,经济结构很不合理,因此,需要针对不同地区、产业部门实行不同的外贸发展战略。在经济比较发达的东部沿海地区和有条件的地区实行出口导向战略,在经济欠发达的中西部地区实行进口替代战略。充分发挥这两种战略的优势,利用出口导向战略增加外汇收入,利用进口替代战略维护国民经济基础。通过两种战略的相互作用,实现国民经济结构的合理化和高级化。

3. 1986 年提出了复关申请

进口替代战略的高度保护不符合关贸总协定倡导的自由贸易原则。为了适应关贸总协定所倡导的自由贸易原则,早日恢复中国在关贸总协定中的缔约国地位,需要对进口替代战略进行调整,并同时实行出口导向战略。

4. 高估汇率抑制了出口

实行进口替代战略,采取了高估汇率的政策,严重影响了中国对外贸易的发展,抑制了出口,造成了外汇的紧缺,并影响到国内资源的优化配置。要改变这种状况,就必须调整对外贸易战略,从实行进口替代战略转到混合发展战略,并制定出相应的外汇政策,促进外贸发展,以发挥外贸推动国民经济发展的作用。

5. 对外开放基本国策确立

随着社会生产力和国际分工的迅速发展,世界上各个国家和地区在经济上联系在一起,经济生活国际化趋势日益加强。各国孤立不群与闭关锁国的状态日益被打破。而中国由于长期实行进口替代战略,基本上孤立于国际分工和世界经济之外,被迅速发展的世界经济远远抛在后面。为了顺应世界经济的开放潮,1978 年后,对外开放被确定为我国的基本国策,并采取逐步推进的办法进行,我国的对外贸易战略必须作相应调整,在有限开放时期,在率先开放的经济特区、沿海开放城市、沿海经济开发区实行出口导向战略,在其他地区实行进口替代战略,实现两个战略的互补。

(二)实行混合发展战略的意义

1. 充分利用了中国丰富的劳动力资源

在沿海经济特区、开放城市和沿海经济开发区,利用国际经济处于产业结构升级和转移阶段的机会,通过大力引进外资,兴办中外合资、中外合作、外商独资企业,利用我国农村劳动力资源优势,发展劳动密集型加工业,有效利用了丰富的劳动力资源,解决了大量人口的就业问题。据测算,20 世纪 80 年代中期以后,中国每出口 1 亿元人民币工业品,一年可为 1.2 万人提供就业机会;每年通过进出口生产可安排上千万人就业。

2. 实现了出口商品由初级产品为主向工业制成品为主的转变

按国际贸易标准分类统计,工业制成品占出口总额的比重,1953 年为 20.6%,1978 年上升到 46.5%,1988 年又上升到 64.6%,其中重工、化工制成品占出口总额的 24.5%,并呈现出深加工和精加工制成品逐年上升的趋势。

3. 加速了工业化和现代化建设

1978—1979 年的成套设备和技术进口项目,具有 20 世纪 70 年代末至 80 年代初的世界先进水平,对推进我国现代化发挥了重要作用。20 世纪 80 年代以来,我国着重引进软件和关键设备,改造现有企业,使许多产品的生产技术日趋现代化。沈阳水泵厂引进联邦德国和比利时先进技术生产的电站高压锅炉给水泵达到了 80 年代初的世界先进水平。造船、机械、电子等产业,通过外贸引进技术,进行了全行业技术改造,推动了技术水平的飞跃,达到了国际标准,生产出世界先进水平的船舶新产品系列,80% 的出口船舶销往发达国家。中国机械工业通过引进技术,使 400 多个重点企业的技术水平进入世界先进行列。

(三)实行混合战略的缺陷

1. 外贸政策的地区差异造成了各地不公平的竞争地位

当时实行的外贸政策,地区之间有很大差异,各地为了地区利益竞相争夺资源,甚至实施地区限制,人为分割国内市场,使沿海地区经济发展面临着很大困难。

2. 国家倾斜的外贸政策拉大了地区经济发展的不平衡

国家向比较发达地区的外贸倾斜政策,加快了比较发达地区的经济快速发展,进一步拉大了地区发展差距,加大了地区经济发展的不平衡,影响到整个国民经济的协调、稳定发展。

四、全面开放以后的对外贸易战略

1992 年邓小平南行讲话和党的"十四大"对市场经济地位的确立,标志中国改革开放进入了全面开放时期。此后,我国先后提出了"大经贸"战略、"走出去"战略、互利共赢战略和自由贸易区战略。

(一)"大经贸"战略

我国在 1994 年春举办的"90 年代中国外经贸战略国际研讨会"上,正式提出了"大经贸"战略构想。

1. "大经贸"战略的含义和内容

"大经贸"战略就是实行以进出口贸易为基础,商品、资金、技术、劳务合作与交流相互渗透、协调发展,外经贸、生产、科技、金融等部门共同参与的经贸发展战略。

"大经贸"战略的基本内容如下。

(1)大开放。通过进一步拓展对外经贸的广度和深度,形成对内对外全方位、多领域、多渠道的开放格局。开拓以亚太市场和周边国家市场为重点,发达国家和发展中国家合理分布的多元化市场,提高我国的整体开放度,加快国内经济与世界经济接轨,奠定我国开放型经济体系的基本格局,最大限度地获取参与国际分工的好处。

(2)大融合。一是加快实现对外经贸各项业务的融合,实现商品、技术和服务贸易一体化协调发展;二是在维护全球多边贸易体制的前提下,努力实现双边、区域和多边经贸合作;三是积极推进贸易、生产、科技、金融等部门的密切合作,提高企业的国际竞争力;四是外贸稳定发展,维护国际收支平衡,把对外经贸的宏观调节与国民经济宏观调控更好地结合起来。

(3)大转变。转变对外贸易的功能,在扩大外贸规模、提高外贸贡献度的同时,着力发挥其促进产业结构调整、加快技术进步、提高宏观和微观经济效益的作用;同时,通过利用国际分工,对国民经济发挥引导性功能,提供多方面综合服务。

2. "大经贸"战略的目标

(1)适度超前增长。外经贸要继续保持适度超前增长,提高对经济增长的贡献度。

(2)集约化发展。进一步优化进出口商品结构,加快技术进步,提高效益,促进国民经济产业结构调整。

(3)市场多元化。逐步实现以亚太市场为重点,周边国家市场为支撑,发达国家和发展中国家合理分布的市场结构。

（4）地区外经贸协调发展。努力改变外向产业发展雷同化、重叠化现象,减少地区之间的矛盾和摩擦,形成各地区外经贸合理、协调发展的格局。

（5）实现外经贸不同方式的融合和良性循环。把商品、服务、技术、出口和利用外资相互融合,实现良性循环和协调发展。

3．实施"大经贸"战略的措施

（1）树立社会主义市场经济观念,提高宏观决策的经营管理水平。

（2）深化外贸体制改革,完善外经贸宏观调控机制。

（3）推进全方位、多层次、多渠道的对外开放,为实施"大经贸"战略创造良好的外部环境。

（4）推动贸、工、农、技、银密切结合,加快技术进步和出口产品升级换代,增强国际竞争力。

（5）加强外经贸法制建设。

（6）加快外经贸人才培养与信息开发。

4．实施"大经贸"战略的意义

（1）为加强和改进对外经贸宏观调节和管理提供了依据,在全面开放新形势下,推动解决外经贸发展面临的一系列深层次问题。

（2）打破了国内外市场之间的阻隔及国内各部门、各地区间的界限,促进了专业化协作与联合,推动了工贸结合及代理制改革目标的实现,推动了集团化、国际化的发展。

（3）提高了外经贸质量、效益,整顿了外经贸秩序。

（4）促进了产业结构调整和技术进步,推动了出口产业产品结构升级。

（二）"走出去"战略

"走出去"战略是我国政府在世纪之交经济全球化不断发展,国家综合国力要进一步增强,经济结构要调整升级的背景下作出的重大决策。在新的条件下发展对外经贸,就必须在"引进来"的同时,加快实施"走出去"开拓国际市场的战略。

1．"走出去"战略的内容与目标

（1）鼓励有条件的企业"走出去"开展跨国经营。发挥比较优势,带动我国技术、设备、商品和劳务出口。鼓励和支持各类所有制企业"走出去",在境外投资办厂,开展各种各样的经济技术合作,更多地利用国外的资源和市场。

（2）逐步拓宽境外投资领域。鼓励企业采取多种形式开拓市场,形成多元化的投资格局。鼓励企业从初期简单从事进出口贸易、餐饮、劳务承包拓展到投资办厂、境外加工装配、境外资源开发、对外承包工程、对外劳务合作、设立境外研发中心、建立国际营销网络、提供境外咨询服务、开展对外农业合作、卫星通信等众多领域。

（3）推动对外承包工程和劳务合作发展。加大开拓国际工程承包市场的力度,鼓励和支持企业在境外开展对外设计咨询、工程承包和劳务合作,重点带动成套设备、技术和服务出口的总承包项目、大型工程和"交钥匙"工程,推动对外承包与劳务合作上规模、上档次。鼓励企业采取的承包方式从分包为主逐步向施工总承包和"咨询设计——采购——施工"全过程承包转变,项目经营方式逐步向项目管理、BOT等高层次发展。

通过上述"走出去"战略内容的实施,实现开拓国际市场、拓展我国经济发展空间的战略目标。

2. 实行"走出去"战略的措施

(1) 进行规划和协调。从宏观上进行总体的规划和协调,从微观上积极引导企业根据国家外贸发展的长远目标和阶段安排制定跨国经营战略,避免"一窝蜂"式的大干快上。

(2) 制定促进措施。为提高企业的国际竞争能力,要建立企业境外带料加工装配、对外承包工程保函风险专项资金、出口信贷及出口信用保险、中小企业国际市场开拓资金、援外合资合作基金。充分发挥商业贷款、优惠贷款、无息贷款和发展援助的作用,鼓励企业带资承包,在境外承揽大项目。允许具备条件的企业在国内外资本市场融资,利用国际商业贷款增加资本金。

(3) 加强信息和政策服务。引导企业选择好目标市场和项目。发挥驻外经商机构、商业行会和各类中介组织的作用,为企业提供信息、法律、财务、知识产权和认证等方面的服务。加快建立信息服务网络系统,扩大信息采集渠道,向企业提供境外经营环境、政策环境、项目合作机会、合作伙伴资质等信息。

(4) 建立保障机制。加强多边、双边经贸磋商,减少和排除境外各种贸易壁垒。加强领事保护,制定境外企业和人员领事保护实施办法,维护我国境外企业和人员的合法权益。

3. 实施"走出去"战略的意义

(1) 有利于提高对外开放水平。开拓了国际市场,拓展了我国经济发展空间。

(2) 有利于增强我国经济发展的动力和后劲。弥补国内资源不足,开发利用国外石油、天然气、铁矿、森林等资源取得积极进展,缓解了我国能源、原材料的紧缺状况。

(3) 有利于推进经济结构优化升级。对外投资合作规模不断扩大,我国已进入国际工程承包的世界十强,投资领域、方式向人才、资金、技术密集型行业拓展,推动了我国经济结构的优化升级。

(4) 有利于保证国家的经济利益和安全。企业跨国经营迈出了重要步伐,海外跨国经营业务取得重要进展,国际竞争力增强,一批企业开始进入世界同行业最强的大型企业行列。

(三)互利共赢战略

2001 年中国正式加入世贸组织后,在制定对外贸易战略和政策时,必须考虑对其他国家的影响,同时更重要的是要配合国民经济发展战略,促进国内经济的发展,因此,中国在进入 21 世纪后的对外贸易战略应该是在科学发展观指导下实现对外贸易的可持续发展,并具有全方位、多层次、宽领域的综合性特点,应该是一种比较自由的贸易发展战略,配合以适当的保护。这就要在继续贯彻"大经贸"战略和"走出去"战略的同时,实行互利共赢的战略。

国家"十一五"规划正式提出了互利共赢的开放战略,即坚持对外开放基本国策,在更大范围、更广领域、更高层次上参与国际经济技术合作和竞争,实现互利共赢,更好地促进国内发展与改革,切实维护国家经济安全。

1. 互利共赢战略的内容

(1) 加快转变对外贸易增长方式和优化对外贸易结构。按照发挥比较优势、弥补资源不足、扩大发展空间、提高附加值的要求,积极发展对外贸易,促进对外贸易由数量增加为主向质量提高为主转变。在优化出口结构的基础上,积极扩大进口,完善公平贸易政策;大力发展服务贸易,到 2010 年货物贸易、服务贸易进出口总额分别达到 2.3 万亿美元和 4 000 亿美元。

(2)提高利用外资质量。抓住国际产业转移机遇,继续积极有效地利用外资,重点通过利用外资引进国外先进技术、管理经验和高素质人才,把利用外资同提升国内产业结构、技术水平结合起来。引导外商投资方向,充分发挥集聚和带动效应;促进利用外资方式多样化,发挥外资的技术溢出效应。

(3)积极开展国际经济合作。完善促进生产要素跨境流动和优化配置的体制和政策,积极发展与周边国家及其他国家的经济技术合作,实现互利共赢。

2. 实行互利共赢战略的措施

(1)树立科学发展观,实现对外经贸动力机制的转变。中国对外经贸既要适应中国经济社会发展的宏观要求,为全面小康建设发展目标和现代化建设发展目标服务,同时也要根据 WTO 规则考虑到其他国家的利益和发展要求,要通过发展对外经贸活动给双方都带来好处,对双方都有利,中国既不做单纯追求自己利益的事,更不会做损人利己的事,中国追求的是互利共赢的战略目标。只有这样,才能实现对外经济贸易的可持续发展。

(2)增强综合竞争力,构建质量效益导向的外贸促进和调控体系。以自主品牌、自主知识产权和自主营销为重点,引导企业增强综合竞争力;支持自主性高技术产品、机电产品和高附加值劳动密集型产品出口;严格执行劳动、安全、环保标准,规范出口成本构成,控制高耗能、高污染和资源性产品出口;完善加工贸易政策,继续发展加工贸易,着重提高产业层次和加工深度,增强国内配套能力,促进国内产业升级;加强对出口商品价格、质量、数量的动态监测。

(3)实行进出口基本平衡的政策,发挥进口在促进我国经济发展中的作用。完善进口税收政策,扩大先进技术、关键设备及零部件和国内短缺的能源、原材料进口,促进资源进口多元化。

(4)积极稳妥扩大服务业开放,建立服务贸易监管体制和促进体系。扩大工程承包、设计咨询、技术转让、金融保险、教育培训、信息技术等服务;建立服务业外包基地,有序接受国际服务业转移。

(5)完善公平贸易政策,提高应对贸易争端能力,维护企业合法权益和国家利益;加强国际贸易的多双边对话与合作,实现共同发展;完善贸易法律制度,建立大宗商品进出口协调机制,加强行业自律,规范贸易秩序;有效运用技术性贸易措施,加强进出口检验检疫和疫情监控。

(6)合理引导外资投资,引导外资更多地投向高技术产业、现代服务业、高端制造环节、基础设施和生态环境保护,投向中西部地区和东北地区等老工业基地。鼓励跨国公司在我国设立地区总部、研发中心、采购中心、培训中心;鼓励外资企业技术创新,增强配套能力,延伸产业链;吸引外资能力较强的地区和开发区,要注重提高生产制造层次,积极向研究开发、现代流通等领域拓展;引导国内企业同跨国公司开展多种形式的合作,有效利用境外资本市场,支持国内企业境外上市;继续用好国际金融组织和外国政府贷款,合理、审慎使用国际商业贷款;加强外资的宏观监测和管理,保护适度外债规模。

（7）实施"走出去"战略,支持有条件的企业对外直接投资和跨国经营,培养和发展我国的跨国公司。完善境外投资促进和保障体系,加强对境外投资的统筹协调、风险管理和资产监管;推进国际区域经济合作,积极参与国际区域经济合作机制,加强对话与协商,发展与各国的双边、多边经贸合作,积极参与多边贸易、投资规则制定,推动建立国际经济新秩序。

（8）促进国际金融体系改革。加强国际金融监管合作,推动国际金融组织改革,鼓励区域金融合作,改善国际货币体系,促进国际金融体系改革,保障国际贸易健康发展,实现国际贸易互利共赢。

（9）大力培养对外贸易人才,建设高素质的对外贸易队伍。实行互利共赢战略,关键是培养大批政治过硬、业务精湛的对外贸易人才,建设一支高素质的队伍。要把通过高校对外经济贸易专业培养专门人才和对现有外经贸队伍的培训、提高结合起来,并使专门人才中博士、硕士、本科和专科不同层次的人才合理组合,形成一支思想端正、事业心强、勇于开拓、无私奉献、知识广博、精通业务的高素质对外贸易队伍。

3. 实行互利共赢战略的意义

（1）有利于在更大范围、更广领域、更高层次参与国际经济技术合作,更好地促进国内发展与改革。

（2）有利于加快转变对外贸易增长方式,实现对外贸易由数量增加为主向以质量提高为主转变。

（3）有利于优化出口商品结构,促进国内产业升级。

（4）有利于扩大进口,缓解国内能源、原材料短缺。

（5）有利于发展服务贸易,有序承接国际服务贸易转移。

（6）有利于提高利用外资的质量,提升国内产业结构和技术水平。

（7）有利于促进生产要素跨境流动和优化配置。

（8）有利于维护国家经济安全,实现互利共赢,构建和谐世界。

（四）自由贸易区战略

自由贸易区是指经双方或多方商定,减少贸易投资壁垒,推动贸易投资自由化和便利化的特定贸易区域。由两个或两个以上的国家或地区组成,其开放程度超越 WTO 现有框架的贸易自由化,是 WTO 规则所允许的。我国于 2000 年首次提出与东盟建立自由贸易区的构想,中共十七大报告提出要"实施自由贸易区战略",中共十八大报告再次提出要加快实施这个战略,从而把建立自由贸易区提升到了国家外贸发展战略。

1. 实施自由贸易区战略的必然性

（1）是入世过渡期结束后急需解决的迫切问题。入世过渡期结束后,如何进一步拓展对外开放的广度和深度,提高开放型经济水平,从开放中继续获取发展动力,在开放中得到更大利益,是我们面临的一个迫切需要解决的问题。将自由贸易区建设作为扩大开放的新战略,以此更好地统筹双边、多边、区域次区域开放合作,推动同周边国家互联互通,从而促进我们对外经济贸易发展,实为一条有效途径。

（2）是寻求国家外贸利益最大化的必然趋势。国家对外经贸利益的获取往往受制于步履艰难的多哈回合谈判和区域经济一体化的阻碍,于是各国纷纷从自由贸易区中寻求自身利益的最大化。据 WTO 统计,截至 2010 年 2 月,全球已有 462 个区域贸易协定向 WTO

提交了通知,其中有 271 个已经实施。WTO 的绝大多数成员参加了一个或几个区域贸易协定,多的参加了 20 多个协定。寻求我国外贸利益的最大化,也必须顺应这种趋势,积极组建自由贸易区。

(3) 是已取得初步成果实践基础上的必然发展。我国从 2000 年开始组建区域贸易安排,已取得了初步成果,已有了 5 个实施中的区域性自由贸易安排,这就为我国在"十七大"确立自由贸易区战略提供了实践基础。

2. 自由贸易区战略实施进程

(1) 组建区域贸易安排的初步实践阶段

一是建立中国—东盟自由贸易区。这是我国组建的第一个自由贸易区,时任总理朱镕基在 2000 年 11 月第四次中国东盟领导人会议上提出的建立中国—东盟自由贸易区构想,并建议成立专家组进行可行性研究。次年专家组建议 10 年内建成"10＋1"自由贸易区。2002 年 11 月,在第六次中国—东盟领导人会议上,中国与东盟 10 国签署了《中国与东盟全面经济合作框架协议》,决定到 2010 年建成自由贸易区。目前,这一协议目标已实现。

二是签署内地与港澳 CEPA。2003 年内地与香港、澳门特区政府分别签署了内地与香港、澳门《关于建立更紧密经贸关系的安排》(简称"CEPA"),2004 年、2005 年、2006 年又分别签署了《补充协议》、《补充协议二》和《补充协议三》。

三是实施中智自由贸易协定。2004 年 11 月 18 日,胡锦涛主席与智利前总统拉戈斯共同宣布启动中智自贸区谈判。2005 年 11 月 18 日,在韩国釜山 APEC 领导人非正式会议期间,双方签署了《中智自贸协定》,并于 2006 年 10 月 1 日起开始实施。

四是达成亚太贸易协定。1975 年,在联合国亚太经济社会委员会的主持下,中国与孟加拉、印度、老挝、韩国和斯里兰卡达成的优惠贸易安排,称为《曼谷协定》。2005 年 11 月 2 日,《曼谷协定》更名为《亚太贸易协定》。自 2006 年 9 月 1 日起,各成员国开始实施第三轮谈判结果。我国向其他成员国的 1 717 项 8 位税目产品提供优惠关税,平均减让幅度为 27％;我国还向最不发达成员国孟加拉和老挝的 162 项 8 位税目产品提供特别优惠,平均减让幅度为 77％。同时,根据 2005 年税则计算,我国可享受印度 570 项 6 位税目、韩国 136 项 10 位税目、斯里兰卡 427 项 6 位税目和孟加拉 209 项 8 位税目产品的优惠关税。

(2) 提出自由贸易区战略后的实施阶段

2007 年,在中共十七大报告中明确提出要实施自由贸易区战略。组建自由贸易区提升到国家发展战略后,中国与有关国家和地区的自由贸易区建设有了较大发展。首先,建成了一批自由贸易区。中国积极主动参与和推动区域一体化进程,截至 2016 年 8 月,我国已签署 14 个自贸协定,其中已实施 12 个自贸协定,涉及 22 个国家和地区,自贸伙伴遍及亚洲、拉美、大洋洲、欧洲等地区。这些自贸协定分别是我国与东盟、新加坡、巴基斯坦、新西兰、智利、秘鲁、哥斯达黎加、冰岛、瑞士、韩国和澳大利亚的自贸协定,内地与香港、澳门的《更紧密经贸关系安排》,以及大陆与台湾的《海峡两岸经济合作框架协议》。

此外,我国也正在推进多个自贸区谈判,包括《区域全面经济伙伴关系协定》、中国—海湾合作委员会自贸区、中国—挪威自贸区、中日韩自贸区、中国—斯里兰卡自贸区和中国—马尔代夫自贸区等。此外,我们还在推进中国—新加坡自贸区升级谈判、中国—巴基斯坦自贸区第二阶段谈判和《海峡两岸经济合作框架协议》后续谈判。

可以预见的是,加快实施自由贸易区战略,将进一步促进中国与周边地区和世界经济贸易的可持续发展。

其次,积极发展新的自由贸易区。中澳、中瑞等已建成自贸区,正在进行自由贸易协定谈判的有 6 个国家和组织,即海湾合作委员会、澳大利亚、冰岛、挪威、南部非洲关税同盟和瑞士;正在研究中的自由贸易区有中国—印度自由贸易区、中国—韩国自由贸易区、中国—日本—韩国自由贸易区;正在考虑与我国签订自由贸易协定的还有一批国家和组织。

自由贸易区战略的实施和推进,对于统筹双边、多边、区域次区域开放合作,推动同周边及相关国家的地区、组织互联互通,提升我国对外贸易的水平,提高抵御国际经济风险能力,将发挥重要作用。

3. 实施自由贸易区战略的意义

(1) 有利于统筹双边、多边、区域次区域开放合作,稳定外贸市场,拓展我国外贸发展空间。

(2) 有利于推动同周边及其他国家互联互通,弥补国内资源不足,提高能源、原材料供应水平,改善交通状况,开辟新的出海通道。

(3) 有利于转变对外经济发展方式,增强发展动力,实现人才、资本、技术的合理流动,实现要素优化配置,推动经济结构调整升级。

(4) 有利于实现优势互补,形成引领国际经济合作和竞争的开放区域,培养带动区域发展的新高地。

(5) 有利于服务贸易的发展和升级,推动对外贸易平衡发展。

(6) 有利于做强外贸,提高外贸经济效益,增强抵御国际经济风险的能力。

第四节 中国对外贸易基础战略

中国对外贸易基础战略是从微观角度提出的带有全局性的基础战略,包括出口商品战略、出口市场战略、进出口贸易发展战略(详见第八章)、以质取胜战略、科技兴贸战略和对外贸易可持续发展战略。这些战略从各自不同的角度谋划了对外贸易发展带有全局性的基础要求,共同保证对外贸易总体战略落到实处。

一、以质取胜战略

20 世纪 90 年代以来,随着世界市场竞争的日趋激烈,产品质量在竞争中逐渐处于焦点地位,价格竞争退居次要地位,而质量成为出口商品是否具有国际竞争力的先决条件。改革开放以来,我国对外贸易的发展虽然比较迅速,但主要是依靠数量的扩张,通过低质低价、削价竞争取得。"以量取胜"、低质低价,不但造成资源和社会劳动的浪费,而且难以适应现代国际市场已经从以价格为中心的竞争转变为以质量为中心的竞争,使我国在竞争激烈的国际市场上处于极其不利的地位。特别是随着国际贸易保护主义盛行,国外对我国设限和贸易摩擦加剧,使我国外贸出口陷于困境。

为了全面提高质量,国务院于 1996 年 12 月 24 日颁布了《质量振兴纲要》,明确提出了以质取胜战略。

(一) 以质取胜战略的内涵

外经贸以质取胜战略是指正确认识并处理好质量和数量、效益和速度、内在质量与外观质量、样品质量和批量质量以及质量和档次等方面的关系,把出口商品本身的质量同国际市场的需要有机结合起来。

就出口商品而言,外经贸以质取胜战略包括以下三个方面的内容。

1. 提高出口商品的质量和信誉

通过提高出口商品生产者和外贸企业经营者对商品质量和信誉的认识,加强对生产过程、产品品质以及包装储运的质量管理,加大对我国出口商品质量的监督检查和执法力度,提高我国出口商品的质量和信誉。

2. 优化出口商品结构

从生产领域入手,密切跟踪国际先进技术,通过引进先进技术和设备,推进技贸结合,使科技成果尽快实现商品化、产业化,形成国际竞争的综合优势。加强高科技产品的研制和开发,以便较快地提高我国出口商品的质量、档次和加工深度。引进先进生产技术要与引进先进检测手段相配套,保证产品技术性能和档次的提高。

3. 创名牌出口商品

通过创名牌、保名牌,实施名牌战略,树立我国优质商品和知名企业在国际贸易中的形象和地位,以提高我国出口商品的国际竞争力和出口创汇能力。实施名牌战略不仅是我国贯彻以质取胜战略的重要内容,也是我国促进企业建立质量效益机制,提高出口竞争力的重要途径,一方面,创造名牌是实施名牌战略的首要环节,质量是创立名牌的基础;另一方面要善于在发展中保护名牌,既要加大惩处假冒伪劣产品的力度,也要对名牌产品的认定严格把关,保护知识产权和名牌商标。

(二) 实施以质取胜战略的措施

1. 强化质量控制的立法与执法

强化质量意识,并加强质量方面的法律法规建设,为实施以质取胜战略提供必要的法律环境。加快《中华人民共和国对外贸易法》、《产品质量法》、《进出口商品检验法》配套法律法规的建设,保证出口商品质量,维护对外贸易的合法权益。

2. 推行与国际标准接轨的质量管理体系

我国出口商品与国外同类商品相比,薄弱环节主要体现在安全、健康和环境保护等方面。此外,我国有很多产品因为不符合国际标准而被进口国拒之门外,因此积极推行与国际标准接轨的质量管理体系是立足国际市场的必要程序。

首先,要按照国际标准,建立健全企业质量保障体系认证标准。按照国际标准化组织的ISO系列标准进行企业质量保障体系认证,已经成为当前国际市场领域中对供应方产品保证能力的一个基本要求。另外我国在1992年3月开始实施的《出口商品生产企业质量体系评审管理办法》,对于确保出口产品质量、促进国家间的相互认证,推动我国对外贸易的发展有十分重要的积极作用。

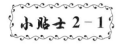

推行 ISO 9000 的作用

1. 强化品质管理,提高企业效益;增强客户信心,扩大市场份额

负责 ISO 9000 品质体系认证的认证机构都是经过国家认可机构认可的权威机构,对企业的品质体系的审核是非常严格的,对于企业内部来说,可按照经过严格审核的国际标准化的品质体系进行品质管理,真正达到法治化、科学化的要求,极大地提高工作效率和产品合格率,迅速提高企业的经济效益和社会效益;对于企业外部来说,当顾客得知供方按照国际标准实行管理,拿到了 ISO 9000 品质体系认证证书,并且有认证机构的严格审核和定期监督,就可以确信该企业是能够稳定地生产合格产品乃至优秀产品的信得过的企业,从而放心地与该企业订立供销合同,扩大了该企业的市场占有率。可以说,在这两方面都收到了立竿见影的功效。

2. 获得了国际贸易“通行证”,消除了国际贸易壁垒

许多国家为了保护自身的利益,设置了种种贸易壁垒,包括关税壁垒和非关税壁垒。其中非关税壁垒主要是技术壁垒,在技术壁垒中,又主要是产品品质认证和 ISO 9000 品质体系认证的壁垒。特别是在“世界贸易组织”内,各成员国之间相互排除了关税壁垒,只能设置技术壁垒,所以,获得认证是消除贸易壁垒的主要途径。(在我国“入世”以后,淡化了区分国内贸易和国际贸易的严格界限,所有贸易都有可能遭遇上述技术壁垒,应该引起企业界的高度重视,及早防范。)

3. 节省了第二方审核的精力和费用

在现代贸易实践中,第二方审核早就成为惯例,但其存在很大的弊端:一个供方通常要为许多需方供货,第二方审核无疑会给供方带来沉重的负担;另一方面,需方也需支付相当的费用,同时还要考虑派出或雇用人员的经验和水平问题,否则,付出费用也达不到预期的目的。唯有 ISO 9000 认证可以排除这样的弊端。因为作为第一方的生产企业申请了第三方的 ISO 9000 认证并获得了认证证书以后,众多第二方就没有必要再对第一方进行审核,不管是对第一方还是对第二方都可以节省很多精力或费用。还有,如果企业在获得了 ISO 9000 认证之后,再申请 UL、CE 等产品品质认证,还可以免除认证机构对企业的品质保证体系进行重复认证的开支。

4. 在产品品质竞争中永远立于不败之地

国际贸易竞争的手段主要是价格竞争和品质竞争。低价销售的方法不仅使利润锐减,如果构成倾销,还会受到贸易制裁,所以,价格竞争的手段越来越不可取。20 世纪 70 年代以来,品质竞争已成为国际贸易竞争的主要手段,不少国家把提高进口商品的品质要求作为限入奖出的贸易保护主义的重要措施。实行 ISO 9000 国际标准化的品质管理,可以稳定地提高产品品质,使企业在产品品质竞争中立于不败之地。

5. 有效地避免产品责任

各国在执行产品品质法的实践中,由于对产品品质的投诉越来越频繁,事故原因越来越

复杂,追究责任也就越来越严格。尤其是近几年,发达国家都在把原有的"过失责任"转变为"严格责任"法理,对制造商的安全要求提高很多。例如,工人在操作一台机床时受到伤害,按"严格责任"法理,法院不仅要看该机床机件故障之类的品质问题,还要看其有没有安全装置,有没有向操作者发出警告的装置等。法院可以根据上述任何一个问题判定该机床存在缺陷,厂方便要对其后果负责赔偿。但是,按照各国产品责任法,如果厂方能够提供ISO 9000 品质体系认证证书,便可免赔,否则,就会败诉且要受到重罚。(随着我国法制的完善,企业界应该对"产品责任法"高度重视,尽早防范。)

6. 有利于国际经济合作和技术交流

按照国际经济合作和技术交流的惯例,合作双方必须在产品(包括服务)品质方面有共同的语言、统一的认识和共守的规范,方能进行合作与交流。ISO 9000 品质体系认证正好提供了这样的信任,有利于双方迅速达成协议。

资料来源:ISOYES 国际认证联盟. http://www.isoyes.com/ISO 9000/2140.html

其次,积极推行与环境保护相关的国际认证体系。随着经济全球化的发展、人们环保意识的增强,发达国家日益关注产品是否环保。而国际标准化组织在 1996 年正式推出了《ISO 14000 环境管理标准体系》,目前,它已经成为通往国际市场的"绿色通行证"。

3. 培育在国际市场上的知名品牌和知名企业

培育国际知名品牌和知名企业,树立我国优质商品和知名企业在国际市场中的形象和地位,是提高我国出口商品竞争力的重要途径。创立品牌有利于促进企业建立质量效益机制,有利于促进出口增长方式从粗放型向集约型转变。知名品牌是企业形象的代表,也是开拓国际市场的重要武器,知名品牌意味着企业具有良好的信誉与素质。我国政府积极培育在国际市场上的知名品牌和知名企业,根据国家的产业政策确定了重点支持和发展的名牌出口商品,商务部还采取六大举措实施自主出口品牌战略(见小贴士 2-2)。

小贴士 2-2

商务部将采取六大举措实施自主出口品牌战略

2005 年 12 月商务部召开全国自主出口品牌建设工作会议宣布,为了认真贯彻中央经济工作会议提出的加快实施品牌战略,推动外贸增长方式转变的精神,商务部将采取树立自主品牌典型、提供政策支持等六大举措,从明年开始大力实施品牌战略。商务部正抓紧制订工作方案,主要抓好六项具体工作。一是树立一批自主品牌的典型。二是为品牌企业提供必要的政策支持。三是帮助企业进行品牌宣传。四是推动名牌企业"走出去",商务部将多方面为名牌企业在国外投资建立研发、生产、销售和售后服务体系提供便利。五是开展"品牌万里行"活动,联合主要媒体和有关中介机构在全国范围内开展"品牌万里行"活动,通过系列的舆论宣传和舆论监督,推动我国的自主品牌建设。六是加大自主品牌知识产权保护力度,名牌都是经过无数次的市场风浪摔打出来的,而不是靠政府保护出来的,政府在实施品牌战略中的作用是以市场为导向,充分发挥市场在品牌发展中优胜劣汰的作用。积极鼓励竞争,为自主品牌的发展营造良好的市场环境。

资料来源:http://www.gov.cn/jrzg/2005 - 12/10/content_123519.htm

4. 提高产品科技含量,优化出口结构

科技的竞争是国际贸易竞争的重要内容。从全球来看,高新技术发展迅速,各国纷纷注重高新技术的发展和出口,发达国家更是如此,一个企业要想在国际市场上保持一定的竞争优势,就必须注重提高产品的科技含量,注重研究与开发。我国还可以依靠技术进步来优化出口商品结构,提高高新技术产品的出口比重;通过引进技术提高传统出口产品的质量、档次和水平。

(三)实施以质取胜战略的意义

(1)提高出口产品质量和创造品牌。提高出口产品质量和创造品牌,是出口企业在国际竞争中制胜的法宝和求得生存发展的必由之路。在日趋激烈的国际市场上,只有提高出口产品的质量和创造名牌,才能提高竞争力,出口企业才能"以质量求生存,以品质求发展"。

(2)实施以质取胜战略有助于推动我国出口商品质量和档次的提高,能够增加商品的附加值,提高出口经济效益。

(3)实施以质取胜战略有助于树立企业形象和国家信誉。出口企业应通过提高出口商品质量、创立品牌,在国际市场上树立企业形象。出口商品质量就是中国商品的信誉,反映了民族的素质,关系到国家的信誉。因此,外贸工作者用自己的实际行动来提高商品质量,也是维护中国商品的信誉,维护国家的信誉。

(4)实施以质取胜战略是转变对外贸易增长方式和实现资源优化配置的途径。提高对外贸易增长的质量和水平,增加高附加值、高技术含量、高档次和高质量商品的出口比重,可以促进对外贸易增长方式的转变,实现资源的节约和优化配置。

二、科技兴贸战略

1999 年,为贯彻科教兴国战略以及适应科技、经济全球化形势下国际经贸发展的新形势,我国又提出了科技兴贸战略。

(一)科技兴贸战略的背景

1. 基于国际高技术产品贸易加速发展的趋势

从 20 世纪 80 年代以来,主要发达国家高新技术产品出口的增长速度均高于全部制造业产品出口的增长速度,这表明传统产品市场需求的增长有限,高新技术产品出口已成为国际贸易的新的增长点。1985—2003 年,世界高新技术产业年增长率为 14.3%,低技术产业年增长率为 9.4%,高新技术产业比低技术产业出口年增长率高 4.9 个百分点。世界制造业出口结构也发生了重大变化,高新技术产业在制造业出口总额的份额从 1985 年的 13% 上升到 2002 年的 24.5%;而中低技术产业的市场份额从 1985 年的 58% 下降到 2002 年的 47.2%。

2. 高新技术产品出口成为促进经济发展的重要因素

随着经济全球化的发展,高新技术产业以及高新技术产品出口在促进各国经济发展方面的作用日益突显。根据美国商业部的统计,美国高新技术出口已占世界高新技术出口的

2/3以上,高新技术产品出口对美国经济的持续增长发挥了重要作用。

3. 技术型贸易壁垒对国际贸易的影响越来越大

关贸总协定第八轮谈判之后,关税已经大幅度削减,传统的非关税壁垒如数量限制等也大大减少,但是新的贸易壁垒特别是技术性贸易壁垒对国际贸易的影响日益增大。由于技术性贸易壁垒具有名义合理、形式多样、方法隐蔽、种类繁多等特点,从而被发达国家广泛采用,因此加强对技术性贸易壁垒的研究,提高出口产品质量和技术标准,提高产品的科技含量对于发展中国家来说非常紧迫。

在上述背景下,1999年初,我国提出了"科技兴贸"战略,这也是科教兴国的基本国策在对外贸易领域的具体体现。

(二)科技兴贸战略的内涵

科技兴贸战略是以提高我国出口产业和产品的国际竞争力、加强体制创新和技术创新、提高我国高新技术产业国际化水平为基本指导思想,以"有限目标、突出重点、面向市场、发挥优势"为发展思路,进一步转变政府职能,通过面向国际市场的科研开发、技术改造、市场开拓、社会化服务等部署,提高企业出口竞争力和自主创新能力,加快出口商品结构的战略性调整,实现我国由贸易大国向贸易强国跨越的贸易发展战略。

实施科技兴贸战略,发挥了我国的科技优势,扩大了我国机电产品和高新技术产品的出口,提高了出口商品的科技含量、档次和附加值,促进了科技成果向现实商品转化,是我国从贸易大国走向贸易强国的关键。

从商品生产和交换角度来看,科技兴贸战略包括两个方面的内容:一是大力推动高新技术产品出口;二是运用高新技术成果改造传统出口产业,提高传统出口产品的技术含量和附加值。实施科技兴贸战略,推动我国高新技术产品出口,不仅可以改善我国出口商品结构,增强出口创汇能力,而且可以促进企业技术进步和产业结构的优化与升级,增强国民经济抗风险能力;利用高新技术成果改造传统产业,提高传统出口商品的技术含量和附加值,也会极大地促进产业结构调整和经济增长。实施科技兴贸战略,大力推动高新技术产品出口,提高传统出口产品的技术含量和附加值,正好适应了当今世界经济、科技全球化发展的大趋势。

(三)实施科技兴贸战略的措施及成效

1. 实施科技兴贸战略的措施

(1)进一步加强各部委的联合工作机制,建立以促进高新技术产品出口和提高传统出口产品技术含量和附加值为核心的多部门参加的部际领导体系。

(2)在科技兴贸重点城市率先建立较完善的出口服务体系和政策环境。从财政、金融、市场准入等方面研究促进高新技术产品出口和利用高新技术改造传统出口产业的鼓励政策。

(3)充分利用国际技术贸易、国际工业技术合作的多边、双边机制,稳步推进建立多双边高新技术产业化示范基地。

(4)完善我国出口管制法律体系,为我国高新技术进口和高新技术产业发展创造良好的外部环境。

(5)在重点行业和地区发展一批为高新技术产品出口企业服务的规范化的中介服务代理机构。

（6）为出口培育科技兴贸人才,培养一批管理人才和中介代理人才。

2. 实施科技兴贸战略的成效

"十五"期间,国务院有关部门共同组织实施科技兴贸战略,在各方面的共同努力下,取得了显著成效。

（1）高新技术产品出口迅猛增长

"十五"期间,我国高新技术产品累计出口超过 6 000 亿美元,是"九五"期间的 5 倍多,年均增长 45％左右,高出全国外贸出口增幅 20 个百分点;2005 年高新技术产品出口接近 2 200 亿美元,占外贸出口比重超过 28％,对外贸出口增长的贡献率达到 35％,拉动外贸出口增长 13 个百分点。推动了国内产业结构升级。"十五"期间累计引进国外先进适用技术金额近 700 亿美元,占我国改革开放以来引进技术总额的 30％左右,电力、冶金、石化等装备制造业的技术水平和生产能力得到明显提高。

（2）形成了若干个各具特色的高新技术产品出口"增长集群"

珠江三角洲已成为世界知名的 IT 加工组装中心和重要出口基地;长江三角洲已经成为现代通信、软件、微电子等领域的外商投资集中地带;环渤海地区的移动通信、航空航天和集成电路产业呈现出了迅速发展的态势。

（3）显著增强了企业国际竞争力

一批有自主知识产权的知名品牌和著名企业迅速崛起;企业出口规模迅速扩大,2005 年底,高新技术产品年出口额超过 1 亿美元的企业超过 300 家。科技兴贸工作在取得显著成效的同时,也逐渐形成了科技兴贸战略的组织、政策、出口和服务体系。

（4）形成了科技兴贸十部门联合工作机制

财政部、税务总局、海关总署、质检总局、国家知识产权局和中国科学院相继加入联合工作机制,从原外经贸部、原经贸委、科技部和原信息产业部四部委扩大为科技兴贸十部门联合工作机制。

（5）建立了科技兴贸政策体系

2003 年 11 月,国务院办公厅转发的商务部等八部门联合制定的《关于进一步实施科技兴贸战略的若干意见》（以下简称《若干意见》）,初步建立了我国科技兴贸政策体系框架。各部门、各地区认真贯彻落实《若干意见》,相继在便捷通关、便捷检验检疫、出口退税、出口信贷和出口信用保险等方面出台了一系列政策措施,进一步完善了科技兴贸政策体系。

（6）确立了高新技术产品出口体系

"十五"期间,我国相继认定了 20 个科技兴贸重点城市、25 个高新技术产品出口基地、6 个国家软件出口基地和医药出口基地,建立了 1 000 家重点企业联系制度,出口体系正发挥着日益显著的示范和带动作用。搭建了高新技术成果展示和交易的平台,中国（深圳）国际高新技术成果交易会、中国苏州电子信息博览会、中国大连国际软件交易会、中国北京国际科技产业博览会、上海国际工业博览会和中国杨陵农业高新科技成果博览会等六大高科技会展已逐步成为展示我国高新技术领域最高发展水平、最高发展成就的窗口,科研成果产业化、商品化的重要平台,高新技术国际交流与合作的桥梁和国内外客商交流合作、共同发展的舞台。

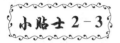

我国高新技术产业取得快速发展

2008年4月6日上午,国家发改委召开了"大力发展高技术产业,深入推进西部大开发工作座谈会"。据介绍,2007年我国高技术产业实现增加值1.9万亿元,占国内生产总值的78%,高技术产品出口总额达到3 478亿美元。我国高技术制造业规模位居世界第二,国际市场份额居全球第一。

2000—2007年,我国高技术产品出口额年均增长38%。目前,其占国际市场份额已接近20%。计算机、移动通信手机、抗生素、疫苗等产品的产量位居世界第一。我国正成为世界高技术产品的重要生产基地,并开始向研发制造基地转型。

截至去年,我国高技术产品出口额占全国外贸出口总额近30%。网络产业、数字内容产业等高技术服务业快速发展,信息、生物等高技术广泛应用与渗透,传统产业加速优化升级,不断改变社会生产生活方式。

目前,我国高技术产业国际化水平显著提高,国际高技术制造和研发能力加速向中国转移。跨国公司在我国设立了上千家研发机构,集成电路等技术密集型产业国际化发展成效明显。华为、中兴、联想、海尔等正在成为有国际影响力的跨国企业。

在全国高技术产业快速发展的同时,西部地区高技术产业加快了追赶东、中部地区的步伐。陕西、四川、重庆发挥技术经济基础雄厚的优势,大力发展航空航天、电子信息、生物等新兴产业。去年,西部地区高技术总产值达到2 474亿元,是2000年的近3倍。

20世纪90年代以来,我国紧紧抓住国际产业转移的有利时机,扩大国际合作,大力推进高技术产业化,高技术产业发展迅速,有力地促进了产业结构调整,成为国民经济新的增长点。2000年以来,我国高技术产业以两倍于经济增长的速度发展。

资料来源:济南市科学技术局. http://www. jnsti. gov. cn/jnsti/view. php? id＝10739,2008年5月28日

(四)实施科技兴贸战略的意义

1. 实施科技兴贸战略是加快我国由外贸大国迈向外贸强国的必由之路

我国已成为世界外贸大国,但与外贸强国相比还有很大差距,在商品结构上,要改变我国出口商品中高技术含量、高附加值的产品比重偏低,企业规模偏小,竞争力不强等问题,需要实施科技兴贸战略,大力推动高新技术产品的生产与出口,培植我国出口产业和产品的动态比较优势,提高企业的核心竞争力,才能由外贸大国迈向外贸强国。

2. 实施科技兴贸战略有助于顺应世界科技发展趋势和参与国际分工

随着科技革命迅速发展,经济全球化趋势不断加强,国际经济贸易将面临新的调整,我国对外贸易的发展面临强劲的竞争压力。国际市场商品的结构将发生深刻变化,技术密集型机电产品,特别是高附加值的高新技术产品将成为出口增长最快和发展后劲最大的支柱商品。坚定实行科技兴贸,才能顺应世界科技贸易发展的趋势,参与新的国际分

工,分享较高的贸易利益。

3. 实施科技兴贸战略是我国对外贸易抢占国际市场竞争制高点,突破技术壁垒的重要手段

大力发展高新技术产品出口,严格遵守《技术性贸易壁垒协定》,才能打破我国与东南亚等发展中国家出口商品雷同,处在较低层次上竞争的局面,在国际市场竞争中占领制高点,并突破发达国家利用高科技对我国设置的技术壁垒,开创对外贸易的新局面。

4. 实施科教兴贸战略是落实科教兴国基本国策的要求

对外贸易作为国民经济的重要组成部分,从总量和结构上促进了国民经济的发展。据有关部门测算,高新技术产品出口对经济增长的带动作用相当于一般出口商品的两倍。实施科技兴贸战略,推动高新技术产品出口,不但可以改善我国出口商品结构,增强出口创汇能力,还会促进企业技术进步和企业结构的优化升级;用高新技术成果改造传统产业,提高传统出口商品的技术含量和附加值,可以促进产业结构调整,带动经济增长。

三、对外贸易可持续发展战略

1. 对外贸易可持续发展战略的含义和目标

对外贸易可持续发展战略是指对外贸易实现可持续发展的行动计划和纲领。我国对外贸易的发展,应与我国自然资源可供状况相适应,以环境不被污染为界限。对外贸易可持续发展战略追求用最小的稀缺资源成本获得最大的福利总量,实现持续发展,不损害他国环境,也不受其他国家环境污染的影响。通过实行对外贸易可持续发展战略,可实现以下目标。

(1) 调整出口商品结构。在减少资源型产品出口的同时,增加技术含量高、附加值高及可实现资源替代的产品出口。

(2) 适度减少高档进口产品。进口产品应体现适度消费的要求,以不污染我国环境的资源性产品和技术设备型产品的进口为主,减少高档消费品进口。

(3) 将生态观念纳入外经贸的经营与决策过程。在外贸企业引入生态会计原则,把进出口造成的环境成本纳入外经贸的经济核算过程,使环境保护成为外经贸者的自觉行动。

(4) 对外贸易环保行为法制化。与国际环保规范接轨,制定有中国特色的对外贸易环保法规,以预防为主,加强管理监督。

(5) 实现环保领域的国际合作。特别是与已取得很多环保成绩的发达国家交流与协作,共同促进全球环境的改善。

2. 实施对外贸易可持续发展战略的措施

(1) 培养对外贸易的绿色竞争优势。对外贸易的发展应逐步向符合可持续发展要求的增长方式转变,提高环境资源的利用率,减少严重污染环境的产品生产与出口;加大对环保产业的投入,争取绿色营销,产品环境标志认证工作向国际靠拢,培养绿色优势。

(2) 推广出口产品的绿色生产和清洁技术,发展与贸易有关的环境服务。使我国出口商品符合国际市场环境标准,扩大绿色产品的出口数量,避免国外"环境补贴"指控。

(3) 防止不符合环境标准的商品流入,减少外来污染。严格限制、制止危害环境的产品进口;限制、禁止高污染产业移入,加强对外商投资企业环境影响的监督;积极参与国际立法

条约的制定,维护本国环境利益。

(4) 引导外资投向对外贸易环保领域。在对外贸易环保领域大力引进外资,推动对外贸易可持续发展战略的实行。

(5) 加快绿色贸易立法,与国际环保法规接轨。深入开展全民环保运动,提高环保意识,加强环保立法、执法;根据国际环保法规加快制定或修改《中华人民共和国对外贸易法》、《包装法》、《涉外产品质量法》等法规,使之与国际接轨。

3. 实行对外贸易可持续发展战略的意义

(1) 有利于贯彻可持续发展的基本国策。20 世纪 90 年代,我国根据联合国环境与发展大会精神,制定了《中国 21 世纪议程》。1996 年全国人大通过的“九五”计划和 2010 年发展纲要中又进一步将我国社会、经济的可持续发展确定为我国的基本国策。实行对外贸易可持续发展战略可使国民经济可持续发展战略的目标要求在对外贸易领域落到实处。

(2) 有利于对外贸易增长方式转变。高投入、高消耗、低效益的数量增长模式,严重影响了对外贸易的健康发展,并对我国产品走向国际市场产生了不利影响。实行对外贸易可持续发展战略,要求改变对外贸易发展模式,用最小的稀缺资源成本获得最大的福利总量,坚持效率和持续性原则。

(3) 有利于对外贸易的发展适应国际经济贸易发展的新趋势、新要求。可持续发展已成为世界经济发展的主题,它要求社会的发展、经济的增长必须控制在自然资源和环境能够支持和持久实现的范围内。贸易的可持续发展问题已成为当代国际经济贸易领域的中心议题。在贸易中实施环境标准日益成为各国在对外贸易中强制执行的法律要求。国际标准化组织制定了 ISO 14000 环境管理系列国际标准,规定了环境审核、环境标志、环境行为评估等内容,只有实行对外贸易可持续发展战略,才能适应这种新趋势和新要求。

(4) 有利于正确应对国际贸易壁垒中的“绿色壁垒”。西方发达国家借口环境保护,通过制定高标准的国内环境法规,实施贸易保护和贸易歧视。实行对外贸易可持续发展战略,可正面应对“绿色壁垒”,保证出口贸易的健康持续发展,由贸易大国迈向贸易强国。

 本章小结

对外贸易战略是指在一国经济总体发展战略指导下的对外贸易部门发展战略,即对对外贸易发展目标和实现手段的全局性长期安排和筹划。对外贸易战略可以分为进口替代战略、出口导向战略和混合发展战略三种基本类型。

制定中国对外贸易战略要根据国内外经济政治环境的变化,参照国际惯例和经验,遵循自由贸易与保护贸易适当结合的原则、进口替代和出口导向有机结合的原则、国内市场和国际市场主辅结合的原则,并以“坚持从实际出发、坚持对外开放的基本国策、坚持以提高经济效益为中心、坚持科学发展观、坚持自力更生方针”为指导思想。

中国对外贸易总体战略是从宏观角度提出的全局性总体战略,包括改革开放前的进口

替代战略,有限开放时期的混合发展战略,全面开放后的"大经贸"战略、"走出去"战略、互利共赢战略、自由贸易区战略,反映了与不同开放程度相适应的不同时期的对外贸易总体战略。

中国对外贸易基础战略是从微观角度提出的带有全局性的基础方面的战略,包括出口商品战略、出口市场战略、进口贸易发展战略、以质取胜战略、科技兴贸战略和对外贸易可持续发展战略。

复习思考题

1. 什么是对外贸易战略? 对外贸易战略有哪些特点?

2. 对外贸易战略怎样分类?

3. 制定中国对外贸易战略的原则和指导思想是什么?

4. 怎样选择中国对外贸易发展战略?

5. 为什么在改革开放前要实行进口替代战略,有限开放时期要实行混合发展战略?

6. 全面开放后,为什么要实行"大经贸"战略、"走出去"战略、互利共赢战略和自由贸易区战略?

7. 怎样实行以质取胜战略、科技兴贸战略和对外贸易可持续发展战略?

微信扫码查看

第三章　中国对外贸易管理

学习要求

通过本章的学习,使学生了解中国对外贸易管理的发展沿革;掌握对外贸易经营者的备案办法;掌握中国海关的管理主体、监管的对象、报关的程序、关税的法律制度;掌握进出口商品检验的主体、内容;了解进出口商品检验的监督管理工作;掌握进出口商品报验的规定。

关键词

海关　关税　报关管理制度　差价税　普遍优惠制　特惠税　一般贸易　加工贸易
商品检验

对外贸易经营管理体制是指对外贸易的组织形式、机构设置、管理权限、经营分工和利益分配等方面的制度。它是经济体制的重要组成部分,同经济体制的其他组成部分,如国家的计划、外汇、财政、信贷、物资、税收、价格等体制,都有着紧密的联系。

对外贸易管理是以国家法律、规章和方针政策为依据,从国家宏观经济利益和对内、对外政策的需要出发,对进出口贸易进行领导、控制和调节。

第一节　中国对外贸易管理发展概述

新中国成立以来,为了适应不同时期国内外形势和对外贸易发展的需要,中国政府在外贸管理方面采取了不同的方针和政策,并对外贸管理的重点和管理方法不断进行调整和改进。其发展大体可分为两个时期,即计划经济体制下的对外贸易管理和以社会主义市场经济为取向的对外贸易管理。

一、计划经济体制下的对外贸易管理

从新中国成立初期至 1977 年实行改革开放前,中国对外贸易管理大致经历了 3 个阶段。

1. 新中国成立初期至完成对私营进出口商的社会主义改造(1949—1956 年)

1949 年 9 月通过的《中国人民政治协商会议共同纲领》规定:中国"实行对外贸易的管制,并采取保护贸易政策"。据此,1950 年 12 月 8 日中央人民政府政务院第 62 次会议通过并颁布了《对外贸易管理暂行条例》。从此,中国对外贸易管理开始建立,国家通过制定和贯彻对外贸易的方针、政策、法规和计划,设立对外贸易管理机构,采取各种具体管理措施来实现对全国对外贸易活动的统一管理。

这一时期中国对外贸易管理的主要特点如下:① 管理目的明确。新中国成立之后,国家明确提出了管理对外贸易的目的是保护和发展国内工业,增加出口、按需进口,合理使用外汇。② 管理方法简单。这一时期中国采取的对外贸易管理措施主要是制定保护性的税则、税率,对进出口商品全面实行许可证制度,对外贸企业进行审批,对进出口商品实行分类经营和管理,实行外汇管制,统一制定商检政策,管理全国进出口商品检验工作,设立海关,实行货运监管等。可见,这一时期中国管理对外贸易主要是通过行政手段实现的。③ 管理措施严格。从上述管理方法看,新中国成立后,中国外贸管理措施虽然简单,却不失严格,如对所有进出口商品实行许可证管理,严格规定进出口商品的经营范围等措施。实践证明,这一时期的对外贸易管理是行之有效的,对于粉碎帝国主义对中国实行的封锁禁运,指导和控制国营外贸企业以及私营进出口商的外贸经营活动,尽快恢复国民经济并保持国内经济的稳定等都起到了良好的作用。

2. 完成对私营进出口商的社会主义改造至"文化大革命"前(1957—1965 年)

1956 年以后,中国基本上完成了对私营进出口企业的社会主义改造,对外贸易业务开始全部由国营进出口公司经营。同时,在实行统一的计划经济体制下,对外贸易作为国民经济的重要组成部分,同样受到国家计划的绝对控制。国家对于外贸活动的各个环节,从宏观到微观都实行统一的计划管理,国营外贸专业总公司及其分支机构完全按照国家的指令性计划开展进出口活动。1957 年 1 月 23 日,对外贸易部公布的《进出口货物许可证签发办法》规定,尽量简化申领进出口许可证的手续,减少和放宽对国营进出口贸易的行政管理。同年 10 月 14 日,对外贸易部发布的《关于实行进出口货物许可证签发办法的综合指示》进一步规定,各进出口总公司及其分支机构进出口的货物,凭外贸部下达的货单或通知为进出口许可证。从此,对外贸易的管理职能和进出口业务经营结合为一体,进出口许可证失去了管理对外贸易的作用,只是在其他部门进口少量急需物资时才使用进口许可证。这一时期中国对外贸易管理的主要特点是对外贸易管理的目的转向保证国家进出口计划的完成。

计划管理和行政命令成为国家管理和控制对外贸易的主要手段。外贸计划是对外贸易管理的核心,成为集中调节外贸活动的单一杠杆。对外贸易部下达的货单和通知替代了进出口许可证,各外贸专业公司凭货单和通知开展进出口业务。

3."文化大革命"期间(1966—1976 年)

"文化大革命"期间,中国的对外贸易管理遭到了严重干扰和冲击,各项规章制度都被作为"管、卡、压"而受到批判和全面否定。但是,在总体上中国的进出口贸易仍然在国家的集中安排下,继续根据国家计划的要求进行。

从新中国成立初期至 1978 年实行改革开放前,中国对外贸易管理虽然经历了一些变化,但其基本特征仍然是以行政命令和计划管理为主。实践表明,这种对外贸易管理模式在当时的历史条件下具有相当积极的作用:它有利于国家对全国对外贸易活动的指导、调控和监督,保证对外贸易任务的完成;有利于集中统一对外,增强对外竞争力,同外国经济压力进行有效的斗争,捍卫国家的政治和经济独立;有利于维护国家的宏观经济利益,保证中国对外贸易的发展和社会主义建设的顺利进行。但是,这种对外贸易管理模式也存在着严重的不足,特别是随着中国对外开放政策的实行和建立社会主义市场经济体制目标的提出,其弊端日益突出。首先,它不适应中国改革开放的新形势。1978年以来,中国外贸体制和运行机制发生了深刻的变化。随着外贸经营权的逐渐下放,各部门、各地区及外贸企业相应扩大了自主权,贸易渠道增多,贸易方式灵活多样,贸易主体多元化。因此,单纯依靠计划和行政手段进行管理已很难有效地控制日益复杂化的对外贸易活动。其次,它不适应建立社会主义市场经济体制改革目标的要求。社会主义市场经济,不仅应遵循价值规律,而且应是以法治为保障的经济。因此,对外贸易管理应该主要运用法律手段、经济手段,并辅之以必要的行政手段。显然,中国的外贸管理模式与社会主义市场经济所要求的管理模式具有相当大的差距。再者,它不符合国际贸易规范的要求。以世界贸易组织为核心的国际贸易规范,主要是以市场经济运行机制为基础,外贸宏观调控方式要求间接化,主要运用经济手段调控外贸企业的经营活动,而不能对其进行直接干预。中国以行政命令和计划管理为主的模式,则直接限制了外贸企业的经营自主权。适应改革开放的新形势,加快社会主义市场经济体制的建立和与国际贸易通行规则接轨,中国必须对原有外贸易管理模式进行改革。

二、以社会主义市场经济为取向的对外贸易管理

自1978年以来,中国逐步对经济体制进行改革,从计划经济体制向社会主义市场经济转变,使市场成为配置资源的基本手段,市场体系逐步完善,以间接调控为主的外贸宏观调控体系逐步建立。这一时期,中国对外贸易管理的改革和完善大致经历了两个阶段。

1. 改革开放后至党的十四大召开前(1978—1991年)

1978年实行改革开放后,为了适应国内新形势发展的需要,保证对外贸易的顺利发展,并在国际贸易保护主义日趋严重和市场竞争更加激烈的环境下,维护国家和企业的合法权益,中国政府重新调整和改进了对外贸易管理。首先,弱化外贸计划管理,如简化外贸计划内容,缩小指令性计划范围,扩大指导性计划范围,注意发挥市场调节的作用等。其次,加强和改进外贸行政管理,如重新恢复了对部分进出口商品的许可证管理,建立了对设立外贸企业的管理、配额管理,对外国企业在中国设立常驻代表机构的管理,对出口商品商标的协调管理等制度。再者,通过立法规范外贸各项管理措施。国家加快了外贸立法步伐,颁布了《海关法》、《进出口商品检验法》、《技术引进管理条例》、《关于出口许可制度的暂行办法》、《进口货物许可制度暂行条例》等。

这一时期中国对外贸易管理的主要特点如下:以单一的计划管理为核心的外贸管理模式已被打破,通过计划、行政措施、法律法规、经济杠杆等多种手段调节和控制对外贸易活动的外贸宏观管理体系初步形成,但是,这种管理模式也存在着严重的不足,它与社会主义市

场经济体制和国际贸易规范的要求仍有较大的差距。如外贸管理仍以直接调控为主,经济手段的运用尚不充分,影响对外贸易按客观经济规律运行;计划改革仍未到位,还存在一部分指令性计划,指导性计划也具有很强的刚性;行政措施的实施既不规范,也缺乏透明度;仍未建立起完善的外贸立法体系等。

2. 党的十四大召开以来(1992 年至今)

1992 年 10 月,党的十四大明确提出中国经济体制改革的目标是建立社会主义市场经济体制,进一步解放和发展生产力;同时指出,中国外贸体制改革的目标是建立既适应国际经济通行规则又符合社会主义市场经济要求的新型外贸体制。根据这一方针,中国对外贸易管理进行了相应的改革和调整,即转变外贸管理职能,主要运用法律、经济手段,辅之以必要的行政手段来管理对外贸易。改革的具体内容如下所述:

(1) 加快完善外贸立法管理

1994 年 7 月,中国在原有 500 多项涉外经济法规的基础上,颁布和实施了对外贸易基本法《对外贸易法》,之后又陆续出台了多项配套行政法规,如《进口商品管理条例》、《出口商品管理条例》、《反倾销和反补贴条例》、《技术引进和设备管理条例》、《出口商品配额招标办法》、《外汇管理条例》等,使中国建立了以外贸基本法为核心的较完善的对外贸易法律体系,无论是外贸管理机构,还是外贸经营单位都要依法进行管理和经营,将各项外贸活动基本纳入了法制化的轨道。

(2) 充分发挥经济杠杆的调节作用

在强化经济调节手段方面,国家主要通过进一步改进和完善税收、汇率、信贷、价格等方面的机制,更好地发挥经济杠杆对外贸活动的调控作用。如在税收方面,根据世界贸易组织对发展中国家的要求,多次降低进口关税税率,调整关税结构;改革外贸企业所得税制;完善出口退税制度等。在汇率方面,国家从 1994 年 1 月 1 日起实现双重汇率并轨,实行以市场供求为基础的、单一的、有管理的人民币浮动汇率制度。在信贷方面,国家通过成立进出口银行、优先安排对各类外贸企业的贷款、对出口贸易办理信用保险业务等,实行有利于出口的信贷政策。在价格方面,打破了过去国内外价格割断的封闭性的价格体系,国内价格逐步向国际市场价格靠拢,使价格能够准确地反映市场信息,正确引导外贸企业的经营活动。

(3) 按国际贸易通行规则规范外贸行政管理

中国进一步弱化外贸行政管理,并使行政管理符合国际贸易规范的要求。例如,通过完善行政管理立法,使中国的行政管理基本实现了世界贸易组织所要求的制度化、规范化和透明化;不断缩小进出口配额和许可证管理的商品范围;按照效益、公正、公开的原则对部分商品实行配额招标,拍卖或规范化分配;外贸经营在由许可制向登记制过渡;取消外贸指令性计划,全部实行指导性计划等。

总之,通过上述改革,中国已经建立起了以法律手段为基础,以经济调节手段为主,辅之以必要行政手段的对外贸易宏观管理体系。

第二节 对外贸易经营者备案办法

为促进对外贸易发展,根据《中华人民共和国对外贸易法》(以下简称《外贸法》)第九条的有关规定,制定《对外贸易经营者备案登记办法》。

一、管理的主体及要求

1. 商务部是全国对外贸易经营者备案登记工作的主管部门

对外贸易经营者备案登记工作实行全国联网和属地化管理。商务部委托符合条件的地方对外贸易主管部门(备案登记机关)负责办理本地区对外贸易经营者备案登记手续;受委托的备案登记机关不得自行委托其他机构进行备案登记。备案登记机关必须具备办理备案登记所必需的固定的办公场所,管理、录入、技术支持、维护的专职人员以及连接商务部对外外易经营者备案登记网络系统(备案登记网络)的相关设备等条件。对于符合上述条件的备案登记机关,商务部可出具书面委托函,发放由商务部统一监制的备案登记印章,并对外公布。备案登记机关凭商务部的书面委托函和备案登记印章,通过商务部备案登记网络办理备案登记手续。

2. 备案登记机关对外贸经营者的备案、变更及撤销登记的管理

备案登记机关应自收到对外贸易经营者提交的符合规定材料之日起 5 日内办理备案登记手续,在《登记表》上加盖备案登记印章。备案登记机关在完成备案登记手续的同时,应当完整准确地记录和保存对外贸易经营者的备案登记信息和登记材料,依法建立备案登记档案。备案登记机关收到对外贸易经营者提交的变更书面材料后,应当即时予以办理变更手续。备案登记机关应当在对外贸易经营者撤销备案登记后将有关情况及时通报海关、检验检疫、外汇、税务等部门。备案登记机关在办理备案登记或变更备案登记时,不得变相收取费用。

二、对外贸易经营者备案登记的程序

对外贸易经营者在本地区备案登记机关办理备案登记。对外贸易经营者备案登记程序如下。

1. 领取《对外贸易经营者备案登记表》(以下简称《登记表》)

对外贸易经营者可以通过商务部政府网站或到所在地备案登记机关领取《登记表》。

2. 填写《登记表》

对外贸易经营者应按《登记表》要求认真填写所有事项的信息,并确保所填写内容是完整的、准确的和真实的;同时认真阅读《登记表》背面的条款,由企业法定代表人或个体工商负责人签字、盖章。

《登记表》正面式样见表 3-1。

3. 向备案登记机关提交如下备案登记材料

(1) 按要求填写的《登记表》。

(2) 营业执照复印件。

（3）组织机构代码证书复印件。

（4）对外贸易经营者为外商投资企业的，还应提交外商投资企业批准证书复印件。

（5）依法办理工商登记的个体工商户（独资经营者），须提交合法公证机构出具的财产公证证明；依法办理工商登记的外国（地区）企业，须提交经合法公证机构出具的资金信用证明文件。

表3-1　对外贸易经营者备案登记表

备案登记表编号：　　　　　　进出口企业代码：

经营者中文名称			
经营者英文名称			
组织机构代码		经营者类型（由备案登记机关填写）	
住　　所			
经营场所（中文）			
经营场所（英文）			
联系电话		联系传真	
邮政编码		电子邮箱	
工商登记注册日期		工商登记注册号	

依法办理工商登记的企业还须填写以下内容。

企业法定代表人姓名		有效证件号	
注册资金			（折美元）

依法办理工商登记的外国（地区）企业或个体工商户（独资经营者）还须填写以下内容。

企业法定代表人/个体工商负责人姓名		有效证件号	
企业资产/个人财产			（折美元）
备注：			

填表前请认真阅读背面的条款，并由企业法定代表人或个体工商负责人签字、盖章。

备案登记机关

签　章

年　月　日

《登记表》背面式样：

本对外贸易经营者作如下保证：

一、遵守《中华人民共和国对外贸易法》及其配套法规、规章。

二、遵守与进出口贸易相关的海关、外汇、税务、检验检疫、环保、知识产权等中华人民共和国其他法律、法规、规章。

三、遵守中华人民共和国关于核、生物、化学、导弹等各类敏感物项和技术出口管制法规以及其他相关法律、法规、规章，不从事任何危害国家安全和社会公共利益的活动。

四、不伪造、变造、涂改、出租、出借、转让、出卖《对外贸易经营者备案登记表》。

五、在备案登记表中所填写的信息是完整的、准确的、真实的；所提交的所有材料是完整的、准确的、合法的。

六、《对外贸易经营者备案登记表》上填写的任何事项发生变化之日起，30日内到原备案登记机关办理《对外贸易经营者备案登记表》的变更手续。

以上如有违反，将承担一切法律责任。

对外贸易经营者签字、盖章

年　月　日

注：1. 备案登记表中"组织机构代码"一栏，由企业、组织和取得组织机构代码的个体工商户填写。

2. 依法办理工商登记的外国（地区）企业，在经营活动中，承担有限/无限责任。依法办理工商登记的个体工商户（独资经营者），在经营活动中，承担无限责任。

3. 工商登记营业执照中，如经营范围不包括进口商品的分销业务，备案登记机关应在备注栏中注明"无进口商品分销业务"。

说明：

1. 以上范本为内资法人企业填写格式。

2. 三资企业还需填写注册资金折美元一栏。

3. 若为个体工商户（独资经营者），则无需填写"依法办理工商登记的企业还须填写以下内容"项下内容，而应填写"依法办理工商登记的外国（地区）企业或个体工商户（独资经营者）还须填写以下内容"项下内容。

三、对外贸易经营者的管理

从事货物进出口或者技术进出口的对外贸易经营者，应当向中华人民共和国商务部或商务部委托的机构办理备案登记，法律、行政法规和商务部规定的不需要备案登记的除外。对外贸易经营者未按照《对外贸易经营者备案登记办法》办理备案登记的，海关不予办理进出口的报关验放手续。

对外贸易经营者应凭加盖备案登记印章的《登记表》在30日内到当地海关、检验检疫、外汇、税务等部门办理开展对外贸易业务所需的有关手续。逾期未办理的，《登记表》自动失效。《登记表》上的任何登记事项发生变更时，对外贸易经营者应比照《对外贸易经营者备案登记办法》第五条和第八条的有关规定，在30日内办理《登记表》的变更手续，逾期未办理变更手续的，其《登记表》自动失效。

对外贸易经营者已在工商部门办理注销手续或被吊销营业执照的，自营业执照注销或被吊销之日起，《登记表》自动失效。对外贸易经营者不得伪造、变造、涂改、出租、出借、转让和出卖《登记表》。

第三节　海关监管制度

一、海关概述

海关是国家主权的象征,体现国家的权力和意志。

《海关法》第二条:"中华人民共和国海关是国家的进出关境(进出境)监督管理机关。海关依照本法和其他有关法律、行政法规,监管进出境的运输工具、货物、行李物品、邮递物品和其他物品(进出境运输工具、货物、物品),征收关税和其他税、费,查缉走私,并编制海关统计和办理其他海关业务。"

1. 海关的性质

(1) 海关是国家的监督机关,代表国家依法独立行使监督管理权,是国家上层建筑的组成部分,海关的权力授自于国家。海关对外维护国家的主权和利益,对内体现国家、全社会的整体利益。

(2) 海关实施监督管理的范围是进出关境的活动。海关进行监督管理的对象是所有进出关境的运输工具、货物、物品。

关境是世界各国海关通用的概念,适用于同一海关法或实行同一关税制度的领域。

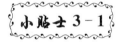

关 境 与 国 境

一般情况下,关境等于国境。但有些国家关境不等于国境。国境是指一个国家行使全部国家主权的国家空间,包括领陆、领海、领空。第二次世界大战后,关税同盟和自由区、自由港大量出现,国境等于关境的原则被突破,国境和关境有时不完全一致。几个国家结成关税同盟,组成一个共同关境,实施统一的海关法规和关税制度,其成员国的货物在彼此的国境进出不征收关税,此时关境大于其成员国的各自国境。自由港、自由区虽在国境之内,但从征收关税看,它可以被视为在该国境之外,进出自由港(区)可以免征关税,此时关境小于国境。针对原为殖民地的国家或地区,《关税及贸易总协定》第二十四条规定,经其宗主国的统一并用发表声明和证实等方法,可以单独成为《关税及贸易总协定》一个成员。此条对关境定义为:在对外贸易方面独立实行关税和贸易管理制度的地区,即所谓的单独关境。香港便是通过这种形式,于1986年由英国发表声明,作为单独关境地区为《关税及贸易总协定》的一个成员。中国也同时发表声明,承诺在1997年7月1日香港归还中国后,保持其自由港地位,成为一个单独关税地区,可以"中国香港"的名义继续成为《关税及贸易总协定》的一个成员,此时,中国的国境大于关境。从1981年起,有关文件或教材中陆续出现"关境"的概念。中国现行关境是适用《中华人民共和国海关法》的中华人民共和国行政管辖区域,不包括香港、澳门和台澎金马3个单独关境地区。

(3) 海关是一个行政执法部门。海关执法的依据是《海关法》。1987年1月22日第六届全国人民代表大会常务委员会第十九次会议通过,同年 7 月 1 日起实施。2000 年 7 月 8 日第九届全国人民代表大会常务委员会第十六次会议审议通过了《关于修改〈中华人民共和国海关法〉的决定》。修正后的《海关法》于 2001 年 1 月 1 日实施。

其他法律包括《宪法》、《进出口商品检验法》、《固体废物污染环境防治法》等行政法规由国务院制定。

海关实务属于中央立法事权,地方人民代表大会和人民政府不得制定海关法律规范,地方法规、规章不是海关执法的依据。

2. 海关的任务

四项基本任务:监管进出境的运输工具、货物、行李物品、邮递物品和其他物品,征收关税和其他税费,查缉走私和编制海关统计。

(1)监管。监管是四项任务的基础。

监管根据对象的不同,可分为货物监管、物品监管和运输工具监管。

海关除了审单、查验、放行等方式对进出境运输工具、货物、物品的进出境活动实施监管外,海关监管还要执行或监督执行国家其他对外贸易管理制度的实施,如进出口许可制度、外汇管理制度、进出口商品检验检疫制度、文物管理制度等,从而在政治、经济、文化道德、公众健康等方面维护国家利益。

(2)征税。关税是国家财政收入的重要来源,也是国家宏观经济调控的重要工具。

海关征税工作的基本法律依据是《海关法》、《关税条例》。

(3)查缉走私。走私是指进出境活动的当事人或相关人违反《海关法》及有关法律、行政法规,逃避海关监管,偷逃应纳税款,逃避国家有关进出境的禁止性规定或者未经海关许可并且未缴应纳税款、交验有关许可证件,擅自将保税货物、特定减免税货物以及其他海关监管货物、物品、进境的境外运输工具在境内销售的行为。

海关是打击走私的主管机关,查缉走私是海关的一项重要任务。为严厉打击走私犯罪活动,根据党中央、国务院的决定,中国组建了海关缉私警察队伍,专司打击走私犯罪,负责对走私犯罪案件的侦查、拘留、执行逮捕和预审工作。

(4)编制海关统计。海关统计以实际进出口货物为统计和分析的对象,通过搜集、整理、加工处理进出口货物报关单或经海关核准的其他申报单证,对进出口货物的品种、数(重)量、价格、国别(地区)、经营单位、境外目的地、境内目的地、境内货源地、贸易方式、运输方式、关别等项目分别进行统计和综合分析,全面、准确地反映对外贸易的运行态势,及时提供统计信息和咨询,实施有效的统计监督,开展国际贸易统计的交流与合作,促进对外贸易的发展。

1992 年 1 月 1 日,海关总署以国际通用的《商品名称及编码协调制度》为基础,编制了《中华人民共和国海关统计商品目录》,把税则与统计目录的归类编码统一起来,规范了进出口商品的命名和归类,使海关统计进一步向国际惯例靠拢,适应了中国对外开放和建立社会主义市场经济体制的需要。

二、海关的机构设置和权力

1. 海关机构的设置

中华人民共和国海关是国家的进出关境监督管理机关,实行垂直管理体制,在组织机构上分为 3 个层次:第一层次是海关总署;第二层次是广东分署,天津、上海 2 个特派员办事处,41 个直属海关和 2 所海关学校(上海海关学院和秦皇岛海关学校);第三层次是各直属海关下辖的 562 个隶属海关机构。此外,在布鲁塞尔、莫斯科、华盛顿以及香港等地设有派驻机构。中国海关现有关员(含海关缉私警察)48 000 余人。目前,共有国家批准的海、陆、空一类口岸 253 个,此外还有省级人民政府原来批准的二类口岸近 200 个。

(1) 海关总署

海关总署是中国海关的领导机关,是中华人民共和国国务院下属的正部级直属机构,统一管理全国海关。海关总署机关内设 15 个部门,并管理 6 个直属事业单位、4 个社会团体和 3 个驻外机构。中央纪委监察部在海关总署派驻纪检组监察局。

(2) 直属海关

直属海关是指直接由海关总署领导,负责管理一定区域范围内海关业务的海关。目前中国共有 41 个直属海关,除香港、澳门、台湾地区外,分布在全国 31 个省、自治区、直辖市。直属海关就本关区内的海关事务独立行使职权,向海关总署负责。直属海关承担着在关区内组织开展海关各项业务和关区集中审单作业,全面有效地贯彻执行海关各项政策、法律、法规、管理制度和作业规范的重要职责,在海关三级业务职能管理中发挥着承上启下的作用。

(3) 隶属海关

隶属海关是指由直属海关领导,负责办理具体海关业务的海关。

隶属海关共有 562 个。

(4) 海关缉私警察机构

1998 年,由海关总署、公安部联合组建走私犯罪侦查局,设在海关总署。走私犯罪侦查局既是海关总署的一个内设局,又是公安部的一个序列局,实行海关总署和公安部双重领导,海关领导为主的体制。

2. 海关机构的权力

(1) 许可审批权。包括对企业报关权以及从事海关监管货物的仓储、转关运输货物的境内运输、报税货物的加工等业务的许可审批,对报关员的报关从业审批等。

(2) 税费征收及减免权。

(3) 行政强制权。检查权、查验权、复制权、查问权、扣留权、滞纳金征收权、提取货样、提取货物变卖等。

(4) 行政处罚权。对尚未构成走私罪的违法当事人处以行政处罚。

(5) 佩带和使用武器权。

(6) 其他行政处理权。如行政命令权(限期改正、责令退运),行政奖励权等。

三、报关管理制度

1. 报关概述

报关管理制度是指海关依法对报关人及代表报关单位报关的报关员报关资格审定、批准及对其报关行为进行规范和有效管理的业务制度。

(1) 报关的主体

进出境运输工具负责人、进出口货物收发货人、进出境物品的所有人及他们的代理人是报关行为的承担者,是报关的主体,也就是报关人。

报关人包括报关单位和报关员两类。

(2) 报关的对象

报关的对象是进出境运输工具、货物和物品。

报关的内容是办理运输工具、货物和物品的进出境手续及相关海关手续。

(3) 报关单位和报关员

按照报关活动实施者的不同,报关单位可分为自理报关企业和代理报关企业。自理报关单位是指进出口货物收发货人为本单位进出口货物,自行办理报关纳税手续的行为。自理报关单位必须向有关商务主管部门登记获得对外贸易经营权,然后去海关进行注册登记后才能自理报关。

代理报关单位是指接受进出口货物收发货人的委托,代理其办理报关手续的行为。报关企业必须先取得海关的注册登记许可,才能向海关办理注册登记手续,进行代理报关服务。

报关员是代表所属企业(单位)向海关办理进出口货物报关纳税等海关实务的人员。报关员的主要职责是,按照规定如实申报出口货物的商品编码、商品名称、规格型号、实际成交价格、原产地及相应优惠贸易协定代码等报关单项目,并办理填制报关单、提交报关单证等;申请办理缴纳税费和退税、补税;申请办理加工贸易合同备案(变更)、深加工结转、外发加工、内销、放弃核准、余料结转、核销及保税监管;申请办理进出口货物减税、免税;协助海关办理进出口货物的查验、结关等。

中华人民共和国海关总署于 2013 年 10 月 12 日发布公告,决定自 2014 年起不再组织报关员资格全国统一考试。之后,报关从业人员由企业自主聘用,由报关协会自律管理,海关通过指导、督促报关企业加强内部管理实现对报关从业人员的间接管理。

2. 报关单位的注册登记程序

(1) 申请。

(2) 审查。

(3) 发证。其包括《自理报关单位注册登记证明书》、《代理报关企业注册登记证书》。

3. 异地报关备案制度

异地报关备案制度是指已经在所在地海关办理了报关注册登记的企业,为取得在其他海关所辖关区报关的资格,而在有关海关办理报关备案的审批手续的海关管理制度。

4. 报关的分类管理

(1) 进出境运输工具的报关

是指向海关直接交验随附的,符合国际商业运输惯例,能反映运输工具进出合法性及其所承运货物、物品情况的合法证件、清单和其他运输单证。

(2) 进出境货物的管理

① 货物收发人接到运输公司或邮递公司寄交的"提货通知单"。

② 准备好报关单证,在海关规定的时间地点和报关时限内以书面和电子数据方式向海关申报。

③ 海关对报关电子数据或者书面报关单审核后,必要的情况下,报关人员要配合海关

进行货物的查验。

④ 属于应纳税、应缴费范围的进出口货物,报关单位应在海关规定的期限内缴纳进出口税费。

（3）进出境物品的报关

个人携带进出境的行李物品、邮寄进出境的物品,应当以自用合理的数量为限。

世界上大多数国家的海关法律都规定,旅客携带物品适用"红绿通道"制度。中国海关也采用该制度。

中国海关规定,进出境旅客在向海关申报时,可以在两种分别以红色和绿色作为标记的通道中进行选择。"红色通道"为申报通道,"绿色通道"为无申报通道。

具有以下情况之一的出境旅客应该选择"红色通道"通关,填写申报单,并将申报单交由海关办理物品出境手续。

① 携带需复带入境的照相机、便携式收录机、小型摄影机、手提式摄录机、手提式文字处理机等旅行自用物品。

② 未将应复带出境物品原物带出,或携带入境的暂时免税物品未办结海关手续者。

③ 携带外币、金银及其制品,但未取得有关出境许可或携带外币、金银及其制品数额超出原进境申报数额的。

④ 携带现钞进出境有限制。进、出境可携带人民币均为不超过 2 万元。可携带的外币额度则分 3 种情况:当天进出境一次及以上,携带外币折合不超过 500 美元;15 天内进出境一次及以上,携带外币折合不超过 1 000 美元;非以上情况携带外币折合不超过 5 000 美元。超出额度的应向海关书面申报。同时,出境人员携带外币现钞在等值 5 000 美元以上至 10 000 美元的,应向外汇指定银行申领《携带外汇出境许可证》,海关凭证验放。

⑤ 携带文物、货物、货样以及其他需办理出境验放手续的物品的。

⑥ 携带出境物品超出海关规定的限量、限值或其他限制规定的。

⑦ 携带中国检疫法规管制的动植物及其产品,以及其他须办理特殊验收手续的物品者。

⑧ 对海关规定不明确或不知如何选择通道的。

应选择"绿色通道"的出境者:A. 未选择"红色通道"的出境者;B. 持外交、礼遇签证的旅客和免验旅客。

如果进出境的物品是邮递的,其申报方式不同于普通物品。中国是《万国邮政公约》的签约国,根据《万国邮政公约》的规定,进出口邮包必须由寄件人填写"报税单",列明所寄物品的名称、价值、数量,向邮包寄达国家的海关申报。

四、与海关相关的其他监管制度

1. 查验制度

所谓查验就是以已经审核的法定申报单为依据,在海关监管场所,对货物进行实际检查,即检查"单"与"证件"是否相符,"单"与"货"是否相符。

具体查验可以彻底查验,也可以抽查。

2. 海关年审制度

海关年审制度是指报关企业和自理报关单位每年在海关规定的期限内,向海关递交规定的文件资料,由海关对其进行报关资格年度审核,以确定其是否具备继续开展报关业务条件的海关管理制度。报关单位申报年审的时间为每年的1月1日至4月30日。

3. 经设关地点进出境制度

《海关法》第八条:"进出境运输工具、货物、物品必须通过设立海关的地点进境或出境。"

4. 后续管理制度

海关先放货,事后进行监督管理。如核销制度、海关驻厂监管制度等。

5. 征税制度

进口税、出口税及其他税费都在进出口环节征收。

6. 放行制度

放行是指海关在对进出境运输工具、货物、物品进行查验后,在有关单据上盖章,以示放行。

7. 结关制度

结关就是办结海关手续的意思。一般进出口货物,放行就是结关,但是对特定减免税、临时减免税和保税货物来说,只有在其补税、复运出口、超过规定的海关监管年限并向海关销案时,经海关核准解除监管时才被视为结关。

8. 保税进出口通关制度

保税货物是指经海关批准未办理纳税手续进境,在境内储存、加工、装配后复运出境的货物。

货物在进口时暂缓办理纳税手续,进口后按规定储存或加工,在直接复出口或重新办理进口报关纳税手续后,经核销解除海关监管。

第四节　商品检验管理制度

进出口商品检验是指由国家设立的检验机构或向政府注册的独立机构对进出口货物的质量、规格、卫生、安全、数量等进行检验、鉴定,并出具证书的工作。目的是经过第三者证明,保障对外贸易各方的合法权益。国家规定,重要进出口商品,非经检验发给证件的,不准输入或输出。

一、进出口商品检验

确定进出口商品的品质、规格、重量、数量、包装、安全性能、卫生方面的指标及装运技术和装运条件等项目实施检验和鉴定,以确定其是否与贸易合同、有关标准规定一致,是否符合进出口国有关法律和行政法规的规定,其简称"商检"。

1. 进出口商品检验内容

国际贸易中对商品的品质和数量以及包装进行检验鉴定,以便确定其是否合乎合同规定,有时还对装运过程中所发生的残损、短缺、或装运技术条件等进行检验和鉴定,以明确事故的起因和责任的归属。检验的内容包括:出口商品品质检验、出口商品包装检验、进口商品品质检验、进口商品残损检验、出口动物产品检疫、进出口食品卫生检疫、进出口商品重量鉴定、运输工具检验以及其他国家或商品用户要求实施的检验、检疫。检验检疫的法律法规依据主要是"四法三条例"。

"四法":《中华人民共和国进出口商品检验法》、《中华人民共和国进出境动植物检疫法》、《中华人民共和国国境卫生检疫法》、《中华人民共和国食品安全法》。

"三条例":《中华人民共和国进出口商品检验法实施条例》、《中华人民共和国进出境动植物检疫法实施条例》、《中华人民共和国国境卫生检疫法实施细则》。

2. 进出口检验程序

中国进出口商品检验工作,主要有4个环节:接受报验、抽样、检验和签发证书。

(1)接受报验:报验是指对外贸易关系人向商检机构报请检验。报验时需填写"报验申请单",填明申请检验、鉴定工作项目和要求,同时提交对外所签买卖合同、成交小样及其他必要的资料。

(2)抽样:商检机构接受报验之后,及时派员赴货物堆存地点进行现场检验、鉴定。抽样时,要按照规定的方法和一定的比例,在货物的不同部位抽取一定数量的、能代表全批货物质量的样品(标本)供检验之用。

(3)检验:商检机构接受报验之后,认真研究申报的检验项目,确定检验内容,仔细审核合同(信用证)对品质、规格、包装的规定,弄清检验的依据,确定检验标准、方法,然后进行抽样检验、仪器分析检验、物理检验、感官检验、微生物检验等。

(4)签发证书:在出口方面,凡列入种类表内的出口商品,经商检合格后签发放行单(或在"出口货物报关单"上加盖放行章,以代替放行单)。凡合同、信用证规定由商检部门检验出证的,或国外要求签检证书的,根据规定签发所需封面证书;不向国外提供证书的,只发放行单。种类表以外的出口商品,应由商检机构检验的,经检验合格发给证书或放行单后,方可出运。在进口方面,进口商品经检验后,分别签发"检验情况通知单"或"检验证书",供对外结算或索赔用。凡由收、用货单位自行验收的进口商品,如发现问题,应及时向检验检疫局申请复验,复验不合格,签发商检证书,供对外索赔用。对于验收合格的,收、用货单位应在索赔有效期内把验收报告送商检机构销案。

3. 进出口商品检验分类

根据进口商品登记规定,进口商品的检验分两大类。

一类是列入《种类表》和合同规定由中国商检机构检验出证的进口商品。进口商品到货后,由收货、用货或其代理接运部门立即向口岸商检机构报验,填写进口货物检验申请书,并提供合同、发票、提单、装箱单等有关资料和单证,检验机构接到报验后,对该批货物进行检验,合格后,在进口货物报关单上加盖印章,海关据此放行。

另一类是不属于上一类的进口商品,由收货、用货或代理接运部门向所在地区的商检机构申报进口商品检验,自行检验或由商检机构检验,自行检验须在索赔期内将检验结果报送商检机构,若检验不合格,应及时向商检机构申请复验并出证,以便向外商提出索赔。

二、进出口商品检验的监督管理工作

进出口商品检验的监督管理工作,是对进出口商品执行检验把关和对收货、用货单位,生产、经营单位和储运单位,以及指定或认可的检验机构的进出口商品检验工作进行监督检查的重要方式,是通过行政管理手段,推动和组织有关部门对进出口商品按规定要求进行检验,其目的是为了保证出口商品质量和防止次劣商品进口。出入境检验检疫机构进行监督检查的内容包括以下几点。

(1) 对其检验的进出口商品进行抽查检验。

(2) 对其检验组织机构、检验人员和设备、检验制度、检验标准、检验方法、检验结果等进行监督检查。

(3) 对其他与进出口商品检验有关的工作进行监督检查。对进出口商品实施质量认证、质量许可制度,加贴检验检疫标志或封识以及指定、认可、批准检验机构等工作,也属于进出口商品检验的监督管理工作范围。

三、进出口商品报验的规定

1. 进出口商品的报验单位

(1) 有进出口经营权的国内企业;

(2) 进口商品收货人或其代理人;

(3) 出口商品生产企业;

(4) 对外贸易关系人;

(5) 中外合资、中外合作和外商独资企业;

(6) 国外企业、商社常驻中国代表机构等。

2. 进出口商品的报验范围

(1)《种类表》内的进出口商品;

(2) 出口食品卫生检验和检疫,以及出口动物产品的检疫;

(3) 出口危险品包装容器的性能鉴定和使用鉴定;

(4) 装运出口易腐烂变质食品的船舱、集装箱等;

(5) 其他法律或者行政法规规定必须经商检机构检验的进出口商品;

(6) 中国与进口国主管部门协定必须凭中国商检机构证书方准进口的商品;

(7) 对外贸易合同、信用证规定由商检机构检验出证的商品;

(8) 对外贸易关系人申请的鉴定业务;

(9) 委托检验业务。

有下列情况之一者,商检机构一般不予受理报验:① 应施检验的出口商品,未经检验已装运出口的;② 按分工规定,不属于商检工作范围的。

3. 进出口商品报验时必须提供的单证

(1) 进口商品报验时,报验人应提供外贸合同、国外发票、提单、装箱单和进口货物到货通知单等有关单证。

① 申请进口商品品质检验的还应提供国外品质证书、使用说明及有关标准和技术资料,凭样成交的,须加附成交样品。

② 申请残损鉴定的还应提供理货残损单、铁路商务记录、空运事故记录或海事报告等证明货损情况的有关单证。

③ 申请重（数）量鉴定的还应提供重量明细单、理货清单等。

④ 进口商品经收、用货部门验收或其他单位检验的，应加附有关验收记录、重量明细单或检验结果报告单等。

（2）出口商品报验时，报验人应提供外贸合同（确认书）、信用证以及有关单证函电等。凭样成交的应提供买卖双方确认的样品。申请预验的商品，应提供必要的检验依据。

① 经本地区预验的商品需在本地区换证出口时，应加附由该局签发的预验结果单。

② 经其他商检机构检验的商品，必须加附发运地商检机构签发的"出口商品检验换证凭单"正本。

③ 凡必须向商检机构办理卫生注册及出口质量许可证的商品，必须交附商检机构签发的卫生注册证书、厂检合格单或出口质量许可证。

④ 冷冻、水产、畜产品和罐头食品等须办理卫生证时，必须交附商检机构签发的卫生注册证书及厂检合格单。

4. 申请进出口商品免验、放行基本程序

（1）提出申请。凡要求免验符合上述①至④项条件的进出口商品，由申请人向国家商检部门提出书面申请。申请时，须提交下列材料。

① 申请书；

② 经填写的免验申请表（表式由国家商检部门提供）；

③ 有关证件，包括获奖证书、认证证书、合格率证明、用户反映、生产工艺、内控质量标准、检测方法及对产品最终质量有影响的有关文件资料；

④ 所在地及产地商检机构的初审意见（限免验的出口商品）。

（2）专家审查。国家商检部门受理申请后，组织专家审查组对申请免验的商品以及制造工厂的生产条件和有关资料进行审查，并对产品进行抽样测试。

（3）批准发证。专家审查组在审查及对产品检验的基础上，提出书面审查报告，经国家商检部门批准，发给申请人免验证书，并予以公布。

（4）办理放行。获准免验进出口商品的申请人，凭有效的免验证书、合同、信用证及该批产品的厂检合格单和原始检验记录等，到当地商检机构办理放行手续，并交纳放行手续费。对需要出具商检证书的免检商品，商检机构可凭申请人的检验结果，核发商检证书。

对进出口一定数量限额内的非贸易性物品（注：指一定数量限额内的无偿援助物品；国际合作、对外交流和对外承包工程所需的自用物品；外交人员自用物品；主要以出境旅客为销售对象的免税店商品；进出口展品、礼品和样品），申请人可凭省、自治区、直辖市人民政府有关主管部门或者国务院有关主管部门的批件、证明及有关材料，直接向国家商检部门申请核发免验批件，并按上述规定到商检机构办理放行手续。其中，对进出口展品、礼品和样品，可由当地商检机构凭申请人提供的有关证明批准免验，并办理放行手续。

四、进出口商品检验制度

根据《中华人民共和国进出口商品检验法》（以下简称《商检法》）的规定，对于列入《进出口商品检验种类表》（以下简称《种类表》）和其他法律、行政法规规定须经商检机构检验的进出口商品，必须依法实施检验。中国进出口商品检验工作的主管机关是国家商品检验局，各省、自治区、直辖市商检局及其分支机构负责管理该地区的进出口商品检验工作。国家商检部门根据《商检法》和对外贸易发展的需要,制定、调整、公布《种类表》。

1. 适用范围

目前,列入《种类表》的进出口商品共18类,涉及海关税则税号200余个。凡是列入《种类表》的进出口商品,在办理进出口通关手续前,必须向商检机构申请商品检验。对暂时进出口货物、非销售用的展览品、陈列品、保税仓库货物、来料加工装配进出口货物、进出口样品和礼品、免税品、免税外汇商品以及其他非贸易性物品,除另有规定外,免予法定商品检验。

2. 有关手续及通关要求

列入《种类表》的进口商品,收货人必须向卸货口岸或者到达地的商检机构办理登记,海关凭商检机构在报关单上加盖的"已接受登记"印章验放。进口商品办理登记后,收货人必须在合同约定的或商检机构规定的检验地点、时间内,持有关单证向商检机构报验。

列入《种类表》的出口商品,发货人应当在商检机构规定的期限内持合同等必要单证,向商检机构报验,海关凭商检机构签发的检验证书、放行单或者在报关单上加盖的印章放行。实施进出口商检的商品,若属国家规定应实施其他管制的,如许可管理、动植检、食检的,进出口货物通关时,还应办理相关的进出境手续。

五、动植物检疫制度

为了防止动植物传染病、寄生虫病和植物危险性病、虫、杂草以及其他有害生物的传入、传出,保护中国农、林、牧、渔业生产和人体健康,维护中国的对外贸易信誉,《中华人民共和国进出境动植物检疫法》规定,对进出境动植物及其产品实施强制性检疫。国家在各口岸设立动植物检疫机构,行使进出境动植物检疫的行政管理权。

1. 适用范围

(1) 列入动植物进出境检疫范围的有蚕、蜂等。

(2) 动物产品。指来源于动物未经加工或虽经加工但仍可能传播疫病的产品,如生皮张、毛类、肉类、脏器、油脂、动物水产品、奶制品、蛋类、血液、精液、胚胎、骨、蹄、角等。

(3) 植物。指栽培植物、野生植物及其种子、种苗及其他繁殖材料等。

(4) 植物产品。指源于植物未经加工或虽经加工但仍有可能传播病虫害的产品,如粮食、豆、棉花、油、麻、烟草、籽仁、干果、鲜果、蔬菜、生药材、木料、饲料等。

(5) 其他检疫物。指动物疫苗、血清、诊断液、动植物废弃物等。

国家禁止下列物品进境:① 动植物病原体(包括菌种、毒种等)、害虫及其他有害生物;② 动植物疫情流行的国家和地区的有关动植物、动植物产品和其他检疫物;③ 动物的尸体;④ 土壤。

2. 有关手续及通关要求

凡属应实施动植物检疫范围的进出口货物,进出口单位或其代理人在办理进出境手续前应向动植物检疫机构报检,由动植物检疫机构发给《动植物检疫放行通知单》或者在报关单上加盖检疫放行章,海关凭"放行通知单"或"放行章"接受报关。

进(出)口需办理转关的检疫物,除活动物和来自疫情流行国家或地区的检疫物需在入

(出)境口岸检疫外,其他均由指运地(起运地)动植物检疫机关实施检疫。属来自疫区的过境检疫物,由承运人或者押运人持货物运输单据和输出国家或地区政府动植物检疫机构出具的检疫证书,在进境时向动植物检疫机关报检,海关凭动植物检疫机关签发的"放行通知单"放行;出境时,出境地动植物检疫机关不再检疫。

对输入动植物、动植物产品和其他检疫物,需调离海关监管区检疫的,海关凭动植物检疫机关签发的《检疫调离通知单》验放。如有疫情,由检疫部门直接处理。进出境检疫物如属国家规定应实施其他进出口管制的,还应办理其他进出境手续。

六、药品、药材检验制度

为了保证药品质量,增进药品疗效,保障人民用药安全,维护人民身体健康,根据《中华人民共和国药品管理法》和国务院《关于加强医药管理的决定》,凡进口的药品,必须有卫生部核发的《进口药品注册证》并列为法定检验,需经口岸药品检验所检验合法后方准进口。进口药品的外贸企业,须具有卫生行政部门核发的《药品经营企业许可证》。

1. 一般药品、药材

进口药品、药材到达口岸后,收货人应向口岸药检所报检。经营单位凭口岸药检所出具的《进口药品报验证明》或者加盖"已接受报验"印章的进口货物报关单向海关报关。目前,卫生部授权的口岸药检所为有北京、天津、上海、广州、大连、青岛、武汉、广东、福建等省、市药检所。如果进口口岸没有药检机构,可以将进口药品作为"海关监管货物"监管至指运地海关验放。

解放军总后勤部卫生部进出口供军内使用的药品,由总后卫生部药品检验所负责检验。

对用于医疗急救、科研或国外赠送的进口药品,海关凭省级卫生厅(局)出具的免验证明验放。

出境的中药材,按动植物检疫办法和濒危物种、商品检验的管理规定进行管理。

2. 麻醉药品

麻醉药品指的是连续使用易使身体产生依赖性、能成瘾的药品。依据《麻醉药品管理办法》的规定,国家严格管理麻醉药品的生产、供应和进出口,非医疗、教学、科研需要一律不得使用麻醉药品。

麻醉药品的进出口业务,必须由卫生部审核批准,发给麻醉药品进出口许可证,并通知出口国政府和国际麻醉管理局。目前,麻醉药品的进出口由中国医药保健品进出口总公司及其省、自治区、直辖市医药保健品进出口公司或由卫生部、外经贸部指定的其他单位经营。进出口麻醉药品,必须向海关提供卫生部核发的《麻醉品进口准许证》或《麻醉品出口准许证》,海关凭此验放。

3. 精神药物

精神药物是指作用于人的中枢神经系统,在医疗上连续使用能使人产生依赖性的药品。精神药品品种及分类每年由卫生部进行公布。为了加强对精神药物的进出口管理,中国进出口的精神药物一律凭卫生部审核批准并发放的《精神药物进(出)口准许证》向海关报关,精神药物的进出口业务由中国医药保健品进出口总公司和中国化工进出口总公司统一经营。

4. 血液制品

为防止性免疫缺陷综合征(艾滋病)传入中国,卫生部会同海关总署联合规定,除人血清白蛋白以外,其他所有血液制品均为国家禁止进口的药品品种,禁止国内任何单位进口。如确因临床医疗需要急需进口,必须事先报经省级卫生厅(局)批准,进口时凭批准文件向药检所报检。海关凭药检所出具的《进口药品报验证明》或已加盖药检所"已接受报验"印章的报关单验放。

进口人血清白蛋白,应事先报省、市、自治区卫生厅(局)批准。经营单位凭批件向口岸药品检验所报验,海关凭药检所在《进口货物报关单》上加盖"已接受报验"的印章验放。

5. 进口兽药检验

依据《兽药管理条例》的规定,进口兽药须经农业部指定的口岸兽药监察所检验合格后方准进口,进口单位凭在进口货物报关单上加盖的口岸兽药监察所"已接受报验"的印章向海关报关。

七、食品卫生检验制度

为了保障中国人民的身体健康和生命安全,依据《中华人民共和国食品卫生法》的规定,进出口的食品及原料、食品添加剂、食品容器、包装材料和食品用工具及设备,实行由国家指定的检验机构进行卫生监督、检验。

列入检验的范围包括以下内容。

(1) 食品。指各种供人食用或饮用的食品和原料,以及按照传统习惯加入药物的食品,但不包括以治疗为目的的物品。

(2) 食品添加剂。其是指为改善食品品质和色、香、味以及为防腐和加工工艺的需要而加入食品中的天然或化学合成物质。

(3) 食品容器、包装材料。指包装、盛放食品用的纸、钉、木、金属、搪瓷、陶瓷、塑料、橡胶、天然纤维、化学纤维、玻璃等制品和接触食品的涂料。

(4) 食品用工具、设备。指食品生产经营过程中接触食品的机械、管道、传送带、容具、用具、餐具等。

进口上述货物的有关企业,应向口岸食品卫生监督机构——食品卫生检验所报验,凭食品卫生检验所出具的报验证书向海关报关。

出口食品由国家商检机构进行卫生监督、检验。进出口食品如属国家实施其他管理的,如配额或许可证管理,还须办理其他进出境有关手续。

本章小结

商务部是全国对外贸易经营者备案登记工作的主管部门。备案登记机关应自收到对外贸易经营者提交的符合规定材料之日起 5 日内办理备案登记手续,在《登记表》上加盖备案登记印章。

从事货物进出口或者技术进出口的对外贸易经营者,应当向商务部或商务部委托的机构办理备案登记。

中华人民共和国海关是国家的进出关境监督管理机关,实行垂直管理体制。海关是国家主权的象征,体现国家的权力和意志。海关的四项基本任务:监管进出境、征收税费、查缉走私和海关统计。

报关管理制度是指海关依法对报关人及代表报关单位报关的报关员报关资格审定、批准及对其报关行为进行规范和有效管理的业务制度。

关税是指由设在边境、沿海口岸或国家指定的其他水陆空国际交往通道的海关,依法对进出国境或关境的货物和物品征收的一种流转税。

商品检验管理制度进出口商品检验是指由国家设立的检验机构或向政府注册的独立机构,对进出口货物的质量、规格、卫生、安全、数量等进行检验、鉴定,并出具证书的工作。

 复习思考题

1. 简述海关的性质及海关的任务。
2. 简述关税的特点。
3. 简述海关对加工贸易的监管程序。
4. 简述进出口商品检验程序。

微信扫码查看

第四章　中国对外贸易约束

学习要求

　　通过本章的学习,要求学生了解对外贸易的关税制度,掌握关税的计算,理解进出口许可证制度和进出口配额制度,并掌握贸易救济措施。

关键词

　　关税　进口税　出口税　过境税　从量税　从价税　混合税　海关税则　海关估价　进口许可证制　出口许可证制　配额　反倾销　反补贴　贸易保障

第一节　关税

一、关税的概念和特点

　　关税(Customs Duties, Tariff)是当进出口货物经过一国关境时,由政府所设置的海关根据海关税则对进出口商征收的税赋。关税是国家财政收入的一个重要部分。

　　与其他税种相比,关税有 4 个主要特点。

　　1. 关税的征税主体是海关

　　海关是国家行政管理机构,贯彻执行本国有关进出口法令、法规。中华人民共和国海关是国家进出境监督管理机关,依法监管进出境的运输工具、货物、行李物品、邮递物品和其他物品,征收关税和其他税、费,查缉走私,并编制海关统计和办理其他海关业务。

　　2. 关境是海关征收关税的领域

　　关境又称"税境"或"海关境域",指实施同一海关法规和关税制度的境域,即国家(地区)行使海关主权的执法空间。一般情况下,关境等于国境,但有些国家关境不等于国境,比如我国目前就是关境小于国境。

　　3. 关税属于间接税

　　税收主体即关税的纳税人,是进出口商;税收的客体即课税的对象,是进出口货物。因为关税主要是对进出口商品征税,其税负可以由进出口商垫付,然后把它作为成本的一部分加入货价,货物出售后可收回这笔垫款,因此,关税负担最后转嫁为买方或消费者负担。

4. 关税可以起到调节进出口贸易的作用

征收关税的作用主要有两个方面：一是增加本国财政收入，二是保护本国的产业和国内市场。其中，以前者为目的征收的关税被称为财政关税（Revenue Tariff），以后者为目的征收的关税被称为保护关税（Protective Tariff）。

二、关税的作用

1. 筹集国家财政资金

从世界大多数国家尤其是发达国家的税制结构分析，关税收入在整个财政收入中的比重不大，并呈下降趋势。但是，一些发展中国家，特别是那些对进出口依赖性较强的发展中国家，征收进出口关税仍然是他们取得财政收入的重要途径之一。新中国成立以来，关税收入作为国家财政收入的组成部分，为我国经济建设积累了可观的财政资金。目前，我国已加入世贸组织，根据"入世"承诺，开始分阶段降低和削减关税，关税数额占财政收入比重将逐步下降，但随着我国综合国力的增强和对外经济贸易的不断扩大，关税在为国家筹集财政资金方面仍将发挥重要作用。

2. 调节产业结构和进出口贸易

关税是国家调节产业结构和进出口贸易的重要经济杠杆，国家通过设置高低不同的税率和减免关税，可以影响国内产业结构和进出口规模。一般对国内生产必需的先进技术和关键设备以及人民生活必需且国内生产供应不足的产品，可免征关税或实行低税率鼓励进口；对国内生产过剩的长线产品和奢侈品，则采取高税率限制进口。对出口货物，大部分实行出口退税政策鼓励出口，以增强我国出口商品在国际市场上的竞争力，扩大出口。同时，对某些出口货物有选择征税，以保护本国稀缺资源满足国内需要。

3. 维护国家权益，促进对外经济贸易的发展

课税权本身就是一国行政权力的组成部分，对进出口货物征收关税，直接关系到国与国之间的主权和经济利益。在现代社会里，关税已成为各国政府维护本国政治、经济权益，乃至进行国际经济斗争的一个重要武器。我国根据平等互利和对等原则，遵循世界贸易组织规则，通过关税复式税则的运用等方式，维护国家经济权益，促进对外经济贸易的进一步发展。

三、关税的种类

1. 按照征收的对象或商品流向分类

进口税（Import Duty）是指进口商品进入一国关境或从自由港、出口加工区、保税仓库进入国内市场时，由该国海关根据海关税则对本国进口商所征收的一种关税，又称为正常关税（Normal Tariff）或进口正税。

进口税是保护关税的主要手段。通常所说的关税壁垒，实际上就是对进口商品征收高额关税，以此提高其成本，从而削弱其竞争力，起到限制进口的作用。关税壁垒是一国推行保护贸易政策所实施的一项重要措施。

出口税（Export Duty）是出口国家的海关在本国产品输往国外时，对出口商所征收的关税。目前，大多数国家对绝大部分出口商品都不征收出口税。因为征收出口税会抬高出口商品的成本和国外售价，削弱其在国外市场的竞争力，不利于扩大出口。但目前世界上仍有

少数国家(特别是经济落后的发展中国家)征收出口税。

我国历来采用鼓励出口的政策,但为了控制一些商品的出口流量,采用了对极少数商品征出口税的办法。被征出口税的商品主要有生丝、有色金属、铝合金、绸缎等,出口税率从10%—100%不等。

过境税(Transit Duty)又称通过税或转口税,是一国海关对通过其关境转运第三国的外国货物所征收的关税。其目的主要是增加国家财政收入。过境税在重商主义时期盛行于欧洲各国。随着资本主义的发展,交通运输事业的发达,各国在货运方面的竞争激烈,同时过境货物对本国生产和市场没有影响,于是,到19世纪后半期,各国相继废除了过境税。第二次世界大战后,关贸总协定规定了"自由过境"的原则。目前,大多数国家对过境货物只征收少量的签证费、印花费、登记费及统计费等。

2. 按关税的征收方法分类

从量税(Specific Duty)是以进口货物的重量、数量、长度、容量和面积等计量单位为标准计征的关税。其中,重量单位是最常用的从量税计量单位。从量税的计算公式为

$$从量税税额 = 货物计量单位数 \times 从量税率$$

采用从量税计征关税有以下特点。

第一,手续简便。不需审定货物的规格、品质、价格,便于计算。

第二,税负并不合理。同一税目的货物,不管质量好坏、价格高低,均按同一税率征税,税负相同。

第三,不能随价格变动做出调整。当国内物价上涨时,税额不能随之变动,使税收相对减少,保护作用削弱;当物价回落时,税负又相对增高,不仅影响财政收入,而且影响关税的调控作用。

第四,难以普遍采用。税收对象一般是谷物、棉花等大宗产品和标准产品,对某些商品如艺术品及贵重物品(古玩、字画、雕刻、宝石等)不便使用。

从价税(Advalorem Tax)是以货物价格作为征收标准的关税。从价税的税率表现为货物价格的百分值。从价税的计算公式为

$$从价税税额 = 进口货物总值 \times 从价税率$$

征收从价税有以下特点。

第一,税负合理。同类商品质高价高,税额也高;质次价低,税额也低。加工程度高的商品和奢侈品价高,税额较高,相应的保护作用较大。

第二,当物价上涨时,税款相应增加,财政收入和保护作用均不受影响。但在商品价格下跌或者别国蓄意对进口国进行低价倾销时,财政收入就会减少,保护作用也会明显减弱。

第三,各种商品均可使用。

第四,从价税率按百分数表示,便于与别国进行比较。

第五,完税价格不易掌握,征税手续复杂,大大增加了海关的工作负荷。

混合税(Mixed Duty)是在税则的同一税目中订有从量税和从价税两种税率。征税时混合使用两种税率计征。混合税又可分为复合税和选择税两种。

复合税(Compound Duty)是征税时同时使用从量、从价两种税率计征,以两种税额之和

作为该种商品的关税税额。复合税按从量、从价的主次不同又可分为两种情况：一种是以从量税为主加征从价税，即在对每单位进口商品征税的基础上，再按其价格加征一定比例的从价税；另一种是以从价税为主加征从量税，即在按进口商品的价格征税的基础上，再按其数量单位加征一定数额的从量税。

选择税（Alternative Duty）是指对某种商品同时订有从量和从价两种税率，征税时由海关选择其中一种征税，作为该种商品的应征关税额。一般是选择税额较高的一种税率征税，在物价上涨时使用从价税，物价下跌时使用从量税。有时，为了鼓励某种商品的进口，或给某出口国以优惠待遇，也有选择税额较低的一种税率征收关税的。选择税可以根据经济形势的变化及政府的特定需要进行选择，灵活性较强。但由于征税标准经常变动，会使外国厂商无所适从，故容易引起贸易纠纷。

由于混合税结合使用了从量税和从价税，扬长避短，哪一种方法更有力，就是用哪一种方法或以其为主征收关税，因而无论进口商品价格高低，都可起到一定的保护作用。目前，世界上大多数国家都使用混合税，如美国、欧盟各国、加拿大、澳大利亚、日本以及一些发展中国家，如印度、巴拿马等。

四、中国的关税制度

关税制度是一国政府在一定时期内为运用关税达到其特定的经济、政治目的而采取的行为准则，是国家经济政策、政治政策及社会政策在对外贸易中的具体体现。中国的关税制度主要分为以下几个方面。

1. 海关税则

各国征收关税的依据是海关税则（Customs Tariff）。海关税则又称关税税则，是一国对进出口商品计征关税的规章和对进出口应税与免税商品加以系统分类的一览表。海关税则是关税制度的重要内容，是国家关税政策的具体表现。

海关税则一般包括两个部分：一部分是海关课征关税的规章条例及说明，另一部分是关税税率表。其中，关税税率表主要包括税则号列（Tariff No. 或 Heading No. 或 Tariff Item）、商品分类目录（Description of Goods）及税率（Rate of Duty）三部分。商品分类目录将种类繁多的商品或按加工程度，或按自然属性、功能和用途等分为不同的类。随着经济的发展，各国海关税则的商品分类越来越细，这不仅是由于商品日益增多而产生的技术需要，更主要的是各国开始利用海关税则更有针对性地限制有关商品进口和更有效地进行贸易谈判，将其作为实行贸易歧视的手段。

《商品名称及编码协调制度》（The Harmonized Commodity Description and Coding System）简称"协调制度"（HS），是在《海关合作理事会商品分类目录》（CCCN）和联合国《国际贸易标准分类目录》（SITC）的基础上，协调国际上多种主要的税则、统计、运输等方面的商品分类目录而制定的一部多用途的国际贸易商品目录。它是一个完整、系统、通用、准确的国际贸易商品分类体系，具有严密的逻辑性和科学性。我国海关自 1992 年起采用该制度，并以其为基础结合我国实际进出口货物情况，编制了《中华人民共和国海关进出口税则》和《中华人民共和国海关统计商品目录》，为海关的关税征收提供法律保证。

海关税则中的同一商品，可以按一种税率征税，也可以按两种或两种以上税率征税。按照税率表的栏数,可将海关税则分为单式税则和复式税则两类。单式税则(Single Tariff)又称一栏税则,是指一个税目只有一个税率,即对来自任何国家的商品均以同一税率征税,没有差别待遇。目前,只有少数发展中国家,如委内瑞拉、巴拿马、冈比亚等仍实行单式税则。复式税则(Complex Tariff)又称多栏税则,是指同一税目下设有两个或两个以上的税率,即对来自不同国家的进口商品按不同的税率征税,实行差别待遇。其中,普通税率是最高税率,特惠税率是最低税率,在两者之间,还有最惠国税率、协定税率、普惠制税率等。目前,大多数国家都采用复式税则。这种税则有二栏、三栏、四栏不等。我国目前采用二栏税则,美国、加拿大等国实行三栏税则,而欧盟等国实行四栏税则。

2. 海关估价制度

海关估价(Customs Value)是指一国(或地区)海关为执行关税政策和对外贸易政策的需要,根据法定的价格标准和程序为征收关税而确定某一进口商品完税价格的方法和程序,即海关估价是一国(或地区)的海关管理机构出于向进口货物征收关税的目的对进口商品进行估价。海关估价是国际贸易程序中的一个重要环节,是征收关税的前提,是海关的一项重要职责。

国际贸易中的货物价格形式多种多样,海关估价以何种价格为依据,各国都有不同的规定。最通常使用的进口货物估价依据是到岸价格,有些国家则使用离岸价格、产地价格或出口价格,也有些国家使用进口地市场价格、进口国官定价格,或同时使用几种价格。作为估价依据的价格不等于完税价格,需要根据国家的估价规定进行审查和调整后才能规定为完税价格。由于各国海关估价规定的内容不一,故有些国家可以利用估价提高进口关税,形成税率以外的一种进口限制的非关税壁垒。

1985年我国进行了关税制度(包括海关估价制度)的改革,制定了《中华人民共和国进出口关税条例》,并于1987年修订,其中规定"进口货物以海关审定的正常成交价格为基础的到岸价格作为完税价格"。正常成交价格的定义则是在1989年《中华人民共和国海关审定的进出口货物完税价格办法》中被进一步明确为"海关审定的进出口货物的成交价格,应该是该项货物在公开市场上可以采购到的正常价格"。为了进一步完善海关估价法规,1991年4月海关总署又发布了《中华人民共和国海关关于进口货物实施海关估价的规定》,这是关税法规中第一个按照估价工作需要制定的单行法规,为估价工作提供了重要的法律依据,是保证海关估价公平、准确,提高估价水平的一项重要措施。

1992年3月,经报国务院批准,重新修订的《关税条例》第十条规定"进口货物以海关审定的成交价格为基础的到岸价格作为完税价格",去掉了"正常"二字,同时海关总署也相应地修订了《完税价格办法》对于完税价格的定义"海关以进口货物的实际成交价格为基础审定完税价格"。新修订的《完税价格办法》采用了GATT(关税及贸易总协定,General Agreement on Tariffs and Trade)中以成交价格为海关估价的主要依据的做法,根据2000年7月8日第九届全国人民代表大会常务委员会第十六次会议通过的《关于修改〈中华人民共和国海关法〉的决定》的"第五十五条进出口货物的完税价格,由海关以该货物的成交价格为基础审查确定。当成交价格不能确定时,完税价格由海关依法估定"。至此,确定了我国现行的既有中国特色又基本符合国际惯例的估价制度,使我国的海关估价制度逐步与国际通行的规则相衔接。

加入 WTO 后，我国政府承诺，中国加入 WTO 之后将全面实行《海关估价协定》，不对协定的任何条款做任何保留。我国分别于 2004 年和 2006 年颁布了新的《中华人民共和国进出口关税条例》和新的《中华人民共和国海关审定进出口货物完税价格办法》，更好地贯彻实施 WTO《海关估价协定》。

3. 关税的计算、缴纳与退补制度

进出口关税的计算方法如下：

$$关税税额＝完税价格×进出口关税税率$$

进出口货物的到、离岸价格是以外币计算的，应由海关按照签发税款缴纳证之日国家外汇牌价的中间价折成人民币。

按照规定，进口货物的收货人、出口货物的发货人、进出境物品的所有人是关税的纳税义务人，同时有权经营进出口业务的企业也是法定纳税人。纳税人应当在海关签发税款缴纳证的次日起 7 日内，向指定银行缴纳税款；逾期不缴纳的，由海关自第八天起至缴清税款日，按日征收税款总额的 1‰ 的滞纳金；对超过 3 个月仍未缴纳税款的，海关可责令担保人缴纳税款或者将货物变价抵缴，必要时可以通知银行在担保人或纳税人存款内扣除。

关税的退补分补征、追征和退税 3 种情况。

（1）补征：指进出口货物、进出境物品放行后，海关发现少征或漏征税款时，应当自缴纳税款或者货物、物品放行之日起一年内，向纳税义务人补征。

（2）追征：指因纳税义务人违反规定而造成少征或者漏征的，海关在 3 年内可以追征。

（3）退税：指海关多征的税款，发现后应当立即退还；纳税义务人自缴纳税款之日起一年内，可以要求海关退还，逾期不予受理。

当办理退税时，应做到退税依据确实，单证齐全，手续完备。纳税单位应填写退税申请，连同原来税款缴纳书及其他必要证件，送经原征税海关核实，并签署意见，注明退税理由和退税金额。单位退税，一律转账退付，不退现金。办理退税手续，除海关原因退税外，其余由纳税单位向海关缴纳手续费。

4. 关税减免制度

关税的减免是海关免除关税纳税人义务的关税给付义务的行政行为。按照全国人民代表大会通过的《海关法》的规定，中国的关税减免分为 3 种。

（1）法定减免。按照法律规定给予的关税减免，包括《海关法》、《关税条例》以及《进出口税则》中明确规定的减免项目。

（2）特定减免。依照国务院规定对特定地区、特定企业或特定用途的进出口货物征税所实施的减免。特定减免税的申请由海关按照有关规定和程序进行审理，同意给予减免的，海关发给一定形式的减免税证明。特定减免税的货物、物资只能用于特定地区、特定企业或者特定用途，受海关后续管理。

（3）临时减免，又称"特案减免"。其由海关总署或海关总署会同国务院财政部门，按照国务院规定审查批准的关税减免。一般是专案专批，对某个单位的某批进出口货物根据特殊情况特别照顾的原则实施关税减免。贸易单位、品种、期限、金额、数量等均有限制规定。要求临时减免的，应当在货物进出口前书面写明理由，并附必要的资料及证明，向所在地海关提出申请,经海关审查所述情况属实后转报海关总署,按照有关规定审批。

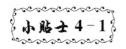

2012 年中国进出口关税将进行部分调整

据财政部消息,为深入贯彻落实科学发展观,进一步加强和改善宏观调控,增强关税政策的针对性、灵活性和前瞻性,促进经济结构调整和经济发展方式转变,经国务院关税税则委员会审议,并报国务院批准,自 2012 年 1 月 1 日起,我国进出口关税将进行部分调整。

2012 年继续对小麦等 7 种农产品和尿素等 3 种化肥的进口实施关税配额管理,并对尿素等 3 种化肥实施 1‰的暂定配额税率。对关税配额外进口一定数量的棉花继续实施滑准税,并适当调整了滑准税计税公式,效果是进口价格越高,适用税率越低。继续对冻鸡等 52 种产品实施从量税或复合税。

为积极扩大进口,满足国内经济社会发展及消费需求,2012 年我国对 730 多种商品实施较低的进口暂定税率,平均税率为 4.4%,比最惠国税率低 50%以上。这些商品主要分为五大类:一是能源资源性产品,包括煤炭、焦炭、成品油、大理石、花岗岩、天然橡胶、稀土、铜、铝、镍等;二是发展高端装备制造、新一代信息技术、新能源汽车等战略性新兴产业所需的关键设备和零部件,包括喷气织机、涡轮轴航空发动机、高压输电线、手机用摄像组件、高清摄像头、小轿车车身冲压件用关键模具等;三是农业生产资料,包括大马力拖拉机、大型收割机、乳品加工机、种用鲸、农药原料、化肥、动物饲料等;四是用于促进消费和改善民生的日用品,包括冷冻海鱼、特殊配方婴幼儿奶粉、婴儿食品、护肤品、烫发剂、餐具、厨房用具等;五是与公共卫生相关的产品,包括疫苗、血清、人工耳蜗、X 光片等。此外,为推动社会主义文化事业大繁荣大发展,满足人民群众精神文化需求,2012 年新增对数字电影放映机、各类画作原件以及雕塑品原件实施进口暂定税率。

为扩大多边、双边经贸合作,推动区域经济一体化更好更快发展,依据与有关国家或地区签署的自由贸易协定或关税优惠协定,2012 年我国继续对原产于东盟各国、智利、巴基斯坦、新西兰、秘鲁、哥斯达黎加、韩国、印度、斯里兰卡、孟加拉等国家的部分进口产品实施协定税率,产品范围将进一步扩大,税率水平进一步降低。在内地与香港、澳门更紧密经贸关系安排框架下,对原产于港澳地区且已制定原产地优惠标准的产品实施零关税。根据海峡两岸经济合作框架协议,对原产于台湾的部分产品实施包括零关税在内的协定税率。继续对原产于老挝、苏丹、也门等 40 个最不发达国家的部分产品实施特惠税率。

为促进经济可持续发展,推动资源节约型、环境友好型社会建设,2012 年我国继续以暂定税率的形式对煤炭、原油、化肥、铁合金等“两高一资”产品征收出口关税。

2012 年根据世界海关组织的统一规定修订进出口税则税目,同时为适应经济社会发展、科学技术进步、加强进出口管理及应对国际贸易争端的需要,增列了柔性印刷版、堆取料机械、血管支架、无线耳机等税目。调整后,我国 2012 年进出口税目总数由 2011 年的 7 977 个增至 8 194 个。

资料来源:国际煤炭网

第二节　进出口许可制度

进出口许可制度是根据国家的法律、政策、对外贸易计划和国内外市场的需求以及承担有关国际公约义务,对进出口经营权、经营范围、贸易国别、进出口商品品种及数量等实行管制的制度。其管理范围包括禁止进出口,限制进出口货物和技术、自由进出口的技术以及自由进出口中部分实行自动许可管理的货物。

鉴于许可证制度的普遍性,为防止对许可证的滥用造成对贸易的限制或扭曲,WTO 制定了《进出口许可程序协议》,于 1995 年 1 月 1 日与 WTO 和其他多边贸易协定同步生效。该协议不仅对出口许可证进行了明确定义,还对出口许可证的两种形式——自动许可证和非自动许可证分别作了具体规定。其目的在于,保证在申请这两种许可证的过程中,减少歧视性或管理部门的随意性。

实施许可证制度具有双重性:一方面,各国政府可以通过该制度收集有关贸易统计和其他贸易信息,维护进出口秩序,为本国制定外贸政策提供依据;另一方面,由于许可证管理制度具有一定的隐蔽性和随意性,因而有些国家通过许可证制度限制贸易,如规定复杂的发放程序、实施歧视性待遇等。无论从 WTO 规则,还是 WTO 成员的贸易管理实践来看,作为非关税措施,在一定条件和范围内实行配额和许可证管理,已成为世界多数国家的普遍做法,这些手段或措施在有关国家现行对外贸易管理中仍发挥着重要的作用。在符合 WTO 规定的情况下,各成员仍可使用少数数量限制措施保护国内产业。且国际贸易政策的发展趋势是非关税壁垒的关税化和贸易便利化,且 WTO 原则上积极主张和要求成员一般不采用数量限制或其他非关税措施来限制或禁止进出口贸易,但 WTO 并不要求将其完全取缔,事实上也不可能取缔。

一、进口许可证制

进口许可证制(Import License System)是指进口国家规定某些商品进口必须事先领取许可证,才可进口,否则一律不准进口。第二次世界大战前,进口许可证制曾在一些西欧国家被广泛采用。第二次世界大战后初期,大多数国家仍继续实行进口许可证制度。20 世纪60 年代后发达资本主义国家的进口许可证制有所放松,但对竞争激烈的商品仍实行进口许可证制。20 世纪 70 年代中期进口许可证制又重新加强,一些国家通过申领进口许可证烦琐复杂的程序和手续,阻碍商品进口。

从进口许可证与进口配额的关系上看,进口许可证可以分为以下两种。一种为有定额的进口许可证,即国家有关机构预先规定有关商品的进口配额,然后在配额的限度内,根据进口商的申请对于每一笔进口货发给进口商一定数量或金额的进口许可证。例如,原联邦德国对纺织品进口实行进口配额制,每年分三期公布配额数量,配额公布后进口商可提出申请,获得进口许可证后即可进口。进口配额一旦用完,原联邦德国政府有关当局不再发放进口许可证。一般说来,进口许可证是由进口国有关当局向提出申请的进口商颁发的,但也有将这种权限交给出口国自行分配使用的。另一种为无定额的进口许可证,即进口许可证不与进口配额相结合。资本主义国家有关政府机构预先不公布进口配额,颁发有关商品的进口许可证,只是在个别考虑的基础上进行。由于它是个别考虑的,没有公开的标准,因而就给正常贸易的进行造成更大的困难,起到更大的限制进口的作用。

从进口商品有无限制上看,进口许可证一般分为两种。一种为公开一般许可证(Open General License),又称公开进口许可证或一般许可证和自动进口许可证。它对进口国别或地区没有限制,凡列明属于公开一般许可证的商品,进口商只要填写公开一般许可证后即可获准进口。因此,属于这类许可证的商品实际上是"自由进口"的商品。另一种为特种进口许可证(Specific License),又称非自动进口许可证,进口商必须向政府有关当局提出申请,经政府有关当局逐笔审查批准后才能进口。这种进口许可证多数都指定进口国别或地区。为了区分这两种许可证所进口的商品,有关当局通常定期分别公布有关商品项目并根据需要随时进行调整。

根据我国《货物进口许可证管理办法》,商务部是全国进口许可证的归口管理部门,负责制定进口许可证管理的规章制度,发布进口许可证管理商品目录和分级发证目录,设计、印制有关进口许可证书和印章,监督、检查进口许可证管理办法的执行情况,处罚违规行为。商务部授权配额许可证事务局统一管理、指导全国发证机构的进口许可证签发及其他相关工作,许可证局对商务部负责。许可证局及其委托发证的商务部驻各地特派员办事处和各省、自治区、直辖市及计划单列市外经贸委(厅、局)为进口许可证发证机构,在许可证局的统一管理下,负责授权范围内的发证工作。

我国进口许可证管理实行"一关一证"、"一批一证"管理原则。"一关一证"指进口许可证只能在一个海关报关。"一批一证"指进口许可证在有效期内一次报关使用,如要实行"非一批一证",必须同时在进口许可证备注栏内打印"非一批一证"字样。"非一批一证"指进口许可证在有效期内可多次报关使用,但最多不超过12次,海关在许可证背面"海关验放签注栏"内逐批签注,核减进口数量。其中,每次报关数是指同一运输工具的同批货物,海关可对同批货物加总后在"非一批一证"进口许可证上作一次批注,如此类推,十二次后即使该证尚有余量也不可再使用。海关在第十二次批注后,进行总量核注,并将纸面许可证(海关留存联)正本随附报关单归档。

进口许可证的有效期为发证之日起至当年12月31日,进口许可证应在有效期内使用,逾期自行失效,在有效期内,因特殊原因需要变更进口许可证中有关项目内容的,进口单位应当持原进口许可证到原发证机构申请办理变更换证手续;原发证机构应当收回旧证。实际用汇额不超过原定用汇额10%的,不需变更进口许可证。对未使用的进口许可证,发证机构在办理更改、延期时,在进口许可证发证系统中删除原证,换发新证。对已部分使用的进口许可证,发证机构在办理更改、延期时,应核对进口许可证第一联背面的海关验放签注栏中的验讫数据和海关反馈的清关数据,在发证系统中核销已使用数量,按所余数量换发新证。发证机构在办理进口许可证更改、延期和遗失手续时,应根据情况在新证备注栏注明原证证号和"换证"、"延期换证"、"遗失换证"字样。进口许可证的延期应在有效期内提出申请,由发证机构收回原证后重新签发进口许可证并在备注栏中注明延期使用和原证证号。进口许可证只能延期一次,延期最长不超过3个月。

为适应对外开放和参与国际多边贸易体系的需要,我国大幅度减少了进口的行政限制措施,也缩小了进口配额、许可证管理商品的范围,绝大多数商品已放开经营。我国实施进口许可证管理的主要目的有以下 3 个：一是为了平衡进出口贸易，二是为了保护特定的产业，三是为了更好地分配进口资源。2012 年实行进口许可证管理的货物共两种，由商务部配额许可证事务局（以下简称"许可证局"）和商务部授权的地方商务主管部门发证机构（以下简称"地方发证机构"）负责签发相应货物的进口许可证。其中许可证局负责签发重点旧机电产品的进口许可证；地方发证机构负责签发消耗臭氧层物质的进口许可证。另外消耗臭氧层物质的进口许可证实行"一批一证"制。

二、出口许可证制

出口许可证制（Export License System）又称输出许可证制。一国根据其经济政治状况等各种因素，或出于政治、国家安全及某些歧视政策的原因，或为了维护本国的经济利益、保证出口收汇以及为了协调等方面的原因，规定某些商品的出口必须事先申领出口许可证，海关凭出口许可证实施出口管制，无证不得出口。

目前，我国执行审批并签发出口许可证的机关为国家外经贸部及其派驻在主要口岸的特派员办事处，各省、自治区、直辖市以及经国务院批准的计划单列市的对外经贸行政管理部门，实行按商品、按地区分级发证办法。

根据国家规定，凡是国家宣布实行出口许可证管理的商品，不管任何单位或个人，也不分任何贸易方式（对外加工装配方式按有关规定办理），出口前均必须申领出口许可证；非外贸经营单位或个人运往国外的货物，不论该商品是否实行出口许可证管理，价值在人民币1 000 元以上的，必须申领出口许可证；属于个人随身携带出境或邮寄出境的商品，除符合海关规定自用、合理数量范围外，也都应申领出口许可证。

2012 年实行出口许可证管理的商品共 49 种货物，分别实行出口配额许可证、出口配额招标和出口许可证管理。实行出口配额许可证管理的货物是小麦、玉米、大米、小麦粉、玉米粉、大米粉、棉花、锯材、活牛（对港澳）、活猪（对港澳）、活鸡（对港澳）、煤炭、焦炭、原油、成品油、稀土、锑及锑制品、钨及钨制品、锌矿砂、锡及锡制品、白银、铟及铟制品、钼、磷矿石。实行出口配额招标的货物是蔺草及蔺草制品、碳化硅、滑石块（粉）、镁砂、矾土、甘草及甘草制品。实行出口许可证管理的货物是活牛（对港澳以外市场）、活猪（对港澳以外市场）、活鸡（对港澳以外市场）、冰鲜牛肉、冻牛肉、冰鲜猪肉、冻猪肉、冰鲜鸡肉、冻鸡肉、消耗臭氧层物质、石蜡、锌及锌基合金、部分金属及制品、铂金（以加工贸易方式出口）、汽车（包括成套散件）及其底盘、摩托车（含全地形车）及其发动机和车架、天然砂（含标准砂）、钼制品、柠檬酸、维生素 C、青霉素工业盐、硫酸二钠。

出口许可证管理一般实行"一证一关"制和"一批一证"制。"一证一关"制即一个出口许可证只能在一个海关报关。"一批一证"指出口许可证在有效期内一次报关使用。但下列情况之一不实行"一批一证"制：外商投资企业出口许可证管理的商品；补偿贸易项下出口许可证管理的商品；其他在《商品目录》中规定不实行"一批一证"制的出口许可证管理商品。

出口许可证的有效期不得超过 6 个月，且有效期截止时间不得超过当年 12 月 31 日。对台湾地区出口天然砂出口许可证实行"一批一证"管理，许可证有效期为 30 天。对未使用的出口许可证，发证机构在办理更改或延期时，在出口许可证发证系统（发证系统）中删除原证，换发新证。对已部分使用的出口许可证，发证机构在办理更改或延期时，应核对出口许可证第一联背面的海关验放签注栏中的验讫数据和海关反馈的清关数据,在发证系统中核销已使用数量,按所余数量换发新证。发证机构在办理出口许可证的更改、延期和遗失手续时,应根据情况在新证备注栏中注明原证证号和"换证"、"延期换证"、"遗失换证"字样。

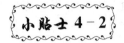 小贴士 4-2

我国进出口许可证管理制度改革方向与思路

我国现行的数量限制贸易政策是改革开放以来逐步建立和完善的,主要由进出口许可证、进出口配额和行政布控等措施构成。在进口配额许可证制度方面,目前将进口货物分3类管理,即一般进口类、凭许可证进口类和禁止进口类。为适应对外开放和参与国际多边贸易体系的需要,已大幅度减少了对进口的行政限制措施,也缩小了进口配额、许可证管理商品的范围,绝大多数商品已经放开经营。目前,我国对外涉及383个税号的产品实施进口配额许可证管理,约占全部八位税则号的5.3%。实施进口许可证管理的主要目的主要有以下3个:一是为了平衡进出口贸易,二是为了保护特定的产业,三是为了更好地分配进口资源。

在出口配额许可证制度方面,实施出口配额许可证管理的商品主要包括以下几方面:关系国计民生的大宗资源性出口商品及在我国总出口中占有重要地位的大宗传统出口商品;国外对我国有配额或要求我国主动限制出口数量的商品;出口额大且易于引起经营秩序混乱的商品;重要的名、特、优出口商品或有特殊要求的出口商品。目前,实行出口许可证管理的商品共涉及335个税号,占全部八位税则号的4.7%。对部分实行出口配额许可证的商品,实行行政分配配额招标和配额有偿使用的制度。

目前,我国实施的进口许可证制度和WTO《进口许可程序协议》及其他相关协议的精神存在着不少的冲突,与国际惯例相比差距较大,没有完全体现公平、公开、合理的原则。例如,我国的进口许可证制度的使用范围主要为拥有外贸进出口权的企业,并不考虑申领者的实际需求和实际业绩,而WTO《进口许可程序协议》规定,只要符合进口成员方的法定条件,任何个人、企业和机构均可成为进出口许可证申领者;WTO规则所允许的自动许可制度尚未建立和实施,配额管理行政色彩浓厚,公开性和透明度不够等;在管理方法上,存在"政出多门"和"证出多门"的现象,多重部门管理,部门职责交叉,造成管理效率低下。

相对而言,出口许可证制度较完善,但以国际通行的做法衡量,现行的出口许可证制度仍然存在一些亟待解决的问题。只对少数几种商品实行配额招标,不具有普遍性,对现行配额管理体制无法形成足够的影响;配额招标速度严重滞后;公开招标的投标资格存在一定的问题,使一些中标配额不能有效使用,中标价格和中标数量的确定违背非歧视的原则。

我国加入WTO后,进出口许可证作为国家多外贸易管理的一个重要手段,将在今后相当长的时期内继续发挥其应有的作用,但必须从制度到具体操作程序上进行深入的改革。对现行许可证制度重新清理和设计,进一步加快发展许可证的网上申领业务,充分发挥许可证的功能,加强各种手段的针对性。

第三节　进出口配额制度

配额（Quota）是一个政府为了控制本国与其他国家之间的贸易而施加的对商品或服务进出口量的限制。配额可以是进口配额，也可以是出口配额。我国《对外贸易法》规定：我国可对一部分进出口货物的进出口实行配额管理。

配额管理是世界各国普遍使用的数量限制措施。其主要作用包括以下几方面：通过进出口配额管理，有利于外贸出口秩序的调整，控制重要物资和敏感商品的出口数量，并保证部分出口配额商品数量符合我国与他国签订的贸易协定的要求；通过进口配额管理，有利于对进口商品及其数量的宏观控制，有效防止因盲目进口造成的对国内各项产业的严重冲击，保证国家经济发展计划和产业政策的顺利实施，也有利于减少和避免外汇的浪费使用，保证进口必要商品的用汇，维持国家合理的外汇储备。

一、进口配额制

进口配额制（Import Quotas System）又称为进口限额制，是一国政府在一定时期（如一季度、半年或一年）之内，对某些商品的进口数量或金额加以直接的限制。在规定的期限内，配额以内的货物可以进口，超过配额不准进口，或者征收更高的关税或罚款后才能进口。例如，根据我国与新西兰签订的相关自由贸易协定规定，2012 年，新西兰奶粉进口关税为 5.8%，2013 年进一步下降为 5%，这一低关税税率下的配额为 71 060.895 吨，即所有从新西兰进口的奶粉在配额下就享受低关税，如果进口配额已经达到，还从新西兰进口奶粉，就要按照最惠国关税待遇的 10% 税率进口。据海关总署 2013 年第 4 号公告称，至 2013 年 1 月 28 日，来自新西兰的固状和浓缩非固状乳及奶油的进口申报数量已达到 75 367.401 吨，超过 2013 年 71 060.895 吨的特保措施触发标准。因此，自 2013 年 1 月 29 日起，对来自新西兰的奶粉按最惠国税率征收进口关税。

进口配额限制了市场上国外产品的竞争，从而导致国内价格的上涨和进口的下降，因此其对市场的影响应该类似于关税。进口配额是实行进口数量限制的重要手段之一。主要有以下两大类。

1. 绝对配额

绝对配额（Absolute Quotas）是在一定时期内，对某些商品的进口数量或金额规定一个最高数额，在达到这个数额后，便不准进口。这种进口配额在实施中，又有以下两种方式。

（1）全球配额（Global Quotas，Unallocated Quotas）。其属于世界范围的绝对配额，对于来自任何国家或地区的商品一律适用。主管当局通常按进口商的申请先后或过去某一时期的实际进口额批给一定的额度，直至总配额发放完为止，超过总配额就不准进口。由于全球配额不限定进口国别或地区，故在限额的分配和利用上，难以贯彻国别政策。

（2）国别配额（Country Quotas）。国别配额是在总配额内按国别或地区分配给固定的配额，超过规定的配额便不准进口。为了区分来自不同国家和地区的商品，在进口商品时进口商必须提交原产地证明书。例如，1987 年底，我国与美国就纺织品贸易达成协定，使我国对美纺织品成衣出口年增长率从 1988 年 1 月 1 日起 4 年内由 19% 下降到 3%。一般来说，国别配额可以分为自主配额和协议配额。

自主配额(Autonomous Quotas)又称单方面配额,是由进口国家完全自主地、单方面强制规定在一定时期内从某个国家或地区进口某种商品的配额。自主配额一般参照某国过去某年的输入实绩,按一定比例确定新的进口的数量或金额。由于各国或地区所占比重不一,所得到的配额有差异,所以进口国可利用这种配额贯彻国别政策。自主配额由进口国家自行制定,但分配额度差异容易引起某些出口国家或地区的不满或报复,因此,有些国家便采用协议配额,以缓和彼此之间的矛盾。

协议配额(Agreement Quotas)又称双边配额(Bilateral Quotas),是由进口国家和出口国家政府或民间团体之间协商确定的配额。协议配额是由双方协调确定的,通常不会引起出口方的反感与报复,并可使出口国对于配额的实施有所谅解与配合,较易执行。

2. 关税配额

关税配额(Tariff Quotas)是对商品进口的绝对数额不加限制,而对一定时期内规定配额以内的进口商品给予低税、减税或免税待遇;对超过配额的进口商品则征收较高的关税,或征收附加税或罚款。关税配额按商品进口的来源,可分为全球性关税配额和国别关税配额。按征收关税的目的,可分为优惠性关税配额和非优惠性关税配额。前者是对关税配额内进口的商品给予较大幅度的关税减让,甚至免税,而对超过配额的进口商品即征收原来的最惠国税率。如西欧共同市场在普遍优惠制中所采取的关税配额就属于这一类。后者是在关税配额内仍征收原来的进口税,但对超过配额的进口商品,则征收极高的附加税或罚款。

二、出口配额制

出口配额(Export Quotas)是指一国政府在一定时期内对某些出口商品的出口数量或金额规定一个最高限额的制度。限额内商品可以出口,限额外商品不准出口或者予以处罚。出口配额可以分为"自动"出口配额和主动配额。

1. "自动"出口配额

"自动"出口配额(被动配额)是指出口国家或地区在进口国家的要求或压力下,"自动"规定某一时期内(一般为3年)某些商品对该国出口的限制额。在限制的配额内自行控制出口,超过限制额即不准出口。它的重要特点就是带有明显的强制性。"自动"出口配额制往往是出口国在面临进口国采取报复性贸易措施的威胁时被迫做出的一种选择。"自动"出口配额制一般有以下两种形式。

(1)非协定的"自动"出口配额,即不受国际协定的约束,而是出口国迫于进口国的压力,自行单方面规定出口配额,限制商品出口。这种配额有的是由政府有关机构规定配额,并予以公布,出口商必须向有关机构申请配额,领取出口授权书或出口许可证才能出口;有的是由本国大的出口厂商或协会"自动"控制出口。

(2)协定的"自动"出口配额,即进出口双方通过谈判签订"自限协定"或有秩序的销售协定,在协定中规定有效期内的某些商品的出口配额。出口国应根据此配额实行出口许可证或出口配额签证制,自行限制这些商品的出口。进口国则根据海关统计进行检查,"自动"出口配额大多数属于这一种。目前,最大的"自动"出口配额制是《多种纤维协议》。

2. 主动配额

主动配额是指出口国家或地区根据境内外市场上的容量和其他一些情况而对部分出口商品实行的配额出口。例如,2010 年俄罗斯森林火灾蔓延期间,俄总理普京下令对部分农林产品限制出口。

三、我国的配额管理

配额管理往往与许可证管理结合在一起使用,我国目前采用的就是配额与许可证结合使用的管理方式,即需要配额管理的货物必须申领许可证。这种管理方式有利于对配额数量的控制,防止超配额进出口对国家造成各种不利影响。

1. 配额管理的货物目录

实行配额管理的一般货物目录由国家发展和改革委员会会同有关部门提出意见,报国务院批准后公布。对于关系国计民生的大宗资源性出口货物及在我国出口中占有主导地位的大宗传统出口货物、我国在国际市场或某一市场占主导地位的主要货物、出口额大且易引起经营秩序混乱的货物和重要货物以及有特殊要求的货物、国外对我国有配额或要求我国主动限制出口数量的货物,均实行配额管理。实行出口配额管理的货物目录,由商务部会同国务院有关部门制定、调整并公布。

2. 配额管理的基本制度

(1) 进口配额

对实行配额管理的限制进口货物,进口配额管理部门应当在每年 7 月 31 日前公布下一年度进口配额总量。配额申请人应当在每年 8 月 1 日至 8 月 31 日向进口配额管理部门提出下一年度进口配额的申请。进口配额管理部门应当在每年 10 月 31 日前将下一年度的配额分配给配额申请人。进口配额管理部门可以根据需要对年度配额总量进行调整,并在实施前 21 天予以公布。

配额可以按照对所有申请统一办理的方式分配。按照对所有申请统一办理的方式分配配额的,进口配额管理部门应当自规定的申请期限截止之日起 60 天内作出是否发放配额的决定。进口配额管理部门分配配额时,应当考虑下列因素:申请人的进口实绩;以往分配的配额是否得到充分使用;申请人的生产能力、经营规模、销售状况;新的进口经营者的申请情况;申请配额的数量情况;需要考虑的其他因素。

进口经营者凭进口配额管理部门发放的配额证明,向海关办理报关验放手续。有关经济管理部门应当及时将年度配额总量、分配方案和配额证明实际发放的情况向国务院外经贸主管部门备案。配额持有者未使用完其持有的年度配额的,应当在当年 9 月 1 日前将未使用的配额交还进口配额管理部门;未按期交还并且在当年年底前未使用完的,进口配额管理部门可以在下一年度对其扣减相应的配额。

(2) 出口配额

实行配额管理的限制出口货物,货物目录由国务院外经贸主管部门会同国务院有关部门制定、调整并公布,由出口配额管理部门按照国务院规定的职责划分进行管理。根据不同商品的特点,我国实施不同的出口配额管理。

配额分配的基本原则:贯彻"效益、公正、公开透明"的原则,为各类企业创造公平竞争的政策环境;引导企业优化出口商品结构,向创汇多、效益好的企业倾斜.扶持国产名牌产品出口;实行动态管理,建立跟踪核查和动态调控机制。配额的分配方式有以下几种。一是对适合招标的商品进行招标。现行的《出口商品配额招标办法》采用了以价格优先的竞争评标规则。二是对不适合招标的出口商品配额实行规则化分配。在进行配额分配时,充分考虑申请企业或地区最近三年的出口实绩、配额使用率、经营能力、生产规模、国内资源状况等,既减少了管理者主观随意性,又防止了企业申领配额的盲目性。三是对部分商品实行规则化分配与有偿使用相结合的办法。政府收取一定的配额使用费,以调节出口企业因使用配额而带来的保护利润,用经济手段加速企业之间的利益关系。

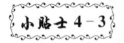
小贴士 4-3

美国将就中国稀土出口问题向世贸组织提出诉讼

中新网 2012 年 3 月 13 日电综合报道,美国总统奥巴马将在 13 日提起一项针对中国稀土出口限制的诉讼。

一名白宫高级官员透露,美国将就中国限制稀土出口问题向世贸组织(WTO)提起诉讼,而欧盟和日本将会支持并参与其中。

此前,欧盟已于 2009 年提出过类似的诉讼,要求中国解除对稀有金属产品的出口配额制度。中方表示,实行严格的出口配额管理制度,对保护自然资源、减少环境破坏以及满足内需十分必要。

据介绍,中国是稀土第一生产大国,供应全球近 90% 的稀土资源。自 2008 年以来,为保护稀土资源,中国实行了更为严格的管理制度,其中就包括实行严格的出口配额管理。按照惯例,每年商务部会在年初和年终分两批公布获得配额的企业和配额数量。

统计显示,去年前 11 个月中国累计出口稀土 14 750 吨,仅占全年出口配额总量的 49%,大量出口配额没有使用。2011 年底,中国宣布将 2012 年上半年的稀土出口配额同比减少 27%,全年预计出口总量为 3 万吨。

分析称,市场供求表现与欧美诉讼的矛盾之处表明,欧美并非只盯某一种资源在某一阶段的市场,而是长远战略布局,直指中国政策核心。中国资源类产品正陷入国际社会的深度博弈之中。

资料来源:中国新闻网

第四节 贸易救济措施

贸易救济措施是一个国家或地区为了保护本国贸易安全而制定的适度和有限的措施。在 WTO 框架内,贸易救济措施包括 3 种形式:反倾销、反补贴和保障措施。反补贴和反倾销措施针对的是价格歧视这种不公平贸易行为,保障措施针对的是进口产品激增的情况。

为充分利用 WTO 规则,维护国内市场国内外商品的自由贸易和公平竞争秩序,我国依据 WTO 有关《反倾销协议》、《补贴与反补贴措施协议》、《保障措施协议》以及我国《对外贸易法》的有关规定,制定颁布了《中华人民共和国反补贴条例》、《中华人民共和国反倾销条例》以及针对保障措施的有关规定。

一、反倾销

商品倾销指的是在国外销售的产品价格低于其正常价值,或者"公平市场价值"。倾销其实就是一种特殊的价格歧视。出口国为了占有进口国市场,用价格手段扰乱进口国市场,打击进口国竞争对手,使进口国的相关产业因不堪低价竞争而纷纷关闭,造成进口国一系列的问题,如国内产品市场份额的减少、工业萎缩、就业机会减少等。因此,各国常常通过国内立法手段进行反击。我国依据 WTO 关于《反倾销协议》以及《中华人民共和国反倾销条例》实施反倾销措施。

1. 采取反倾销措施的 3 个基本条件

按 WTO《反倾销协议》规定,对某进口商品征收反倾销税有 3 个必要条件:第一,倾销存在;第二,倾销对进口国国内已建立的某项工业造成重大损害或产生重大威胁,或者严重阻碍某一国内工业的新建产业;第三,倾销进口商品与所称损害之间存在因果关系。进口国只有经充分调查,确定某进口商品符合上述征收反倾销税的条件,方可征收反倾销税。

(1) 倾销的确定

根据《反倾销协议》规定,倾销是指进口商品以低于正常价值的价格向另一国销售的行为,即某一产品从一国出口到另一国的出口价格低于其正常价值,则该产品被视为倾销。因此,正常价值(正常价格)的确定就显得十分重要。

《反倾销协议》对确定正常价值作了较为明确的规定,即确定正常价值有 3 种方法:

① 采用国内价格,即相同产品在出口国用于国内消费时正常情况下的可比价格;② 采用第三国价格,即相同产品在正常贸易情况下向第三国出口的最高可比价格;③ 采用构成价格,即该产品在原产国的生产成本加合理的推销费用和利润。这 3 种确定正常价格的方法是依次采用的,即若能确定国内价格就不使用第三国价格或构成价格,依此类推。另外,这 3 种正常价格的确定方法仅适用于来自市场经济国家的产品。对于来自非市场经济国家的产品,由于其价格并非由竞争状态下的供求关系所决定,因此,西方国家选用替代国价格,即以一个属于市场经济的第三国所生产的相似产品的成本或出售的价格作为基础,来确定其正常价格。

(2) 损害的确定

倾销成立是进口国政府实行反倾销的必要条件,但不充分,因为作为价格歧视的倾销对进口国来说,并非一定是坏事,GATT 和 WTO 成员方真正要谴责和反对的是"对进口国境内已建立的某项产业造成重大损害或产生重大威胁,或对某一国内工业的新建产生严重阻碍"的伤害。因此,进口国是否应对倾销采取反击措施还要看倾销是否真正伤害了本国产业。

确定倾销对进口国国内工业的损害要从三方面来认定:第一,产品在进口国数量的相对和绝对增长;第二,产品价格对国内相似产品价格的影响;第三,对产业的潜在威胁和对建立新产业的阻碍。此外,还要确定上述损害是否是倾销所致。若由于其他因素(如需求萎缩或消费格局改变等)造成的损害,则不应归咎于倾销性进口。

（3）倾销与损害之间的因果关系

按照《反倾销协议》的规定，进口产品被征收反倾销税，不仅要证明该产品存在着倾销以及对进口国国内产业存在着损害，而且还要证明上述倾销与损害之间存在着因果关系，即证明进口国国内类似产品、产业的损害是由于进口产品的倾销造成的。《反倾销协议》第三条规定，倾销进口产品引起的协议所指的损害必须得到事实证明，因为可能同时会有损害进口国产业的其他因素，但其他因素引起的损害不能归咎于倾销进口产品。

2. 反倾销措施

当进口国认为外国企业有倾销行为时，可以发起调查。反倾销调查可以由受倾销影响的国内企业申请，也可以由政府有关部门直接进行，但不管用什么方式开始，政府都必须有足够的证据，包括倾销证据、损害的证据和倾销与损害因果关系的证据，一旦证据确凿，进口国政府就可以实施反倾销措施。

如果某进口商品最终确证符合被征反倾销税的条件，所征税额不得超过经调查确认的倾销差额，即正常价格与出口价格的差额。征收反倾销税的期限也不得超过为抵消倾销所造成的损害必须的期限。一旦损害得到弥补，进口国应立即停止征收反倾销税。另外，若被指控倾销其产品的出口商愿意做出"价格承诺"（Price Undertaking），即愿意修改其产品的出口价格或停止低价出口倾销的做法，进口国有关部门在认为这种方法足以消除其倾销行为所造成的损害时，可以暂停或中止对该产品的反倾销调查，不采取临时反倾销措施或者不予以征收反倾销税。

虽然 WTO 制定了《反倾销协议》，但反倾销法的执行主要依赖各签字国的国内立法规定，因而具有很大的随意性。随着关税壁垒作用的降低，各国越来越趋向于利用反倾销手段，对进口产品进行旷日持久的倾销调查及征收高额反倾销税来限制商品进口。

3. 中国面对的反倾销现状

外国对中国出口产品的反倾销始于 1979 年 8 月，当时的欧共体（欧盟前身）对从中国进口的糖精钠和机械闹钟提出了反倾销起诉。当年针对中国的反倾销案只有两起，而 2001 年的前 9 个月就有 12 个国家提出 36 起对中国产品的反倾销案。根据世贸组织和中国国家经贸委产业损害调查局公布的资料，截至 2001 年 9 月底，共有 29 个国家和地区对中国提出 473 项反倾销诉讼。在世贸组织的统计中，自 1995 年世贸组织成立到 2001 年 6 月 30 日，全世界共有 1 640 起反倾销案。其中针对中国的最多，共 229 起，占 14%。

对中国提出反倾销诉讼的主要是发达国家，其中欧盟最多，共 92 起，其次为美国（87 起）。澳大利亚和加拿大也不少，分别为 35 起和 29 起，排在第五和第六位。不少中等收入国家和发展中国家也对中国进行反倾销，其中印度（44 起）、阿根廷（41 起）、墨西哥（29 起）和南非（26 起）尤为突出。中国出口产品遭到反倾销的多达数百上千种，大到自行车、彩电、摩托车、钢铁、水泥，小到铅笔、曲别针、蜡烛、尿布垫、大蒜。

这些反倾销诉讼案多数会以征收反倾销税结案。美国对中国的反倾销税最高征到过 365%（1994 年的大蒜案），欧盟征到过 83.2%（1994 年的硫酸盐案）。最厉害的是墨西哥，1993 年墨西哥对中国十大类 4 000 多种商品征收反倾销税，最高额为 1 105%。此外，在一些反倾销案中征收的是从量税，如在 1997 年的金属镁一案中，反倾销税是每吨 2 662 欧洲货币单位（ECU）。当然，也有许多反倾销诉讼案是以撤诉、中止调查、无税或无损害结案的。

分析中国面对的反倾销必须从两方面看。

首先，从积极的方面看，这说明中国出口产品竞争力增强。出口产品不仅价格低，而且数量大，已在许多国家对当地企业形成威胁，这些企业不得不利用反倾销的手段来进行自我保护。一般来说，一些实行出口导向发展战略的国家都会遇到这个问题。当年的日本就经常被诉倾销。韩国和中国台湾所遭受的反倾销诉讼也曾名列前茅。何况中国这样的大国，一旦发展起来，受到反倾销也在所难免。从这点上说，中国面对的反倾销有其普遍性。

其次，中国遭受如此大规模的反倾销也有其特殊原因。其中最主要的是因为中国仍处在从国有计划经济向市场经济的转轨之中，即中国仍不是一个完全的"市场经济"。"非市场经济"从两方面使中国企业在国际贸易中处于相对不利的地位。一方面是企业和政府本身的行为。不少出口企业仍未完成体制改造，产权不清、利益不明，经营者为完成出口任务或满足自身利益，在出口竞争中不惜成本竞相杀价，从而造成事实上的倾销。而且，一旦被外国诉为倾销后，这些企业多数不去应诉。这里既有缺乏经验的理由，也有产权利益不清的原因。多数企业经营者并非所有者，而国有产权又没有真正代表，经营者对于复杂费时而又不是自己利益的应诉并不积极。不应诉的结果是造成外国企业和政府更有积极性和利益来对中国产品进行反倾销。从政府角度说，"非市场经济"表现为政府对市场和企业的干预，包括对价格、市场准入、经营方式等方面的管制。政府有时过分强调出口，并把出口创汇作为政绩，也会造成一些国有企业为了完成出口任务而不计成本不怕亏损地出口。另外，政府对市场准入的管制和对国内市场竞争的压制也会造成企业在本国市场上的垄断地位。企业能在国内市场以较高的价格销售也是造成倾销的原因之一。"非市场经济"的另一不利方面是给予外国企业更多的反倾销便利。提出反倾销诉讼的必要条件是提出证据表明出口产品价格低于本国市场价格。但如果把中国作为"非市场经济"，外国企业可以不承认中国国内的市场价格是反映公平价值的正常价格，而采用第三国（替代国）同类产品的价格作为参照价格。毫无疑问，这种第三国的价格一定高于中国市场价格，从而使中国的出口产品陷入倾销的范围。这样一来，存在倾销的就不是一两个企业，而几乎是一个行业。在这种情况下，中国企业应诉的困难性也大大增加。

4. 中国面对反倾销的策略

（1）要改变企业不敢应诉的心态。出口企业要积极应诉，敢打"洋官司"，最大程度地捍卫自己的权益。面对国外的反倾销，企业不要有恐惧心态，要敢于坚决应诉，据理力争，利用国际贸易中的有关法律法规捍卫自己的合法权益。如果不积极应诉，那么就等于自动放弃在该国的市场，因为裁决后所征收的高倾销税通常很难逾越。

（2）谁应诉谁受益。为了鼓励出口企业积极应诉国外反倾销诉讼，维护应诉企业的利益，我国商务部明确制定了对反倾销应诉中"谁应诉，谁受益"原则，原则规定：在外国对我出口产品裁定"单一税率"时或应诉取得全胜的情况下，参加应诉的企业有权继续出口，而未参加应诉的企业则不能再继续出口。事实证明，"谁应诉，谁受益"的原则是完全必要的，它针对国内企业不敢应诉的心态，改变了"一家应诉、多家受益"的现象，解决了应诉企业担心费用高而犹疑不决导致利益受损的问题。中国企业在应诉工作中应认真贯彻这一原则，树立以国家利益为重，以产业发展为重的意识，认真履行自身的法定义务，积极做好反倾销案件的应诉工作。

（3）充分发挥行业协会等中介组织的作用，建立以企业和行业协会作为反倾销应诉工作主体的应诉工作机制，组织和发动包括企业、协会、会计师和律师事务所等中介组织在内的社会力量，形成产业保护合力，增强企业应诉能力。

（4）组织一个熟悉情况、反应敏捷、办事效率高的应诉班子是反倾销应诉成功的基础。应诉工作千头万绪，面广量大，时间紧迫，必须有一个强有力的专门班子，才能出色完成任务。参加应诉工作的人员既要精通生产、销售、财务等各道环节的业务知识，充分了解企业的实际情况，又要具备认真、严谨、不怕吃苦、能连续作战的精神。在核查中，每个关键部门（财务、人事、生产、销售、公司办公室等）都要有专人负责，每个部门对核查人员提出的任何问题以及提出这些问题的目的都要有透彻的理解，以便泰然应对。

（5）选择和聘请实力强、知名度高、信誉好、从事反倾销应诉业务经验丰富且胜诉率高的律师，这是反倾销应诉成功的关键。所选律师既要精通法律，又需具备财务技能；既要熟悉起诉国国情，又要熟悉中国国情；既要了解中国法律，更要了解起诉国法律。而且最好选择有中国律师的外国律师事务所，这样在应诉过程中便于沟通。要积极主动地向律师提供充分的材料和数据，以便他们准备有说服力的辩词。要协助律师力争选出比中国价格低的外国企业作为替代经济或计算生产要素成本的参照者，在案件的处理过程中要注意尊重律师的意见和调动律师的积极性。

（6）优化出口商品结构，提高出口商品档次。中国出口商品多集中在劳动密集型和相对低价的产品上，这些产品在国际市场上已呈过度竞争态势，极易引起反倾销的调查。如关于欧盟彩电倾销的指控只涉及小屏幕和大屏幕彩电，而非高技术彩电（数字彩电）。所以应对反倾销指控的最有效办法是增强国际营销观念，实施出口多元化战略。在国际竞争日益激烈的形势下，出口企业应尽快转换现有的竞争战略及策略，变"以廉取胜"为"以质取胜"，学会运用商标、包装、公关、广告和售后服务等多种非价格竞争的手段，在商品的技术含量和创汇率上下功夫，提高产品的高技术含量、高附加值，增加技术密集型产品的出口。

（7）规范企业出口竞争秩序，杜绝恶性竞争。注重对出口产品在国外市场的调研工作，了解并掌握其同行对手（包括国内同行、进口国同行以及第三国同行）的生产能力、市场销量和价格水平，以便调整出口产品的价格，更有利于提供反倾销应诉的有利证据，做到知己知彼，百战不殆。强化我国企业同舟共济的协作意识，建立相互支持的协调机制。应对反倾销并不是为了个别企业的局部利益，而是关系到整个产业的整体利益。"一家应诉、多家受益"的观念必须根除，携手并进必须是现代企业间共同的意愿，只有这样才能使中国企业在学会竞争的基础上齐心协力地去应对国外的反倾销指控。

（8）用法律保护自己。1997年3月国务院颁布了《中华人民共和国反倾销和反补贴条例》，这是中国在反倾销方面的第一部有可操作性的法律文件，它的出台不但表明了我国绝不允许外国产品在中国倾销，而且对外国对华反倾销指控能起到威慑作用，降低外国对华反倾销的频率。今后我国企业在面对国际上不公正的倾销和反倾销时，要充分利用它来保护自己的正当权益。同时，要研究和了解国际上特别是主要进口国有关反倾销的法律法规，熟悉WTO的反倾销协议和国际惯例。随着我国对外出口额的迅速增长，反倾销案也会增多，例如，1979年我国对美国出口额仅5.9亿美元，从1971年至1979年底没有发生一起反倾销案。按美国海关统计，1993年我国对美国出口额315亿美元，当年共发生7起反倾销案。

由此可见,要扩大对外出口,就有可能遭到反倾销指控,这就要求我国出口公司的领导人和主要业务人员必须认真研究和了解美国的反倾销法、反补贴法等贸易法规、条款、案例和法律程序,研究应采取的对策,以求维护自己的利益。

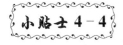

中国企业应诉反倾销的成功案例

中国企业要想在反倾销诉讼中获胜,关键是要证明反倾销中 3 个条件中的任何一个不存在:第一,倾销不存在;第二,进口国的同类行业没有受到损害;第三,进口国同行业的损害与倾销没有因果关系。如果能证明倾销不存在,则整个反倾销案也就不再成立,即使存在倾销,如能证明后两点,则反倾销案也可以以无损害结案而不征收反倾销税。在过去几年中,中国企业对外国反倾销税诉讼开始积极应诉,有几个成功案例值得借鉴。

1. 美国"柠檬酸与柠檬酸钠案"

中国自 1996 年开始向美国出口柠檬酸和柠檬酸钠,市场份额由 1996 年的 5.7% 迅速增加到 1999 年 16.2%。由于中国产品价格(每磅 0.41 美元)远低于美国制造的柠檬酸(每磅 1.5 美元),美国米德兰公司、嘉古公司和台特里尔柠檬酸公司于 1999 年 12 月 15 日向美国商务部和国际贸易委员会起诉中国倾销柠檬酸和柠檬酸钠,并要求政府征收高达 355% 的反倾销税。美国商务部根据出口价与正常价值的比较,裁定倾销存在,幅度在 211.58%~307.79%。

接下来的问题是,倾销是否对美国国内同类工业造成实质性伤害。从表面上看,美国制造的柠檬酸的市场份额有所下降,但这种市场份额的下降是不是因为中国倾销柠檬酸造成的呢? 调查发现,中美两国生产的柠檬酸和柠檬酸钠在质量上有所不同,从而在最终用途上有很大不同。美国的柠檬酸质量很高,主要用于食品和药品,而中国只生产未经提纯的低质包装的柠檬酸,主要用于洗涤剂等工业产品,很少用于饮食业和制药业,即使价格便宜,中国柠檬酸在美国的饮食业中销量也不大。因此,美国产品市场份额的下降与中国柠檬酸和柠檬酸钠的价格便宜并不存在因果关系。

调查进一步发现,与美国本地柠檬酸和柠檬酸钠产生接近竞争的是从澳大利亚和以色列进口的产品。从 1996—1998 年期间,这些国家的市场份额都有上升,而从澳、以进口的柠檬酸属于正常的公平贸易。

最后,美国国际贸易委员会对中国柠檬酸和柠檬酸钠是否对美国的同类产业产生潜在损害或损害威胁进行了调查。调查表明,中国柠檬酸钠的生产能力很有可能继续增长,但并不说明新增长能力生产出来的产品都会投放到美国市场上。证据表明,中国在国内市场和第三世界国家出售的柠檬酸年年上升,而中国向其他市场出口的柠檬酸占出口的大多数,而且,中国产品的质量与美国饮食业和医药业的接受程度在较长一段时间里无法与美国产品匹敌。因此,没有令人信服的证据表明,中国出口到美国的柠檬酸和柠檬酸钠对美国的同类产业产生了实质性的损害或潜在的损害。美国国际贸易委员会最终对此案做出无损害裁定,不征收反倾销税。

2. 美国"钢丝绳案"

2000 年 3 月 1 日,美国国内钢丝绳和特种缆绳生产商委员会指控中国、印度、马来西亚和泰国的多种弯通钢丝绳在美国市场倾销并对美国国内产业造成实质性损害,美国商务部立案调查。

在此案中,中国涉案企业较多,较大的有江苏法尔胜集团、江苏南通中德钢丝绳公司、南通钢丝绳厂、山东机械进出口公司等。在中国有关部门和商会的组织下,中国企业积极参加应诉。被调查的法尔胜集团和南通中德公司首先力争市场经济地位,坚持公司独立自主不受政府控制,要求使用单独税率标准。核查后,美国商务部在最终裁定中接受了中方意见,修改了替代价格的计算方法,从而使法尔胜集团的倾销幅度从原来裁定的 24.22% 降至0.02%,可以忽略不计,不征倾销税。南通中德公司等 7 家应诉公司的倾销幅度从原来的56.64%～118.78% 降为 42.23%,其余所有未应诉中国企业的倾销幅度为 58%。但除法尔胜集团以外,美国商务部裁定中国企业的倾销仍然成立。

美国国际贸易委员会进而对损害问题进行调查听证。中方应诉企业及律师密切配合,提供大量关于中国产品没有对美国同类产品的生产商造成实质性损害或损害威胁的证据。

第一,中国产品主要是镀锌钢丝绳,而美国产品中只有 2% 是镀锌钢丝绳,两者并不直接竞争;第二,相对于美国的生产量和消费量来说,从中国进口的钢丝绳无论是进口数量还是增长幅度都不显著;第三,中国产品质量低于美国产品,且一半以上是镀锌钢丝绳,对美国国内产品的价格不会产生太大影响;第四,美国国内同类产品下降的主要原因是国内生产商美国缆绳公司(Wire Rope)关闭了许多工厂。

对于是否存在潜在损害或损害威胁,应诉方强调:第一,没有证据证明中国钢丝绳生产能力的增长会导致美国的大量进口,因为中国市场本身消费了大部分;第二,中国钢丝绳的出口市场主要在加拿大、亚洲和第三世界国家;第三,有两家中国企业表示将转产。

通过以上调查分析,美国国际贸易委员会最终认定中国的钢丝绳产品在美国的倾销没有对美国国内产业构成实质性的损害或损害威胁。此案以"无损害"结案,不征收反倾销税。

二、反补贴

补贴(Subsidy)是由政府或任何公共机构提供的财政资助。这种资助包括以下几方面:涉及资金的直接转移、潜在的资金和债务直接转移的政府行为;放弃或未征收在其他情况下应征收的政府税收;政府提供除一般基础设施外的货物和服务以及政府采购;政府向某一筹资机构付款,委托或指示某一私营机构履行上述列举的一种或多种通常应属于政府的职能,且此种做法与政府通常采用的做法并无实质性差别;政府提供任何形式的价格或收入支持等。

政府提供补贴主要是希望借此提高本国产业或本国产品在国际市场上的竞争力。为达此目的,政府可直接对出口加以补贴,也可对国内的生产企业进行补贴。

出口补贴是指一国政府或民间组织对出口商给予财政优惠或现金补贴,旨在降低其出口商品成本,增强在国际市场上的竞争能力,鼓励出口。出口补贴的形式有直接补贴和间接补贴两种。前者为直接给出口商现金补贴,使其与国际市场价格的差额得到补偿;后者为政府给出口商以财政优惠,如减免出口关税或国内税、提供出口信贷等。《关税与贸易总协定》反对出口补贴,有些国家对出口国给予出口补贴的商品在进口时征收反补贴税,以抵消其出口补贴。

1. WTO 的《反补贴协议》

关贸总协定和世界贸易组织都将不合理的补贴与反补贴视为对公平贸易原则的违反。因此,在《补贴与反补贴措施协议》(《反补贴协议》)中对国际贸易中的补贴与反补贴行为有严格的规定,作为约束各成员进行公平贸易的重要规则。《反补贴协议》将补贴分成 3 类。对此有人称之为"红绿黄灯方法",其基本思路是把补贴分开并装进若干"筐子"里,有"禁止性(红色)类"、"可诉的(黄色)类"和"不可诉的(绿色)类"。

(1) 禁止使用的补贴(Prohibited Subsidy)。《反补贴协议》明确规定各成员不得给予或维持此类补贴。《反补贴协议》附件中专门列举了禁止使用的出口补贴清单。清单列举的 12 项出口补贴包括以下方面:① 政府按出口实绩给予企业的直接补贴;② 外汇留成或其他类似的出口奖励;③ 政府为出口货物提供优于国内货物的装运条件和运费;④ 政府为用于出口产品生产的产品和劳务提供用汇的条款或条件;⑤ 对出口产品的企业全部或部分免除、减低或缓征直接税或社会福利费用;⑥ 在计算应征收的直接税的基础上,给予出口企业以特殊的抵扣;⑦ 超额退还或免除出口产品的生产和分销的间接税;⑧ 超额免除或延缓征收用于出口产品生产的货物或服务的前期累积间接税;⑨ 超额退还或减免用于生产出口产品的进口产品的进口费用;⑩政府按不足以弥补长期营业成本和计划的亏损,提供出口信贷担保或保证;⑪ 政府以低于国际资本市场借入时应付的利率提供出口信贷,或政府代为支付全部或部分信贷费用;⑫ 出口补贴的其他公共开支的项目。

出口补贴行为被认为是一种不公平的贸易行为。禁止使用的补贴是一种直接扭曲进出口贸易的补贴措施,是明显违背了 WTO 公平竞争基本原则的做法,因此《反补贴协议》将其直接列入禁止之列,规定其成员既不得授予,更不得维持这种补贴措施。

禁止性补贴不适用于《农产品协议》。

(2) 可诉的补贴(Actionable Subsidy)。《反补贴协议》规定,各成员不得通过采用补贴对其他成员的利益造成不利影响,这种不利影响一旦造成,受害国可诉诸争端解决机制加以解决。这类补贴不属于"绿筐子"内的补贴,可以采取反补贴措施。

(3) 不可诉的补贴(Non-actionable Subsidy)。其指普遍性实施的补贴和在事实上并没有向某些特定企业提供的补贴。这类补贴不可诉诸争端解决,但要求各缔约方将这类补贴情况提前、及时通知各缔约方。如果有疑义,则必须通过磋商解决。它包括具有全局影响(如教育、基础设施、基本的研究与开发)和非经济的补贴(包括解决地区不平衡或城乡收入差异等)。这些补贴是被允许的,被称为"绿筐子"范围内的补贴。

2. 反补贴措施

各国常采用补贴来促进出口,如 2002 年 3 月 5 日美国以欧盟、巴西、日本、韩国、俄罗斯、中国等国家对国内钢铁工业执行了不当补贴为由,宣布从 2002 年 3 月 20 日开始对来自上述国家的 12 种钢铁产品加征 8%～30% 的特别关税。补贴的结果降低了企业的出口成本,从而使得企业能够在较低的价格下出口更多数量的产品。但是出口补贴会对进口国的同类企业造成伤害。为了防止各国政策对国际市场的扭曲和维护国际上的公平竞争,关贸总协定和 WTO 允许各国采取反补贴措施。

反补贴税(Counter-vailling Duty)是对直接或间接的接受任何补贴的外国进口商品所征收的进口附加税,一般按补贴数额征收。征收的目的在于提高进口商品的价格,抵消其所享受的贴补金额,削弱其竞争能力,使它不能在进口国的国内市场上进行低价竞争或倾销。

值得注意的是,根据 WTO 的规定,要对其他国家开征进口附加税,必须同时满足 3 个条件且由政府提供证据来证明:第一,补贴确定存在,即进口商品在出口国接受了政府直接或间接的补贴,且该补贴是 WTO 所禁止使用的;第二,同类或相同产品的国内产业已受到实质损害,即这种补贴已对进口国国内某项已建产业造成重大损害或损害威胁,或对进口国国内某一产业的兴建产生严重阻碍;第三,补贴与损害之间存在着因果关系。只有满足了这 3 个条件,进口国政府才可以对出口补贴采取反补贴措施,即向受到补贴的进口产品征收反补贴税。这种反补贴税的总额不超过进口产品在原产地直接或间接得到的补贴。另外,对于来自同一国家的同一产品,不可同时既征收反补贴税又征收反倾销税。

虽然理论上讲反出口补贴关税可以更正由于出口补贴所带来的资源扭曲,从而对全世界福利有益,但在实际情况里,反出口补贴有一点是与反倾销类似的,即它可能为进口国所滥用。人们知道,出口补贴虽然使得进口国获益,但是进口商却会受损,从而竭力抱怨出口补贴所带来的危害。在许多国家,政府往往在商业领域扮演重要角色,也可能在某种程度上直接或者间接地扶持当地的企业,因此这些进口商总可以或多或少地找到一些政府补贴出口产品的证据。如果这些进口商可以提供受到或者可能受到这些产品实质损害的证据,那么这些进口商就有可能成为反出口补贴关税保护的对象。

3. 中国面对反补贴的现状

中国 2003 年以前并没有受到国外反补贴调查,从 2004 年 4 月 13 日起,加拿大在不到半年时间内连续对我国出口烧烤架、碳钢及不锈钢紧固件和复合地板发起了反倾销、反补贴调查。这 3 起案件开启了国外对我国出口产品发起反补贴调查并征收反补贴税的历史,具有标志性意义,表明今后我国出口产品除了面对国外反倾销调查外,还必须面对国外反补贴调查这一新的贸易保护手段。

从 2004 年到 2009 年,中国在短短的 5 年里骤然成为世界头号反补贴调查目标国,到 2009 年底中国共遭遇反补贴调查 22 起。其中影响较大的有以下几个:2006 年 11 月美国商务部立案对来自中国的平张涂布纸(又名铜版纸)进行反倾销和反补贴立案调查,浙江涉案产品近 1 000 万元;2006 年 12 月,美国国际贸易委员会公布,来自中国的平张涂布纸对美国纸业造成实质损害;2007 年 3 月,美国商务部公布对中国出口的铜版纸产品反补贴初裁结果,决定对中国使用反补贴法,并开始对中国出口的铜版纸征收反补贴税。

2007 年 2 月,美国正式向 WTO 提出了申诉,指责中国政府向中国企业提供不公平的税收优惠及其他补贴措施,使中国企业的外国竞争对手受到了歧视。申诉所涉及的中国企业是到目前为止范围最广泛的一次,包括钢铁、木材、纸业、信息技术产品、服装等行业。华盛顿国际经济研究所的研究员拉迪认为,一旦该申诉成功,中国 55% 的出口都将受到影响,有些专家的预计更是高达 60%。

4. 中国面对反补贴的策略

补贴是一种政府行为,反补贴与反倾销相比,最大的不同是政府本身就是主要的调查对象,因此政府在反补贴案件应对工作中更应该主动发挥作用。有效地应对国际反补贴诉讼,不仅对我国的对外贸易和实施正确的经济政策具有一定的指导作用,而且也对我国处理因补贴与反补贴产生的双边或者多边纠纷具有重要的实际意义。

(1)加强培训,提高认识。要尽快熟悉游戏规则,通过培训,深入普及WTO有关补贴与反补贴措施的法律法规知识,培训内容应理论与实践相结合,既要讲《补贴与反补贴措施协定》,我国入世承诺和当前面临的形势,更要结合案例讲如何落实和开展应对工作,培养我国政府、企业和有关社会中介机构对反补贴的敏感性和主动性,提高反补贴应对能力。同时,可以和反倾销培训结合,培养一批精通反补贴措施调查和应诉的律师和法律工作者。

(2)调整政策,规范补贴。要调整补贴模式,在推进经济发展的同时,更好地避免贸易摩擦。调整的原则和方向如下:改直接补贴为间接补贴;取消与我国入世承诺和《补贴与反补贴措施协定》直接冲突的禁止性补贴,如与出口实绩挂钩的出口贴息等;用足用好可申诉补贴,如在研发、环保、扶贫、创品牌、公平贸易、环境建设、国际标准认证、市场开拓等方面加大对企业支持力度。

(3)强化协调,健全预警。在解决反补贴争端中,政府不是旁观者,也不应仅仅是协调人,而应该是直接的应诉主体。建议设立由政府牵头,相关政府部门组成的反补贴应对协调机制,统一协调反补贴应诉工作,保证不同级别、不同部门之间的高效联动。加强国外反补贴预警工作,密切注意贸易伙伴的反补贴动向,包括对重点敏感出口产品要做好出口价格、出口国家和地区的监测工作和价格协调工作,提前做好各项准备工作,掌握反补贴主动权。

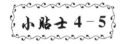

小贴士4-5

中国基于加拿大对华反补贴的企业营销分析与对策

2004年加拿大连续对我国发动了3起反补贴调查,其中2起最终裁定征收反补贴税。开创了对中国产品实施反补贴措施的先河。基于反补贴应诉主体主要是政府的认识,目前我国有关反补贴对策研究大都集中在政府补贴政策的调整上,而很少涉及我国出口企业营销行为分析与对策研究。尽管从外贸增长的角度看,反补贴对我国出口影响不大,国际反华倾销的实践证明了这一点,但这对反补贴涉及企业而言却是灭难性的。从外贸大国向贸易强国转变的要求角度来思考,对华反补贴的来临也不是一件坏事。因为企业普遍实行的低价营销策略,不仅是中国产品在国际市场上屡遭贸易阻击的主因,也是引发国内市场竞争秩序混乱的根源,企业自然也深受其害而难以自拔。

1. 中国出口企业低价竞争行为的4P(产品、价格、渠道和促销)营销分析

(1)关于产品。中国产品一般能够迅速地占领进口国市场并赢得较大的市场份额。如果排除低价营销策略的影响,则多少表明中国产品在进口国市场具有一定的竞争力,基本上能够适应进口国消费者的需要。从加拿大对华反补贴案所涉及的烤肉架、碳钢和不锈钢紧固件、复合地板等产品看,不难发现这样一个事实,即这些产品基本上都属于技术含量和附加值较低的低端产品,与所有对华反倾销案中所涉及的产品属性基本相同。现在我国正处于从贸易大国向贸易强国转变的过程中,出口产品过分集中于各产业链低端的情形必须改

变。如果说企业在低端市场的营销成功,是其产品开发与创新能力较强的体现,那么它也应该有能力在面对国际反倾销、反补贴愈演愈烈的形势下,作出从低端向高端升级的适当且灵活的改变。

低价竞争从来都是一把双刃剑,容易招致国际市场上竞争对手的激烈反应,目前中国产品在国际上频繁遭受反倾销、反补贴调查就是竞争对手激烈反应的表现形式之一。另外低价竞争也导致中国出口企业利润下滑,中国产品虽然迅速占领了国际市场,却始终处于国际产业链的下游,利润发展空间有限。

中国企业通常依据本国生产成本优势进行定价,但是市场竞争并非只有低价竞争一种模式,非价格竞争同样也是一种选择。一成不变的价格策略和竞争模式必然难以适应不断变化的营销环境,营销实践和理论提升已经为中国企业的定价决策提供了可以选择的空间和范例。

(2)关于分销渠道与促销。中国出口产品大多没有建立自主的分销渠道,结果在国际市场上只能充当获得定单的加工制造者角色。少数大型企业虽然建立了相应的分销渠道,但很少以自有品牌进入分销渠道。例如,钢铁行业直到1997年才将销售主渠道建设作为营销管理的战略任务提出。尽管此时宝钢已经基本完成了较为完善的国外销售网络,但品牌与赢得客户忠诚的工作仍未能提上日程或付诸实施。再看我国彩电行业,其出口到欧盟、美国等发达国家和地区的彩电大部分是 OEM 方式,真正以 PB(自有品牌的方式)出口的非常少。

如温州鞋商,虽然建立了自主营销渠道,但从未试图融入当地的主流销售渠道,并赢得同行的认可和理解,低价,低价,再低价的促销策略确实赢得了市场,却失了人心。很显然,这种只图占领市场而缺少与当地主流渠道和竞争对手进行沟通、合作的非本地化营销思维,为进口国厂商最终诉诸法律等埋下了祸根。

2. 面对国际反补贴趋势的企业营销对策与政府行为

从4P的营销组和角度考察,中国出口企业的营销行为确实有很大的改进空间。在4P的营销要素中,价格是一个决定性的因素。因为在坚守低价竞争的营销策略中,其他要素变得不那么重要或容易被忽视。如果想要放弃低价竞争策略采用等价或高价或非价格营销策略,那么企业就不得不致力于产品细分市场上的产品创新,在产品的质量、服务和品牌上做工作,营销渠道的建立与促销手段的运用就会彰显功力。因此,面对国际对华反补贴趋势的企业营销对策,就是要按照WTO的导向实现从低价竞争到非价格竞争转变的营销创新。显然,在这个过程中,改变4P营销组合的关键因素在于产品创新,核心在于提高中国企业的自主创新能力,而要增强企业的自主创新能力,需要进行体制创新,进一步强化科技体制改革,同时必须进行观念创新和市场机制创新,以实现从以价格竞争为主向非价格竞争为主的转变。

三、贸易保障

1. 贸易保障措施概述

贸易保障措施(Safeguard Measures)是WTO体制中非常重要的一部分,它允许政府采取贸易限制措施应对进口增加导致的国内政治经济问题,为其提供"安全阀",同时该措施给予企业产业调整的时间,使其调整生产结构和方向,充当产业竞争的"驱动器"。这种保障措施应是非歧视的,不分国别地适用于所有同类进口产品。保障措施的基本特性如下所述。

(1)保障措施是对其他成员正当贸易行为而实施的。保障条款下的进口增加是其他成员享受 WTO 规定的权利所致,是正当的。

(2)保障措施的非歧视性。保障措施是对造成国内同行业损害的所有进口产品而实施的,不是针对特定的出口成员实施的,即不能只对某一成员的进口产品实施保障措施,而应对其他成员的同类产品大开绿灯。因此,"不问产品来源"实际上就是非歧视原则或最惠国待遇原则在保障措施方面措辞的具体化。

(3)保障措施的实施必须在防止或补救损害所必需的程度和时间内。如果保障措施适用期限预计超过 1 年,那么进口方在该期限内应依固定时间间隔逐步放宽该措施;若实施期限超过 3 年,那么进口方应进行中期审查,根据审查结果撤销或加快放宽该措施。在该延长期内保障措施不得比最初适用更加严格,且应继续放宽。若对同一进口产品再次适用保障措施,则一般情况下两次之间应有不短于第一次实施期限,至少为 2 年的间隔;若适用期为少于或等于 180 天,且在该实施日前的 5 年内,未对同类产品实施两次以上保障措施,则该措施实施之日起 1 年后,可再次实施,期限最多为 180 天。

2. 保障措施实施条件

《保障措施协议》第二条第一款明确指出:"一成员只有根据下列规定才能对一项产品采取保障措施,即该成员已确定该产品正以急剧增加的数量(较之国内生产的绝对增加或相对增加)输入其领土,并在此情况下对生产同类或直接竞争产品的国内产业造成严重损害或严重损害威胁。"据此,一成员在实施保障措施时,应当具备以下条件。

(1)进口激增。协议规定的进口激增是指进口产品的数量激增,包括"相对增加"与"绝对增加"。绝对增加是进口产品的数量的实际增长,而相对增加是相对于进口国国内生产总量而言,进口产品的市场份额的增加,并且实际进口量不一定发生改变。

(2)产业损害。产业损害是指进口激增使国内同类产品的生产者遭到严重损害或损害之威胁,这种损害一定是对国内产业总体上的重大损害,而且损害的标准要高于反倾销和反补贴的损害标准,它强调的是"严重损害及威胁"。

(3)因果关系。因果关系是指有关产品的进口激增与国内产业的严重损害及威胁之间应存在因果关系,进口激增必须是产生严重损害的重要原因。

3. 保障措施实施程序

(1)调查

调查程序的提出首先由具备法定资格的人提出申请。调查申请由全部产量或其产量占国内同类产品生产总量主要比重的国内产业提出,或由成员方政府提起。该申请以书面形式提出。申请书的内容应主要说明进口产品急剧增加所造成的国内的严重损害或严重损害威胁。有关当局受理该申请、审查并决定立案后,展开调查。

(2)通知与磋商

实施保障措施的成员应尽可能提前以书面形式通知成员全体,以便成员全体及与该项产品的出口有重大利害关系的成员有机会与其就拟采取的行动进行协商。这些都体现了WTO 的透明度原则。

（3）保障措施实施

进口当局在调查、确认了进口急剧增加的原因及后果，并履行通知与磋商义务后，进口成员政府即可采取保障措施。

① 保障措施实施方式。保障措施实施方式主要有提高关税、实行关税配额以及数量限制等。但保障措施应在防止或救济严重损害或严重损害威胁的必要限度内。

② 保障措施实施期限。保障措施实施期限一般不应超过 4 年。如果需要以保障措施防止损害或救济受损害产业，或有证据证明该产业正在进行调整，则可延长实施期限。但保障措施实施的全部期限（包括临时保障措施）不得超过 8 年。

③ 临时保障措施。在紧急状况下，如果延迟采取措施会造成难以弥补的损害，进口方可不经磋商而采取临时保障措施。该临时保障措施的实施的条件包括：A. 进口当局初步裁定进口急剧增加已经或正在造成严重损害或严重损害威胁时，方可采取临时保障措施；B. 临时保障措施的实施期限不得超过 200 天，且该期限计入保障措施总期限内；C. 临时保障措施应以关税形式为主，如果随后的调查不能证实进口急剧增加对国内产业已造成严重损害或严重损害威胁，则征收的关税应迅速退还；D. 成员在实施临时保障措施前应通知保障措施委员会，在采取该措施后应尽可能与各利害关系方进行磋商。

4. 中国的贸易保障措施立法与实践

我国早在 1994 年制定的《对外贸易法》中就将保障措施制度作为我国对外贸易的基本制度之一。而在入世后，为了履行承诺，利用 WTO 规则来加强对国内产业的正当保护，我国在 2004 年修订了《对外贸易法》，使得我国对外贸易制度进一步向 WTO《保障措施协议》靠拢。同时，为了使保障措施条款具有可操作性，防止法律滥用，2001 年国务院颁布了我国第一部专门的保障措施行政法规《中华人民共和国保障措施条例》，这也是我国保障措施制度的重要组成部分。《保障措施条例》第二条规定："进口产品数量，并对生产同类产品或者直接竞争产品的国内产业造成严重损害或者严重损害威胁的，依照本条例的规定进行调查，采取保障措施。"

伴随着我国外贸经济的飞速发展，我国外贸出口的产品被贸易进口国设定为保障措施目标的频率也越来越高。据有关部门统计，在 WTO 体系下，一共有 23 个国家与地区对中国使用过保障措施以及特殊保障措施，案件共计 68 件。涉及我国的保障措施案件大约占据了全世界保障措施案件总数的 2/3。其中，美国、俄罗斯、土耳其以及哥伦比亚对中国实施的保障措施合计为 34 件，占据了我国所有保障措施案件的 1/2。我国已经成为 WTO 体系下保障措施的主要受害国家，尤其是针对我国金属、纺织产品等的保障措施应用尤为突出。

针对这一现状，我国政府和企业应当采取以下应对措施。第一，开通信息渠道，建立预警机制。政府有关部门要利用先进的网络技术和电子商务，跟踪一些产品的进出口贸易，尤其是进口与出口激增、进口与出口价格急速变化的产品。政府和企业都应掌握 WTO 规则，建立信息预警机制，在贸易争端发生之前、发生之际尽快提出各种可能的预处理方案。第二，积极参与多边各阶段的工作。相关行业出口协会和各出口企业，应积极准备翔实、有利的数据和材料，积极参与该成员的内部调查程序，力争在"严重损害"或"严重损害威胁"是否成立、是否与进口增长有因果关系等重要事实问题上取得对我方有利的结果。对于已受到保障措施限制的出口产品,我国政府部门和行业出口商会应定期跟踪该成员方内部产业调整情况,利用保障措施协议中规定的中期审议等机会,通过多边磋商,争取提前结束保障措施或避免该成员方对保障措施的实施期进行延长。

5. 三种贸易救济措施的基本区别

反倾销和反补贴这两种措施是抵制进口产品不公平竞争的手段,是针对不公平的贸易行为采取的措施,因为进口产品以倾销的方式或以补贴的方式冲击对方的市场,损害对方的产业,这是一种不公平的竞争。

保障措施是一种正常贸易状态下的限制进口措施。由于某种进口产品在短期内大量激增,导致进口方相关产业的严重损害,进口方可以采取措施限制进口。

由于反倾销和反补贴是针对不公平的贸易行为采取的措施,因此任何一个成员方的调查机关经过调查后都可以主动采取措施;而保障措施是针对正常贸易行为采取的措施,任何一个进口方对进口产品采取限制进口措施损害了出口方在 WTO 中应享有的权利,都应该给予出口方适当的贸易补偿。

倾销是企业行为,反倾销应诉是以企业为主体;补贴则是政府行为,反补贴应诉以政府为主体。反倾销规则只规范政府针对倾销采取的行动;《补贴与反补贴措施协定》既规范补贴,又规范对补贴做出的反应。

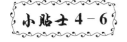

小贴士 4-6

美国轮胎特保案

美国国际贸易委员会认定中国输美轮胎产品存在进口激增,扰乱了美国市场,并建议美国总统奥巴马对中国输美轮胎采取特别保障措施。奥巴马采纳了 ITC 的建议,决定对中国轮胎实行特别保障措施,征收 3 年的"从价税",分别为第一年 35%、第二年 25%、第三年 25%,自 2009 年 9 月 26 日开始实施。这是美国第一次对中国产品正式采取特保措施。

2009 年 9 月 14 日,中国政府就美国对中国输美轮胎实施特保措施与美国进行磋商,认为其措施不符中国加入 WTO 议定书的规定,违反了 GATT 的相关条款和 WTO 的《保障措施协定》。

2010 年 12 月 13 日,WTO 散发了本案专家组报告。专家组的报告认定中国轮胎对美出口存在"快速增长",驳回了中国输美轮胎不属市场扰乱的"重大原因"的主张,没有接受中国认为美国救济过度、时间过长的主张。据此,专家组认为美国并未违反 GATT 1994 和中国加入 WTO 议定书的相关条款,美国的相关法律本身也未违反 WTO 规则。

2011 年 5 月 24 日,中国就此案专家组裁决正式提起上诉,2011 年 9 月 5 日,上诉机构散发了其报告,全面维持了专家组的认定,驳回了中国的上诉主张。上诉机构特别指出,中国加入 WTO 议定书的第 16.4 款提到的对国内产业造成实质损害的"一个重要原因",是指"快速增长的进口产品对国内产业的实质损害起到了'重要的(Important)'或'显要的(Notable)'作用","调查当局只要能够确定其他已知原因的作用未被不适当地归于被调查的产品,即可对该产品是否是实质损害的重要原因做出决定"。上诉机构还提到,议定书的第 16.4 款显示,"来自中国的进口快速增长可以是造成国内产业实质损害的数个原因之一"。

来源:商报网——国际商报

 **本章小结**

对外贸易约束是我国对外贸易政策的具体实施和体现,外贸约束主要包括关税制度、进出口许可制度、进出口配额制度和贸易救济措施。

随着中国加入 WTO,依靠行政干预手段管理对外贸易的办法将逐渐淡化,而通过海关与关税来对对外贸易进行管理则符合社会主义市场经济和 WTO 的国际通行规则。关税制度主要有海关估价制度、关税的计算和征缴、关税的减免制度等。

进出口许可证制度是我国实行对外贸易管理的一种行政保护手段,是根据我国的对外贸易政策对进出口货物和物品实行全面管理的制度,是根据国家的法律、政策、对外贸易计划和国内外市场的需求以及承担有关国际公约义务,对进出口经营权、经营范围、贸易国别、进出口商品品种及数量等实行的制度。

商务部或者由其会同国务院有关部门,根据《中华人民共和国对外贸易法》关于对限制进口货物实行配额或许可证管理的规定,制定公布实行进口许可证管理的商品。

进出口配额管理是指国家对部分货物的进出口规定一定的数量限制,在限额之内允许进出口的管理制度。

配额管理往往与许可证管理结合在一起使用,我国目前采用的就是配额与许可证结合使用的管理方式,即需要配额管理的货物必须申领许可证。这种管理方式有利于对配额数量的控制,防止超配额进出口对国家造成各种不利影响。

贸易救济措施是国际贸易中大多数国家为了保护国内经济安全的一项基本政策,也是WTO 允许和规范的国际规则。

WTO 的贸易救济措施主要包括反倾销措施、反补贴措施和保障措施。

 **复习思考题**

1. 区分关境与国境。
2. 中国的关税减免制度主要包括哪些基本内容?
3. 什么是配额?其分类有哪些?
4. 进出口许可证管理的商品范围是什么?
5. 某位于市区的外贸公司 2016 年进口一批货物,到岸价 120 000 欧元,另支付包装费 4 050 欧元、港口到厂区公路运费 2 000 元人民币,取得国际货物运输发票。当期欧元与人民币汇率为 1:8,关税税率为 28%。计算进口环节应纳关税税额。

6. TYO进出口公司于2015年7月22日从德国进口巨型轮胎一批,该批轮胎采购地的货价为92万欧元(人民币外汇牌价为1:9.95),运抵境内口岸前所支付的运输费用为5万欧元,保险费为3万欧元。该轮胎的最惠国税率为25%,暂定税率为6%。经海关审定成交价格正常。试计算该公司应纳的关税。

7. 某企业2015年7月进口原产于美国的放像机20台,该批放像机单价为每台2 500美元(人民币外汇牌价为1:8.27),运费及保险费共6万元。已知放像机关税税率为每台完税价格低于或等于2 000美元,执行单一从价税,税率为30%;每台完税价格高于2 000美元,每台征收从量税,税额为4 482元,加上3%从价税。试计算该企业应纳的关税。

微信扫码查看

第五章　中国对外贸易促进制度

通过本章的学习，了解中国在对外贸易方面所采取的主要促进制度，掌握出口信贷、出口信用保险和出口退税政策的概念和发展脉络，了解各种政策在中国产生与发展的背景，了解中国的贸易促进组织，理解中国关于鼓励进口的各种政策，能够根据促进制度中的政策变化判断中国在各个时期的经济发展导向，在此基础上还能根据本章提供的学习内容，动态把握中国政府各政策调控部门短期和中长期的政策趋向。

出口信贷　卖方信贷　买方信贷　出口信用保险　出口退税　中国进出口商会　中国贸易促进委员会　中国国际商会

为了促进对外贸易发展，中国从法律和政策等各个层面实行了一系列促进措施，形成了多领域相互支撑的网络化制度，为中国调整产业和贸易结构提供了多种调节渠道。当中国加入 WTO 后，各种促进政策的合法性和灵活运用对中国提出了新的机遇和挑战，尤其在后金融危机时代频频出现中国与他国间的贸易摩擦，如何有效地利用促进制度调整中国经济发展方向和结构将是今后政策制定的重点领域。本章根据中国对外贸易促进制度的最新发展情况，主要介绍出口信贷、出口信用保险和出口退税三种促进政策构成的制度体系。

第一节　出口信贷制度

出口信贷对于提供国的出口贸易和国民经济的发展都具有重要作用。它不仅有支持和扩大提供国的商品出口的作用，而且还可以被提供国政府用来改善和提高本国的出口商品结构，达到促进其国内产业结构升级的目的，从而保障本国出口产业政策和国民经济发展战略的实施。随着经济全球化的加强，中国经济已经逐步融入世界经济体系，中国出口企业在获得更多贸易机会的同时，也面临着更大的风险和更激烈的竞争。

一、出口信贷的概念及特点

出口信贷是一种国际信贷方式，它是一国政府为支持和扩大本国大型设备等产品的出口,增强国际竞争力,对出口产品给予利息补贴、提供出口信用保险及信贷担保,鼓励本国的银行或非银行金融机构对本国的出口商或外国的进口商(或其银行)提供利率较低的贷款,以解决本国出口商资金周转的困难,或满足国外进口商对本国出口商支付货款需要的一种国际信贷方式。出口信贷名称的由来就是因为这种贷款由出口方提供,并且以推动出口为目的。出口信贷可根据贷款对象的不同分为出口卖方信贷和出口买方信贷。

(一) 出口卖方信贷

出口卖方信贷是出口方银行向本国出口商提供的商业贷款。出口商(卖方)以此贷款为垫付资金,允许进口商(买方)赊购自己的产品和设备。出口商(卖方)一般将利息等资金成本费用计入出口货价中,将贷款成本转移给进口商(买方)。出口卖方信贷在实际中较为常用,其主要特点如下:

(1) 相对于其他贸易融资方式,出口卖方信贷主要用于解决本国出口商延期付款销售大型设备或承包国外工程项目所面临的资金周转困难,是一种中长期贷款,通常贷款金额大,贷款期限长。

(2) 出口卖方信贷的利率一般比较优惠。一国利用政府财政进行利息补贴,可以改善本国出口信贷条件,扩大本国产品的出口,增强本国出口商的国际市场竞争力,进而带动本国经济增长。所以,出口信贷的利率水平一般低于相同条件下资金贷放市场利率。

(3) 出口卖方信贷的发放与出口信用保险相结合。由于出口信贷贷款期限长、金额大,发放银行面临着较大的风险,所以一国政府为了鼓励本国银行或其他金融机构发放出口信贷贷款,一般都设有国家信贷保险机构,对银行发放的出口信贷给予担保,或对出口商履行合同所面临的商业风险和国家风险予以承保。在中国主要由中国出口信用保险公司承保此类风险。

(二) 出口买方信贷

出口买方信贷则是出口国政府支持出口方银行直接向进口商或进口商银行提供信贷支持,以供进口商购买技术和设备,并支付有关费用。出口买方信贷一般由出口国出口信用保险机构提供出口买方信贷保险。出口买方信贷主要有两种形式:一是出口商银行将贷款发放给进口商银行,再由进口商银行转贷给进口商;二是由出口商银行直接贷款给进口商,由进口商银行出具担保。贷款币种为美元或经银行同意的其他货币。贷款金额不超过贸易合同金额的80%~85%。贷款期限根据实际情况而定,一般不超过10年。贷款利率参照"经济合作与发展组织"(OECD)确定的利率水平而定。出口买方信贷与卖方信贷的主要区别有以下几点:

(1) 借款人不同。卖方信贷的借款人是承包商(卖方),买方信贷的借款人是业主(买方)委托的银行(借款银行)。

(2) 担保情况不同。卖方信贷是业主委托银行依据工程总承包合同直接给承包商开出还款保函或信用证;买方信贷是借款银行与中国进出口银行签订借款协议,然后由第三家金融机构(银行、保险公司或所在国家财政部)再进行担保。

(3) 付款方式不同。卖方信贷相当于工程总承包合同项下的分期付款,建设期工程承包企业从中国进出口银行贷款是人民币,业主的还款是外汇;买方信贷对承包商来讲就是现汇项目。

（4）融资风险管理情况不同。卖方信贷存在利率风险（中国进出口银行的人民币贷款利率每年按中国人民银行公布利率情况调整）、汇率风险（人民币有升值的可能性，如果发生，企业难以承受）、收汇风险（对于非承包商责任业主和担保银行到期不还款，中国出口信用保险公司赔付率为90％，剩余10％要由承包商承担）；买方信贷对承包商来讲不存在上述风险，或上述风险发生对企业影响不大（出现不还款情况，承包商要协助银行和保险公司追讨）。

（5）对企业财务状况影响程度不同。卖方信贷是承包企业的长期负债，且需要找信誉好有实力的单位为贷款担保，所以对企业压力很大；买方信贷不存在上述问题。

（6）前期开拓工作量不同。卖方信贷的融资条件是由承包商直接与业主谈判，所有融资条款都在工程总承包合同中明确，如：贷款条件、保函格式、信用证格式等；买方信贷是由承包商协调和安排业主指定的借款银行与中国进出口银行谈判贷款合同，安排业主指定的担保金融机构与中国进出口银行和中国出口信用保险公司谈判担保条件（保函格式）。

（7）前期工作周期和投入不同。卖方信贷项目融资条件的谈判，收汇保险和信誉担保单位的落实，都由承包商自己完成，所以一般情况下工作周期较短，前期费用投入较少；买方信贷的融资、担保、保险条件由中国进出口银行和中国出口信用保险公司与各方商定，承包商要从中斡旋，并承担相应公关协调费用。

（8）对项目的控制程度不同。卖方信贷的融资条件以及商务条款、技术条款确定后，承包商顺理成章地与业主签订工程总承包合同；买方信贷则存在业主公开招标的可能性。

（9）业主对卖方信贷买方信贷倾向不同。卖方信贷业主委托一家金融机构担保还款即可，操作简便，且融资条件双方可讨论变通，如利息可计入合同总价中。业主一般倾向卖方信贷的方式融资。买方信贷业主要委托两家金融机构介入，工作难度大，银行费用高，既要支付担保费，又要支付转贷费。

二、出口信贷的产生和发展

西方发达资本主义国家是出口信贷做法的发源地，第二次世界大战前，随着资本主义生产的发展，西方国家之间的出口贸易竞争加剧，它们纷纷采取各种措施促进出口，出口信贷业务应运而生。英国政府为了充分利用其老牌资本主义原始积累形成的金融实力，于1919年设立了出口信贷担保局，通过提供出口信贷的保险和担保，发挥商业银行的融资功能，支持英国的出口商争夺国际市场。之后，比利时、荷兰、德国、日本、瑞典等国也纷纷开始办理官方支持的出口信贷业务，而且主要用以支持工业制造设备的出口，因此当时资本主义国家之间的出口信贷业务有了较大的发展。

随着"二战"后科学技术飞速发展、国际贸易中保护主义势力的增长以及各国之间日益加剧的竞争形势，各发达国家政府除了采用一般的税收补贴来促进本国产品出口外，还纷纷成立了官方、半官方的出口信贷机构，通过支持出口信贷来扩大本国产品出口，以加强对国外市场的占领。与此同时，各发展中国家由于经济发展需要，也希望找到支持本国商品出口的政策手段，因而采取了效仿发达国家设立专门的出口信贷机构来开展出口信贷业务的措施，出口信贷就此在世界各国进入了发展的快车道。但由于各国都对自己国家出口的产品采取促进出口的信贷政策,到了 20 世纪五六十年代,发达国家之间不可避免地爆发了一场由"贸易战"引发的"信贷战"。结果导致各国政府对出口信贷补贴金额的剧增,造成财政与国际收支困难,给各国的经济发展带来了不同程度的不良影响,于是各国政府开始在这一领域寻求国际合作与协调。

经济合作与发展组织(OECD)于 1978 年 2 月达成了《关于官方支持的出口信贷指导原则的安排》(又称"君子协定"),规定了其参加国提供两年或两年以上的出口信贷时所能给予的最优惠条件。"君子协定"制定以后,经过 1983 年、1987 年、1992 年和 1999 年的多次修改和补充,完善了对出口信贷的一些基本规定。这些惯例不仅约束着经合组织成员国,而且日益受到世界各国官方出口信用机构的广泛效仿和参照,从而使得 20 世纪 90 年代以来,发达国家出口信贷业务商业化及私有化进程明显加快,商业金融机构逐渐成为各国出口信贷体系的重要组成部分。政府出口信贷机构除负责提供商业金融机构不愿或无力提供的中长期出口信贷业务外,其业务重点还转向了为商业金融机构提供再保险、信贷担保、再融资和利息补贴。

发展中国家在 1982 年爆发的债务危机,导致了发达国家出口信贷业务大额亏损,从而成为各国财政的一大负累,该年 OECD 成员国的出口信贷计划亏损总额约 25 亿美元。发达国家政府为了削减财政赤字,开始减少对出口信贷进行补贴,并要求出口信贷机构实现自负盈亏,于是各国出口信贷机构开始调整其利率/费率结构和水平,设立国家限额和交易限额,延长赔付等待期,增加抵押要求等,并逐步走向商业化运作。

三、中国出口信贷现状分析

中国出口信贷早期阶段是从 1980 年到 1994 年,由中国银行负责办理。中国银行于 1980 年开办出口卖方信贷业务。截止到 1994 年,中国银行共办理了出口卖方信贷项目 389 个,累计发放贷款 163.5 亿元人民币,贷款余额为 93.4 亿元人民币;中国银行还于 1983 年试办了出口买方信贷业务。

1994 年后中国出口信贷进入第二个发展时期,形成以中国进出口银行为核心,以财政部和中国人民银行的支持为基础,吸收中国银行、中国人民保险公司等商业金融机构参与的综合体系。中国进出口银行是中国官方的出口信贷机构,在制定并负责贯彻落实中国的出口信贷政策的同时,还辅助和带动商业银行、商业保险公司参与出口信贷业务。

中国进出口银行自 1994 年成立以来至 2008 年的十多年间,累计出口卖方信贷实际发放贷款 7 631.29 亿元人民币,累计出口买方信贷实际发放贷款 101.02 亿美元,其中 2003 年至 2008 年出口卖方信贷业务的发展速度很快,自 2006 年至 2008 年出口买方信贷业务增长速度实现了较大突破,见图 5-1 和图 5-2。

从产业投向上看,中国进出口银行支持投入机电产品、高新技术产品和卫星发射、海外工程承包等技术、劳务出口、农产品出口等合同。其中,大型成套设备、飞机、船舶、计算机、通信设备以及卫星发射服务等高附加值、高新技术产品出口占 50% 以上,有力地促进了中国出口产品结构调整和升级。以 2008 年为例,包括设备出口、船舶出口和高新技术产品和一般机电产品出口卖方信贷约占 56% 的比例,如图 5-3 所示。

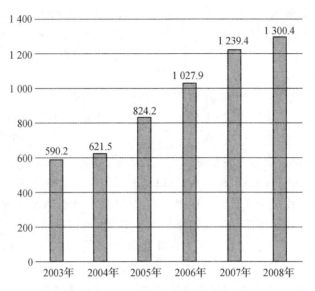

图 5-1　中国出口卖方信贷实际发放贷款增长（单位：亿元人民币）

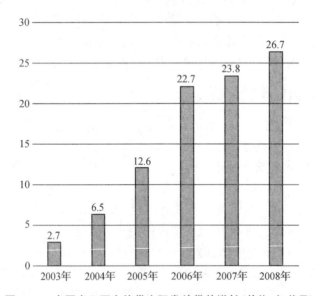

图 5-2　中国出口买方信贷实际发放贷款增长（单位：亿美元）

资料来源：中国进出口银行 2008 年报告

　　在进出口银行运行的十几年中，中国的机电产品出口快速增长，并从 1996 年起成为中国的第一出口商品。1998 年在亚洲金融危机对中国出口影响日益加深的情况下，中国全年出口仅增加 0.5%，而一般机电产品出口仍达到 665.4 亿美元，增长 12.2%，这固然与政府加大产业结构的调整力度、提高出口退税率有关，同时也与进出口银行提供的政策性金融支持密不可分。

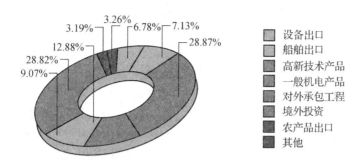

图5-3 2008年中国出口卖方信贷实际发放贷款投向比例

资料来源:中国进出口银行2008年报告

具体到行业,政策性金融支持的效果更为明显。船舶行业具有劳动力密集、技术容量大的特征,其明显的产业先导性和产业关联度对于国民经济发展有着强烈的辐射作用和带动作用,该行业一直是进出口银行支持的重点。在该行的鼎力支持下,中国船舶工业抓住世界市场变化的有利时机,成功跻身世界船舶出口的三强之一。船舶出口在具有良好的企业效益同时,也具有良好的社会效益,能够对冶金、电子、化工等50多个行业和部门起到带动作用,其作为一种劳动密集型行业,对稳定和扩大社会就业也作用显著。据测算,每建造并出口10 000吨船舶,可为船舶行业以及上游行业提供5 000人的社会就业,可见其对解决就业的巨大作用。

第二节 出口信用保险制度

出口信用保险的产生和发展是同国际贸易的发展历程密切相关的,是国际贸易发展的客观要求和必然结果。出口信用保险业务在中国的发展还处于较为初始的阶段,是政府为了支持出口,防范收汇风险的一种做法,也是世界贸易组织规则所允许的贸易促进手段,鼓励出口企业开展国际贸易。目前中国出口信用保险业务是独家经营模式,具有很强的政策导向性和扶持性。

一、出口信用保险的概念与特点

出口信用保险是信用保险机构对企业投保的货物、服务、技术和资本的出口应收账款提供安全保障的一种政策性保险。一国政府依据法律设立出口信用机构或授权并委托特定金融保险部门专门经营的一项特殊的政策性保险业务。具体来讲,保险人(经营出口信用保险业务的保险公司)按出口信用保险法规和保险条款,同被保险人(向国外买方提供信用的出口商或银行)签订保险协议,根据该保险协议,被保险人向保险人缴纳保险费,保险人赔偿保险协议项下被保险人向国外买方赊销商品或贷放货币后因买方信用及相关因素引起的损失。

出口信用保险是对企业在出口贸易,对外投资和对外工程承包等经济活动中的合法权益提供风险保障的一项特殊政策措施,是政府对经济的一种间接调控手段。各国政府利用出口信用保险的风险管理职能、风险补偿职能和信用担保职能,提高出口竞争力,促进经济发展保障充分就业,维护市场秩序,实现国家外交、外贸和产业政策目标。

出口信用保险的经营模式通常有四种模式:① 政府直接办理,如英国;② 政府成立全资公司办理,如加拿大、印度等;③ 政府机构控股办理,如荷兰;④ 政府委托私人机构办理,如德国、阿根廷等。可以看出,无论什么模式,都有政府的参与和支持。

出口信用保险区别于其他商业保险,有着明显的独特性,其特点主要如下。① 出口信用保险有政策性目的。开办这项业务不是为营利,而是为一个国家的出口和对外投资提供保障和便利,具有很强的政策导向性。它的开展与国家的外交和外经贸政策紧密结合。② 出口信用保险大多以政府的财政为后盾。从技术层面上看,它所承担的风险,受国际政治、经济变化的影响剧烈,因此不具备商业化运作的盈利条件;从政策层面上看,由于这项业务体现政府的外交意图和外贸导向,必须有政府的主导作用才能确保。③ 出口信用保险与国家的发展水平和国际地位有关。出口信用保险产生于较为发达的国家,它既是一个国家经济实力,尤其是经济的国际竞争力的晴雨表,又是一个国家经济发展和国际地位提高的必然要求。出口信用保险是对外经济贸易发展到一定阶段的产物,又反过来推动对外经济贸易的更大发展。

综观世界各国出口信用保险与出口信贷制度体系,一般采用以下三种模式:① 集合模式。指出口信用保险与出口信贷融资两项业务集中于同一机构办理的模式。这种模式的出口信贷机构通常是组建一个进出口银行,同时承保出口风险。集合模式的进出口银行更有利于集中力量制定和执行出口信贷政策,统筹办理保险和融资业务。此模式适合商业银行体系欠发达的发展中国家和地区。② 单一模式。指出口信贷机构只办理出口信用保险和出口信贷担保,商业银行则完全负责出口信贷融资的体系模式。这种模式只需规模较小的出口信贷机构和较少的资本金投入,就可带动很大数量的出口信贷业务。且这种以保险和担保杠杆促进信贷的间接性融资,与集合模式下政府的实际负债相比,出口信贷业务是出口信贷机构的或有负债,大大减小了政府财政的风险,对商业银行体系较发达的国家来说尤为合适。③ 分裂模式。指出口信用保险和出口信贷融资分别划归两个专门机构体系模式。这种出口信贷体系的专业化分工比较明确,有助于保险和融资两种业务提高工作效率,也有助于以保险支持融资业务的发展。但是在该模式下,机构设置相对重叠,政府投入较大,各部门之间的工作难于协调。

二、出口信用保险的产生与发展

出口信用保险作为各国政府支持出口、防范收汇风险的通行做法,已有近百年的历史。许多国家和地区的政府把它视为一种经济助推器,不惜投入巨大的资金和人力加以扶持,以刺激出口,增加就业,促进经济繁荣,增加本国的外汇收入。许多出口商也把出口信用保险视为开拓海外市场的保护伞和风向标,希望通过它的事前预警机制和事后补偿功能,给自己的出口收汇提供安全保障,因此,被公认为当今国际贸易促销手段的出口信用保险,在国际经济交往中扮演着越来越重要的角色,备受各国政府和出口企业的青睐。

出口信用保险是随着外贸经济活动中对风险控制和管理的要求而诞生和发展的。在对外贸易过程中,海运风险、火灾风险等主要由商业性保险公司来承担,但是对于国家的政治风险、买家的商业风险等,由于发生频率高、可预见性差,往往损失巨大,商业保险公司无力承担。出口商在收汇缺乏安全保障的情况下,常常放弃大量的贸易机会,从而制约了出口发展。在这种背景下,一个国家为了促进出口常常建立由政府支持的出口信用保险机构来应对这类风险。

出口信用保险诞生于19世纪的欧洲。1842年,英国在全世界率先完成了产业革命,宣告了资本主义的诞生,凭借其产业优势,成为最早开展对外贸易的国家。19世纪末20世纪初,西方各国进入了从自由资本主义向垄断资本主义过渡的历史时期,由于国内市场的日渐狭小,各国迫切需要扩大海外市场,从而使得海外市场的争夺变得异常激烈,最终导致了第一次世界大战的爆发。战争加剧了各国商人从事对外贸易的风险,传统的商业银行等私营金融机构不愿意也无法承担战争带来的高风险,从而使得海外贸易的融资需求无法得到满足,制约了各国对外贸易的开展。在这样的情形下,1919年英国成立了政府支持下的出口信用担保署(Export Credit Guarantee Department, ECGD)。这是世界上第一个官办的出口信用保险机构,其最初的宗旨是鼓励和支持本来不会发生的出口(起初是对俄国的出口)。美国出于类似的目的于1933年设立了进出口银行(U. S. Eximbank)。第二次世界大战之后的最初几年里,越来越多的国家设立出口信用机构,这一发展趋势断断续续延续至今。

随着各国出口信用保险机制的确立,为了建立和维护良好的国际贸易的信用规范,共同协调行动,1934年,英国、法国、意大利和西班牙的私营和国营保险共同成立了"国际信贷和投资保险人协会"(International Union of Credit and Investment Insurers,简称伯尔尼协会,Berne Union),交流办理出口信用保险业务的信息。这标志着出口信用保险已为世界公认,出口信用保险事业的发展已上升到了另一高度。该联盟的主要宗旨和任务是,使出口信用保险和海外投资保险的基本原则得到国际社会的认可;建立和维护国际贸易的信用规范;在创造良好投资环境,维护海外投资保险准则方面加强国际合作。伯尔尼联盟专设了出口信用保险委员会,负责处理各国出口信用保险事务。到目前为止,伯尔尼协会已拥有正式会员51家。1982至2001年间,其成员为全世界73 340亿美元出口及1 390亿美元对外直接投资提供保险,共支付保费1 740亿美元。1996年,中国人民保险公司代表中国成为伯尔尼协会的观察员,1998年成为正式会员。2001年,由中国出口信用保险公司取代中国人民保险公司成为协会的正式成员。

三、出口信用保险的作用

出口信用保险的特殊作用决定了它与生俱来的一些性质,在激烈的全球贸易竞争中,出口信用保险有力地促进了企业出口的竞争力,主要作用体现在以下方面。

(一) 促进企业出口功能

随着全球经济一体化的加剧,国际市场的竞争越来越激烈,同一种类的商品越来越丰富,买家市场已经形成。在这种国际贸易大环境下,出口企业要想提高自身产品的竞争力,除需保证产品质量和价格具有竞争优势外,灵活的结算方式已成为吸引客户的重要条件。现在,国际市场贸易结算方式发生了很大的变化,20世纪60—70年代,全球进出口贸易额85％以上采用信用证方式;进入90年代,非信用证方式成为国际贸易的主流结算方式。据统计,欧美企业的信用证使用比例已经降至20％以内,亚太地区的信用证使用比例也在下降。所以灵活的外贸结算方式是出口企业生存发展的一个重要的法宝。

但灵活的结算方式加大了企业的结汇风险,使企业陷入两难,如果拒绝,出口明显受阻;如果接受对方的结算方式要求,那么在保证出口的同时无疑要担负重大的风险。为此,企业可以通过投保出口信用保险将风险转移给出口信用保险机构,解除后顾之忧,转变单一的信用证结算方式,采用更灵活的商业信用支付方式,从而提高企业的出口竞争力,加速商品的流转,促进出口业务的纵向发展,大胆开拓新市场,扩大交易机会,增加出口量,获取更大的经济利益。此外,采用商业信用支付方式,也可使出口企业提高商品价格,获得更大利益。出口信用保险除了扩大企业出口数量和收益外,在提高出口质量和效益上也发挥了重要作用。它可以通过制定专门的承保政策和承保条件,突出对高新技术和高附加值产品的支持力度,同时也体现了国家的出口政策导向。

此外,出口信用保险可利用独特的信息渠道,帮助企业收集和了解相关情况,从而降低企业对外贸易和投资的信息成本,增强企业规避风险的能力,为出口企业提供保障。同时出口信用保险也为企业节约了因自身进行风险管理而需付出的运营成本,降低了公司的财务费用,有利于改善企业财务状况。通过投保出口信用保险,出口企业可以将其不确定的风险以交纳保费的形式固定化,既有利于成本核算,又可以在出险时获得补偿。出口信用保险还可通过债务追偿来减少和挽回外贸企业出口贸易中的直接损失,并为企业提供买方资信分析、出口国家风险分析等服务,从而引导企业选择正确的贸易伙伴,规避不必要的风险,由此降低出口坏账率,促进出口的健康发展。

(二)规避企业经营风险功能

随着全球经济一体化的推进,国际竞争日益加剧,出口商面临的风险也日益增加,主要包括两大类风险:第一类是政治风险,如进口商所在国家发生政变、战争或调整贸易政策、实施外汇管制及各式各样的进口限制等。这类风险是买卖双方所无法控制的,虽然发生频率低,但一旦发生,损失巨大,企业往往难以承受。第二类是商业风险,主要是进口商破产、发生支付困难或信用欺诈造成出口企业难以收回货款等。这类风险发生率高,风险分析技术复杂,很多出口商要么因为担心风险而放弃贸易机会,要么冒险成交却随时面临收汇风险。如何保障安全收汇成为他们最迫切的要求。符合 WTO 规则的出口信用保险是满足他们这种需求的一把金钥匙。出口信用保险可以保障出口企业的收汇安全,运用其损失补偿机制弥补了货物运输保险所不能涵盖的买方商业信用风险和国家政治风险的空白,保证了出口商的安全收汇,使其能够避免坏账,保持良好的账户记录。若出口商是贸易商,安全收汇有利于其周转资金,及时组织货源;若出口商是生产商,安全收汇有利于其及时购买原材料,组织生产,顺利运营。

出口信用保险还可以帮助企业建立一套完善的风险防范机制,加强应收账款的管理。出口信用保险公司有众多的合作伙伴,有丰富的风险管理和防范的经验,有联系比较密切的组织机构——伯尔尼协会,具有独特的企业资信数据收集渠道和科学的技术手段,可以为投保企业用户提供详细确实的企业资信调查、评估服务以及进口国国情分析报告等重要信息。在客户作出经营决策时,帮助客户规避和防范经营风险、提高竞争能力和盈利能力。出口项目成交并被承保后,信用保险公司的专业人员会协助企业跟踪项目的执行过程,直到收回全部货款。期间如发现潜在的风险或发生风险,会立即通知企业通过采取停止出运等方式,以避免风险的发生或减少损失。如果出险或者受公司委托进行账款追收,信用保险公司都会利用本身丰富的经验和全球立体的追收网络全力追讨应收账款,为企业提供完善的风险管理、应收账款管理和商账追收服务,帮助企业规避风险,解除后顾之忧。

(三)便利企业融资功能

制约企业扩大出口的重要因素之一就是资金短缺,多数出口商在从事出口时需要从银行贷款或者融资,而出口信用保险却为出口商获取融资提供了便利。从国际上看,通常所说的出口信贷体制就是出口信用保险和出口信贷。企业在开拓国际市场中,出口信用保险和出口融资往往一起出现,特别是信用担保,能为银行信贷提供保障,大大方便了企业融资。此外,在出口信用保险的保障下,银行贷款的风险大大降低,根据收益和风险的关系,银行利率也会相应下调。甚至有很多国家法律规定,只有出口商投保了出口信用保险才同意发放出口信贷。如日本,其法律明确规定:出口方投保了出口信用保险后方可取得银行贷款,对成套设备的出口如果投保了出口信用保险,可从进口银行获得出口额的70%—80%的贷款,同时利息也比商业银行更为优惠。

由于出口信用保险是政府支持的政策性保障措施,因此它除了提供买方信贷保险、卖方信贷保险、出口押汇等传统融资服务外,还与银行合作,推出了出口信用保险短期险项下的贸易融资业务,即出口企业可以通过将出口信用保险项下的赔款权益转让给银行,获得银行的信贷支持;银行则可以通过出口押汇保险,更加放心地给企业提供贷款。这种融资方式成本比其他融资方式低50%左右。企业凭借出口信用保险提高了自身的银行信用等级,缓解了出口资金短缺的矛盾,从而获得资金融通,加快资金周转,扩大出口规模,提高出口竞争力。

总体来看,企业投保出口信用保险,可以使企业收汇拥有切实的保障,这样企业的信用等级也随之提高,因为投保了出口信用保险,银行将降低对出口商的抵押、担保要求,这就使得出口商申请融资更加便利。因此,出口信用保险不仅可以保障企业的收汇安全,加快企业资金的流通,更是企业向银行融资降低门槛的切实、有效、方便的措施。图5-4可以更清楚地说明短期出口信用保险下贸易融资的便利。

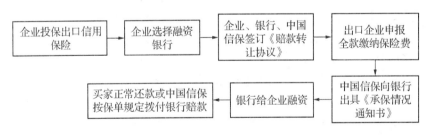

图 5 - 4　短期贸易融资流程

(四)促进一国出口市场多元化的功能

出口信用保险机构不仅拥有国际贸易风险管理的专业化优势,而且能够通过积极参与国际合作,对世界各个市场的风险和信用进行全面调查分析,充分掌握信息,从而准确把握各个出口市场的风险。因此,出口信用保险是实施市场多元化战略的助推器。

在当今国际市场上,美国、欧盟、日本等传统强国的市场已经基本饱和,对出口目的地的选择越来越多地转移到南美、非洲、中东等新兴区域,这些区域的最大特点是局势很不稳定、市场很不规范、贸易环境较为恶劣且风险系数较高。出口企业通过投保出口信用保险则可以在充分考虑各国各地区风险状况的基础上制订相应的出口计划,可以在保险机构的评估和建议下,有针对性地开拓新市场、开发新产品,使各国出口商大胆地进军这些新兴市场,促进了企业出口业务的横向发展,拓宽了客户的选择面,从而实现了对外贸易市场的多元化。此外,出口信用保险针对不同国别或区域采用的差别费率,也起到了优化出口市场结构的作用。

中国近年来机电产品、高新技术产品的出口迅速增加,这与出口信用保险加大对机电产品、高科技产品的支持是分不开的。2005年,承保的机电产品和高新技术产品出口占到公司承保金额的60%。可见,出口信用保险在改善中国出口商品结构方面发挥了积极作用,同时也优化了中国的贸易结构,提高了出口商品质量和效益,有效地促进了技术进步、产业升级和国民经济快速持续健康发展。此外,出口信用保险机构在实际承保过程中,可以将限额和费率作为两个支点,在促进出口和保证本国资产安全之间进行动态调控,以期在严格控制风险的基础上,实现推动出口效用的最大化。这两大支点的变化既能对出口发挥放大和缩小的作用,又能促进产业结构的升级。对于国家重点发展的产业,如船舶制造行业,出口信用保险机构将适度扩大限额,从而促进中国产业结构的调整。

四、中国出口信用保险的变迁与现状

中国出口信用保险经营的历史只有十多年之久,与发达国家相比可谓非常短暂。新中国成立后由于中国很长时间都实行计划经济体制,在这一体制下,出口贸易由外贸部统一管理,各外贸专业公司统一经营,实行指令性计划和统负盈亏的高度集中对外贸易体制。同时,当时使用的收汇方式主要为信用证方式,出口企业面临的收汇风险较小,所以对出口信用保险的需求很小甚至没有需求。

随着改革开放政策的逐步实施,特别是外贸体制进行重大改革后,打破了原来国家统收统支的"大锅饭"体制,出口企业成为独立核算、自负盈亏的经济实体,这样,出口收汇风险就成为出口企业关注的焦点。同时在国际国内出口贸易市场竞争日趋激烈的形势下,出口企业需要更多地考虑以非信用证支付方式作为提高自身市场竞争力的手段,而采用非信用证的结算方式将面临收汇风险的增大。对于出口企业来说,如果出口后不能及时收汇,将严重影响其资金周转和经济效益,出口创汇的积极性就会受到挫伤;对于国家来说,出口企业因收汇风险的增大而对出口所持的谨慎态度将严重影响一国的对外贸易发展,直至影响到整个国民经济的发展。所以,对出口收汇风险提供保障十分有必要,中国发展自己的出口信用保险业务也开始得到真正的重视。

(一)中国出口信用保险的产生与发展

中国的出口信用保险是从20世纪80年代末发展起来的。1985年10月,国务院批准国家计委等8个部委关于扩大机电产品出口的128号文件中,正式提出应在中国按国际通例开办出口信用保险,把办好出口信用保险作为扶植机电产品出口的重要政策措施。为了贯彻国务院的文件精神,经过严密的论证和准备,1988年10月中国人民银行批准中国人民

保险公司成立出口信用保险部,受政府部门的委托负责出口信用保险业务的经营,并于1989年在广西、宁波、上海、天津等4家分公司试办以机电产品为主的短期出口信用保险。在试办阶段中国人民保险公司原则上以办理出口一般机电产品的短期出口信用险业务为主,实行业务的稳步拓展。1989年9月,承保产品的范围扩大到非机电产品,且在已取得的经验基础上,将试办短期出口信用保险业务的分公司扩大到22家。到1990年底,除西藏分公司外,中国人民保险公司的42家分公司均可办理短期出口信用保险业务。同时在业务种类、财务核算管理和条款、单证管理上建章立制,为出口信用保险在中国健康稳定发展奠定了良好的基础。1992年下半年,按照国务院增强出口信用保险工作的批示精神,中国人民保险公司开始办理中长期出口信用保险业务。

1993年,党的十四届三中全会作出了《中共中央关于建立社会主义市场经济体制若干问题的决定》。按照《决定》的精神,为了更好地适应建立社会主义市场经济体制的需要,国务院批准了《关于金融体制改革的决定》,明确提出了建立政策性银行,实行政策性金融与商业性金融分离的改革措施。据此,中国进出口银行于1994年4月26日成立,并于7月1日正式营业,开始承办出口信用保险,包括买方信贷保险、卖方信贷保险、出口信贷担保和国际保理等业务。此时基本上形成了由中国人民保险公司和中国进出口银行共同办理出口信用保险的模式。为了进一步支持出口信用保险的发展,财政部设立了专项准备金,并就两家的承保费率、承保方针等进行协调。截至2000年,由于奉行谨慎承保的原则,两家机构在开展出口信用保险业务时,均未动用过国家的准备金。由于受人才经验和法律环境等多种因素制约,两家的承保额仅占到中国对外出口贸易总额的1%左右,然而按照伯尔尼协会的统计,当时全球的贸易量中12%是由出口信用保险提供支持的,日本、法国的比例更是高达39%和21%。由此可见,中国的出口信用保险的发展和发达国家的差距很大。另外,随着业务规模的不断扩大,出现了两家机构间同业竞争的局势,竞争的结果是削弱了国家财政对出口支持的力度,加大了政府财政负担。这种两个企业共同经营同一业务的局面,在当时的体制下无论是中国进出口银行还是中国人民保险公司都不能很好地理顺出口信用保险与其主营业务的关系。以政策性为经营方针的中国进出口银行,其经营的出口信贷业务并没有将出口信用风险转移,而是将风险从"左口袋"放进了"右口袋"。而中国人民保险公司,由于其自身是以商业化经营为主体,出口信用保险这样的政策性业务很难摆放到重要位置,也就没有得到足够的重视。

2001年12月10日是具有重大历史意义的日子,这一天中国正式成为世界贸易组织成员国。2001年12月18日中国出口信用保险公司(下称中国信保)在北京正式挂牌运营。该公司的成立主要是为了深化中国出口信用保险体制改革,规范出口信用保险行业运作,更大力度地支持和保障出口贸易的进行,为企业积极开拓海外市场提供服务,保障收汇安全,丰富企业融资手段。

为了避免三方同业经营的局面,中国进出口银行和中国人民保险公司同时停办了出口信用保险业务,转交由中国信保承办。为了更好地服务于企业,更贴近客户,中国信保在成立之初就定下发展方针"政策性业务,商业化运作"。除北京的总公司营业部外,中国信保还在全国设立12个分公司、7个营业管理部,标志着中国首家专业出口信用保险机构的诞生,从此结束了两家机构共同经营出口信用保险的历史。中国信保作为中国唯一的出口信用保险机构提供与出口相关的信用保险服务。它的成立同时也是中国政府在中国加入世界贸易组织的全新经济环境下,参照国际惯例,深化金融保险与外贸体制改革,加大对出口贸易政策性支持力度的重大举措,标志着中国出口信用保险业进入了一个崭新的发展时期。

(二)中国出口信用保险经营现状

中国出口信用保险公司成立以来,逐步建立了完善、合理的组织结构和服务网络,丰富了产品序列和服务内容,人才建设、产品建设、制度建设和市场建设不断加强,形成了比较完善的内部管理框架和稳定的业务运作体系,出口信用保险事业得到了快速发展。具体说来,中国出口信用保险取得的成绩主要表现在以下几个方面:

1. 机构建设渐趋完善

中国出口信用保险公司明确了"政策性公司,商业化运作"的市场定位,下设短期业务承保部、中长期业务承保部和风险管理部等16个职能部门,营业机构包括总公司营业部以及辽宁分公司、山东分公司、天津分公司等12个分公司,长沙营业部、南昌营业部等7个营业部,已形成覆盖全国的服务网络。

中国出口信用保险公司自成立以来积极加强同国际机构的交流,2002年4月成功承办了伯尔尼协会2002年年会,并与世界银行多边投资担保机构共同举办了海外投资研讨会;2002年7月同德国赫尔莫斯信贷保险公司签订了《合作意向书》,同俄罗斯赢国斯达保险有限公司签订合作备忘录,同意大利出口信用保险公司签订框架性合作协议。中国出口信用保险机构建设的日益完备为提供优质的出口信用保险服务奠定了坚实的基础,与国际出口信用保险机构的密切合作,更使得它在风险管理、债务追偿等方面取得了快速的发展和进步,为中国出口信用保险事业的发展提供了有利条件。

2. 业务产品日趋齐全

中国出口信用保险公司作为中国唯一一家经营出口信用保险业务的政策性保险公司,在保险产品开发上取得了很大的成绩。目前主要业务包括短期出口信用保险、中长期出口信用保险、投资保险、担保业务以及商账催收、资信评估、贸易融资等服务。

短期出口信用保险保障期为1年以内,出口商以信用证、付款交单、承兑交单、赊销方式从中国出口或转口的收汇风险。目前中国信保共有5个短期险品种,包括统保保险、信用证保险、特定买方保险、买方违约保险、特定合同保险。中长期出口信用保险保障期为1年以上,10年以内的,100万美元以上的出口(预付款或现金支付比例不低于合同金额的15%,船舶出口的比例不低于20%)。目前中国信保提供两个中长险品种,包括出口卖方信贷保险和出口买方信贷保险。投资保险是为了支持中国企业到境外投资,鼓励外国及港、澳、台地区的投资者来中国大陆投资而开办的险种,分为中国企业海外投资保险和外商来华投资保险两类,每一类均包括股权保险和贷款保险。

出口信用担保业务服务于国内出口企业和提供出口融资的银行,是中国信保根据20世纪中后期以来世界上对发展出口信用担保业务的需要,于2002年开发的业务,为提升企业信用等级,帮助企业解决出口融资困难提供了有力帮助。担保业务产品分为融资类担保和非融资类担保两类,前者分为打包放款担保、出口押汇保险、卖方信贷担保和项目融资担保。后者分为投标保函、履约保函、预付款保函、质量维修保函、海关免税保函、保释金保函和租赁保函。商账追收是中国信保协助出口企业解决买家拖欠款项的问题并为企业提供建议措施防止及减轻损失的业务。中国信保与世界各地众多律师及债务追讨公司经常保持紧密联系，在解决付款困难方面有丰富的经验。为减少国家和企业的损失，中国出口信用保险公司于 2002 年 7 月 1 日建立了国际商账追收处，并于同年 12 月 1 日正式开展境外追收业务。

资信评估是中国信保帮助从事商业贸易的企业规避和防范各种商业风险，提高企业的营销能力，扩大销售范围，全面提升企业的竞争力和盈利能力的一种业务。中国出口信用保险公司于 2002 年 6 月成立资信评估部，其主要职责是向国内外企业提供中国企业和海外企业资信调查与评估服务。

出口信用保险项下的融资业务，是银行针对已投保中国出口信用保险公司短期出口信用险的企业提供融资授信额度，并在额度内办理押汇和人民币贷款等，保单融资是解决出口企业资金需求、加速企业资金周转的有效途径。同时，银行可通过与保险公司的合作适当扩大授信额度，增加贷款；而保险公司可通过与银行的合作宣传出口信用保险，扩大承保额。

3. 为"走出去"战略启动经营体制改革

随着经济全球化的发展，各国政府都加强了对本国企业的支持。企业要想走出国门并在激烈的国际竞争中站稳脚跟，没有政府的支持和协调几乎是不可能的，因为企业在实施"走出去"战略中存在外部经济、风险承担等多方面的问题。出口信用保险是各国政府支持出口、防范收汇风险的国际通行做法之一，充分发挥出口信用保险的作用，出口企业能更有效地实施"走出去"战略。

中国出口信用保险集中精力支持一批在国际竞争中有相对或潜在优势的行业，为重点行业的重点企业提供专门支持和全程信用服务，增强了企业在国际上的竞争力，扶助他们"走出去"。此外，中国出口信用保险还支持境外资源开发，形成了中国与海外资源国共赢的格局；大力发展海外投资保险、信用工具功能，为中国企业提供直接融资或间接融资支持，支持中国企业全方位、多领域开拓海外市场。

2008 年全球金融危机环境下，中国政府更进一步加紧对出口信用保险的经营体制改革，以期为中国企业"走出去"战略提供更有效的融资保障。2008 年 12 月 8 日国务院出台了《关于当前金融促进经济发展的若干意见》明确提出，"研究开放短期出口信用保险市场，引入商业保险公司参与竞争，支持出口贸易"。此外，在"保险业纪念改革开放三十年座谈会"上，时任保监会主席吴定富也提出，在当前的情况下还需要国家对出口信用保险公司提供增加资本金等相关政策支持。

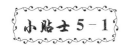

出口信用保险助大型国企开拓海外市场

天津钢管厂是中国知名的大型石油套管生产企业，产品主要供应给世界主要石油输出国和大型跨国石油公司。7 年前，出口额仅 3 000 万美元。与中国信保开展合作以后，天津钢管厂从一开始的只接受信用证交易，转变成了在中国信保批复的信用限额下大胆开拓新市场、新客户的局面。通过中国信保的支持，天津钢管使用非信用证结算方式打开了美国、加拿大、俄罗斯、中东和非洲市场。如今天津钢管的年出口额已达 10 亿美元。

基本案情：

中东买家的船进港已经两天，天津钢管的货物也已备齐，单等中国出口信用保险公司限额了。天津钢管这回真的是火烧眉毛了，其实对于中国信保来说，这也是个难题，时值金融危机，中东地区的风险较大，何况天津钢管厂涉及 2 亿美元额度，但中国信保决定全力以赴，在短时间内将信用限额批复给天津钢管，为企业进入新市场铺平道路。事后有人问天津钢管厂相关负责人，为何宁可付出不低的滞港费也要等中国信保的保险额度，他回答："我需要中国信保帮企业把关风险。"这位负责人的话，一方面体现出天津钢管的风险意识，另一方面也体现出中国信保在护航国有大型企业"走出去"战略中占有的重要地位。

开拓新市场，或者签单新生意，先问中国信保，这已经成了天津很多企业的习惯。天津钢管厂的张总对记者说："几年来，我们和中国信保合作得非常愉快。他们给我们提供的是全天候热线服务。不管什么时间，只要有问题，我就拨他们的电话。有时是深夜一两点钟，有时甚至是半夜直接打给他们中国信保天津分公司的负责人。他们从来都是有问必答，反应迅速，服务周到。"他还特别说道，"越是市场不好，我们越需要中国信保，特别是应对国际金融危机，中国信保的支持非常到位。"

天津钢管是中国知名的大型石油套管生产企业，目前在国内市场占有 40% 的市场份额，产品主要供应世界主要石油输出国和大型跨国石油公司。天津钢管的年出口量 2009 年已经达 10 亿美元，而 2002 年天津钢管的出口额仅有 3 000 万美元。在不到 7 年的时间内，出口量几乎呈几何级数地增长，可以说，与中国信保的支持密不可分。

早在 2002 年，中国信保天津分公司成立时，天津钢管就成了第一位客户。当时的天津钢管为控制出口风险，对国外买家要求很高，一定要有优质银行开出的信用证才与之交易。虽然风险小一些，但市场却被限制住了，库里的产品开始积压。这时中国信保开始介入，天津钢管喜出望外，两家一拍即合结成战略合作伙伴，通力开拓境外市场。

第一个目标是进入美国市场。美国企业不习惯开信用证，他们的交易方式是先将货物存进当地仓库后交易。为帮助天津钢管尽快打开美国市场，中国信保做了大量市场调研。这些市场调研至少包括，了解全球有多少家企业能生产同类型的石油套管；全球都有哪些买家会买这种套管；天津钢管在全球同类企业的排名情况如何，等等。

就这样，从 2002 年两家合作开始，通过中国信保的支持，天津钢管使用非信用证结算方式打开了美国、加拿大、俄罗斯、中东和非洲市场。据了解，这几年，中国信保不断提高对天津钢管的风险保险额度，比如出口到某发达国家的赊销限额由 2002 年的 830 万美元增加到 2009 年的 1. 29 亿美元，向该国出口的申报额由 2002 年的 800 万美元增加到 2009 年的 3. 16 亿美元。目前，中国信保对天津钢管的保障已经涵盖了企业 90% 以上的出口产品。

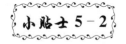
小贴士 5 - 2

次贷危机提高买家拒收风险

2008 年随着"次贷危机"的深度蔓延，美国多家银行进入破产重组或清算程序，许多企业陷入资金短缺的窘境，无力按期支付货款，更无力履行正常贸易合同项下应尽的义务，因此买家拒收货物的风险显著上升。本案中,买家在 2007 年底即出现风险异动信号,但是未引起被保险人的警觉。被保险人在未收汇的情况下仍然继续提供货物,最终引发买家拒收货物的风险。就此中国信保建议出口企业在复杂的国际经济环境下,密切关注买家的风险异动,切实做到"前款未收,后货不发"。

基本案情:

2008 年 1 月,国内多家出口企业向中国信保通报美国同一买家项下出现大额拒收风险损失,涉案金额累计近 600 万美元。本案买家系美国经营运动品牌服饰的知名企业,企业规模较大,在全美拥有 100 多家连锁店,并且每年新开 30 余家店铺。然而,2007 年底,买家出现风险异动,开始拖欠中国出口商的货款。考虑到买家历史付款记录良好,国内出口企业在未按时收汇的情况下仍然继续供货。2008 年初,买家因资金周转困难拒收到港货物。

中国信保接受被保险人委托后,立即展开海外调查,获悉买家系其美国母公司(简称"M公司")旗下专门从事采购的子公司,其海外采购完全按照 M 公司的指令进行。随后,中国信保联系 M 公司,获取其经过审计的最新财报。该财报显示,美国一家私募股权投资公司于 2006 年对 M 公司进行投资,使得 M 公司能够快速扩张。然而,受次贷危机影响,私募股权投资公司受到很大冲击,放弃了对 M 公司的投资,直接导致 M 公司的融资困难,间接造成买家流动资金紧缺。其次,买家的客户群体主要面向美国中低收入人群,次贷危机使美国消费者信心受挫,购买力下降,买家原定于圣诞节期间的销售计划未达到预期水平,致使大量库存积压。在资金短缺及销售业绩下滑的双重冲击之下,买家无力提取到港货物。

在深入分析买家的财务状况后,中国信保认为买家短期偿债能力不足,中期付款能力尚可,而处理滞港货物损失较大。鉴于此,中国信保积极协助被保险人与买家达成和解协议:即买家先行支付一半货款后赎单提货;买家书面承诺在提货后四个月内分四期清偿剩余货款,多家被保险人的损失,也得到中国信保的赔付。

第三节　出口退税制度

出口退税是一项促进外贸出口的税收政策,在世界各国广泛运用,同时它也是世界贸易组织所允许的促进出口措施。出口退税制度对一个国家的宏观经济运行起着举足轻重的作用,在经济全球化和贸易自由化的大背景下,如何完善中国的出口退税制度以保持出口持续增长并减少贸易摩擦,成为中国出口退税制度改革的新焦点。

一、出口退税概念及 WTO 的相关规定

出口退税是指对出口货物退还其在国内生产和流通环节实际缴纳的产品税、增值税、营业税和特别消费税。出口退税制度是一个国家税收的重要组成部分,通过退还出口货物国内已纳税款来平衡国内产品的税收负担,使本国产品以不含税成本进入国际市场,与国外产品在同等条件下进行竞争,从而增强竞争能力,扩大出口创汇。在中国主要是退还国内生产经营过程中的增值税和消费税。其核心有两点:一是商品输出国外,二是退还商品形成过程中的间接税。

国际上的通行做法是企业出口货物以不含税价格参与国际市场竞争,中国为鼓励货物

出口,实行出口货物税率为零的优惠政策。所谓实行零税率,是指货物在出口时整体税负为零;这样出口货物适用零税率不但出口环节不必纳税,而且还可以退还以前纳税环节已纳税款。由于各种货物出口前涉及征免税情况有所不同,且国家对少数货物有限制出口政策,因此,对货物出口的不同情况,国家在遵循"征多少、退多少"、"未征不退"基本原则的基础上,规定了不同的税务处理办法。

WTO 是经济全球化的产物,它的目的在于建立一个开放的多边的自由贸易体系。WTO 是以市场经济为导向的,它极力倡导市场机制在全球范围内成为资源配置的重要方式,贸易自由化,促进公平、公开、公正的自由贸易是 WTO 的一般原则,也是 WTO 各成员方普遍接受的共同贸易规则。在这些一般指导原则下,通过大幅度削减关税和其他贸易壁垒,以规范各方政府行为。从这个意义上看,WTO 所倡导的多边贸易框架,其主旨是中性的,即这个框架的一般目标在于推进商品、资本、服务及知识产权在全球范围内的自由流动,进而实现全球范围内的资源有效配置,增进世界的总体福利水平,而这一框架的组织和制度构建则以尽量不干预市场机制运行为主导宗旨。WTO 一系列具体原则正体现了这种精神。

因此 WTO 的这些原则都是以不干预市场机制在全球范围内有效运行为基本出发点的。而增值税的中性原则与 WTO 的中性原则是一致的,出口退税正是增值税中性原则的要求和体现,出口退税一方面鼓励产品出口,以不含税价格参与国际市场竞争;另一方面克服重复征税,实行消费地征税原则。世界各国也将中性原则作为衡量增值税完善程度的标准,在 WTO 的规则之下设置中性的出口退税制度是必然的选择。在反对政府补贴政策的前提下实行完全彻底的退税政策,对增进出口是最直接最有效的途径。况且各成员国不将出口退税看成政府对出口的补贴,使"征多少,退多少"的出口退税完全合法化。WTO 在《关贸总协定》附件二《注释和补充规定》第 16 条规定:免征某项出口产品的关税,免征相同产品供内销时必须缴纳的国内税,或退还所缴纳数量相当的关税或国内税,不能视为一种补贴。第 3 条和第 6 条还规定:一缔约国领土的产品输入到另一缔约国领土,不应对它直接或间接征收高于相同产品所直接或间接征收的税或其他国内费用;一缔约国领土的产品输入到另一缔约国领土,不得因其免纳相同产品在原产国或输出国用于消费时所需完纳的税捐或因这种税捐已经退税,即对它征收反倾销税或反补贴税。而征多退少的不彻底退税政策和征少退多的多退行为都是政府干预市场的行为。前者削弱了商品出口竞争力,增加了产品成本,政府从市场定价中多得了税收,使出口退税低于中心标准;后者多退行为成了税式支出,是一种政府补贴行为,当然违背了 WTO 的规定。从 WTO 的原则看,出口退税充分体现了 WTO 关于非歧视性待遇、促进公平竞争与贸易、市场准入等基本要求,无疑,各国实行出口退税已经成为一种国际惯例。

二、中国出口退税制度演变过程

中国自 1985 年开始实行出口退税政策,1988—1993 年,实行出口产品零税率,1994 年实施税制改革,正式明确了零税率政策,并且在 1994—2003 年的十年里中国出口退税一直由中央财政全额负担。从 2004 年的 1 月 1 日起,中国开始实行新的出口退税政策,即对出口退税率进行结构性调整,适当降低出口退税率,加大中央财政对出口退税支持力度,建立中央和地方共同负担出口退税新机制,推动外贸体制改革,调整出口产品结构,欠企业的退税款由中央财政采取全额贴息解决。经过出口退税新政策的实施,到 2004 年底,基本实现了"老账还清"、"新账不欠"的目标。

(一)中国出口退税政策发展初期

中国出口退税政策的雏形始于新中国成立初期,为了促进外贸发展,奖励输出,照顾出口无利产品,国家在修正《货物税暂行条例》和制定实施细则时,补充规定了对出口产品实行退税的政策,并于 1950 年 12 月 21 日正式发布生效。《货物税暂行条例》及其实施细则肯定了出口货物的退税制度,其中第 10 条规定:"已税货物输出国外,经公告准许退税者,由出口商向税务机关申请退还货物税税款。"这时的出口退税并不是对全部出口产品,而只是对出口无利的部分产品实行。退税产品根据出口亏损程度不同,分三种方法处理:一是退还全部税款,如鞭炮、焚化品、罐头、搪瓷、玻璃制品等;二是退还 1/2 税款,如化妆品、香皂、牙膏、暖水瓶等;三是退还原料全部税款,如醋化、毛织品、丝绸等。属于退税范围的产品出口商,应于出口之日起三个月内,持原定税照或分运照(即产品原来的纳税证明)、海关出口证明和提货单副本等凭证,送出口地税务部门;税务部门核对相符后,填发"收入退还书",交由出口商向指定金库领取应退税款。

社会主义改造基本完成后,国家将原来对工商企业征收的商品流通税、货物税、营业税和印花税加以合并,改成工商统一税。在制定和实施工商统一税的过程中,为简化退税手续,决定对出口产品不再退税,因为国营外贸企业的盈亏由财政统收统支,而中国当时的出口贸易是盈利的,退税与否只涉及财政内部税利转移问题。对其他经济成分企业,为继续体现国家对其利用、限制、改造的政策,其出口产品也不再实行退税,只是在少数企业出口亏损较大的时候,经过批准,才可采取在产品生产环节减免税的办法予以适当照顾。

1966 年前后,由于国际国内形势的变化,中国对外贸易由出口盈利转为严重亏损。为扭转这种局面,外贸部请示国务院对出口产品实行退税,以补贴出口"亏损"。此项要求经国务院批准后,财政部与外贸部进行积极协商,决定对出口产品按照工商统一税产品的平均税负率确定综合退税率,产品出口后按照出口金额和 8% 的综合退税率计算应退税额,由财政部统一退付外贸部。

由于受到"文化大革命"的影响,1973 年中国开始全面试行工商税,由于当时过分强调简化税制,把已经十分简化的税制又作了进一步简化。反映在进出口税收上,则是对进口产品不征税,对出口产品既不减免税也不退税,出口盈亏由外贸企业与财政部统算账。这种做法完全割断了税收与进出口贸易之间的联系,违反了客观经济规律,给此后一个时期的经济建设带来了恶果。

(二)改革开放与出口退税新制度的建立

1978 年党的十一届三中全会以后,中国对外贸易发生了很大变化,突出反映是进出口贸易不再由中央外贸企业独家经营。面对这种情况,若继续实行进口不征税、出口不减免税的政策,则进口获利过多,必然导致进口失控,出口亏损过大,影响出口创汇。因此,1980 年底国务院以国发〔1980〕315 号通知批转了财政部《关于进出口商品征免工商税收的规定》,规定对国内企业和单位的进口产品征税,出口产品则根据出口换汇成本高低,视其亏损程度在保本微利的原则下酌情给予减免税。

1983 年,为探索社会主义现代化建设新时期的进出口税收工作,并针对当时中国电子产品进口失控、国内新兴的电子工业发展缓慢和国内日用机械产品积压、急需开拓新的销路等情况,财政部发出了《关于钟、表等 17 种产品实行出口退(免)税和进口征税的通知》(〔1983〕财税字第 75 号),规定从 1983 年 9 月 1 日起对一切单位进口的钟、表、自行车、缝纫机、照相机、电风扇、洗衣机、电冰箱、收音机、收录机、录像机、电视机、袖珍电子计算器、空调机、金笔、铱金笔、圆珠笔征收进口环节工商税或增值税。对外贸企业、工贸公司和工业企业出口的上述 17 种产品,一律退还(免征)生产环节增值税或最后生产环节的工商税。退、免税必须由出口单位凭有关出口证明向本单位所在地税务机关申请,核实后将税款退给出口单位。出口产品属中央外贸企业和工贸公司经营的,应退税款作中央预算退库;属于地方外贸企业和工贸公司经营的,应退税款作地方预算收入退库。

1985 年中国对自身税收制度进行了重大改革,将工商税分为产品税、增值税、营业税和盐税。同时,为增强本国商品的国际竞争力,1985 年 3 月,国务院〔1985〕43 号文件正式批准了财政部《关于对进出口产品征、退产品税或增值税的规定》,决定从 1985 年 4 月 1 日起实行对进口产品征税,对出口产品退、免税办法。这个文件的出台,标志着改革开放后中国出口退税新制度的建立。

1988 年以前,中国只退生产环节的增值税和最后环节的产品税。1988 年以后实行彻底的退税政策,对实行产品税的出口产品核定综合退税率,根据产品所含税款情况,退还以前所有环节的流转税。从出口退税的负担来看,1985 年至 1987 年,中央外贸企业和工贸企业的出口退税退中央库,地方外贸企业和工贸企业的出口退税退地方库;1988 年所有的出口退税改为全退中央库;1991 年,改为中央外贸企业的出口退税退中央库,地方外贸企业的出口退税中央负担 90%,地方负担 10%;1992 年、1993 年改为中央外贸企业的出口退税由中央承担,地方外贸企业的出口退税中央负担 80%,地方负担 20%。1993 年 12 月 13 日,国务院通过了《中华人民共和国增值税暂行条例》和《中华人民共和国消费税暂行条例》。《增值税暂行条例》第 3 条规定:纳税人的出口货物税率为零;第 21 条规定:纳税人出口适用税率为零的货物,向海关办理出口手续后,凭出口报关单等有关凭证,可以按月向税务机关申报办理该项出口货物的退税,具体办法由国家税务总局规定。《消费税暂行条例》第 11 条规定:对纳税人出口应税消费品,免征消费税,国务院另行规定的除外。出口应税消费品免税办法,由国家税务总局规定。

1994 年 2 月 19 日,国家税务总局制定了《出口货物退(免)税管理办法》(〔1994〕国税发第 31 号)。具体规定了出口货物退(免)税的范围、出口货物退税率、出口退税的税额计算法、出口退(免)税办理程序及对出口退(免)税的审核和管理。同时针对 1993 年底以前设立的外商投资企业出口货物,本着维持原有政策不变的原则,又专门制定并实施了对 1993 年底以前设立的外商投资企业出口货物征免税的规定。另外,规定 1994 年 1 月 1 日后设立的外商投资企业与内资企业适用相同的出口退(免)税政策。自 1994 年后中国主要通过调整各类产品以及不同类型企业的出口退税率,实现对外贸的规模和结构调整。

(三)1994 年后的出口退税率调整

1994 年中国正式实行"征多少退多少"政策,即实行全额退税以后,在出口货物退(免)

税政策实施过程中,出现了出口退税规模猛增,骗取出口退税等严重现象,为此,国务院进行了一系列税率调整政策。

1．第一次调整

这次调整主要包括 1995 年和 1996 年的税率调整,由原来的 11％、13％、17％分别调整为 3％、6％和 9％三档。国务院 1995 年 3 月决定,自 1995 年 7 月 1 日起,对出口货物根据实际税负情况适当调低出口退税率,并加强出口退税管理。同时财政部、国家税务总局颁发了财税字〔1995〕92 号《出口货物退(免)税若干问题的规定》,调整了出口退(免)税的范围,严格规范了退税的方法。

1995 年 7 月 1 日的调整主要包括:大型成套设备和大宗机电产品,经国家税务总局批准,退税率为 17％或 13％;农产品、煤炭的退税率为 3％;以农产品为原料加工生产的工业品和适用 13％增值税税率的货物的退税率为 10％;适用 17％增值税税率的其他货物的退税率为 14％;从小规模纳税人处购进的特准出口退税的货物的退税率为 6％。1996 年 1 月 1 日起,报关离境的出口货物除经税务总局批准按 14％的退税率退税的大型成套设备和大宗机电产品外,一律按新的标准退税,具体为,煤炭、农产品的出口退税率为 3％;以农产品为原料加工的工业品和按 13％的税率征收增值税的其他货物,出口退税率为 6％〔以农产品为原料加工的工业品包括,动植物油、食品与饮料(罐头除外)、毛纱、麻纱、丝毛条、麻条、经过加工的毛皮、木制品(家具除外)、木浆、藤、柳、竹、草制品〕;按 17％税率征收增值税的其他货物,出口退税率为 9％;从小规模纳税人处购进特准出口退税的货物税率为 3％,其他货物退税率为 6％。

2．第二次调整

为了应对亚洲金融危机以后带来的各种不利影响,促进本国出口,中国逐步提高了出口退税率,出口商品的综合退税率由原来的 6％提高到 15％。我国在 1998 年以后又提高了部分出口产品退税率,变为 5％、13％、15％、17％四档。其中,提高了煤炭、水泥及船舶的出口退税率,煤为 9％、钢材为 11％、水泥为 11％、船舶为 14％。

自 1998 年 6 月 1 日起,纺织原料及制品统一执行 11％的出口退税率;自 1998 年 7 月 1 日起,7 类机电产品、5 类轻工产品退税率由 9％提高到 11％,包括:① 通信设备、发电及输变电设备、自动数据处理设备、高档家用电器、农机及工程机械、飞机及航空设备、汽车(含摩托车)及零部件;② 自行车、钟表、照明器具、鞋、陶器。自 1998 年 9 月 1 日起,铝、锌、铅出口退税率调为 11％。

从 1999 年 1 月 1 日起,机械及设备、电器及电子产品、运输工具、仪器仪表等四大类机电产品的出口退税率统一提高到 17％;农机的出口退税率提高到 13％;纺织原料及制品、钟表、鞋、陶瓷、钢材及其制品、水泥的出口退税率统一提高到 13％;有机、无机化工原料,涂、染颜料,橡胶制品,玩具及运动用品,塑料制品,旅行用品及箱包的出口退税率提到 11％;原适用 6％出口退税率的商品,其出口退税率统一提高到 9％;农产品的出口退税率统一提高到 5％。1999 年 4 月 1 日起,将煤炭出口退税率由 9％提高到 13％。1999 年 7 月 1 日起,服装的出口退税率提高到 17％,服装以外的纺织原料及制品、机电产品中除出口退税率为 17％以外的其他机电产品、法定税率为 17％且现行退税率为 13％的货物,其出口退税率统一提高到 15％;法定税率为 17％且现行退税率为 9％的货物,出口退税率提高到 13％;农产品以外的法定税率为 13％且现行退税率未达到 13％的货物,退税率统一提高到 13％。

2000 年 1 月 1 日起,高新技术产品的出口退税率全部按其法定征收率执行。自 2001 年 1 月 1 日起,对出口电解铜按 17％的退税率退还增值税;自 2001 年 7 月 1 日将纱、布的出口退税率由 15％提高到 17％。小规模纳税人处购进的准予退税的货物,除农产品执行 5％的退税率外,其他产品均按 6％的退税率办理退税;自 2002 年 1 月 1 日起,对出口棉花、大米、小麦、玉米的增值税实行零税率。

3. 第三次调整

由于出口退税率提高,外贸出口连续三年大幅度、超计划增长,所以在 1999 年我国财政出现欠退,到 2002 年时,累计拖欠退税款已经形成较大规模。中国 2002 年全国应退未退结转到 2003 年的税款达到 2 470 亿元,截至 2003 年底全国应退未退税款超过了 3 000 亿元。

因此,2003 年 10 月 13 日国务院颁布了《财政部、国家税务总局关于调整出口货物退税率的通知》,决定从 2004 年 1 月开始,中国出口产品的平均退税率降低 3 个百分点。除部分产品外,之前适用 17％退税率的产品,退税率降为 10％;之前适用 15％退税率的产品,退税率降为 13％;之前适用 13％退税率的产品,退税率降为 11％。取消精矿、原油、原木、针叶板材等部分资源性产品的出口退税,铝、磷、铜等产品的退税率降为 8％和 5％,而之前适用 5％和 10％退税率的农产品仍保持原有退税率不变。同时规定出口退税从原来的由中央财政负担改为中央和地方财政共同负担,出口退税应当及时到位不欠新账。

4. 第四次调整

由于当时中国过热的外贸形势,2005 年中国进行了第四次出口退税率调整,中国分期分批调低和取消了部分“高耗能、高污染、资源性”产品的出口退税率,同时适当降低了纺织品等容易引起贸易摩擦的出口退税率,提高重大技术装备、IT 产品、生物医药产品的出口退税率。具体来看,对硬盘驱动器、数控机床、集成电路、移动通信设备、计算机等部分 IT 产品出口退税率提高到 17％的同时,取消了电解铝、铁合金、磷等商品 8％的出口退税率,并对其征收了出口税,而对部分有色金属矿产品降低甚至取消出口退税,另外,为了促进国内钢铁产业升级换代,对附加值低的钢坯取消了出口退税。

5. 第五次调整

2007 年 6 月 18 日,财政部和国家税务总局、国家发展和改革委、商务部、海关总署发布了《财政部国家税务总局关于调低部分商品出口退税率的通知》,此次出口退税政策调整共涉及 2 831 项商品,约占海关税则中全部商品总数的 37％,于 7 月 1 日起实行。

这次政策调整主要包括三个方面:一是进一步取消了 553 项“高耗能、高污染、资源性”产品的出口退税,主要包括濒危动植物及其制品、盐和水泥等矿产品、肥料、染料等化工产品、金属碳化物和活性炭产品、皮革、部分木板和一次性木制品、一般普碳焊管产品、非合金铝制条杆等简单有色金属加工产品,以及分段船舶和非机动船舶;二是降低了 2 268 项容易引起贸易摩擦的商品的出口退税率,主要包括服装、鞋帽、箱包、玩具、纸制品、植物油、塑料和橡胶及其制品、部分石料和陶瓷及其制品、部分钢铁制品、焦炉和摩托车等低附加值机电产品、家具,以及粘胶纤维;三是将 10 项商品的出口退税改为出口免税政策,主要包括花生、果仁、油画、雕饰板、邮票和印花税票。

6. 全球金融危机时期出口退税率的上调过程

2008 年 8 月 1 日进行的出口退税率调整是基于全球金融危机的背景,同时中国又开始注重调整自身产业和贸易结构,因此就出现了对一些商品提高出口退税率而对部分产品取消出口退税。具体来看,将部分纺织品、服装的出口退税率由 11% 提高到 13%,将部分竹制品的出口退税率提高到 11%;取消红松子仁、部分农药产品、部分有机胂产品、紫杉醇及其制品、松香、白银、零号锌、部分涂料产品、部分电池产品、碳素阳极的出口退税。

2008 年 11 月 1 日,国务院批准,财政部发出《关于提高部分商品出口退税率的通知》,明确适当调高部分劳动密集型和高技术含量、高附加值商品的出口退税率。具体为:将部分纺织品、服装、玩具出口退税率提高到 14%;将日用及艺术陶瓷出口退税率提高到 11%;将部分塑料制品出口退税率提高到 9%;将部分家具出口退税率分别提高到 11%、13%;将艾滋病药物、基因重组人胰岛素冻干粉、黄胶原、钢化安全玻璃、电容器用钽丝、船用锚链、缝纫机、风扇、数控机床硬质合金刀等商品的出口退税率分别提高到 9%、11%、13%。此次出口退税调整一共涉及 3 486 项商品,约占海关税则中全部商品总数的 25.8%。

2008 年 12 月 1 日,中国对劳动密集型产品提高了出口退税率,包括了 3 770 项商品,具体为:轮胎等部分橡胶制品、主体或全部以人工速生材为原料的部分林产品的退税率由之前的 5% 提高到 9%;金属挤压用模等部分模具、玻璃器皿的退税率由 5% 提高到 11%;冻对虾仁、冻蟹等部分水产品的退税率由 5% 提高到 13%。此外,箱包、鞋、帽、伞、家具、寝具、灯具、钟表等劳动密集型商品的退税率由 11% 提高到 13%;牙膏等部分化工产品、石材、铝板带等有色金属加工材等商品的退税率分别由 5%、9% 提高到 11%、13%。另外,农用泵、摩托车、自行车、家用电器等部分机电产品的退税率分别由 9% 提高到 11%,11% 提高到 13%,13% 提高到 14%。

2009 年 1 月 1 日起中国继续提高部分技术含量和附加值高的机电产品的出口退税率。其中,航空惯性导航仪、工业机器人等产品的出口退税率由 13%、14% 提高到 17%;摩托车、缝纫机等产品的出口退税率由 11%、13% 提高到 14%,此次调整共涉及 553 种产品。提高部分技术含量和附加值高的机电产品出口退税率,主要涉及 553 种产品。

2009 年 4 月 1 日,中国又提高了纺织品、服装、轻工、电子信息、钢铁、有色金属、石化等商品的出口退税率,其中纺织品、服装的出口退税率提高到 16%,这距离 17% 的上限已经是一步之遥。具体调整内容为:CRT 彩电、部分电视机零件、光缆、不间断供电电源(UPS)、有衬背的精炼铜制印刷电路用覆铜板等商品的出口退税率提高到 17%;将纺织品、服装的出口退税率提高到 16%;将六氟铝酸钠等化工制品、香水等香化洗涤、聚氯乙烯等塑料、部分橡胶及其制品、毛皮衣服等皮革制品、信封等纸制品、日用陶瓷、显像管玻壳等玻璃制品、精密焊钢管等钢材、单晶硅片、直径大于等于 30 cm 的单晶硅棒、铝型材等有色金属材、部分凿岩工具、金属家具等商品的出口退税率提高到 13%;将甲醇、部分塑料及其制品、木制相框等木制品、车辆后视镜等玻璃制品等商品的出口退税率提高到 11%;将碳酸钠等化工制品、建筑陶瓷、卫生陶瓷、锁具等小五金、铜板带材、部分搪瓷制品、部分钢铁制品、仿真首饰等商品的出口退税率提高到 9%;将商品次氯酸钙及其他钙的次氯酸盐、硫酸锌的出口退税率提高到 5%。

2009 年 6 月 1 日,中国进一步提高了部分产品的出口退税率,值得注意的是有些产品已经实现"征退"相同的水平,具体产品包括:电视用发送设备、缝纫机等商品的出口退税率提高到17%;罐头、果汁、桑丝等农业深加工产品,电动齿轮泵、半挂车等机电产品,光学元件等仪器仪表,胰岛素制剂等药品,箱包,鞋帽,伞,毛发制品,玩具,家具等商品的出口退税率提高到15%;部分塑料、陶瓷、玻璃制品,部分水产品,车削工具等商品的出口退税率提高到13%;合金钢异性材等钢材、钢铁结构体等钢铁制品、剪刀等商品的出口退税率提高到9%;玉米淀粉、酒精的出口退税率提高到5%。

2010年后中国陆续酝酿出台调低部分产品的出口退税率,其中从7月1日起,2 831项出口商品将采用新的出口退税政策,此政策将对温州鞋服、阀门龙头、皮革、箱包等产品的退税率下调2至8个百分点,此举对温州大多数的出口企业产生了影响,一些出口产品面临一次"大洗牌"。随着后金融危机时期经济的逐步复苏,中国开始利用出口退税政策来调节出口总量和出口结构,以期减少可能发生的国际贸易摩擦,同时借此优化调整本国的产业和贸易结构。就此,中国利用出口退税制度调节对外贸易的方式已趋于成熟。

三、中国出口退税的现行基础性法律法规

(一)《关税和贸易总协定》关于出口退税的相关规定

《关税和贸易总协定》第6条规定:"一缔约国领土的产品输出到另一缔约国领土,不得因其免税相同产品在原产国或输出国用于消费时所须完纳的税捐或因这种税捐已经退税,即对它征收反倾销税或反补贴税。"这里所说的用于消费时缴纳的捐税是指货物应纳的间接税,目前我国主要包括增值税、消费税两个税种。因此,在实行间接税的国家或地区,出口货物退(免)税通常被称之为对出口货物免征或退还在国内已缴纳的间接税。尽管各国的具体做法不尽相同,但其基本内容都是一致的。由于这项制度比较公平合理,已成为国际社会通行的惯例。

(二)我国现行的《中华人民共和国增值税暂行条例》关于出口退税的相关规定

《中华人民共和国增值税暂行条例》第2条第3款中的表述是"纳税人出口货物,税率为零"。

(三)我国现行的《中华人民共和国消费税暂行条例》关于出口退税的相关规定

《中华人民共和国消费税暂行条例》第11条中的表述是"对纳税人出口应税消费品,免征消费税"。

(四)我国现行的《出口货物退(免)税管理办法(实行)》

国家税务总局于2005年3月16日颁布了《出口货物退(免)税管理办法(试行)》(国税发〔2005〕51号),是目前出口退税管理方面最基本的指导性文件。

四、中国出口退税制度的具体业务规定

中国的出口退税制度经过几次改革与调整形成了较为完善的体系,主要包括出口退税的条件、范围、范围变更及登记等具体内容。

（一）出口退税的条件

1. 必须是增值税、消费税征收范围内的货物

主要包括除直接向农业生产者收购的免税农产品以外的所有增值税应税货物,以及烟、酒、化妆品等11类列举征收消费税的消费品。之所以必须具备这一条件,是因为出口货物退(免)税只能对已经征收过增值税、消费税的货物退还或免征其已纳税额和应纳税额。未征收增值税、消费税的货物(包括国家规定免税的货物)不能退税,以充分体现"未征不退"的原则。

2. 必须是报关离境出口的货物

这里的出口包括自营出口和委托代理出口两种形式。区别货物是否报关离境出口,是确定货物是否属于退(免)税范围的主要标准之一。凡在国内销售、不报关离境的货物,除另有规定者外,不论出口企业是以外汇还是以人民币结算,也不论出口企业在财务上如何处理,均不得视为出口货物予以退税。对在境内销售收取外汇的货物,如宾馆、饭店等收取外汇的货物等,因其不符合离境出口条件,均不能给予退(免)税。

3. 必须是在财务上作出口销售处理的货物

出口货物只有在财务上作出销售处理后,才能办理退(免)税。也就是说,出口退(免)税的规定只适用于贸易性的出口货物,而对非贸易性的出口货物,如捐赠的礼品、在国内个人购买并自带出境的货物(另有规定者除外)、样品、展品、邮寄品等,因其一般在财务上不作销售处理,故按照现行规定不能退(免)税。

4. 必须是已收汇并经核销的货物

按照现行规定,出口企业申请办理退(免)税的出口货物,必须是已收外汇并经外汇管理部门核销的货物。

一般情况下,出口企业向税务机关申请办理退(免)税的货物,必须同时具备以上四个条件。但生产企业(包括有进出口经营权的生产企业、委托外贸企业代理出口的生产企业、外商投资企业,下同)申请办理出口货物退(免)税时必须增加一个条件,即申请退(免)税的货物必须是生产企业的自产货物(外商投资企业经省级外经贸主管部门批准收购出口的货物除外)。

（二）出口退税的企业范围

1. 下列企业出口属于增值税、消费税征收范围货物可办理出口退(免)税,除另有规定外,都将给予免税并退税:

(1) 有出口经营权的内(外)资生产企业自营出口或委托外贸企业代理出口的自产货物。

(2) 有出口经营权的外贸企业收购后直接出口或委托其他外贸企业代理出口的货物。

(3) 生产企业(无进出口权)委托外贸企业代理出口的自产货物。

(4) 保税区内企业从区外有进出口权的企业购进直接出口或加工后再出口的货物。

(5) 下列特定企业(不限于是否有出口经营权)出口的货物:① 对外承包工程公司运出境外用于对外承包项目的货物;② 对外承接修理修配业务的企业用于对外修理修配的货物;③ 外轮供应公司、远洋运输供应公司销售给外轮、远洋货轮而收取外汇的货物;④ 企业

在国内采购并运往境外作为在国外投资的货物;⑤ 援外企业利用中国政府援外优惠贷款和合资合作项目基金方式出口的货物;⑥ 外商投资企业特定投资项目采购的部分国产设备;⑦ 利用国际金融组织或国外政府贷款,采用国际招标方式,由国内企业中标销售的机电产品;⑧ 境外带料加工装配业务企业的出境设备、原材料及散件;⑨ 外国驻华使(领)馆及其外交人员、国际组织驻华代表机构及其官员购买的中国产物品。

以上"出口"是指报关离境,退(免)税是指退(免)增值税、消费税,对无进出口权的商贸公司,借权、挂靠企业不予退(免)税。上述"除另有规定外"是指出口的货物属于税法列举规定的免税货物或限制、禁止出口的货物。

2. 一般退免税货物应具备的条件:

(1) 必须是属于增值税、消费税征税范围的货物。

(2) 必须报关离境,对出口到出口加工区货物也视同报关离境。

(3) 必须在财务上作销售。

(4) 必须收汇并已核销。

3. 下列出口货物,免征增值税、消费税:

(1) 来料加工复出口的货物,即原材料进口免税,加工自制的货物出口不退税。

(2) 避孕药品和用具、古旧图书,内销免税,出口也免税。

(3) 出口卷烟:有出口卷烟,在生产环节免征增值税、消费税,出口环节不办理退税。其他非计划内出口的卷烟照章征收增值税和消费税,出口一律不退税。

(4) 军品以及军队系统企业出口军需工厂生产或军需部门调拨的货物免税。

(5) 国家现行税收优惠政策中享受免税的货物,如饲料、农药等货物出口不予退税。

(6) 一般物资援助项下实行实报实销结算的援外出口货物。

4. 下列企业出口的货物,除另有规定外,给予免税,但不予退税:

(1) 属于生产企业小规模纳税人自营出口或委托外贸企业代理出口的自产货物。

(2) 外贸企业从小规模纳税人处购进并持普通发票的货物出口,免税但不予退税。但对下列出口货物考虑其占出口比重较大及其生产、采购的特殊因素,特准退税:抽纱、工艺品、香料油、山货、草柳竹藤制品、渔网渔具、松香、五倍子、生漆、鬃尾、山羊板皮、纸制品。

(3) 外贸企业直接购进国家规定的免税货物(包括免税农产品)出口的,免税但不予退税。

(4) 外贸企业自非生产企业、非市县外贸企业、非农业产品收购单位、非基层供销社和非成套机电设备供应公司收购出口的货物。

5. 除经批准属于进料加工复出口贸易以外,下列出口货物不免税也不退税:

(1) 一般物资援助项下实行承包结算制的援外出口货物。

(2) 国家禁止出口的货物,包括天然牛黄、麝香、铜及铜基合金(电解铜除外)、白金等。

(3) 生产企业自营或委托出口的非自产货物。

国家规定不予退税的出口货物,应按照出口货物取得的销售收入征收增值税。

6. 贸易方式与出口退(免)税

出口企业出口货物的贸易方式主要有一般贸易、进料加工、易货贸易、来料加工(来件装配、来样加工)、补偿贸易(现已取消),对一般贸易、进料加工、易货贸易、补偿贸易可以按规定办理退(免)税,易货贸易、补偿贸易和一般贸易计算方式一致;来料加工免税。

(三) 企业出口退税的登记

(1) 出口企业应持商务部及其授权批准其出口经营权的批件、工商营业执照、海关代码证书和税务登记证于批准之日起 30 日内向所在地主管退税业务的税务机关填写《出口企业退税登记表》(生产企业填写一式三份,退税机关、基层退税部门、企业各一份),申请办理退税登记证。

(2) 没有进出口经营权的生产企业应在发生第一笔委托出口业务之前,持委托出口协议、工商营业执照和国税税务登记证向所在地主管退税业务的税务机关办理注册退税登记。

(3) 出口企业退税税务登记内容发生变化时,企业在工商行政管理机关办理变更注册登记的,应当自工商行政管理机关办理变更登记之日起 30 日内,持有关证件向退税机关申请办理变更税务登记,填写《退税登记变更表》(生产企业填写一式两份,退税机关、企业各一份)。按照规定企业不需要在工商行政管理机关办理注册登记的,应当自有关机关批准或者宣布变更之日起 30 日内,持有关证件向退税机关申请办理变更税务登记。

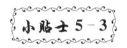

小贴士 5－3

2012 年我国出口退税首次超过 1 万亿元

在外贸形势严峻、全年出口仅增长 7.9%、未完成年初制定 10% 增长目标的背景下,2012 年我国出口退(免)税达到 10 429 亿元,首次超过 1 万亿元,增长 13.3%,占 2011 年税收收入的 1/10 左右。

2012 年是自 2008 年国际金融危机爆发以来我国外贸形势最为严峻的一年。据海关统计,2012 年我国外贸进出口总值为 38 667.6 亿美元,比上年增长 6.2%。其中,出口 20 489.3 亿美元,增长 7.9%;进口 18 178.3 亿美元,增长 4.3%;贸易顺差 2 311 亿美元,扩大 48.1%。货物贸易进出口增速比上年回落 16.3 个百分点,出口增速回落 12.4 个百分点。但从全年进程看,进出口增速呈现缓中趋稳态势,进出口规模逐季环比增长,增速在第三季度探底后回升。

据了解,国务院办公厅于 2011 年 9 月发布了《关于促进外贸稳定增长的若干意见》,要求加快出口退税进度。在货物贸易外汇管理制度改革的基础上,进一步加快出口退税进度,确保准确及时退税。为了稳定外贸出口、减轻企业资金负担,去年全国各级出口退税管理机关纷纷加快退税进度,优化退税流程,简化退税申报程序,方便出口企业及时办理退税。全国退(免)税额超过 1 万亿元,广东(含深圳市)、浙江(含宁波市)和江苏 3 个出口大省退(免)税额分别为 2 636.7 亿元、1 760.2 亿元和 1 751.8 亿元。

2011 年,国家调整完善了现行出口退税政策和管理规定,在保持我国出口货物增值税、消费税退税制度基本稳定的基础上,扩大了退(免)税企业、货物和贸易方式的范围,简化了退(免)税申报凭证,延长了申报出口退(免)税期限,将部分出口货物由征税改为免税,优化了出口退(免)税流程。

在扩大退(免)税范围方面,扩大了对外承包工程项目的退(免)税出口货物范围,对航空供应公司销售给国内航空公司用于国际航班的航空食品实行出口退(免)税,扩大了对生产企业外购非自产货物准予退(免)税的范围,制定了营业税改征增值税试点地区零税率应税服务免抵退税政策,外贸企业进口货物直接出口准予退税。

在减轻企业负担的出口货物免税政策方面,外贸企业取得普通发票、废旧物资收购凭证、农产品收购凭证和政府非税收入票据的出口货物,由征税改为免税;未在规定期限内申报退(免)税的出口货物,由征税改为免税;非列名生产企业出口外购非自产货物,由征税改为免税;对非出口企业委托出口的货物实行免税;对以旅游购物贸易方式出口货物实行免税。

在减轻企业负担、加快退税进度方面,将出口退(免)税申报期限由报关出口 90 日内改为报关出口之日起次月至次年 4 月 30 日前的各增值税纳税申报期;自 2012 年 8 月 1 日起报关出口的货物,出口企业申报出口退(免)税时,无须向税务机关提供出口收汇核销单,税务机关审核出口退税时,不再审核出口收汇核销单及相应的电子核销信息;取消小型出口企业、新发生出口业务企业的退(免)税审核期 12 个月的规定;输入海关特殊监管区域的水电气由按季度退税改为按月退税;进料加工出口的不予退(免)税货物由全额征税改为差额征税。

此外,全国各级税务机关积极落实部分运入海关特殊监管区域的货物按征税率退税的政策以及启运港退税等预先退税政策。

在出台促进企业出口稳定增长政策的同时,国家税务总局制定了严加防范企业骗取出口退税相关措施。据了解,今年国家税务总局将继续加强出口退税内部管理,择机择期出台相关工作规程,使出口退税工作流程更加合理。

目前,我国出口退税率有 5%、9%、13%、15%、16%和 17%六档。由于我国传统出口产品、机电产品和高新技术产品的退税率都已较高,大幅上调税率空间已经很小。商务部国际贸易经济合作研究院研究员李健表示,2012 年全球经济调整还将继续,外贸形势何时转暖还很难确定。在新的市场形势面前,企业必须认识到低成本扩张的路是越走越窄了,要下功夫向产品价值链高端延伸,不能寄希望于国家会出台新的出口退税或补贴外贸的政策,国家政策将以规范竞争来引导外贸企业顺应形势,积极发展绿色低碳产品,鼓励节能环保产品进出口为主。

资料来源:江西省国家税务局

第四节　中国的贸易促进组织

一、中国进出口商会

1. 商会的起源和发展

商会是商品经济发展的产物,是市场经济条件下实现资源优化配置不可缺少的重要环节,是实现政府与企业、企业与企业、企业与社会间相互联系的重要纽带。从历史看,商会是在封建社会随着商品经济的产生而萌芽的。在资本主义商品生产和商品交换关系形成和初步发展之后,特别是 18 世纪欧洲产业革命爆发后,企业开始代替手工业作坊成为市场主体,以交换为目的的市场交易行为代替了以自给自足为目的的简单交易行为,从而直接促使了现代商会组织的诞生。

1599 年成立的法国马赛商会是世界上第一个现代意义上的商会。此后,英国、荷兰、德国、意大利、加拿大、美国、日本等商品经济发达的资本主义国家都相继创立了与各国国情相适应的商会或工商会组织。19 世纪末 20 世纪初的垄断资本主义阶段,商会及其他形式的市场中介组织日趋成熟。各个国家的商会在发展本国对外贸易、协调工商业者与政府的关系、保护自身利益、促进以自由竞争为基础的市场经济体制的建立以及促进本国经济的发展等方面都发挥了其他中介组织无法替代的作用。

2. 中国进出口商会(China Chamber of Commerce for Import&Export)的发展历程

随着中国外贸体制改革的深化,政府的对外贸易活动由直接管理逐步转变为间接宏观调控,为了保证公平竞争、循序出口,有必要建立一个协调指导的自律机制,进出口商会的成立势在必行。中国进出口商会是市场经济在对外贸易领域发展的产物,也是外经贸体制市场化取向的产物。在整个宏观市场经济体系中,进出口商会在政府的宏观管理和企业的微观经营之间起到了沟通和联系的作用,是一个"中观"协调层。

1988 年,经当时的对外经济贸易部批准,中国按大类商品先后成立了食品土畜、轻工工艺、五矿化工、机械电子、纺织品、医药保健品 6 个进出口商会,其职能是依照章程对其会员的对外贸易经营活动进行协调指导,提供咨询服务。具体来讲就是,遵守宪法、法律、法规和国家政策,遵守社会道德风尚;对进出口业务及相关活动进行协调、指导,为会员及其他组织提供咨询服务;维护正常的对外贸易秩序,保护公平竞争,维护国家利益和会员的合法权益,促进进出口贸易健康发展;开展协调工作,维护进出口正常秩序;维护贡品贸易,为产品出口保驾护航;提供信息咨询及培训服务,提高企业信息化建设水平;大力推进展会服务,积极促进对外交流。因此,中国进出口商会以其特有的活动方式为进出口企业的市场交易行为及其实现产品增值的各个环节提供中介服务,在外贸市场中起着沟通、联系、促进的作用。

二、中国贸易促进委员会

中国国际贸易促进委员会(China Council for the Promotion of International Trade, CCPIT)简称中国贸促会,是由中国经济贸易界有代表性的人士、企业和团体组成的全国民间对外经贸组织,成立于 1952 年 5 月。

中国贸促会的主要宗旨是,遵循中华人民共和国的法律和政府的政策,开展促进对外贸易、利用外资、引进外国先进技术及各种形式的中外经济技术合作等活动,促进中国同世界各国、各地区之间的贸易和经济关系的发展,增进中国同世界各国人民以及经贸界之间的了解与友谊。

中国贸促会主要职责与任务如下。

(1)开展同世界各国、各地区经济贸易界、商协会和其他经贸团以及有关国际组织的联络工作,邀请和接待外国经济贸易界人士和代表团组来访,组织中国经济贸易、技术代表团、企业家代表团出国访问和考察,参加有关国际组织和它们的活动;负责与外国对口组织在华设立的代表机构以及外国在华成立的商会进行联络;向国外派遣常驻代表或设立代表处;组织、参加或与外国相应机构联合召开有关经济贸易技术合作和法律方面的国际会议。

(2)代表国家参加国际展览会的活动,主办、参加世界博览会,赴国外主办中国贸易展览会和参加国际贸易博览会;负责全国赴国外举办经济贸易展览会或参加国际博览会的归口协调及相关的管理、监督工作。

(3)安排和接待国外来华举办的经济贸易或技术展览会,主办国际专业性或综合性展览会,组织并主办国际博览会;协调国内有关方面接待外国来华经济贸易与技术展览会。

(4)办理国际经济贸易和海事仲裁事务;出具中国出口商品原产地证明书;受理共同海损和单独海损理算案件;出具人力不可抗拒证明,签发和认证对外贸易和海上货运业务的文件和单证;为到国外从事临时出口活动的公司、企业或个人出具有关单证册,并对其提供担保。

(5)代理中国企业在国外或外国公司和个人在中国的商标注册和专利申请,办理有关工业产权和知识产权的咨询、争议及技术贸易等业务。

(6)开展国内外经济调查研究和经济贸易信息的搜集、整理、传递和发布工作,向国内外有关企业和机构提供经济技术合作和贸易方面的信息和咨询服务及国内外公司、企业的资信调查服务;联系、组织中外经贸界的技术交流活动;编辑出版发行对外经济贸易报刊以及其他出版物;组织对外经济贸易洽谈;承办中外经济技术合作项目的评估和可行性研究以及法律咨询、法律顾问工作。

(7)指导、协调中国贸促会各地方分会、行业分会、支会和各级国际商会的工作;负责对各分支机构及会员的服务及培训工作。

(8)负责国际商会中国国家委员会的日常工作,协调国际商会的对华业务和国际商会中国国家委员会会员与国际商会交往的有关事宜。

(9)办理其他促进对外经济贸易活动的有关事宜。

通过上述工作,中国贸促会为企业和国际市场的接轨搭建了一个良好的平台,积极推动企业走向国际市场,扩展了中国对外贸易的范围。

为了进一步为中国对外贸易的拓展服务,经中国政府批准,中国贸促会于1988年6月组建了中国国际商会(China Chamber of International Commerce,CCOIC),各地方分会、支会也相继组建了“中国国际商会”。其面向会员,为企业会员、团体会员和个人会员以及各有关方面提供信息服务、咨询服务、法律服务,加强涉外专利代理、涉外商标代理、技术转让、涉外经贸和海事仲裁等项工作,发挥连接政府与企业之间的纽带作用,把自身业务的拓展与为会员和其他经济实体提供服务结合起来。

目前,中国贸促会、中国国际商会已同世界上180多个国家和地区的400多家商会、工商联合会、外贸协会和其他经贸组织建立并保持联系,与上百个国家与地区的对口组织签署了合作协议,并同一些国家的商会建立了联合商会;同时,中国贸促会还在15个国家和地区设有驻外代表处。在国内,中国贸促会、中国国际商会在各省、自治区、直辖市建立了48个地方分会、600多个支会和县级国际商会,还在机械、电子、轻工、纺织、农业、汽车、石化、商业、冶金、航空、航天、化工、建材、通用产业、供销合作、建设、粮食等部门建立了17个行业分会,全国会员企业近7万家。

为了在国际竞争舞台上赢得主动,中国贸促会、中国国际商会及其所属业务部门还积极加入各类国际组织。其中包括世界知识产权组织、国际保护工业产权协会、国际许可证贸易工作者协会、国际海事委员会、国际博览会联盟、国际商事仲裁机构联合会、太平洋盆地经济理事会、国际商会等。这样,贸促会的活动范围和职能作用有了进一步的拓展,为中国在国际上更加积极主动地参与国际竞争做出了贡献。

第五节　促进进口政策

进口贸易是国际对外贸易的一个重要组成部分,是每个国家不可或缺的环节,"奖出限入"的封闭性贸易政策已经不适合今天的形势,努力发展进口贸易可以增强一个国家的生产能力,提高该国的科学技术水平和劳动生产效率,促进国民经济的健康协调发展。为此,在制定进口贸易战略措施时要合理、适度地安排进口,不断提高中国的市场准入程度,以保持适度的进口规模和速度,调整和优化进口商品结构,实行多元化的进口市场结构,在贸易促进方面开展一系列的进口优惠措施。

一、进口免税

1. 进口免税定义

如果企业开始进口货物,而海关总署的免税批文还在办理中,可凭主管海关出具的正在办理减免税审批手续的书面证明和足额税款担保向海关申请办理税款担保放行手续。税款担保期限一般不超过 6 个月。

2. 我国进口免税的范围

(1) 外交物品免税。驻华使(领)馆运进的公务用品,外交代表运进的自用物品,使(领)馆行政技术人员到任半年内运进的安家物品,免征进口消费税。

(2) 边贸商品免税。边境地区边民通过互市贸易进口的商品,每人每日价值在人民币1 000 元以下的,免征进口消费税。

(3) 赠送物资免税。外国政府、国际组织无偿赠送及履行国际条约规定进口的物资,免征进口消费税。

(4) 残疾人物品免税。进口的供残疾人专用的物品,免征进口消费税。

(5) 科研教学用品免税。科研机构和学校进口合理数量的科研、教学用品,免征进口消费税。

(6) 接受捐赠免税。接受捐赠进口科研、教学用品和残疾人专用品,免征进口消费税。

(7) 捐赠救灾物资免税。外国团体、企业、个人向中国境内捐赠的食品、药品、生活必需品和抢救工具等救灾物资,免征进口消费税。

(8) 保税区进口自用货物免税。保税区、洋浦开发区内企业进口自用货物,免征进口消费税。

(9) 转口贸易免税。转口贸易项下的进口货物,存入保税仓库的,免征进口消费税。

(10) 进口商品免税。从 2001 年 9 月 1 日起,对进口香皂、子午线轮胎、汽车及其他用翻新轮胎,免征进口消费税。

(11) 进口文物免税。从 2002 年 6 月 25 日起,由国务院文物管理部门和国有文物收藏单位,以接管境外机构、个人捐赠、归还和从境外追索方式获得的中国文物进口,免征进口消费税、增值税和关税。

3. 进口免税申请流程

(1) 进口免税申请流程

申请流程:申请单位项目备案预录——海关项目备案审核——申请单位减免税审批预录——海关减免税审批——海关出具《进出口货物征免税证明》——报关进口。

减免税备案、减免税审批和减免税后续管理中的相关审批事项实行三级审批作业制度。

除另有规定外,项目单位应在货物进出口 15 天前,持齐全有效单证(减免税项目备案、审批所需单证)向海关申请办理进出口货物减免税审批手续。海关受理备案申请和减免税审批申请,在单证齐全有效和电脑数据无疑义的情况下,应分别在受理之日起 5 个工作日内完成,如果该申请须由所在地主管海关上报直属海关审批,直属海关在接到有效的单证及电脑数据之日起 5 个工作日内作出批复,特殊情况除外。

(2) 减免税备案手续

项目单位在申请办理进出口货物减免税审批手续之前,应当向主管海关申请进行减免税备案。海关对申请享受减免税优惠政策的项目单位进行资格确认,对项目是否符合减免税政策要求进行审核,确定项目的减免税额度等事项。

项目单位申请办理减免税备案手续时,应当填写《减免税备案申请表》,并向海关提交齐全有效的备案单证。

海关对项目申请单位的主体资格和项目的资格进行形式审核。海关收到项目单位的减免税备案申请后进行审核。海关重点审核申请备案提交的单证是否齐全、有效,申请填报规范的,受理申请并自受理之日起 5 个工作日内作出批准或者不予批准的审批决定。申请材料不全或者不符合规定形式的,海关应当在收到申请材料之日起 5 个工作日内一次告知项目单位需要补正的全部内容。

项目单位因故需变更备案内容的,应向主管海关递交书面申请说明原因,并提交按规定需项目审批部门出具的意见,经海关审核后予以办理变更手续。

项目单位因故需撤销或停止执行的减免税项目,应向主管海关递交书面申请说明原因,并提交按规定需项目审批部门出具的意见,经海关审核后予以办理作废手续。

(3) 进出口货物减免税审批手续

项目单位应当在货物进出口前,填写《进出口货物征免税申请表》,并持齐全有效单证向主管海关申请办理进出口货物减免税审批手续。未在货物进出口前向海关申请办理减免税审批手续,视作自动放弃其有关货物的减免税资格,海关应当不予办理其有关货物的减免税手续。

海关在受理进出口货物减免税手续前,审核所提交单证是否齐全、有效,各项数据填报是否规范,项目资金来源是否影响减免税货物的所有权。

海关受理项目单位申请后,审核申请减免税货物是否符合国家税收优惠政策规定,是否为不予免税商品、是否在减免税额度内,经审核无误后予以签发《征免税证明》,除另有规定外,有效期不超过半年。

项目单位因故需变更已签发的《征免税证明》中可直接变更的栏目的,应当向主管海关提出书面申请,海关审核同意后予以变更。因故需变更其他栏目或作废已签发的《征免税证明》的,应向主管海关递交书面申请,海关审核同意后予以变更或作废,并收回作废的《征免税证明》。

项目单位不慎遗失已签发的《征免税证明》且需重新办理的,应向主管海关递交书面申请,海关审核同意并经核实《征免税证明》的使用情况后,应及时将尚未使用的原《征免税证明》的电子数据作废,并重新签发《征免税证明》。

(4)减免税货物的税款退还和担保

按照规定可予减免税的货物已征收税款的,并且项目单位在货物进出口前,按照规定持有关文件向海关办理减免税审批手续,项目单位可在货物实际进出口之日起3个月内持《征免税证明》、主管海关出具的货物进口前受理减免税审批申请的书面证明及其他有关单证向海关申请退税。

正在海关办理减免税审批手续过程中,进出口货物已经到达港口,项目单位向海关申请先放行货物的,可凭主管海关出具的正在办理减免税审批手续的书面证明和足额税款担保向海关申请办理税款担保放行手续。税款担保期限一般不超过6个月。

项目单位不能提交主管海关出具的正在办理减免税审批手续的书面证明的,现场海关应当予以照章征税放行。

(5)减免税货物结转手续

项目单位因故需将海关监管年限内的进口减免税货物转让的,须事先持有关单证向海关申请办理减免税货物结转或补税手续。减免税货物结转手续按以下要求办理。

转出减免税货物的项目单位事先向转出地海关提出申请,转出地海关审核同意后,由其所在的直属海关向转入地直属海关发送《××海关减免税进口货物结转联系函》。

转入减免税货物的项目单位按照办理进口货物减免税申请要求,向转入地海关申请办理转入手续。转入地海关审核无误后签发《征免税证明》,并由转入地直属海关将联系函回执联发回转出地直属海关。

转出、转入减免税货物的项目单位分别向转出、转入地海关办理减免税货物的出、进口形式报关手续。

转出地海关凭《××海关减免税进口货物结转联系函》回执联和结转出口报关单办理已结转减免税货物结案手续。

转出、转入地直属海关应加强联系配合,由转入地海关对结转设备继续实施后续监管。

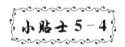

免税进口设备切勿移作他用

2003年3月,呼和浩特海关给A公司颁发了《进出口货物征免税证明》,对其"引进国外先进技术设备建设高档羊绒制品项目"中进口的8台斯托尔横编织机和1台花型工作站的关税和增值税全部免税,设备价值48.9万欧元。2003年4月设备运抵上海。5月,A公司的法定代表人王某在上海投资成立B公司。设备到达上海港后并未被运送到呼和浩特市由A公司使用,而是在上海使用。呼和浩特海关在稽查时发现此情况,在履行相应的告知和听证程序后,对A公司处以罚款80 377元,并责令其于3个月内收回设备或办理设备的使用手续(结转或异地使用)。A公司不服,向呼和浩特市中级人民法院提起诉讼,经审理,法院维持呼和浩特海关的行政处罚决定。

特定减免税进口货物的自身性质决定了其属于海关监管货物的一种,在海关监管年限内,特定减免税货物的进口方必须在海关监管之下,按照海关监管要求使用处置特定减免税货物,不得擅自移作他用。根据《中华人民共和国海关法》第八十六条第十项规定,未经海关许可,擅自将海关监管货物开拆、提取、交付、发运、调换、改装、抵押、质押、留置、转让、更换标记、移作他用或者进行其他处置的,可以处以罚款,有违法所得的没收违法所得。本案中,A公司正是将处在海关监管期的免税进口设备"移作他用",因此受到了行政处罚。

资料来源:浙江电子口岸

二、特定减免税货物

1. 特定减免税货物定义

特定减免税货物是指海关根据国家的政策规定准予减税、免税进口使用于特定地区、特定企业和特定用途的货物。特定地区是指我国关境内由行政法规规定的某一特别限定区域,享受减免税优惠的进口货物只能在这一特别限定的区域内使用,一般包括:保税区、出口加工区等。特定企业是指由国务院制定的行政法规专门规定的企业,享受减免税优惠的进口货物只能由这些专门规定的企业使用,主要是指外商投资企业,包括中外合资经营企业、中外合作经营企业和外商独资企业。特定用途是指国家规定可以享受减免税优惠的进口货物只能用于行政法规专门规定的用途。一般包括科教用品;残疾人用品;国外捐助的物资等;国内投资或利用外资项目等。

2. 特定减免税货物的特征

(1) 特定条件下减免进口关税

特定减免税是我国关税优惠政策的重要组成部分,是国家无偿向符合条件的进口货物使用企业提供的关税优惠,其目的是优先发展特定地区经济,鼓励外商在我国的直接投资,保证国有大中型企业和科学、教育、文化、卫生事业的发展。因而,这种关税优惠具有鲜明的特定性,只能在国家行政法规规定的特定条件下使用。

(2) 进口申报应当提交进口许可证件

特定减免税货物实际进口货物,按照国家有关进出境管理的法律法规,凡属于进口需要交验许可证件的货物,收货人或其代理人都应当在进口申报时向海关提交进口许可证件(法律、行政法规另有规定的除外)。

(3) 进口后在特定的海关监管期限内接受海关监管

进口货物享受特定减免税的条件之一就是在规定的期限,使用于规定的地区、企业和用途,并接受海关的监管。特定减免税进口货物的海关监管期限按照货物的种类各有不同。以下是特定减免税货物的海关监管期限:船舶、飞机,8年;机动车辆,6年;其他货物,5年。监管期限自货物进口之日起计算。

3. 特定减免税货物的报关程序

特定减免税货物的报关程序包括3个阶段:减免税申请(货物进口之前的前期阶

段)——进口报关——申请解除监管(后续阶段)。

(1) 减免税申请

① 特定地区的申请。

A. 备案登记:保税区减免税货物向海关办理减免税备案登记时,应提交企业批准证书、营业执照、企业合同、章程。海关审核后准予备案的,签发企业征免税登记手册。

出口加工区减免税货物向海关办理减免税备案登记时,应提交出口加工区管理委员会的批准文件、营业执照。海关审核后批准建立企业设备电子账册。

B. 进口申请:保税区在进口特定减免税货物以前,向保税区海关提交企业征免税登记手册、发票、装箱单等,录入海关计算机系统,核发"进出口货物征免税证明"。

出口加工区企业在进口特定减免税货物以前,向出口加工区海关提交发票、装箱单等,海关在电子账册中进行登记,核发"进出口货物征免税证明"。

② 特定企业的申请(主要是指外商投资企业)。

A. 备案登记:向海关办理减免税备案登记时,应提交:商务主管部门的批准文件、营业执照、企业合同、章程。海关审核后准予备案的,签发"外商投资企业征免税登记手册"。

B. 进口申请:在进口特定减免税货物以前,向海关提交外商投资企业征免税登记手册、发票、装箱单等,经海关核准后,签发"进出口货物征免税证明"。

③ 特定用途。

A. 国内投资项目减免税申请:国内投资项目经批准后,凭国家鼓励发展的内外资项目确认书、发票、装箱单等向主管海关提出减免税申请。海关审核后,签发"进出口货物征免税证明"。

B. 利用外资项目减免税申请:利用外资项目经批准后,凭国家鼓励发展的内外资项目确认书、发票、装箱单等向主管海关提出减免税申请。海关审核后,签发"进出口货物征免税证明"。

C. 科教用品减免税进口申请。

备案登记:办理科学研究和教学用品免税进口申请时,应当持有关主管部门的批准文件,向主管海关办理资格认定手续。海关审核后,签发"科教用品免税登记手册"。

申领"进出口货物征免税证明",在进口特定减免税科教用品以前,向主管海关提交科教用品免税登记手册、合同等单证。经海关核准后,签发"进出口货物征免税证明"。

D. 残疾人专用品减免税申请:残疾人在进口特定减免税专用品之前,向主管海关提交民政部门的批准文件,海关审核后,签发"进出口货物征免税证明"。

民政部门或中国残疾人联合会所属单位批量进口残疾人专用品,出具民政部门或残联(包括省、自治区、直辖市的民政部门)出具的证明函,海关凭以审核签发"进出口货物征免税证明"。

④ 进出口货物征免税证明的使用。

《进出口货物征免税证明》的有效期为 6 个月,持证人应当在海关签发征免税证明的 6 个月内进口经批准的特定减免税货物。

《进出口货物征免税证明》实行实"一证一批"、"一证一关"制,即一份征免税证明上的货物只能在一个进口口岸一次性进口报关使用。如果一批特定减免税货物需要分多个口岸进口,或者分多批次进口的,持证人应当事先分别在主管海关申领《征免税证明》。

(2)进口报关

特定减免税货物进口报关程序,大体上和一般货物的报关程序相似,以下不同除外。

① 特定减免税货物进口报关时,进口货物收货人或其代理人除了向海关提交报关单及随附单证以外,还应当向海关提交《进出口货物征免税证明》。海关在审单时从计算机查阅征免税证明的电子数据,核对纸质的《进出口货物征免税证明》。

② 特定减免税货物进口填制报关单时,"备案号"栏内填写《进出口货物征免税证明》上的 12 位编号。

(3)海关监管的解除

① 监管期满申请解除监管。

特定减免税货物监管期满,自动解除海关监管。原减免税申请人需要解除监管证明的,可在监管期满之日起 1 年内向主管海关申领《减免税进口货物解除监管证明》,办结全部海关手续。

② 监管期内申请解除监管。

特定减免税货物,因特殊原因需要在海关监管期内销售、转让、放弃、退运境外。

① 在海关监管期内销售的,企业应向海关办理缴纳进口税费的手续。

② 将进口减免税货物转让给进口同一货物享受同等减免税优惠待遇的其他单位的:减免税货物的转出申请人持有关单证向转出地主管海关提出申请,转出地主管海关审核同意后,通知转入地主管海关;减免税货物的转入申请人向转入地主管海关申请办理减免税审批手续,转入地主管海关审核无误后签发《征免税证明》;转出、转入减免税货物的申请人应当分别向各自的主管海关申请办理减免税货物的出口、进口报关手续;转出地主管海关办理转出减免税货物的解除监管手续。结转减免税货物的监管年限应当连续计算。转入地主管海关在剩余监管年限内对结转减免税货物继续实施后续监管。

③ 减免税申请人将进口减免税货物转让给不享受进口税收优惠政策或者进口同一货物不享受同等减免税优惠待遇的其他单位的,应当事先向减免税申请人主管海关申请办理减免税货物补缴税款和解除监管手续。

④ 向出境地海关办理货物出口退运申报手续。出境地海关监管货物出境后,签发出口货物报关单,企业持该报关单及其他有关单证向主管海关申领解除监管证明。

⑤ 放弃。向主管海关提交放弃货物的书面申请,经海关核准后,按照海关处理放弃货物的有关规定办理手续。海关将货物拍卖所得款项上缴国库后签发收据,企业凭以向主管海关申领解除监管证明。

⑥ 企业进入破产清算程序时,对于还处在海关监管期内的特定减免税货物,企业首先向主管海关申请,主管海关同意并按规定征收税款后,签发解除监管证明,才能进入破产清算、变卖、拍卖程序。

注意:保税区内企业免税进口货物未满海关监管年限,提前申请解除监管的,应按规定照章征税。涉及国家实行许可证管理的商品还要提交相应的许可证。

(4)特定减免税货物与保税货物的异同

① 性质不同:特定减免税货物是实际进口货物,针对特定地区、特定企业、特定用途,在

符合条件的情况下给予的税收优惠措施;而保税货物则针对进境又复运出境的特点简化了海关税、证手续的一种制度。

② 前期准备不同:特定减免税货物前期需要申领减免税证明;而保税货物则需要向海关备案,由海关核发加工贸易登记手册。

③ 监管不同:特定减免税货物在监管期满解除监管;而保税货物则根据去向不同分别办理相应的手续。

④ 证件管理不同:特定减免税货物进境一般情况下交证;而保税货物进境一般免证。

 本章小结

出口信贷是出口国为了鼓励商品出口,加强本国商品在国际市场上的竞争能力,通过银行对本国出口厂商或外国进口厂商提供的贷款。

我国的出口信贷体系,以中国进出口银行为核心,以财政部和中国人民银行的支持为基础,并吸收中国银行、中国人民保险公司等商业金融机构参加而共同构成。

出口卖方信贷是指中国进出口银行为出口商制造或采购出口机电产品、成套设备和高新技术产品提供的信贷,主要解决出口商制造或采购出口产品或提供相关劳务的资金需求。

进口买方信贷是指一国银行用以支持企业从国外引进技术设备所提供的贷款。

出口信用保险是为了鼓励本国出口商扩大出口贸易,开拓国外市场而提供的一种特殊的出口贸易收汇风险保障保险业务。

出口产品退(免)税简称出口退税,其基本含义是指对出口产品退还国内生产和流通环节实际缴纳的产品税、增值税、营业税和特别消费税。

商会是商品经济发展的产物,是市场经济条件下实现资源优化配置不可缺少的重要环节,是实现政府与企业、企业与企业、企业与社会间相互联系的重要纽带。

中国国际贸易促进委员会简称中国贸促会,是由中国经济贸易界有代表性的人士、企业和团体组成的全国民间对外经贸组织,成立于1952年5月。

中国贸促会的主要宗旨是,遵循中华人民共和国的法律和政策,开展促进对外贸易、利用外资、引进外国先进技术及各种形式的中外经济技术合作等活动,促进中国同世界各国、各地区之间的贸易和经济关系的发展,增进中国同世界各国人民以及经贸界之间的了解与友谊。

特定减免税货物是指海关根据国家的政策规定准予减税、免税进口使用于特定地区、特定企业和特定用途的货物。

 复习思考题

1. 出口信贷和进出口信用保险对我国商品进出口有什么作用?

2. 简述中国出口退税政策的改革对中国经济发展有何影响?

3. 中国国际贸易促进委员会的主要作用是什么?

4. 特定减免税货物有何特征?

5. 某有出口经营权的生产企业(一般纳税人)于2013年7月出口自产货物取得销售收入为85万美元(CIF价),因出口当期发生海运费为6 300元,支付保险费为300元。出口退税税率为11%,汇率为1∶6.25。计算7月免抵退不得免征和抵扣税额。

6. 某进出口公司于2013年1月购进农用柴油机5台,并取得增值税专用发票,单价为2万元/台,共计金额为10万元,税额为1.7万元,2012年4月报关出口4台,农用柴油机退税率为13%。试计算其应退的增值税额。

7. 某进出口公司于2013年6月从某小规模纳税人处购进抽纱品100件,取得增值税专用发票,价税合计为10.3万元,2012年8月份将货物全部报关出口。试计算其应退的增值税额。

8. 某进出口公司购进粮食白酒1吨,价值4万元,全部出口,试计算其应退的消费税额(粮食白酒消费税税率20%、0.5元/斤)。

9. 某企业2013年3月将其自用旧设备一台报关出口,投资于其境外企业。该设备原值500万元(不含税额),已按照规定计提折旧50万元,适用退税率13%。试计算其应退税额。

微信扫码查看

第六章 中国对外贸易价格

通过本章的学习,要求学生了解进出口商品价格的含义、国内外商品市场价格的区别与联系,掌握我国处理商品国内外价格关系的各项政策,并系统地把握我国进出口商品价格的作价原则及影响价格的各项因素。

进出口商品价格　国别价值　国际价值　商品价格体系　出口商品换汇成本　出口商品盈亏率

市场经济条件下,价格在引导资源配置方面发挥了基础性的作用,并促使资金、劳动、技术等资源从收入低的行业和部门流向收入高的行业和部门,促进产业结构不断优化。另外价格作为对商品和劳务的社会评价标准,其高低将决定生产者、经营者的收益多寡,并激励企业努力降低成本,提高生产效率,以取得较大的收益。因此,在我国的对外贸易工作中,对外贸易价格已成为一个研究的核心对象。

第一节 进出口商品的国内外市场价格

进出口商品价格,即对外贸易价格,是指一定时期内某国进出口商品的国内外价格,包括进口商品的国外价格、国内价格以及出口商品的国内价格和国际价格。在对外贸易活动中,对外贸易价格是连接国内外经济的重要纽带,也是联系国内外商品市场的重要桥梁。

一、国内外市场价格的区别

因为在价格形成基础、价格构成和价格体系等诸多方面存在差异,所以进出口商品的国内外价格具有一系列区别。

(一)国内外价格的内涵形成基础不同

商品价格的内涵是价值,商品买卖活动中应按照商品价值进行交换,即按照社会必要劳动时间进行交换。所谓社会必要劳动时间,是指在现有的社会标准生产条件下,用社会平均的劳动熟练程度和强度生产某种使用价值所需要的劳动时间。这是商品价格形成的一般规律,但是进出口商品的某一国国内价格是由该国国别价值决定的,而国际价格则是由国际价值决定的,这构成了国内外价格的根本性区别。

商品的国别价值和国际价值作为一般人类劳动的凝结物,本质是完全相同的,但在量上却存在不同。国别价值是由某国国内生产该商品的社会必要劳动时间决定的,而国际价值则是由世界劳动力的平均单位决定的。在世界市场上,国家不同,劳动的中等强度也不同,有些国家高,有些国家低。于是各国的平均劳动,即世界经济在一般条件下生产某种产品时所需的特殊社会必要劳动时间,成为衡量商品国际价格高低的内在标准。

(二)国内外价格的构成不同

由于流通的范围和流通环节不同,因此商品的国内外价格的构成也出现了差异。具体来看,商品的国内价格构成主要包括生产成本、利润、各项税款和国内流通费用等,结构相对比较简单。但当商品进入国际市场后,随着流通领域扩大,交易风险和流通环节都变得相对复杂,从而增加了商品国际价格制定时需要考虑的因素。一般而言,国际价格中除了包括国内商品价格的构成因素外,还包括国际运费、包装费、仓储费、保险费、商检费、关税、外贸企业的代理手续费、中间商的佣金、港务费及其他杂费,这些费用的增加导致了商品的国际价格远远高于其国内价格。

(三)国内外价格的体系不同

在商品交易市场中,不同的国家、不同的企业和消费者必须遵守价值规律,服从等价交换的原则,形成了各种不同商品的价格和劳务收费,这就构成了商品国内价格体系。但在一体化的世界经济中,价值规律的作用范围超出了国界,使得国内价值转化为国际价值。这样,任何一个国家的价格已经不可能自成体系,都要与国际市场价格发生联系,尽管联系的紧密程度随着这个国家的对外贸易的依存度、进口的商品结构和外国资本的流向等因素而变化,但最终构成了一个完整的、统一的商品国际价格体系。

1. 我国的商品价格体系

商品价格体系包括各种商品的比价体系和差价体系。我国的商品价格体系是指在国别价值基础上,按照计划经济与市场经济相结合的理论,考虑整个社会再生产过程和国民经济各部门的均衡发展而建立起来的一套具有紧密联系的、统一的国民经济价格体系,具体包括计划价格和非计划价格、各经济部门价格、商品流通环节价格等。

以上不同环节的价格间及同种商品在不同地区、不同季节间存在的差价关系,构成了差价体系。经过1979年的价格改革,我国价格体系中的某些不合理的价格差别情况已有所改善,但总的来说,我国的价格体系还存在一定的不合理性。建立合理的价格体系,应该使商品的价格既反映价值,又反映供求关系,而且要使价格体系促进社会再生产发展和人民需要满足的职能得到更好发挥。具体地说,就是要使物价总水平有利于社会生产的发展和经济效益的提高;城乡居民收入水平与物价水平相适应,劳动生产率上升幅度高于工资上升幅度,工资上升幅度高于物价上升幅度;多数重要商品价格大体接近价值,实现等价交换等。但目前,我国的商品价格体系离这些要求还存在一定的差距。

2. 国际商品价格体系

商品的国际价值量是确定国际商品交换价格的基础,商品的国际价格是商品国际价值的货币表现,是国际价值的转化形态,因此国际生产价格是由各国的平均成本和各国平均利润之和决定的。在全球范围内,伴随商品的国际交换,逐渐形成了国际商品的价格体系。与商品的国内价格体系相比,国际价格体系最大的特点是市场调节价格占据主导地位,其形成是不可控的。

二、国内外市场价格的联系

国内外市场价格虽然在内涵、构成和体系等方面存在区别,但两者间也存在联系。一般而言,当一国经济对国际市场的依赖程度逐渐增强时,其国内价格同国际价格的联系也越来越紧密。国内外市场价格间的联系及紧密程度主要取决于下列因素。

(一)生产率水平的差异

商品的国内外价格分别由该国的国别价值和国际价值决定,而国别价值和国际价值又分别由一国的生产率和国际平均生产率水平决定,因此生产率水平将直接影响国内外价格的相互联系。国内生产率与国际平均生产率越接近,国内价值和国别价值也就越接近,而商品的国内外价格水平差距越小;反之,则差距越大。

(二)一国参与国际分工的程度

一国参与国际分工的程度越高,意味着其经济的对外贸易依存度相对较高,其进出口额占该国工农业总产值的比重越大,因此,商品的国内外价格的联系也就越紧密。

(三)一国国内市场与国际市场的供求变动是否一致

由市场供求关系的变化引起的价格变动对社会经济活动进行的调节,是价值规律调节商品生产和商品流通的表现形式。当商品的生产超过需要时,市场上供过于求,价格下跌,利润减少。当价格跌到价值以下时,利润率低于平均水平,商品生产者就会缩减生产,使市场上供给开始减少,逐渐接近于需求水平。价格以价值为中心上下波动,使社会劳动在各部门之间的分配得到调节,使生产和需要趋向平衡。因此一国国内市场的供求变动与国际市场的变动越趋于一致,商品的国内外价格的变动也就越相似,两种价格的联系也就越紧密。

(四)商品自由流动障碍大小

商品的国内外价格产生联系的前提是商品可以在国内外市场间相对自由流动。若一国采用了一些阻碍商品自由流动的贸易政策,将会导致国内外市场的人为割裂,降低该国参与国际分工的程度,破坏两个市场间供求变动的一致性,从而弱化商品国内外价格的联系。

(五)经济机制差别

经济机制对商品价格的形成具有指导作用。若一国实行计划经济机制或正处在由计划经济机制向市场经济机制的转变过程中,那么就无法与国际市场的市场经济机制完全适应,导致商品的国内外价格出现割裂。反过来,若一国实施市场经济机制,则会为国内外价格的联系创造客观条件。

第二节　中国处理国内外价格关系的政策

一、正确处理国内外价格关系的意义

商品的国内外价格的联系，可以从侧面反映出该国生产率水平与国际水平的差距、该国参与国际分工的程度、该国经济机制与国际经济机制的一致程度及市场供求变动的相关情况，因此，正确处理好国内外价格关系，对增强一国经济与国际经济的联系，促进其发展具有非常重要的意义。

（一）充分发挥价值规律的调节作用

价值规律是商品经济的基本规律，只要商品经济存在，价值规律就必然发生作用。价值规律的基本内容和客观要求是，商品的价值量由生产商品的社会必要劳动时间决定；商品交换要以价值为基础进行等量交换。可见，价值规律既是价值决定的规律，又是价值实现的规律。在商品经济中，价值规律对社会经济具有以下作用。

（1）价值规律自发地调节生产资料和劳动力在社会各生产部门之间按比例分配，即配置社会资源。

（2）价值规律自发地刺激商品生产者改进技术，改善经营管理，进而促进社会生产力的发展。

（3）价值规律会引起和促进商品生产者的两极分化，造成优胜劣汰的结果。

在对外贸易中，应正确处理国内外市场价格，使价值规律既反映国际价值，又反映国别价值，使国内商品生产、流通根据价值规律的调节，即由供求变化引起价格涨落，引导社会劳动力和生产资料在各个部门的分配，较合理地进行资源配置，使企业的生产经营与市场直接联系起来，促进竞争，增加社会经济效益。

（二）有利于减轻财政负担

价格改革之前，为保护国内商品市场的稳定，防止国际经济危机的冲击和影响，我国出口商品的收购一律按国内价格，而出口商品的外销则根据国际市场价格水平作价；进口商品内销，按国内价格作价，而其购进时根据国际市场价格作价。在这种国内外价格割裂的背景下，虽然商品的国际价格不断上涨，但其国内价格仍然维持不变，于是导致进出口商品的国内外价格差距越来越大，国家为消除价差支付的财政补贴越来越多，这对国家财政形成了巨大的压力。价格改革后，为适应对外开放的需要，进出口商品价格开始参考国际市场价格，随后逐步实行进出口商品代理作价原则，取消进口补贴。进口商品的国内代理价格、出口商品的收购（出厂）价格由市场决定，国内市场价格与国际市场价格在形成机制上基本衔接，国家主要运用税收（关税）杠杆影响进出口商品价格进而调节商品进出口。目前，绝大多数商品的国内市场价格水平与国际市场价格水平已比较接近，这正是我国正确处理商品国内外价格的成效之一。

（三）促进经济效应提高

正确处理商品的国内外价格，消除两者间的价差，将有利于企业对进出口商品进行合理的成本核算,促进企业对外贸易经济效应的提升。另外,加强国内外价格的联系有利于合理分配国内外资金与各种资源,提升资源的利用率,提升国家对外贸易的宏观经济效应。

二、中国处理国内外价格关系的政策

要正确处理我国商品的国内外价格的关系,最重要的是尽快完善社会主义市场经济体制和进行价格改革。

(一)我国价格改革已经取得的成绩

三十多年来,我国的价格改革实现了具有中国特色的计划价格体制向市场价格体制渐进转变的尝试,建立并逐步完善在宏观调控下以市场形成价格为主的机制和价格调控体系,促进我国价格体系趋于合理,增强了国内外商品价格的相互联系,为建立完善社会主义市场经济体制做出了重大贡献。价格改革有力地促进了经济社会发展、对外开放和广大群众生活的提高及社会稳定和谐。

1. 转变了价格形成机制

价格改革转变了价格形成机制,建立并逐步完善了在宏观调控下以市场形成价格为主的机制。1992 年是新旧价格形成机制的转折点,与 1991 年相比发生了重大变化,市场机制在价格形成中已经起主导作用。

2. 完善价格调控体系

价格改革后,我国的价格调控体系在性质、手段等方面发生了巨大改变,而且构成了涵盖面宽、内容广泛且相互联系的有机体系。具体来讲,确立了价格宏观调控目标,对微观经济主要实行间接调控;价格调控监管以经济手段、法律手段为主,行政手段为辅,还配以宣传舆论手段,通过行业协会、商会组织企业加强价格自律;实行调控目标责任制,建立了少数重要商品储备制度和价格调节基金制度,建立了价格监测信息网络,逐步完善价格预测预警系统和临时价格干预措施和紧急措施等。价格调控、监管走上了规范化、法制化、民主化的轨道。

3. 国内外市场价格联系加强

价格改革前,国内市场价格与国际市场价格的联系是切断的,进口商品的国内销售价格和出口商品的国内外贸收购(出厂)价格主要是考虑与国内同类商品的比价关系和政策需要单独制定的,国内外价格脱钩。价格改革初期,为适应对外开放需要,进出口商品价格开始参考国际市场价格,随后逐步实行进出口商品代理作价原则,取消进口补贴。进口商品的国内代理价格、出口商品的收购(出厂)价格由市场决定,国内市场价格与国际市场价格在形成机制上基本衔接,国家主要运用税收(关税)杠杆影响进出口商品价格进而调节商品进出口。目前,绝大多数商品的国内市场价格水平与国际市场价格水平按现行汇率计算是接近的。

4. 建立了以《价格法》为核心的价格法律体系

1997 年 12 月 29 日经第八届全国人大常委会第二十九次会议通过,确定从 1998 年 5 月 1 日起施行《价格法》,这是我国价格法制建设的重要里程碑。《价格法》是根据社会主义市场经济的要求,在总结价格改革经验的基础上用法律形式对社会主义市场经济条件下的价格形成机制、价格管理形式、政府调控监管、经营者的价格行为、政府的定价行为、价格总水平调控以及保护市场竞争、制止不正当价格行为等重大问题作了规定,对构建新的价格形成机制和价格调控机制,发挥价格合理配置资源的作用,增强政府宏观调控能力,稳定市场价格总水平,规范市场价格行为,保护消费者和经营者的合法价格权益,提供了法律保障。

随后,我国又以《价格法》为核心,制定了一批相配套的价格法规、规章和规范性文件。如《价格违法行为行政处罚规定》、《制止牟取暴利的暂行规定》、《关于制止低价倾销行为的规定》、《禁止价格欺诈行为的规定》、《制止价格垄断行为暂行规定》、《关于商品和服务实行明码标价的规定》、《价格行政处罚程序规定》、《价格违法行为行政处罚实施办法》、《价格违法行为举报规定》、《国家计委和国务院有关部门定价目录》、《非常时期落实价格干预措施和紧急措施暂行办法》、《政府制定价格行为规定》、《政府价格决策听证办法》、《政府制定价格成本监审办法》、《行政事业性收费标准管理暂行办法》、《价格监测规定》等。此外,一些省、市结合本地情况,出台了《价格管理条例》、《收费管理条例》、《价格监督检查条例》和《价格鉴证条例》等。

5. 形成了具有中国特色的社会主义价格理论体系

价格改革不仅使价格形成机制发生了深刻变化,而且在实践中创新了价格理论,逐步形成了具有中国特色的社会主义价格理论体系,成为具有中国特色社会主义理论体系的组成部分。社会主义价格理论体系主要回答了社会主义条件下价格的地位和作用以及发挥价格杠杆作用的方式、方法、手段,建立相关机制、制度等问题。社会主义价格理论体系包括在社会主义条件下,价格是市场机制的核心;价格在宏观调控下主要由市场供求形成,宏观调控要以市场供求为基础,在正常情况下不能干预经营者自主定价;价格管理形式为政府定价、政府指导价、市场调节价;价格调控要综合运用经济、法律、行政、舆论导向等多种手段,打"组合拳";价格形成机制、运行机制、约束机制与调控体系、制度、法制等存在着内在的相互制约、相互联系;开始探讨在价格形成、运行中如何体现效率与公平的结合,如何有利于社会主义和谐社会的构建等。

(二)价格改革的深化

在充分肯定价格改革巨大成就的同时,我们也要清醒地看到资源性产品价格改革还有较大差距,环境价格改革还刚刚起步;要素价格改革还未到位;医疗、教育收费和房地产价格改革还存在不少问题;价格调控决策的科学化、民主化、透明度还有待提高,而这些都是我国正确处理国内外商品价格的障碍。在适应新时期要求,抓住机遇深化改革,掌握改革时机、力度等方面也有着某些不足,这都需要在今后深化改革中逐步解决。

1. 建立国内外市场价格相互影响的机制

要进一步合理处理国内外价格的关系,首先要建立两者间的相互影响、相互制约的机制,既要顺应经济全球化潮流,使国内市场价格与国际市场价格互动,又要防止国际市场价格变动对国内市场价格的冲击。

2. 完善政府定价机制和价格调控监管机制

政府在正确处理商品的国内外价格中发挥着非常重要的作用,在进一步深化价格改革的过程中,应不断完善政府定价机制和价格调控监管机制,具体包括以下内容。

(1)进一步调整政府定价的范围,放开可由市场竞争形成的产品服务价格,减少行政事业性收费项目。

(2)加强政府定价成本监审法制建设。对关系人民生活和生产发展的重要商品的社会平均成本,如普通商品住宅成本进行调查,并向社会公布,克服消费者与生产者信息不对称的问题。

（3）改革政府定价方法。完善资源、环境、生态价格构成和科技产品价格构成。

（4）健全社会对政府价格决策的监督机制。

（5）规范经营者的价格行为。严厉打击价格垄断、不正当价格竞争等违法行为。

（6）改进价格总水平调控方法和健全价格异常波动应急机制。

（7）尽快编制出台城镇低收入群体生活价格指数。

（8）进一步转变政府职能,加强价格主管部门在价格调控、监管方面的综合协调的职责,提高价格调控、监管水平。

第三节　中国进出口商品的作价原则

商品的进出口价格一般分为国内价格和国外价格两部分,进出口商品的国外价格又分为进口商品国外进价和出口商品的国外销价,即我国外贸企业在国际市场上进口商品的购进价和在国际市场上出口商品的外销价。在对外贸易中,合理确定出口商品的成交价格,对提高外贸企业的经济效益非常重要,但首先必须在深入了解影响商品价格各种因素的基础上,确定灵活的进出口商品作价原则。

我国进出口商品的作价原则是,在贯彻平等互利原则的基础上,根据国际市场价格水平,结合国别(地区)政策,并按照企业的经营意图确定适当的价格。由于价格构成因素不同,影响价格变化的因素也是多种多样的。因此,在确定进出口商品价格时,必须充分考虑影响价格的各种因素,加强成本和盈亏核算,并注意同一商品在不同情况下应有合理的差价。

一、作价原则的影响因素

确定进出口商品价格应考虑下列因素。

（一）交货地点和交货条件

在国际贸易中,由于交货地点和交货条件不同,买卖双方承担的责任、费用和风险也不同,在确定进出口商品价格时,必须首先考虑这一因素。例如,在同一距离内成交的同一商品,按 CIF(成本加保险费、运费)条件成交与按 DES(指定目的港船上交货)条件成交,其价格应当不同。

（二）运输距离

国际商品买卖一般都要经过长途运输,运输距离的远近关系运费和保险费的开支,从而影响商品价格。因此,在确定商品价格时,必须核算运输成本,做好比价工作。

（三）商品的品质和档次

在国际市场上,一般都是按质论价,即优质高价、劣质低价。品质的优劣,包装装潢的好坏,款式的新旧,商标、品牌的知名度,都会影响商品价格。

（四）季节因素

在国际市场上，某些节令性商品，如赶在节令前到货，抢行应市，即能卖上好价。过了节令，商品往往售价很低，甚至以低于成本的"跳楼价"出售。因此，应充分利用节令因素，争取按有利的价格成交。

（五）成交量

按国际贸易的习惯做法，成交量的大小会直接影响价格。成交量大，在价格上应予适当优惠，或采用数量折扣办法；反之，成交量小，可适当提价。

（六）支付条件和汇率变动的风险

支付条件是否有利和汇率变动风险的大小，都会影响商品的价格。例如，在其他条件相同的情况下，采取预付货款同采取凭信用证付款方式，其价格应有区别。同时，确定商品价格时，一般应采用对自身有利的货币成交。如采用不利货币成交时，应把汇率风险考虑到商品价格中去。

二、出口商品的对外作价原则

商品出口价格直接关系到贸易买卖双方的经济利益，作价时一方面须参考企业产品生产成本，另一方面还需按照国际市场的供求水平，结合成交条件、运输费用和汇率变化等因素。

（一）按国际市场价格水平作价

国际市场价格因受供求变化的影响而上下波动，有时甚至出现瞬息万变的情况，因此，在确定成交价格时，必须考虑供求状况和价格变动的趋势。当市场商品供不应求时，国际市场价格就会呈上涨趋势；反之，当市场商品供过于求时，国际市场价格就会呈下降趋势。由此可见，切实了解国际市场供求变化状况，有利于对国际市场价格的走势作出正确判断，也有利于合理地确定进出口商品的成交价格，该涨则涨，该落则落，避免价格掌握上的盲目性。

1. 国际市场价格的类别

国际市场中存在多种交易方式，形成了不同的商品国际市场价格，具体分为实际成交价格和参考价格。其中实际成交价格包括交易所价格、拍卖价格、招标价格和一般实际成交价格。

（1）交易所价格

商品交易所是一种典型的具有固定组织形式的市场，是指在指定的地点、按照规定的程序和方式，由特定的交易人员（一般为会员经纪人）进行大宗商品交易的专业市场。在商品交易所进行交易的商品往往具有同质性，即品质相同，如有色金属、谷物、原料、橡胶等。目前主要通过交易所交易的商品有50多种，占世界商品流通额的15%～20%，而且世界性的商品交易所，如芝加哥商品交易所、芝加哥商业交易所每天的开盘价、收盘价和全天最高价、最低价均会刊登在世界重要的报刊上，作为商品市场价格的指示器。因此，世界性商品交易所的价格一般被公认为世界市场价格的重要参考数据，对确定商品的出口价格有着建设性的影响。

（2）拍卖价格

拍卖是一种在规定的时间和场所，按照一定的规章和程序，通过公开叫价竞购，把事先经买主验看的货物逐批或逐件卖给出价最高者的活动。以拍卖方式进入国际市场的商品，大多数是品质不容易标准化、不易存储、产地分散或难以集中交易的商品，如毛皮、茶叶、古玩艺术品等。拍卖的方式一般可分为英式拍卖和荷式拍卖两种。

拍卖价格的形成过程具有不同于其他国际市场价格的三大特点，具体如下。

第一，在拍卖中，买卖双方不直接洽谈，而通过专业拍卖行进行沟通。

第二，拍卖是一种单批、实物的现货交易，具有当场公开竞购、一次成交的性质，拍卖货物在拍卖前经过有意购买的买主验查过，拍卖结束后，卖方和拍卖行对商品的品质不承担赔付责任。

第三，拍卖交易对买方的要求较高，买方必须对货物的质量和价值有鉴赏力。

（3）招标价格

招投标是贸易活动中常见的一种交易方式，是卖主之间的竞争，标的公开、竞争公开、成交迅速是该种方式的特点。在企业购进商品数量较多或价值较高时，往往以公告方式向世界承销商招标，由于参加投标者众多、竞争性强，因此招标价格往往比一般成交价格低。

（4）一般实际成交价格

一般实际成交价格是由买卖双方直接商议决定的价格，是一种非公开的国际价格，不仅可以反映商品的市场供求变化情况，还反映产品质量的优劣、成交额的大小、支付条件、买卖双方的业务关系等因素。成交价格通常与商品质量的好坏成正比，与成交额的大小、业务关系成反比。正因为实际交易价格的非公开性，一般不能作为世界市场价格的重要决定因素，只能提供参考。

2. 按国际市场价格作价的原因

（1）国际市场价格是国际价值的转化形式

商品的国际价格受价值规律的支配，而价值规律是国家间商品交换的重要指导思想。资本主义生产方式建立以前，在国内商品交换中，商品是按照价值进行交换，价值一直是价格运动的中心。随着资本主义的发展，资本主义国内市场形成，利润开始转化为平均利润，商品价值也转化为生产价格。在由各国市场组成的世界市场上，随着商品的国别价值向国际价值的转变，世界市场上商品的国际价值成为国际市场价格变动的基础和中心。因此，以国际市场价格作为确定出口商品价格的依据，可以充分反映价值规律的内涵。

（2）国际市场价格反映商品的国际供求状况

商品在世界市场上，按照国际市场价格而非价值出售，并不是对价值规律的否定，而是反映了国际市场价格常常受到国际供求状况的影响。当商品的供给超过需求时，国际市场价格往往低于国际价值；反之，当商品的需求大于供给时，价格就可能上涨到价值以上。但是，价格本身的变动，又会反过来影响供给和需求的变化，使它们逐渐趋于平衡，从而使国际市场价格接近国际价值。这种价格与市场供求间相互影响的过程，使得任何企业都无法完全支配商品的市场价格，有利于公平合理地确定商品的出口价格。

（二）作价时应体现贸易政策

出口商品在作价时，除了要充分考虑国际市场价格外，还需配合外交活动，在改革开放总方针的指引下，实行全方位协调发展的国别政策，对不同国家或地区采取与我国贸易政策相适应的作价原则。如为了发展同发展中国家的友好关系，在制定向他们出口商品的价格时可灵活处理,采用略低于国际市场价格的方式定价。而对西方工业发达国家,我们在坚持平等互利的基础上,全面发展同各国的贸易往来和合作,特别是需加强同那些贸易条件较优惠、市场较开放等国家的贸易关系,坚持按国际市场价格作价。但对某些对华采取歧视性贸易规定的国家,我们应进行适当的价格斗争。

(三)出口商品作价时的注意事项

在对出口商品作价时,除了要遵循以上的两项原则外,还有一些因素也需要加以注意。

1. 计价货币

在国际贸易中,对于现汇贸易,应采用可兑换货币。我国的人民币已实行经常项目下可兑换,所以也是我国对外贸易中使用的货币之一。可兑换货币的价值,因汇率的变动而变动,故而买卖双方均应密切注意货币汇率的升降趋势。选择合适的货币,以减少由于汇率波动而带来的风险。

通常,买卖双方愿意选择汇率稳定的货币作为计价货币。但在汇率不稳定的情况下,出口方倾向于选用"硬币",即币值坚挺、汇率看涨的货币,而进口方则倾向于选用"软币",即币值疲软、汇率看跌的货币。合同中采用何种货币要由双方自愿协商决定。若采用的计价货币对其中一方不利,这一方应采取合适的保值措施,比如远期外汇买卖,就应把所承担的汇率风险考虑到货价中去。

2. 佣金和折扣

在商品价格中,有时会包含佣金和折扣。佣金(Commission)是指卖方或买方支付给中间商代理买卖或介绍交易的服务酬金。我国的外贸专业公司,在代理国内企业进出口业务时,通常由双方签订协议规定代理佣金比率,而对外报价时,佣金率不明示在价格中,这种佣金称之为"暗佣"。如果在价格条款中明确表示佣金多少,则称为"明佣"。在我国对外贸易中,佣金主要出现在我国出口企业向国外中间商的报价中。

包含佣金的合同价格,称为含佣价,通常以含佣价乘以佣金率,得出佣金额。其计算公式为:佣金=含佣价×佣金率,而佣金=含佣价-净价,整理后得出含佣价和净价的关系:含佣价=净价/(1-佣金率)。佣金通常以英文字母 C 表示。比如每公吨 1 000 美元 CFR 西雅图包含佣金 2%,可写成:每公吨 1 000 美元 CFRC2 西雅图。其中的"C2"即表示佣金率为 2%。卖方应在收妥货款后,再向中间商支付佣金。

折扣(Discount)是卖方在原价格的基础上给予买方一定比例的价格减让。使用折扣方式减让价格,而不直接降低报价,使卖方既保持了商品的价位,又明确表明了给予买方的某种优惠,是一种促销手段,如数量折扣、清仓折扣、新产品的促销折扣等。比如每件 20 美元 CIF 纽约减 5%折扣。卖方在开具发票时,应标明折扣,并在总价中将折扣减去。

3. 出口商品的成本

出口商品的成本核算主要有两个经济效益指标。

(1)出口商品换汇成本(换汇率)

该指标反映出口商品每取得 1 美元的外汇净收入所耗费的人民币成本。换汇成本越低,出口的经济效益越好。其计算公式为:出口换汇成本=出口总成本(人民币元)/出口外汇净收入(美元)。这里的出口总成本,包括进货(或生产)成本、国内费用(储运、管理、预期利润等,通常以费用定额率表示)及税金。出口外汇净收入指的是扣除运费和保险费后的

FOB 外汇净收入。

例：某商品国内进价为人民币 7 270 元,加工费 900 元,流通费 700 元,税金 30 元,出口销售外汇净收入为 1 100 美元,则出口总成本＝7 270＋900＋700＋30＝8 900 元(人民币),换汇成本＝8 900 元人民币/1 100 美元＝8.09 元人民币/美元。

(2) 出口商品盈亏率

该指标说明出口商品盈亏额在出口总成本中所占的百分比,正值为盈,负值为亏。

$$出口商品盈亏率＝\frac{出口人民币净收入－出口总成本}{出口总成本}×100\%$$

$$出口人民币净收入＝FOB 出口外汇净收入×银行外汇买入价$$

盈亏率和换汇成本之间的关系为

$$出口商品盈亏率＝\frac{1－出口换汇成本}{银行外汇买入价}×100\%$$

可见,换汇成本高于银行买入价,盈亏率是负值;换汇成本低于银行外汇买入价,出口才有盈利。

三、进口商品的对外作价原则

(一) 作价原则

进口商品的对外作价原则与出口商品的作价原则基本一致,应在考虑参考国际市场价格水平的同时,体现国别政策和进口意图,结合进口工作中的一些具体情况,灵活调控,既保证进口商品的数量和质量,又尽可能地为国家节约外汇支出。

(1) 在充分的市场调查基础上,以不高于或略低于国际市场价格的作价原则指导进口商品的价格确定工作。

(2) 在确定进口商品价格时,既要考虑其国际市场价格,也要兼顾影响国际市场价格变动的多方面因素,全面考虑,以免遗漏。

(3) 无论进口何种商品,进口时都应货比三家,多向几个国家和卖方询价,做好前期市场调研工作,根据多方面报出的技术、规格、材质、性能和价格,综合分析,然后择优选购。

(4) 对于某些急需物资的作价,不能单纯考虑价格,有时甚至要略高于国际市场价格,以便加速进口速度,提前生产,创造更多的价值。

(5) 要根据进口商品的数量大小,灵活采取一次性与长期稳定性进口方法,充分利用商品进口数量较多的优势,降低该类商品的进口价格。

(二) 我国进口商品作价原则的变化过程

进口商品的作价原则和方法应随国民经济管理体制和国内外政治环境的变化而调整。新中国成立以来,我国进口商品的作价变化过程大致经历了四个阶段。

1953—1963 年,在这一时期内,我国进口商品的作价办法不统一。1964—1980 年,进口商品的作价进入了统一阶段。1963 年 12 月,国务院颁发了《关于进口商品实行统一作价办法的暂行规定》,从 1964 年 1 月 1 日起,各种进口商品,无论从哪个国家进口,无论是中央部门或省、自治区、直辖市所属部门订货,都要尽可能按照国内同类产品价格作价。其原则是国内价格与国际价格脱钩,以保持国内价格的相对稳定。1981—1984 年,这一时期进口商品国内作价试行贸易汇价,即国家制定了只供内部结算使用的贸易外汇内部结算价格。1985 年以后,停止试行贸易汇制,外贸进口经营逐步实行代理制,从而进口商品作价实行进口商品代理作价。

进口商品代理作价,即承办进口的外贸企业按照商品的到岸价格,加上进口关税、国内税、银行管理费和手续费,向订货部门拨交进口商品,代理价和国内同类商品的差价,由用户自负盈亏,外贸企业只按到岸价格收取一定比例的手续费。

第四节 影响对外贸易价格的因素

在商品的国际交换中,其价格受到多方面变动因素的影响,其中表现最为突出的有以下几个方面。

一、商品成本

(一)成本的内涵

成本是商品经济的产物,是商品价值的主要构成部分,也是影响商品价格的重要因素。根据马克思、恩格斯的著名公式和有关成本价格的论述,可以得出成本就是商品生产者为生产商品和提供劳务等所耗费的物化劳动(C)和活劳动中的必要劳动价格(V)的货币表现。就社会再生产而言,产品成本是企业维持简单再生产的补偿尺度,如果产品的成本耗费不能得到补偿,简单再生产就无法进行。市场经济条件下的生产过程,商品的价格是在市场竞争中形成的,商品生产者必须降低成本。因为在一定的销售量和销售价格条件下,生产商品的成本水平如何将决定利润的多少,进而决定该商品扩大生产或停止生产的可能性,关系企业的生存和发展。在公式 $W=C+V+m$ 中,商品价格 W 先由市场制定出来,成本($C+V$)越高,利润 m 越少,因为 $m=W-(C+V)$,成本($C+V$)如果大于 W,就会赔本,生产数量越多,赔钱越多,迫使企业降低成本,或者停止生产。

目前商品成本主要包括以下方面。

(1)原料、材料、燃料等费用,表现商品生产中已耗费的劳动对象的价值。

(2)折旧费用,表现商品生产中已耗费的劳动手段价值。

(3)工资,表现生产者的必要劳动所创造的价值。

在实践中成本构成有两种划分方法:① 按费用的经济内容(经济性质)划分,包括物质消耗和劳动报酬。前者包括外购材料及其费用、折旧、大修理基金;后者包括基本工资、津贴、奖金、福利基金、劳动保险。② 按费用的经济用途划分,包括原材料;燃料和动力;工资及工资附加费;废品损失;车间经费;企业管理费。成本构成在不同部门之间、同一部门内部,甚至同一部门、同一行业的不同时期都有所不同。因此,明确不同部门、不同行业以及不同时期产品成本的构成,不仅有利于各部门、各企业明确降低或控制产品成本的主导方向,而且有利于研究科学技术的发展和劳动生产率的增长在改变成本构成中所起的作用,同时有利于研究自然条件对降低成本、改变成本构成的影响和作用。

（二）成本的作用

成本作为一个特殊的经济范畴,在商品经济活动中具有重要作用。

1. 成本的补偿是保证企业进行正常生产活动的最基本的、必要的条件

"商品出售价格的最低经济界限,是由商品的成本价格规定的。如果商品以低于它的成本价格出售,生产资本中已经消耗的组成部分,就不能全部由出售价格得到补偿。如果这个过程继续下去,预付资本价值就会消失"。[①]

2. 成本是制定商品价格的主要依据

在还不能准确计算商品的价值时,成本作为价值构成的主要组成部分,它的高低能反映商品价值量的大小,因而商品的生产成本是制定商品价格的主要依据。正确地核算成本,才能使价格最大限度地反映社会必要劳动的消耗水平,从而接近价值。

3. 降低成本是稳定市场价格的有效途径

商品的生产成本在商品价格的构成中占有相当大的比重,因而成本的变动在很大程度上决定价格的变动。研究各部门、各类产品成本的变化趋势,有利于认识和掌握价格变动的规律,从而较好地制订价格的长远规划。稳定商品的生产成本,特别是降低成本,是稳定市场价格的有效途径。

4. 降低成本是企业提高竞争能力的关键

成本作为价格的主要组成部分,其高低是决定企业有无竞争力的关键。因为在商品经济条件下,市场竞争实质上就是价格竞争,而价格竞争的实际内容就是成本竞争。企业只有努力降低成本,才能使自己的产品在市场中具有较高的竞争能力。

（三）我国商品成本构成中的问题

我国商品成本构成中集中体现的五个"高"和五个"低"的问题,在很大程度上制约了我国商品的对外贸易价格的合理确定。

1. 五"高"现象

（1）政府成本高。一是政府部门行政审批程序烦琐,延误企业商机,从而增加了企业成本;二是有些地方政府的某些职能部门权力寻租,变无偿服务为有偿服务,由此增加了企业成本;三是有些行政部门巧立名目,乱收费、多收费,由此而加重了企业负担;四是政府行政干预过多,违背市场经济规律,破坏资源配置效率,使企业付出不必要的代价。

（2）社会成本高。集中表现在企业直接负担应由财政负担的公共支出。例如,企业直接承担职工的生育、养老、医疗等事务的费用,尤其是国有企业最为突出,有些国有老企业,退休人员所占比重较高,甚至超过在职人数,使企业背上沉重的包袱。又如,打击制假、售假行为本是政府部门的一大职责,但由于某些地方政府打假不力,企业不得不花巨资对制假行为进行调查取证,承担这笔不应由企业负担的费用。有不少地区,在水、电、交通、通信等基础公共设施方面比较落后,企业不得不承担更重的额外负担。

（3）信用成本高。由于我国信用体系很不健全,人们的诚信意识还比较淡薄,企业对客户的资信调查取证比较困难,尤其是对中小企业、个体私营企业的信用状况难以把握,企业

---

① 　马克思恩格斯全集.第 25 卷[M].北京:人民出版社,1974：45～46.

对使用商业信用开展贸易活动心存芥蒂,个体私营企业之间普遍采用原始的现金交易就是信用体系不发达的结果,大大增加了交易成本,从而使市场效率遭受损失。在买方经济条件下,企业为扩大销售,不得不借助于赊销形式,使企业存在数额庞大的应收账款,由于信用意识淡薄,企业不得不付出昂贵的讨债费用,最后又得承担数额不小的坏账损失。在商品交易中,企业须时刻提防假信息、假合同、假汇票、假发票、假冒伪劣产品等信用陷阱,为此投入大量的人力、物力和财力。

(4) 制度成本高。由于经济体制在制度设计上存在诸多不合理,对某些权力失去了必要的法律与制度约束,扭曲了企业正常的经营贸易活动,如药品市场中的制度性缺陷,一些医生按处方获取药品价格回扣,不少医院利用病人对药品消费的特殊性及信息上的不对称获取药品的高额差价;如工程成本中隐含的各权力部门及掌握实权人物的各种好处费、回扣大大抬高了项目工程成本。至于企业经常超标的业务招待费,其中又不知有多少是在为制度缺陷付出代价。

(5) 政策成本高。一是有些地方政府政策多变,企业无所适从,原来可行的项目,一旦上马后,由于政策变化变得无利可图。政策之间缺乏连续性。二是政策的执行有时缺乏统一性,存在诸多对人不对事、因人而异的现象。

2. 五"低"现象

(1) 知识成本低。一方面,由于知识产权得不到有效保护,一个企业投入大量人力物力财力开发出来的新产品,一旦投放到市场马上就有大量的仿制品在市场上出现,这些仿制品由于其成本中不含知识成本,可以低价销售,对产品的研制开发企业构成极大的威胁,得利的反而是不重视科技投入而热衷于抄袭模仿的企业。另一方面,在企业治理结构中,没有建立健全的知识投资分配机制,知识产权的投资在企业收益分配上得不到有效保护,科技人员不能得到应有的回报。

(2) 人力成本低。在我国商品成本中,直接人工成本所占的比重低,人力资源报酬尤其是高级人才的劳动报酬远低于发达国家,也低于与我国经济同等发展水平的国家。即使有的企业愿意提高职工工资水平,但是,我国现行企业所得税法规定的职工工资前列支标准太低,使大部分企业的人力成本得不到足额补偿,增加了企业的额外负担。

(3) 资本成本低。如果就银行的贷款利率水平来看,我国的资本成本与国际比较并不低,尤其是 1998 年前的几年利率水平是比较高的。但是,我国国有企业扭亏任务一直比较艰巨,政府投资难有投资回报;而上市公司热衷于圈钱,为数不少的上市公司长期很少发放现金红利,廉价使用投资者的资本;由于国有商业银行真正实行商业化管理在我国尚处于不断探索之中,企业利用改组、破产等手段千方百计逃废银行债务现象时有发生,凡此种种,对许多企业来说,资本成本并不高,有的甚至很低。

(4) 环境成本低。有的企业以环境污染为代价创造了几千万的收益,政府又不得不投资几个亿来治理环境污染。一些高污染企业,以其较低的环境成本反而成为一个地区的税利大户,得到地方政府的重点保护。

(5) 违规成本低。由于我国政府对经济的监管尚有诸多不到位之处,企业的违规行为被发现的可能性较小,即使被发现,往往面对企业与政府官员之间一对一的讨价还价,受到的处罚并不重,如企业制假获利可能很大,但制假成本并不高。

为合理制定商品的对外贸易价格,今后就必须特别关注商品成本构成中的五"高"和五"低"现象,采取适当措施,消除其不利影响,促进我国商品进出口贸易利益的提升。

二、供求关系

在市场经济中,商品价格是由需求与供给这两种相反的力量相互作用形成的。这种价格又称为均衡价格,是指该种商品的市场需求量和市场供给量相等时的价格。在均衡价格水平下相等的供求数量被称为均衡数量。从几何意义上说,一种商品市场的均衡出现在该商品的市场需求曲线和市场供给曲线相交的交点上,该交点被称为均衡点。均衡点上的价格和供求量分别被称为均衡价格和均衡数量。当商品的市场价格高于均衡价格时,依据供给规律和需求规律,必然出现商品的供给量大于均衡数量,而需求量小于均衡数量,此时供给和需求之间存在差额。满足需求以外的剩余供给量(差额)积压,必然会使部分生产者(或厂商)停止生产或缩小生产规模,从而使供给量减少。另外,生产者(或厂商)为了卖掉剩余供给量,也可能采取低价销售策略,降低市场价格。价格降低会刺激需求增加,当价格降到一定水平时,需求量等于供给量,会出现供求平衡。此时的价格是供给者和需求者都愿意接受的价格,即均衡价格。

当商品的市场价格低于均衡价格时,依据供给规律和需求规律,必然出现商品的供给量小于均衡数量,而需求量大于均衡数量,市场需求大于供给。为了刺激生产增加供给,必然要提高供给价格。为了限制需求,也必然要提高需求价格。当价格提高到一定程度时,商品的供给和需求相等。此时的价格是供给者和需求者都愿意接受的价格,即均衡价格。

三、竞争机制

在市场经济条件下,竞争作为一种普遍现象广泛存在于社会生活的各个领域,商品的价格会随着竞争的变化而变化。当然,不同程度的市场竞争条件对商品价格的影响是完全不一样的。

(一)完全竞争条件下的商品价格

所谓完全竞争又称纯粹竞争,是指一种竞争不受任何阻碍和干扰的市场结构。完全竞争的市场需具备以下条件。

(1)市场上有许多买主和卖主,他们买卖的商品只占商品总量的一小部分。

(2)他们买卖的商品都是相同的。

(3)新卖主可以自由进入市场。

(4)买主和卖主对市场信息(尤其是市场价格变动信息)完全了解。

(5)生产要素在各行业之间有完全的流动性。

(6)所有买主出售的商品条件(如质量、包装、服务等)都相同。

在完全竞争条件下,没有哪一个卖主或买主对现行市场价格能有很大影响,其价格是在竞争中形成的。由于任何人都不能左右市场价格,买主和卖主只能按照市场供求关系决定的市场价格来买卖商品。也就是说买卖双方只能是价格的接受者,而不是价格的决定者。其商品价格完全由供求关系来决定。需要指出的是,这种完全竞争条件下的市场,在现实世界是不存在的,仅作为理论分析中的一种状况。

（二）垄断竞争条件下的商品价格

垄断竞争是一种介于完全竞争和纯粹垄断之间的市场形式，既有垄断倾向，同时又有竞争成分，因而是一种不完全竞争。在垄断竞争的市场上有许多买主和卖主，但各个卖主所提供的产品有差异，如产品质量、花色、式样、服务或消费者心理所致的差异。因而各个卖主对其产品有相当的垄断性，能控制其产品价格。这就是说，在垄断性竞争条件下，卖主已不是消极的价格接受者，而是强有力的价格决定者。

（三）寡头垄断竞争条件下的商品价格

寡头垄断竞争是竞争和垄断的混合物，也是一种不完全竞争。在此条件下，一个行业中只有少数几家大公司，它们供应、销售的产品占这种产品的总产量和总销售量的很大比重，它们之间的竞争就是寡头垄断竞争。很显然，这些寡头是有能力影响和控制市场价格的，而且各个寡头企业之间互相依存、互相影响。任何一个寡头的一举一动都会影响其他寡头企业，同样任何一个寡头在进行市场营销策略的制定时都必须密切注意其他企业的反应与对策。

西方国家寡头垄断有两种形式：完全寡头垄断和不完全寡头垄断。在前者条件下，各企业产品属于同类，顾客也无明显偏好，因而价格比较稳定。企业间竞争手段主要在于广告宣传、促销等方面，而不是价格。在后者条件下，各企业产品有所差异，顾客也有偏好，产品不能相互替代，因而产品的价格会随产品的差异而存在不同。

（四）纯粹垄断条件下的商品价格

纯粹垄断（或完全垄断）是指在某一行业中某种产品的生产和销售完全由一个卖主独家经营和控制。它包括政府垄断和私人垄断两种。在纯粹垄断的条件下，企业没有竞争对手，因而可以在国家法律允许的范围内随意定价。

四、经济政策

国家经济政策对价格形成的影响主要是通过国家对商品价格的直接管理，即直接定价来实现，如普遍服务政策、价格补贴政策、农产品收购保护政策等，这些方针和政策直接关系某些商品价格的形成与确定。

经济政策对价格形成与水平的影响，具体表现在以下方面。

（1）财政、税收政策与价格形成。财政、税收政策对价格形成与运行的影响主要是通过对商品成本和企业利润的影响来实现。

（2）金融政策与价格形成。金融政策对价格形成与运行的影响主要是通过利息率、资产价格的变动来实现。

（3）产业政策与价格形成。所谓产业政策，就是产业发展的基本方针和原则，是政府利用各种手段对产业发展和结构转换的干预行为。

（4）对外贸易水平。

（5）价格政策与价格形成。价格政策直接关系商品和服务价格的形成水平。

五、市场条件

各国不同的地理位置、交易术语、季节、货物数量、付款方式和消费习惯、包装，也会对商品的进出口价格产生不同的影响。

（一）地理位置对商品价格的影响

国际货物买卖，一般都要通过长途运输。运输距离的远近，影响运费和保险费的开支，从而影响商品的价格。因此，确定商品价格时，必须核算运输成本，做好比价工作，以体现地区差价。

（二）交易术语对商品价格的影响

在国际贸易中，由于交货地点和交货条件不同，买卖双方承担的责任、费用的风险有别，在确定进出口商品价格时，必须考虑这些因素。例如，同一运输距离内成交的同一商品，按 CIF 条件成交同按 Ex ship 条件成交，其价格应当不同。在我国进出口业务中，最常采用的贸易术语是 FOB、CFR 和 CIF 三种。这三种贸易术语仅适用于海上或内河运输。在价格构成中，通常包括三方面的内容：生产或采购成本、各种费用和净利润。FOB、CFR 和 CIF 三种贸易术语的价格构成的计算公式如下：FOB 价＝生产/采购成本价＋国内费用＋净利润；CFR 价＝生产/采购成本价＋国内费用＋国外运费＋净利润，即 FOB 价＋国外运费；CIF 价＝生产采购成本价＋国内费用＋国外运费＋国外保险费＋净利润，即 FOB 价＋国外运费＋国外保险费。

（三）季节对商品价格的影响

在国际市场上，某些节令性商品，如赶在节令前到货，抢行应市，即能卖上好价。过了节令的商品，其售价往往很低，甚至以低于成本的"跳楼价"出售。因此，应充分利用季节性需求的变化，切实掌握好季节性差价，争取按有利的价格成交。

（四）货物数量对商品价格的影响

按国际贸易的习惯做法，成交量的大小影响价格，即成交量大时，在价格上应给予适当优惠，或者采用数量折扣的办法；反之，如成交量过少，甚至低于起订量时，也可以适当提高出售价格。那种不论成交量多少，都采取同一个价格成交的做法是不恰当的，我们应当掌握好数量方面的差价。

（五）付款方式对商品价格的影响

支付条件是否有利和汇率变动风险的大小，都会影响商品的价格。例如，同一商品在其他交易条件相同的情况下，采取预付货款和凭信用证付款方式，其价格应当有所区别。同时，确定商品价格时，一般应争取采用对自身有利的货币成交，如采用不利的货币成交时，应当把汇率变动的风险考虑到货价中去，即适当提高出售价格或压低购买价格。

（六）消费习惯对商品价格的影响

企业定价策略是否适当，往往决定产品能否为市场接受，直接影响产品在市场上的竞争地位与所占份额，从而关系企业的兴衰成败。企业定价策略是定价目标与方法的组合，也是定价科学与艺术的结合。定价策略能否达到预期目的，与其是否透彻地了解、准确地把握消费者心理息息相关。对消费者心理的任何忽视，都可能会造成定价策略的完全失败。因此，在市场经济条件下，企业定价策略的制定，必须以认真研究消费者心理活动及其指向性为基础。当然，不同的企业，不同的消费者群，应该有不同的定价策略。

1. 非整数定价心理策略

这是一种典型的心理定价策略,是运用消费者对价格的感觉、知觉的不同而刺激其购买欲望的策略。其具体做法是给待售商品定一个带有零头结尾的非整数价格,这是目前国际市场上广为流行的一种零售商品的定价策略。由于世界各地的消费者有不同的风俗习惯和消费习惯,所以,不同国家和地区运用此法时也有一些差别。

2. 习惯价格与方便价格心理策略

习惯价格策略是指根据消费者的习惯心理来制定价格的一种定价策略。由于某些商品在长期的市场流通中已经形成了消费者所习惯的价格,企业确定商品价格时要尽量适应这些习惯,一般不轻易改变。即使这类商品的生产成本提高或降低,也不要轻易调整,否则就会引起消费者对该类商品品质的怀疑,产生强烈的心理反应,影响该类商品的销售。当这类商品成本上升,不改动价格会影响企业的效益时,可以采用变量不变价的心理策略,即不改变消费者已经习惯了的商品价格,而是采用改变包装容量,或减少商品数量的办法。

方便价格策略也称为整数价格策略,一般适用于特别高价或者特别低价的商品。对于那些款式新颖、风格独特、价格较高的商品,采用整数方便价格,能给予该类商品高贵的形象,从而提高此类商品的地位,满足那些以追求社会性需要为购买动机的顾客。

3. 折让价格心理策略

折让价格心理策略包括商品销售过程中的折让和让价,这是商品销售者在一定条件下用低于原定价格的优惠价格来争取消费者的一种定价策略。其心理功能是利用消费者追求"实惠",抓住"机会"的心理,利用优惠价格来刺激和鼓励消费者大量购买和重复购买。折让价格心理策略在实际运用时,通常分为数量折让价格策略、季节折让价格策略、新产品推广折让价格策略和促销折让价格策略。

4. 分档定价心理策略

分档定价心理策略也称分级定价策略,这种策略是把某一类商品的不同品牌、不同规格、不同型号划分成若干个档次,对每一个档次的商品制定一个价格,而不是一物一价。这种定价策略,既便于消费者挑选,也便于简化交易手续,通过制定不同档次的商品价格来代表不同商品的品质水平,可以满足不同消费者的消费水平与消费习惯。

综上所述,消费者对价格的心理反应是纷繁多样的。在实际市场营销活动中,企业应针对不同商品、不同消费者群体的实际情况,在明确消费者心理变化趋势下,采取切实可行的定价策略,以保证营销活动获得成功。

(七) 包装对商品价格的影响

商品包装的优劣也会对商品价格产生深远的影响,一般包装精美、小巧方便的商品价格往往高于包装粗糙、笨重的商品,这体现了商品包装对消费者心理的影响。一个适宜的包装设计应当满足如下需求。

1. 方便

消费者要求商品携带、开启、使用和保存都非常方便,为满足这些要求,设计时可以给包装加上提手,给罐头附带简易的开启装置,用盒子装易碎的玻璃等。

2. 适应性

一个包装必须有一个理想的形状,大小适宜。

3. 安全感

消费者对商品尤其是对需要多次分量消费和自行配制使用的商品,希望其包装牢固、耐用、安全。对产品内容的介绍,特别是对食品成分或药物疗效的介绍,或标明甜食中无糖精和其他添加剂,或标明药品有无副作用,可以让消费者食用或服用时放心。

4. 可靠性

商品的包装应有助于消费者对商品和制造厂家产生信任。

5. 体现地位与威望

包装应有利于显示商品的社会象征作用。消费者经常要通过商品的包装来显示自己的社会地位、身份和经济实力。

6. 美感

审美是人类的天性。在许多场合下,富有美感的包装更有可能在同类商品销售竞争中取胜。

总之,进出口商品的价格会受到多方面因素的影响,进出口商品作价是一项非常重要且复杂的工作,必须在国际相关政策的指导下,加强市场调查研究,充分掌握市场动态,针对不同商品、不同客户和不同市场,制定相应的价格,才能在日益激烈的市场竞争中,提升企业对外贸易的经济效益。

本章小结

进出口商品价格是一定时期内某国进出口商品的国内外价格,包括进口商品的国外价格、国内价格和出口商品的国内价格及国际价格。因为在价值形成基础、价格构成和价格体系等诸多方面存在着差异,所以进出口商品的国内外价格具有一系列的区别。但两者间也存在联系,一般而言,当一国经济对国际市场的依赖程度逐渐增强时,其国内价格同国际价格的联系也越来越紧密。联系程度取决于生产率水平的差异、参与国际分工的程度、国内外市场供求是否一致、商品自由流动障碍大小和经济机制差别。

正确处理好国内外价格关系,对增强一国经济与国际经济的联系,促进其发展具有非常重要的意义。正确处理我国商品的国内外价格关系,最为重要的是尽快完善社会主义市场经济体制和进行价格改革,建立国内外市场价格相互影响的机制,完善政府定价机制和价格调控监管机制。

商品出口价格直接关系贸易买卖双方的经济利益,作价时一方面要参考企业产品生产成本,另一方面还需要按照国际市场的供求水平,结合成交条件、运输费用和汇率变化等因素。进口商品的作价原则应考虑参考国际市场价格水平的同时,体现国别政策和进口意图,结合进口工作中的一些具体情况,灵活调控,既保证进口商品的数量和质量,又尽可能地为国家节约外汇支出。

影响对外贸易价格的因素有商品成本、供求关系、竞争机制、经济政策、市场条件等。

复习思考题

1. 概述商品的国内外价格的区别与联系。
2. 正确处理国内外价格关系的意义表现在哪些方面？
3. 进出口商品的作价原则的影响因素有哪些？
4. 供求关系如何影响商品的外贸价格？
5. 市场条件从哪些方面影响商品外贸价格的制定？

微信扫码查看

第七章　中国对外贸易经济效益

学习要求

通过本章的学习,要求学生明确对外贸易经济效益的概念,掌握对外贸易经济效益的表现形式和影响外贸经济效益的因素等基础理论问题,把握我国评价对外贸易经济效益的原则和指标体系,以及提高对外贸易经济效益的途径。

关 键 词

对外贸易经济效益　　对外贸易社会经济效益　　对外贸易企业经济效益

对外贸易经济效益是对外贸易活动的目的,只有取得高水平的经济效益,才能保证对外贸易最大限度地促进国民经济的发展。改革开放以来,我国的对外贸易得到了长足的发展,对外贸易总量持续增长,然而我国的对外贸易经济效益却处在较低水平。20 世纪 90 年代以来,我国对外贸易经济效益呈下滑趋势,已成为我国对外贸易健康发展的巨大障碍。因此,有必要从理论和实践上探讨对外贸易经济效益的形成、分类,外贸经济效益的评价以及外贸经济效益提高的途径等问题。

第一节　对外贸易经济效益的形成

一、对外贸易经济效益的概念

经济效益,一般是指在经济活动中为了达到一定的经济目标所耗费的劳动和由此取得的成果之比,是资金占用、成本支出与有用生产成果之间的比较。简言之,即投入产出之比。以尽量少的劳动耗费取得尽量多的经营成果,或者以同等的劳动耗费取得更多的经营成果。所谓经济效益好,就是资金占用少、成本支出少、有用成果多;反之经济效益就差。经济效益可分为两个层次。一是宏观经济效益,是从全社会的投入产出出发考察的经济效益,也称社会经济效益。它反映该国全局性的国民经济整体的效益,同时也是长期与近期相结合的效益。二是中观或微观经济效益,是从一个产业部门或企业的投入产出来考察的经济效益。提高经济效益本质上就是时间的节约,是社会生产力发展的表现,反映生产力的水平。

对外贸易经济效益是指在一定时期内投入对外贸易领域的劳动(活劳动与物化劳动)和

由此取得的成果之比。对外贸易经济效益不同于国内经济效益,这主要表现在两个方面。一方面,它不仅取决于国内生产的经济效益在不同要素间的分配比例,而且还取决于各国的国内经济效益在国家间的分配。另一方面,利用国内价值和国际价值的比较差异,输出本国有相对优势的产品,输入本国有相对劣势的产品,从而实现价值增值,实现社会劳动的节约;另一方面,由于生产要素在国际间不能自由流动,对外贸易中的经济效益不受利润均等化规律的影响。通过输出本国相对富余的产品,换回本国所短缺的产品和资源,实现实物形态上国民经济的综合平衡,扩大社会再生产规模,最终达到创造更多价值的目的。因此,对外贸易经济效益,一方面以价值增值表现,另一方面通过使用价值转换来表现,但二者殊途同归,最终都表现为社会劳动的节约和社会财富的增加。

对外贸易的经济效益可以表现为宏观(对外贸易社会经济效益)和微观(对外贸易企业经济效益)两个层面。宏观上,一国可以通过出口自己具有比较优势的产品,节约社会劳动,提高整个社会的福利水平,这种经济效益被称为对外贸易的社会经济效益。它不仅包括由对外贸易活动实现的直接的价值增值,还包括由对外贸易活动衍生出来的间接的社会劳动节约。从微观上,外贸企业可以通过国内外市场的价格差,以高于国内价格的价格出口商品,以低于国内价格的国际价格进口商品,从而直接获取利润,这种外贸经济效益又称为对外贸易企业经济效益。对外贸易企业经济效益较之对外贸易社会经济效益,其考察的范围狭小、内容单一,对外贸易企业经济效益仅考察外贸企业财务账面上的,以货币形式出现的盈利或亏损。对于发达国家而言,由于其产品技术含量高,在国际市场上具有一定垄断优势,因此,其产品的售价往往远高于成本,因而发达国家可以同时获取宏观和微观两方面的外贸经济效益;而对部分发展中国家而言,其出口以技术含量低的劳动密集型产品和原材料为主,只能以接近甚至低于成本的价格在国际市场上销售,因而,发展中国家从事对外贸易主要是为了追求对外贸易的社会经济效益。

改革开放以来,我国的对外贸易得到了迅速发展。1988年,我国对外贸易进出口总额首次突破1 000亿美元大关,达到1 027.9亿美元。此后,经过6年的发展,于1994年再迈一个千亿美元的台阶。1997年,对外贸易总值突破3 000亿美元,并首次跻身世界十大贸易国行列。2001年我国加入世贸组织以后,对外贸易更是焕发出勃勃生机,每年都以20%以上的速度递增,是改革开放以来增长周期最长、速度最快、增速最稳定的时期,取得了举世瞩目的成绩。2004年对外贸易进出口规模突破1万亿美元,成为世界第三大贸易国。2007年对外贸易进出口总额首次突破2万亿美元,达到21 738亿美元,进一步缩小了与第二大贸易国的差距。入世6年间合计对外贸易进出口总值已超过从改革开放到"入世"之前23年的总和。2012年我国外贸进出口总值为38 667.6亿美元,比上年增长6.2%,"保十"目标虽未完成,但在全球主要经济体中,中国外贸的表现依然算是最好的。对外贸易的发展不仅优化了我国的资源配置、提高了资源使用效益,而且为我国的经济建设提供了大量的外汇资金,截至2012年末,我国有超过30 000亿美元的外汇储备,居全球第一。

二、对外贸易经济效益的形成过程

对外贸易是一个特殊的经济部门,它联系着国内外的生产流通,有着特殊的职能,因此,其经济效益亦有着十分独特的形成过程。

（一）对外贸易社会经济效益的形成

1. 利用"绝对差异"和"比较差异"，形成对外贸易社会经济效益

对外贸易经济效益是外贸领域的投入与产出之比，这种比例关系所包含的经济内容和实质就是社会对劳动的节约程度。因此，对外贸易经济效益还可以表述为通过对外进行商品和劳务交换所节约的社会劳动。

对外贸易经济效益是通过对外交换取得的本国国民经济发展短缺的使用价值或价值的增值。价值增值本质上同社会劳动的节约是相同的，价值增值可以理解为投入一定量的劳动而获得比一般水平更多的新价值；社会劳动的节约可以理解为获得一定量的价值而投入的劳动少于一般水平。因此，对外贸易经济效益也就是通过对外交换所获得的价值增值。

价值增值是由于国内价值和国际价值之间存在差异而产生、形成的。国内必要劳动时间和世界必要劳动时间的差异导致国内价值和国际价值的差异，进而使对外贸易活动实现价值增值。

国内价值和国际价值的差异可以归纳为两类：绝对差异和比较差异。绝对差异是指同种商品的国内价值高于或低于国际价值；比较差异是指不同种商品的国内价值和国际价值的差异在程度上的不同。这两类差异的存在都有可能使参加贸易的各方获得国别价值增值。

（1）绝对差异

设 A 国甲商品的国内价值低于国际价值，乙商品的国内价值高于国际价值（如表 7 - 1 所示）；而 B 国乙商品的国内价值低于国际价值，甲商品的国内价值高于国际价值。两国进行国际分工，各自发挥绝对优势，即 A 国出口甲商品，进口本国有绝对劣势的乙商品；B 国出口乙商品，进口甲商品，则两国获得国别价值增值。

表 7 - 1　A 国甲、乙商品的国内价值与国际价值

商品	国内价值	国际价值
甲	4 小时	6 小时
乙	3 小时	2 小时

A 国出 n 件甲商品，内含 4n 小时国内价值，在国际市场上被承认为 6n 小时国际价值，用 6n 小时的国际价值，可进口 3n 件乙商品，3n 件乙商品在国内被承认为 $3 \times 3n$ 小时国内价值。通过出口 n 件甲商品，进口 3n 件乙商品该国获得 $9n - 4n = 5n$ 小时的价值增值。

（2）比较差异

设 A 国甲商品和乙商品的国内价值均高于国际价值（如表 7 - 2 所示），该国出口国内价值高于国际价值程度较小的甲商品，即发挥其比较优势，进口国内价值高于国际价值程度较大的乙商品，从而可获得国别价值增值。不同商品间国内价值与国际价值的比例差是决定比较优势的核心。

表 7－2　A 国甲、乙商品的国内价值与国际价值及其比值

商品	国内价值	国际价值	比值
甲	2 小时	1 小时	2∶1
乙	6 小时	2 小时	3∶1

　　A 国出口 n 件甲商品，内含 2n 小时国内价值，在国际市场上被承认为 n 小时国际价值，由于单位乙商品的国际价值含量为 2 小时，在等价交换原则下，n 小时国际价值只可进口 n/2 件乙商品，而 n/2 件乙商品在国内市场上被承认为 6×n/2＝3n 小时国内价值。这样，通过进出口活动，该国以 2n 小时国内价值，实现了 n 小时的价值增值。

　　设 B 国甲商品和乙商品的国内价值均低于国际价值，但甲商品国内价值低于国际价值的程度较小，乙商品国内价值低于国际价值的程度较大（如表 7－3 所示），因此，该国出口具有相对优势的乙商品，进口具有相对劣势的甲商品。

表 7－3　B 国甲、乙商品的国内价值与国际价值及其比值

商品	国内价值	国际价值	比值
甲	1 小时	2 小时	1∶2
乙	1 小时	3 小时	1∶3

　　B 国出口 n 件乙商品，内含 n 小时国内价值，在国际市场上被承认为 3n 小时国际价值，可进口 3n/2 件甲商品，在国内市场上被承认为 3n/2 小时国内价值，这样，通过进出口活动，该国获得了 n/2 小时的价值增值。

　　可见，只要存在国内价值和国际价值的绝对差异或比较差异，国际贸易的各方就可利用绝对优势或相对优势，通过进出口活动，实现国别价值增值，实现社会劳动节约。由此获得的价值增值或劳动节约，是对外贸易社会经济效益的重要组成部分，但不构成对外贸易社会经济效益的全部。

　　2. 通过使用价值转换，形成对外贸易社会经济效益

　　(1) 使用价值是价值的载体

　　对外贸易的两个基本职能是进行使用价值转换和实现价值增值，二者是不可分开的。实现价值增值的同时，必然完成使用价值的转换。因此，利用国内价值和国际价值的绝对差异或比较差异实现价值增值，必须建立在使用价值转换的基础上，使用价值是价值的载体，是物质承担者，没有使用价值的转换，就无以实现价值的增值。但使用价值在对外贸易经济效益形成中的作用，不仅仅限于在纯粹的商品流通中充当价值的载体，实现价值的增值，而且还包括由于使用价值对外转换在社会再生产中产生的新价值。

　　(2) 使用价值对外转换在社会再生产中产生的新价值

　　进行对外商品流通，是将本国的一部分产品和资源从经济循环中分离出来，在国际市场上转换成另一部分产品和资源，从而在一定程度上缓解国内产业结构不平衡对经济发展的束缚，扩大再生产规模，加速经济增长，使整个社会有可能获得更多新增价值。通过对外商品流通，通过使用价值转换，调整国民经济比例关系，改善社会产品构成，使社会获得更多的

新价值或劳动节约,也是外贸经济效益的组成部分。

(二)对外贸易企业经济效益的形成

对外贸易企业经济效益来自于国内外市场的价格差,即从出口看,是指国内货源买入价与国际市场售出价之间的差价;从进口看,是指国际市场商品买入价与国内市场售出价之间的差价。这种价格差再减去商品流通费用即是外贸企业的盈利(若为负数则为亏损),也即外贸企业经济效益。

1. 从理论上看

在价格与价值大体一致的情况下,国内外市场价格差反映的是国内价值和国际价值之间的绝对差异或比较差异。在存在绝对差异条件下,单纯的出口或进口即可取得对外贸易盈利,即商品国内价值低于国际价值时出口,而对国际价值低于国内价值的商品进口。在比较差异条件下则需要通过出、进口双向循环贸易才可取得外贸盈利。这时,需要出口本国有比较优势的商品,进口本国劣势较大的商品,进出口贸易相结合,才能获利。

2. 从实践上看

外贸企业经济效益还受其他许多因素的影响,如企业经营管理状况、政府的政策措施、对外贸易体制等。

第二节　影响对外贸易经济效益的因素

一、影响对外贸易社会经济效益的主要因素

对外贸易经济效益是对外商品交换带来的价值增值,而价值增值是由国内外价值差异以及使用价值转换在社会再生产中发挥特定作用而形成的。可以说,一切影响商品国内价值、国际价值以及二者之间相互关系的因素,一切影响使用价值在社会再生产中发挥作用,带来更多新增价值的因素,均影响外贸经济效益。

(一)一国劳动生产率

对外贸易经济效益是通过对外贸易活动实现的价值增值,而价值增值是通过发挥比较优势取得的,即通过出口有比较优势的商品、进口有比较劣势的商品取得的。因此,比较优势是取得外贸经济效益的客观基础。在古典贸易模型中,生产的唯一投入要素是劳动,一国的比较优势取决于一国劳动生产率水平及其与世界劳动生产率水平的差异。二者差异的程度和方向决定着国内价值和国际价值差异的程度和方向,进而决定了获得对外贸易经济效益的量和层次。随着古典贸易模型的拓展,单一劳动要素假设被扩展为多种生产要素假设,从而比较差异不仅仅由劳动生产率所决定,各国要素禀赋的差异也成为各国比较优势的决定性因素。

如果一国劳动生产率水平大大高于世界平均劳动生产率水平,则该国绝大部分商品的国内价值低于同类商品的国际价值。在以国际价值为基础的对外交换中,该国每小时平均劳动投入各经济部门所形成的国内价值在国际市场上被承认为超过一小时的国际价值。该国以高于国内价值的国际价值输出商品,以低于国内价值的国际价值购买某些商品,以少量

劳动按质的比例与多量劳动交换,从而取得对外贸易经济效益。该国是凭借劳动生产率水平的绝对优势取得对外贸易经济效益的。

如果一国的劳动生产率水平低于世界平均劳动生产率水平,则该国绝大部分商品的国内价值高于同类商品的国际价值。该国进行对外交换只能输出国内价值高于国际价值程度较小的商品,输入国内价值高于国际价值程度较大的商品,以少量社会劳动换回多量社会劳动,实现价值增值。这类国家取得对外贸易经济效益是利用了绝对劣势中的相对优势。

以上两类国家通过对外商品交换,都能够实现社会劳动的节约,形成外贸经济效益。生产率水平高的国家通过对外贸易所实现的价值增值量或社会劳动节约量并不一定绝对多于劳动生产率水平低的国家,但是,由于二者劳动生产率水平与世界平均劳动生产率水平的差异方向不同,二者借以实现外贸经济效益的条件不同,决定了二者获得的外贸经济效益的层次的不同。前一类国家劳动生产率水平有绝对的优势,它所取得的外贸经济效益也是绝对的;而后一类国家劳动生产率水平处于绝对劣势,绝对劣势中相对优势的利用,形成对外贸易经济效益,但这种效益的获得是有相对局限性的。因此,前者获得的对外贸易经济效益是比后者更高层次的外贸经济效益。

(二)进出口商品结构

对外贸易经济效益源于国内价值与国际价值的差异,而国内价值与国际价值的差异必须通过一定的使用价值为载体表现出来。因此,不同的使用价值结构,即进出口商品结构会影响国内外价值差异的程度与方向,从而影响外贸经济效益。进出口商品结构是指一国对外贸易中各商品组成部分在贸易总体中的地位、性质以及相互之间的比例关系。进出口商品结构的特征、结构层次的高低以及进出口商品结构与本国经济发展状况、世界经济贸易发展趋势的关系,对于一国参与国际分工的深度、广度以及对外贸易促进国民经济发展作用的发挥,都有着重大的影响。

(1)从出口商品结构来看,由于经济发展的不平衡,一国国内各部门各行业的,劳动生产率水平参差不齐,甚至相差悬殊,与世界同行业平均的劳动生产率水平的差异程度更不尽相同。由于各部门劳动生产率水平相异,一小时国内平均劳动投入到不同经济部门、行业所形成的国内价值量也不同。同时,由于各部门各行业劳动生产率水平与世界同行业平均劳动生产率水平的差异不尽相同,同一国内价值量物质承担者不同,在国际市场上得到承认的程度也不同。所以,劳动生产率的双重差异——"内差异"和"外差异",使出口商品结构极大地影响输出的国内价值量以及该国内价值量在国际市场上得到承认的程度。

(2)从进口商品结构来看,由于相同的原因(劳动生产率的内外差异),同一可支配的国际价值量由于其物质承担者不同,即进口商品结构不同,在国内市场上会被承认为不同量的国内价值,而对外贸易经济效益的集中表现为社会劳动的节约或国内价值的增值。可见,进出口商品结构,作为国内价值、国际价值的物质承担者——使用价值的构成,对于源于国内、国际价值差异的对外贸易经济效益有着重要的、实质性的影响。

(3)进出口商品结构对外贸的宏观效益有着更深的影响。进出口商品结构的安排合理与否,影响着对外商品流通对再生产促进作用的发挥。例如,理想的贸易格局应是出口长线产品,进口短线产品,通过外贸促进宏观经济平衡。若出口商品正是本国供过于求的长线产品,本国需求的满足不会因此受到影响,这时出口贸易能促进国民经济的综合平衡。如果进出口商品结构安排不当,出口商品国际与国内需求结构重叠,出口商品结构挤在国内供不应求的短线产品上,在此结构下发展出口贸易,必然有着很高的机会成本,出口的发展以牺牲国内消费为代价,经济效益恶化,这样的出口商品结构必然无法维持下去。因此,进出口商品结构对外贸经济效益有重大影响。

(三) 货币因素

价格是价值的货币表现形式,在商品经济条件下,价值增值或劳动节约必然要通过价格来衡量和表现。

对外贸易是特殊的经济部门,它联系着国内外的生产和流通,在每一次对外商品交换中通常要使用两种或两种以上的货币计价,这就使得通过交换实现的社会劳动节约或价值增值的表现更为复杂。通过交换实现的价值增值要得以正确表现和反映,一方面要求国内外价格都必须真实地反映商品的国别价值和国际价值;另一方面要求计价货币的"价格",即汇率正确反映每一单位本币和外币所代表的价值量的关系。比较优势只有正确地表现为价格差时,对外贸易才会依此进行,比较优势才会成为现实的比较利益。因此,价格是否真实地反映价值、价格与价值的背离程度与方向都可影响对外贸易商品结构,从而影响外贸经济效益。即使商品的国内外价格能正确反映商品的国内外价值,如果汇率不能正确反映参与交易的不同货币之间的比例关系,则对外交换产生的价值增值也得不到正确反映;反之亦然。

价格机制不仅会影响价值增值的正确表现,还会通过对进出口商品结构的作用,进而影响实际的价值增值量或劳动节约量,影响对外贸易经济效益。

如果一种商品的国内价格严重偏离国内价值,价格所表示的价值量大大高于实际的价值量,则价格对价值的扭曲将使所表现出来的商品国内价值大大高于同类商品的国际价值。这种国内价值的"高估"使实际上具有绝对优势或相对优势的商品貌似具有绝对优势或相对优势,使本该出口的商品成为事实上的进口商品。同样,国内价值的"低估"也可能使本该进口的商品成为出口商品。如果汇率高估了每单位本国货币所代表的价值量,会使实际上出口可以节约劳动的商品似乎成了亏损商品,而汇率的低估则可能使实际上没有优势的商品出口似乎能节约社会劳动。所以,价格对价值的扭曲、汇率的高估或低估等货币价格因素会影响进出口商品最优结构的形成,从而影响对外贸易经济效益。

假定 1 小时的国内价值对应于 1 元人民币,设 A 商品的国内价值为 2 小时,若价格正确地反映价值,则此时 A 商品的价格应为 2 元,但由于价格高估了价值,把本应表现为 2 元的价值表现为 3 元,而此时,国际市场 A 商品的价格以人民币来表现为 2.5 元。那么由于出现了价格差,国内的企业将进口 A 商品以获得利益。这样就使得本可以出口的 A 商品变为进口,从而改变了进出口商品的结构。

(四) 市场机制

在市场经济条件下,对外贸易活动的国内环节和国际环节都要通过市场运作来完成,高水平的外贸经济效益的实现必须有健全的市场机制作保证。如果市场机制不健全甚至缺乏必要的要素市场,通过外贸活动最终实现的社会劳动的节约就得不到正确的表现,从而使促进外贸经济效益提高的经济驱动力无从发挥。比较优势的发挥有赖于完善的市场机制,使资源能够根据比较优势的变动实现最优配置,保证对外贸易经济效益的实现。

二、影响对外贸易企业经济效益的因素

1979 年之前,我国建立了集外贸经营与管理为一体、政企不分、统负盈亏的外贸管理体制,中央以指令性计划直接管理少数的专业性贸易公司进行进出口贸易(1978 年底外贸公司有 130 多家)。贸易目标主要是进出口贸易在总体上达到平衡,对外贸易实行高度集中的计划管理,财务上实行“统收统支、统负盈亏”的体制,进出口企业的盈利,集中上缴国库,而发生的亏损,也统一由国家财政拨款予以补贴。这有利于国际收支平衡,维持较低的国内价格水平,但是我国与世界市场的有机联系被割断,不利于外贸和整个国民经济的发展。

1978 年 12 月中共十一届三中全会以后,我国开始实行改革开放的国家战略,进行经济体制改革,包括外贸体制的改革。主要内容是放开部分贸易经营权(包括对外资企业)以及贸易公司自主化改革。外贸体制改革分为三个阶段。

(1) 1979—1987 年,政府根据政企分开,外贸实行代理制,工贸结合,技贸结合,进出口结合的原则,下放部分外贸经营权,开展工贸结合试点,简化外贸计划内容,实行出口承包经营责任制。

(2) 1988—1991 年,全面推行对外贸易承包经营责任制,地方政府、外贸专业总公司和工贸总公司向中央承包出口收汇、上交外汇和经济效益指标。承包单位自负盈亏,出口收汇实行差别留成。

(3) 1990 年 12 月 9 日,外贸企业出口实行没有财政补贴的自负盈亏,以完善对外贸易承包经营责任制。从 1991 年起,我国外贸体制进一步深化改革,建立起了以市场供求为基础的、单一的、有管理的人民币汇率制度;绝大多数商品的价格都由市场供求决定,价格与价值的背离得到根本的改变;减少行政干预,扩大市场调节的范围;取消了国家对外贸企业的出口亏损补贴,使外贸企业真正实现自主经营、自负盈亏、自我约束、自我发展。通过对外贸企业的改革,中国的对外贸易体制初步摆脱了过去的不合理状况,朝着适应对外开放和建立有计划的商品经济的方向发展。

1992 年开始,我国贸易政策体系的改革已经不限于贸易权和外贸企业等内容,伴随着 1986 年中国要求“复关”开始,中国的贸易政策改革开始以符合国际规则为导向,逐步涉及国内管理的各个方面。1992 年 10 月,党的十四大提出了“深化外贸体制改革,尽快建立适应社会主义市场经济发展的,符合国际贸易规范的新型外贸体制”。符合国际贸易规范,也就是要符合关贸总协定的规范,因此我国提出改革方向是统一政策、平等竞争、自负盈亏、工贸结合、推行代理,以建立适应国际通行规则的外贸运行机制。在进出口管理上,1992 年取消进口调节税;1994 年取消进出口指令性计划,此后,又进行了多次关税降低,整体关税已经与国际平均水平大为接近,与国际市场更加接近。此外,进口配额及其他的非关税措施数量也在逐年减少。

1994 年颁布的第一部《对外贸易法》,开始系统地完善外经贸领域法律法规的改革阶段。以国际规范为目标,在货物贸易、外资、知识产权、反倾销等各个领域出台了一系列的法律法规,同时政府的政策透明度也不断加强。外贸体制改革的实施,加强了市场经济机制的调节作用,促进了我国对外贸易市场化的进程。

自 2001 年 12 月加入 WTO 至今,我国在市场准入、国内措施、外资待遇、服务贸易等各

个领域较好地履行了自身的承诺和义务。得到了 WTO、世界银行等国际组织的高度评价和赞扬。最明显的特征就是,贸易政策体系改革已经与国际贸易体制接轨,发展同步,政策变化的动力由单纯的内生或者外生转变为内外协调。这种变化最根本的动力来源是我国经济贸易本身的高速增长,并且我国有着市场容量庞大、与发达国家经贸互补性明显、政策稳定性强并对国际高度负责等优点,我国对世界经济的良性影响也逐渐加大。

改革开放以来特别是 1981—1990 年,我国对外贸易连年亏损,国家不得不给予大量财政补贴。外贸亏损的原因除了国际市场价格变化趋势于我国不利、一些外贸企业经济管理水平较差等客观因素外,其主要原因还有政策性方面,我国曾长期实行国内外价格割断政策,国内价格体系和国际市场价格体系相脱节;体制性方面,税收、汇率等方面的改革不同步,外贸体制不完善是造成外贸企业非正常亏损的因素之一;结构性方面,我国进出口结构存在的问题也是产生外贸亏损的因素;生产性方面,由于我国劳动生产率水平低,导致生产成本高,产品质量差,国外售价低,造成外贸亏损;经营性方面,由于外贸企业经营管理水平低造成的亏损也相当可观。而从 1994 年起,外贸企业实行自主经营、自负盈亏,国家财政的外贸盈亏就不存在了。

从理论上讲,盈利或亏损是节约或浪费社会劳动的货币表现。盈亏是社会主义经济活动中一项不可忽视的经济指标。外贸盈亏同样在一定程度上反映我国对外贸易的经济效益。但是,外贸盈亏与外贸经济效益之间不能简单地画等号,外贸财务盈亏的状况及其变化,深层次的原因在于经济体制,外贸出现亏损并不等于外贸经济效益差。

改善外贸企业经济效益,不仅需要改进外部宏观环境,更需要改变企业的微观机制。在市场机制充分发挥作用的条件下,价格与价值相一致、汇率准确反映货币之间比率的条件下,影响外贸微观经济效益的主要因素是企业的经营机制、管理机制等微观因素。在价格、汇率扭曲的情况下,外贸微观经济效益的决定因素就要复杂得多,许多因素往往是外贸企业所不可控制的。但是,随着经济体制改革的推进,市场经济体制逐步趋于成熟与完善,价格扭曲与汇率扭曲的逐步消除,外贸盈亏与外贸经济效益的差异也会趋于缩小以至消失。影响外贸企业经济效益的因素主要有以下几个。

（一）外贸企业的企业制度

外贸企业制度改革的方向是建立现代企业制度。只有建立现代企业制度,才能使外贸企业成为自主经营、自负盈亏、自我发展、自我约束的市场主体。现代企业制度具有以下特征:一是产权关系明晰。企业中的国有资产所有权属于国家,企业拥有包括国家在内的出资者投资形成的全部法人财产权,成为享有民事权利、承担民事责任的法人实体。二是权责明确。企业以其全部法人财产,依法自主经营、自负盈亏、照章纳税,对出资者承担资产保值增值的责任。出资者按投入企业的资本额享有所有者的权益,即资产收益、重大决策和选择管理者的权利。企业破产时,出资者只以投入企业的资本额对企业债务负有限责任。三是政企分开。企业按市场需求组织生产经营活动,以提高劳动生产率和经济效益为目的,政府不直接干预企业的生产经营活动,企业在市场竞争中优胜劣汰。四是科学管理。建立科学的企业领导体制和组织管理制度,调节所有者、经营者和职工之间的关系,形成激励和约束相结合的经营机制。

（二）外贸企业的经营制度

外贸企业的经营模式应由商品经营向资本经营转变。商品经营是以完成进出口商品计划为特征的；资本经营是以利润最大化和资本增值为目的，以价值管理为特征，通过生产要素的优化配置和资产结构的动态调整，对企业所控制的内外部有形与无形资产进行综合运营的一种经营方式。实行资本经营，要求外贸企业按照资本运动的一般规律进行进出口活动，实现资产增值和效益最大化的目的。具体地说，就是外贸企业要建立最佳资本结构，以经济效益为中心，实行多元化、综合性经营。

外贸企业传统的单一商品经营模式已难以适应快速变化的国际经济环境，必须转向多元化、综合性经营，外贸企业在经营进出口商品的同时，应利用自身联系广、信息灵的优势，积极参与技术进出口贸易、国际服务贸易、国际投资等活动；在国内市场上，也应参与各种实业化经营，如制造业、运输业、服务业等，形成国际化、实业化、综合化经营模式，从根本上提高企业创造高效益的能力。

（三）外贸企业的管理制度

外贸企业要提高企业经济效益，必须建立科学高效的管理制度，提高管理水平，向管理要效益。外贸企业应按照社会主义市场经济的要求，建立以财务管理为中心，资金管理为重点，辅之以健全的劳动管理、人事管理、分配管理，建立约束和激励机制，从而提高企业经济效益。

改革企业制度，建立现代企业制度是基础。只有进行企业制度的革新，建立现代企业制度，实现微观经济基础的根本变革，外贸企业才能最终摆脱传统计划经济体制的束缚，真正成为在市场竞争中求生存、求发展，追求高效益的、独立的市场竞争主体。

第三节　对外贸易经济效益的评价

开展对外贸易经济效益评价，促进外贸经济效益增长，是我国对外贸易活动实现两个转变的重要前提。对外贸易经济效益作为客观存在，要求得到评价和衡量。当前我国对外贸易经济效益的衡量指标分为两类：一类是对外贸易社会经济效益的衡量指标，另一类是对外贸易企业经济效益的衡量指标。对外贸易社会经济效益的衡量指标包括：进出口贸易总额、平均换汇成本、资金利润率、进出口贸易税利、贸易条件等。进出口贸易总额是对外贸易的直观总体表现，反映了我国对外贸易活动的规模，以及参与国际分工的程度和外贸计划的完成情况。以此为基础构筑的外贸社会经济效益评价指标体系在我国外贸的发展过程中起到了度量、评价和引导作用，极大地促进了我国外贸的快速发展。经过20多年的发展，我国已成为一个贸易大国。2004年我国进出口贸易总额超过11 000亿美元，提前6年实现突破10 000亿美元的规划目标，其中顺差超过300亿美元。2005年我国对外贸易仍然保持着迅猛的发展速度，贸易总额为14 221.2亿美元，贸易顺差高达1 010.8亿美元。我国对外贸易在世界贸易中的排名也由2003年的第四位升至2004年的第三位，并在2011年跃居世界第二位。2012年中国的外贸总额首次超越美国，成为全球最大贸易国。

一、对外贸易社会经济效益的评价原则

（一）外贸宏观经济效益的评价是价值评价

外贸经济效益揭示的是由于进行对外贸易活动所实现的社会劳动节约,这里的"劳动"乃抽象劳动,它是价值的唯一构成要素。因此,外贸经济效益属于价值范畴,对它的评价必须从价值角度进行。在对外贸易经济效益评价中,使用价值评价可以归结为价值评价,价值评价可包含使用价值评价。

对外贸易活动实现使用价值的转换,对外贸易经济效益所包括的并不是转换来的使用价值的全部效用,转换来的使用价值的全部效用与不进行转换所拥有的使用价值的效用之间的差额,才是对外贸易经济效益的组成部分。

使用价值的效用通常只能用笼统的标准衡量,即满足程度。一种使用价值带给消费者的满足程度越高,该使用价值的效用越大。对外贸易经济效益所包含的内容是效用的增大,即满足程度的提高。对外贸易活动所导致的满足程度的提高,主要通过两个形式得以表现,即生活消费和生产消费。对外贸易活动转换来的商品投入国内经济循环,或者直接用于生活消费,或者用于间接消费——生产消费。使用价值的效用,即使用价值带来的满足程度必须在消费中才能表现出来。由于使用价值是价值的物质承担者,所以,使用价值的评价可以归结为价值评价。

（二）评价对外贸易宏观经济效益应包括对贸易机会成本的考查

评价对外贸易社会经济效益不仅应考查通过对外交换活动所实现的劳动节约,还须考查参加交换的商品如果用于其他用途可能带来的收益,考查参加交换的价值量如果选择其他的物质承担者可能带来的收益,即考查进出口商品的机会成本,这样才能更全面、更准确地评价对外贸易活动给国民经济带来的净收益。

进出口商品的机会成本同一般的机会成本有所不同。出口商品的机会成本指的是出口商品如果不用于出口而用于国内的生产、消费可能带来的最大收益。进口商品的机会成本则指的是同一可支配的国际价值量,如果选择其他的物质承担者给国民经济可能带来的最大收益。

如果出口商品的机会成本高于出口所得的收益,对外贸易活动给国民经济带来的净收益就应该是外贸带来的价值增值减去出口机会成本高于出口收益的部分;如果进口商品的机会成本高于进口收益,就说明对外贸易活动还不完全符合经济效益最大化原则,即以尽可能少的耗费取得尽可能多的成果,还有潜在的更大的经济效益有待挖掘。

单纯考查进出口活动所实现的价值增值,不能全面反映对外贸易活动给国民经济带来的净收益状况,也不能反映在可支配国际价值量不变的情况下,潜在的更大的外贸经济效益。而评价对外贸易经济效益的目的不仅在于明确进出口活动的实绩,更重要的还在于发现问题,明确努力方向。因此,评价对外贸易经济效益应该包括对贸易机会成本的考查。

（三）对外贸易宏观经济效益的评价必须借助于货币、价格形式

价格是价值的货币表现。对外贸易经济效益乃是通过对外交换活动所实现的价值增值,增值的价值与价值本身一样,它是抽象的、非实物的,但又必须依存于商品中,是商品的

基本属性。因此,价值增值在商品经济中必须借助货币、价格形式。评价对外贸易经济效益,评价对外贸易产生的价值增值只能是评价、衡量以货币价格形式表现出来的效益、价值增值,而不可能是看不见、摸不着的东西,评价对外贸易经济效益借助于货币价格形式,其根本前提是价格能够真实地反映价值、货币并与它所代表的价值量相符。如果价格扭曲,不能正确反映价值,货币不能正确反映所代表的价值量,汇率不能反映货币之间真正的比率,对外贸易经济效益的评价就会失真,评价就会失去原有的意义,甚至使外贸工作误入歧途。

(四) 对外贸易宏观经济效益的评价应是宏观的、全面的评价

对外贸易经济效益是通过对外商品交换所节约的社会劳动。这里的劳动节约是指一国范围内的劳动节约,因此对外贸易经济效益的评价范围是一个国家,评价角度应是宏观的、全面的。

一国范围内的劳动节约,是指通过对外商品交换给一个国家带来的全部的劳动节约,无论其具体形式如何,无论它是显性的,还是隐性的;无论是直接的,还是间接的,因为它们最终都可归结为抽象的社会劳动的节约,而社会劳动的节约又都是由对外贸易所导致的。对外贸易作为国民经济的一个特殊部门,对外贸易活动成果不仅表现为现实的劳动的节约,还表现在为国民经济提供了节约社会劳动的能力。但是,这种节约社会劳动的能力转化为现实的劳动节约的过程往往是在其他非对外贸易部门进行的,而且转化过程中往往有许多非对外贸易因素共同起作用。因此要对对外贸易经济效益作出正确的评价,必须从国民经济的宏观角度进行评价。

即使是对外贸易活动产生的直接的劳动节约,也必须对对外贸易的全过程进行全面考查,才能得到正确的评价。

二、对外贸易企业经济效益的评价

外贸企业经济效益评价指标体系由三部分共十五个指标构成。

(一) 反映企业资产负债和偿债能力的指标体系

(1) 资产负债率。该指标是指企业负债与资产的比值,反映企业总资产中的债务比例。其公式如下:

$$资产负债率 = \frac{负债总额}{资产总额} \times 100\%$$

(2) 流动比率。该指标是指企业流动资产与流动负债的比值,反映企业偿还即将到期债务的能力。其公式如下:

$$流动比率 = \frac{流动资产}{流动负债} \times 100\%$$

(3) 速动比率。该指标用来衡量企业运用随时可变现资产偿付到期债务的能力。其公式如下:

$$速动比率 = \frac{速动资产}{流动负债} \times 100\%$$

（4）流动资产周转率。该指标是指企业营业收入与流动资产的比值,反映企业流动资产运转的能力。其公式如下:

$$\frac{流动资产}{周转率}=\frac{商品销售收入净额＋代购代销收入＋其他业务收入}{（期初流动资产总额＋期末流动资产总额）÷2}\times100\%$$

（5）存货周转率。该指标是指企业销售成本与存货的比值,反映企业存货的周转速度。其公式如下:

$$存货周转率=\frac{商品销售成本}{（期初存货＋期末存货）÷2}\times100\%$$

（二）反映盈利能力和国有资产保值增值情况的指标

（1）销售（营业）利润率。该指标用来反映企业销售收入的获利水平。其公式如下:

$$销售（营业）利润率=\frac{利润总额}{产品销售收入（营业收入）}\times100\%$$

（2）出口每美元成本。该指标用来反映企业出口商品每一美元所耗费的成本。其公式如下:

$$出口每美元成本=\frac{出口商品总成本（商品进价不含增值税）}{出口额（美元数）}$$

（3）进口每美元赔赚额。该指标用来反映企业每进口一美元商品的获利能力。其公式如下:

$$进口每美元赔赚额=\frac{进口商品销售收入－进口商品总成本}{进口国外进价（美元数）}$$

（4）费用水平。该指标用来反映企业商品销售每百元所耗的费用。其公式如下:

$$费用水平=\frac{商品流通费}{商品流通额}\times100\%$$

（5）资本金收益率。该指标是指企业实现的净利润与实收资本的比值,反映企业对投资者的回报能力。其公式如下:

$$资本金收益率=\frac{净利润}{实收资本}\times100\%$$

（6）总资产报酬率。该指标是指企业一定时期内实现的利润总额和支付的财务费用与资产的比值,反映企业运用全部资产赚取收益的能力。其公式如下:

$$总资产报酬率=\frac{利润总额＋财务费用}{（期初资产总额＋期末资产总额）÷2}\times100\%$$

（7）资产保值增值率。该指标是指企业期末所有者权益与期初所有者权益的比值,反映企业对所有者权益的保值和增值能力。其公式如下:

$$资产保值增值率=\frac{期末所有者权益总额}{期初所有者权益总额}\times100\%$$

（三）反映企业对社会贡献的指标

（1）出口收汇额。该指标用来反映企业实际为国家创造的外汇收入。

（2）社会贡献率。该指标用来衡量企业运用全部资产为国家或社会创造或支付价值的能力。其公式如下：

$$社会贡献率 = \frac{企业社会贡献总额}{平均资产总额} \times 100\%$$

（3）社会积累率。该指标用来衡量企业社会贡献总额中多少用于上缴国家财政。其公式如下：

$$社会积累率 = \frac{上缴国家财政总额}{企业社会贡献总额} \times 100\%$$

第四节　提高对外贸易经济效益的途径

一、提高外贸社会经济效益的途径

（一）调整和优化产业结构及进出口商品结构，是提高外贸社会经济效益的重要途径

对外贸易经济效益的重要源泉是商品国内价值和国际价值的差异，因此国内价值和国际价值的物质承担者——使用价值的构成，即进出口商品结构，无疑是提高外贸经济效益的关键之一。而优化进出口商品结构的前提条件是优化本国的产业结构，因为产业结构是进出口商品结构的物质基础。

有什么样的产业结构，就决定了什么样的出口商品结构。优化产业结构和进出口商品结构，可以改善我国在国际分工中的地位，提高外贸经济效益。从国内产业发展的基础看，我国具备了在"十一五"期间加快转变对外贸易增长方式的基本条件。一是国内产业整体技术水平和竞争力在较快提升，包括汽车及零部件、数控机床、电站设备在内的一批技术含量较高、附加值较高的产品，出口有望实现突破性的快速增长。二是传统出口商品的技术含量和附加值继续提升，即使是劳动密集型产品，也可以从出口中获得更大的收益。三是外商投资企业继续提升产业层次和加工深度，加强研发能力，有利于提升其出口商品的国内增值率。可以对现行的鼓励出口政策作适当的调整，逐步建立起主要依靠科技进步促进出口的政策体系。如改革出口退税政策，根据产品的技术含量、资源耗费、加工增值率等，实行有差别的出口退税税率；鼓励关联性大、能改善我国贸易条件的产品的出口；沿海发达地区要对产业实行必要的"挤出"政策，腾出空间，主要发展高新技术产业，对某些纯资源产品出口征收出口税。改革金融扶持政策，对贷款、贴息、贴现、出口信贷等实行有差别的利率等。

长期以来，传统的资源密集型初级产品和劳动密集型的轻纺产品的出口额几乎每年都占我国出口总额的 50% 以上。这种模式正承受着我国资源环境日益恶化、劳动力成本不断上升和国内对初级产品的需求不断增加的压力，初级产品的出口市场也受到经济日益崛起的发展中国家的激烈竞争以及发达国家进口配额限制等贸易保护主义的抑制，资源和劳动密集型产品难以有更大的发展。在知识经济为主导的当代社会，科学技术已经成为提高产

品国际竞争力和社会经济发展的决定性因素,世界经济的竞争就是以经济为基础、以科技特别是高科技为先导的综合国力的竞争。随着国际市场商品结构的变化,技术密集型的高科技产品正成为最具生命力和竞争力、出口增长最快、贸易规模最大和发展后劲最足的支柱产品。因此,积极发展高技术产业,开拓产品出口市场,既符合我国经济发展现状和发展方向,又符合国际贸易的发展趋势。

(二) 建立高效的宏观调控体系,协调外贸社会效益与外贸企业经济效益的关系

外贸社会效益与外贸企业效益是整体和局部的关系,既是统一的,又是矛盾的。国家和外贸企业作为不同的利益主体,在经济行为中追求的效益目标必有差别。为了尽可能地使两者统一起来,国家应加强宏观调控手段,充分发挥市场机制的作用,辅之以必要的行政手段,既满足外贸企业的效益目标,又保证国家外贸社会经济效益目标的实现。

外贸企业若要提高经济效益,从根本上讲,需要国家在经济体制上进一步深化改革,最终形成有利于节约资源、降低消耗,增加效益的企业经济机制;形成有利于自主创新的技术进步机制;形成有利于市场公开竞争和资源优化配置的经济运行机制。因此,要提高我国外贸经济效益,我国政府必须由过去的外贸经营者转变为外贸宏观调控者,由直接的行政干预转变为通过汇率、关税等经济手段进行间接调控,使外贸企业在市场机制的作用下更合理地利用我国的优势,提高产品在国际市场上的竞争力。政府还应向效益好的外贸企业提供政策支持,如出口信贷、出口许可证等,同时,政府应代表外贸企业参加相关国际会议、签订国际协议,为外贸企业争取应得的权利,积极帮助外贸企业协调解决贸易争端。国家作为法律法规的制定者,还应借鉴国外经验,制定完善保护我国对外贸易发展的法律法规,为外贸企业创造一个公平竞争的国际国内环境。

(三) 加速建立和完善社会主义市场经济体制是提高外贸社会经济效益的保证

首先,建立和完善社会主义市场经济体制,使市场真正成为资源配置的基础性手段,促使我国经济同世界经济互接互补,更好地利用国际分工,提高生产力水平。

其次,建立和完善社会主义市场经济体制,可引进国际竞争,加速我国企业和国民经济的技术改造,推进产业结构、经济结构的优化。

再次,建立和完善社会主义市场经济体制,可促使外贸企业在市场竞争中求生存、求发展,从而从整体上提高外贸企业的经济效益。

在世界经济日益融合、国际竞争不断加剧的今天,仅仅依靠价格优势在国际市场上立足,单纯通过数量扩张实现对外贸易的发展已成为过去,我国必须采取积极的措施,进一步加强宏观调控的力度,加强对外贸管理的制度和法规建设,用政策、法规和经济调节机制来协调和管理对外贸易,在政策上向经济效益好、出口规模大、有发展潜力的行业、企业倾斜,在进出口信贷、出口退税等方面给予优惠待遇。建立完善的进出口审批、最低出口限额等制度,优先保证效益良好企业的进出口用额,统一制定进出口最低限价,杜绝恶性竞争、国家受损的不良现象,将一切经济行为切实转到以提高经济效益为中心的轨道上来,向质量、技术、规模和管理要效益,实现我国对外贸易增长方式由粗放型向效益型转变。

二、提高外贸企业经济效益的途径

提高外贸企业经济效益,除了必须为企业创造平等竞争的宏观环境外,更要从微观层面进行变革,挖掘企业内在潜力。

（一）转换外贸企业经营机制

转换外贸企业的经营机制首先要推行股份制，使外贸企业真正成为自主经营、自负盈亏、自我发展、自我约束的独立生产者和经营者。按照现代企业制度关于"产权明晰、权利明确、政企分开、管理科学"的要求，加大外贸企业体制改革的力度，促进外贸企业管理水平的提高。

（二）大型外贸企业应走"三化"道路

大型外贸企业应走实业化、国际化和集团化的道路，实现综合经营、规模经营；加强横向、纵向联合，实行"一业为主，多种经营"的方针，扩大经营规模，实行规模经营。"一业为主，多种经营"的方针，可使外贸企业在更广泛的领域发展，使企业拥有的资源更有效地配置，也可增强风险抵御能力，从而提高外贸企业经济效益。实行规模经营，可降低企业运营成本，改变投入产出关系，增加企业盈利。小型外贸企业要进一步放开搞活，可兼并、联合或租赁，有的可改组为股份合作制，有的可出售。

（三）加速生产企业技术进步

必须推行"以质取胜"战略，加大企业技术改造力度，用高新技术武装企业，增加产品技术含量，增加产品附加值。提高外贸产品附加值是提高外贸企业经济效益的必要选择，外贸企业要加强市场调研，适时推出新产品来提高附加值；改进工业设计，通过创新求变来增强国际市场竞争力和适应性，注重产品质量，以质量为依托来扩大外贸产品销量，增强批量出口创汇的能力，将外贸产品的附加值提高到一个新水平。

（四）建立科学的企业管理制度

按市场经济的要求，建立劳动人事制度、财务制度，特别是分配制度。全面实行劳动合同制，使企业和职工在平等自愿、协商一致的基础上，签订企业职工劳动合同，通过劳动合同以法律形式确立和规范双方的劳动关系，明确责、权、利，充分调动广大职工的积极性和创造性，促进企业建立自主用人、自主分配和自我约束的竞争机制。实行优化组合制，对于优化组合后的剩余人员，按待业处理、自愿停薪留职、自动调出、提前退休等形式安置。改革分配制度，在分配上，全部推行岗位职务工资和效益工资，拉开分配档次，真正做到多劳多得。

（五）培养人才，提高企业素质

市场经济条件下，企业家及职工素质是极为重要的因素。企业之间的竞争在很大程度上是人才的竞争，外贸企业要想在竞争中取胜，提高企业经济效益，必须有一支足够数量、高素质的职工队伍。要打破计划经济的上级任命制，建立竞争机制，选拔优秀人才，变终身制为任期制，加强外贸企业负责人的综合考核，实行与综合考核目标挂钩的浮动年薪制；加强政策、业务和科学技术知识的学习，经营者既懂政策，又精通业务，同时又有广博的科技知识。企业文化在企业管理中具有凝聚、激励效能，其核心是企业精神，是企业的无形动力。通过外贸企业文化的建立，建立适应现代企业发展的企业精神，有利于调动广大外贸企业干部职工的积极性、创造性，提高企业的凝聚力，推动企业的发展，进而提高外贸企业的经济效益。

 **本章小结**

　　对外贸易经济效益是指一定时期内投入对外贸易领域的劳动(活劳动与物化劳动)和由此取得的成果之比。表现在宏观(社会)经济效益和微观(企业)经济效益两个方面。利用"绝对差异"和"比较差异",通过使用价值转换,形成对外贸易社会经济效益,对外贸易企业经济效益等于国内外市场的价格差减去商品流通费用。

　　影响对外贸易社会经济效益的主要因素有,一国劳动生产率、进出口商品结构、货币、因素、市场机制等;影响对外贸易企业经济效益的主要因素有,外贸企业的企业制度、外贸企业的经营制度、外贸企业的管理制度等。

　　外贸社会经济效益的评价原则是,必须从价值角度进行评价,使用价值的评价可以归结为价值评价;要对贸易机会成本进行考查;必须借助货币、价格形式;进行宏观的全面评价。外贸企业经济效益评价指标体系由三部分共十五个指标构成。

　　提高外贸社会经济效益的途径:调整和优化产业结构及进出口商品结构;建立高效的宏观调控体系,协调外贸社会效益与外贸企业经济效益的关系;加速建立和完善社会主义市场经济体制。提高外贸企业经济效益则要通过转换外贸企业经营机制,大型外贸企业要走实业化、国际化和集团化道路,加速生产企业技术进步,建立科学的企业管理制度,培养人才,提高企业素质。

 **复习思考题**

1. 对外贸易经济效益是通过何种形式表现出来的?
2. 对外贸易宏观经济效益是如何形成的?
3. 对外贸易微观经济效益是怎样形成的?
4. 影响外贸宏观经济效益的因素有哪些?
5. 影响外贸微观经济效益的因素有哪些?
6. 我国外贸宏观经济效益的评价原则是什么?
7. 联系实际说明通过什么途径可提高外贸宏、微观经济效益。

微信扫码查看

第八章　中国进出口贸易

学习要求

通过本章的学习,要求学生了解我国发展进出口贸易的意义和状况,懂得我国出口商品战略和出口市场战略以及进口商品战略,掌握我国发展服务贸易的意义和技术引进与出口的原则。

关 键 词

出口商品战略　出口市场战略　进口商品战略　国际服务贸易　国际技术贸易

出口和进口,是对外贸易的两个重要方面。出口是发展对外贸易的关键,是开展进口、引进技术、利用外资及一切对外经济活动的基础。出口贸易的规模和水平制约着对外开放的范围和程度,影响国民经济建设的规模和进程。进口通过引进技术、利用外资和购买必要物资,利用国内外两个市场、两种资源,促进我国新兴产业的开发和传统产业的改造,促进产业结构调整和优化,加快国民经济发展和改善人民生活。出口和进口两个方面互相制约、互相渗透、互为条件。只有出口,没有进口,出口就没有意义;只有进口,没有出口,进口就没有基础。既要大力发展出口贸易,也要积极开展进口贸易,使进出口保持基本平衡,才能实现对外贸易的持续、快速、协调发展。

第一节　出口贸易

一、发展出口贸易的重要意义

(一) 出口贸易为我国增加进口、引进资金技术、开展对外经贸合作提供外汇保障

我国的外汇收入有 4/5 左右来自出口贸易的收入,只有 1/5 左右来自旅游、侨汇等非贸易外汇收入。我国要增加进口,大规模地利用外资、引进技术、开展对外承包工程、开展劳务合作、对外援助、进行双边和多边经贸合作等,都要靠出口贸易提供外汇保障。我国进口的重要原材料和人民生活急需的物品,要靠外汇支付;我国利用外资的本息要靠外汇来偿还;引进先进技术设备、开展对外承包工程和劳务合作以及对外援助,都需要靠出口贸易提供的外汇资金作保证。出口贸易的规模制约着进口、利用外资、引进先进技术设备、开展对外承

包工程和劳务合作及外援等对外经贸活动的规模,从而影响我国现代化经济建设的规模和进程,也影响着人民物质文化生活改善的进程。

(二)出口贸易为我国国民经济技术进步提供强大推动力

我国国民经济的发展必须依靠科学技术的进步。发展出口贸易,国内产品进入国际市场,参与激烈的国际市场竞争,必须不断降低产品成本,提高产品质量。这就要求出口生产企业不断提高生产技术水平,更新设备和采用新工艺,采用新的原材料和先进的经营管理方法,才能提高劳动生产率,改善出口商品质量,增加花色品种。这样就能引起一系列国民经济技术改造的连锁反应,促进整个国民经济的技术进步。

(三)出口贸易有利于国内产业结构和整个国民经济结构的调整与优化

出口贸易的发展对产业结构和经济结构的调整与优化有巨大的促进作用。大力发展出口贸易,要根据国际市场的需要,不断调整和改善出口商品结构,建立新的出口生产体系。这必然要发展技术密集型产业和相关先进的基础产业,使出口产业结构得到调整和优化。这一过程还会通过与国内产业的关联性传导并波及国内其他产业,从而带动国内产业结构的调整,促使整个国民经济结构不断优化和升级。

(四)出口贸易可以促进我国现代化建设外部环境的改善

我国社会主义现代化建设需要有一个宽松和谐的外部环境。出口贸易作为对外经贸关系最基本的内容,是广泛参与世界各国经济、技术交流与合作的重要手段。通过发展出口贸易,可以加强与其他国家的经济联系,促进我国同其他国家建立和发展良好的国家关系,有助于为我国社会主义现代化建设创造一个宽松和谐的外部环境。

二、我国出口贸易发展概况

(一)改革开放前我国出口贸易的发展

1. 出口贸易规模:逐渐扩大,但增速缓慢

改革开放前,受自给自足的自然经济思想的影响,我国没有建立面向国际市场的产业。客观上由于我国经济发展水平和国际环境的制约,出口贸易规模不大,虽然在逐年增长,但增长速度相对缓慢。1950 年出口为 5.5 亿美元,1978 年达到 97 亿美元,比 1950 年增长了近 17 倍。28 年来出口年均增长率为 10.8%。我国出口贸易额占世界出口贸易总额的比重,1953 年为 1.23%,但 1978 年降到了 0.75%。中国在世界出口贸易中所居位次也由1953 年的第 17 位降到 1978 年的第 32 位,说明中国出口贸易发展速度大大低于世界出口贸易的平均发展速度。

2. 出口商品结构:逐渐改善,但比较落后

1950 年我国出口商品构成中,初级产品所占比重高达 90.3%,而工业制成品仅有9.7%。1957 年初级产品在出口总额中的比重降至 79.4%,工业制成品上升到 20.6%。1978 年工业制成品所占比重上升至 46.5%,初级产品所占比重降为 53.5%,出口商品结构有了较大改善,但初级产品所占比重仍然高于工业制成品,这表明我国出口商品结构比较落后。

（二）改革开放后我国出口贸易的发展

1. 出口贸易规模：迅速扩大，增长强劲

改革开放以来，我国出口贸易规模迅速扩大，增长强劲。1978 年对外贸易出口额为 97.5 亿美元，占世界比重的 0.75%，位居世界各国和地区的第 32 位；1990 年我国对外贸易出口额增长为 620.9 亿美元，占世界比重的 1.8%，位居世界各国和地区的第 15 位；到 2005 年我国对外贸易出口额增长为 7 620 亿美元，占世界比重的 7.3%，位居世界各国和地区的第 3 位。1978—2005 年我国对外贸易额在世界出口中的比重提高了 6.55 个百分点，位次前进了 29 位。而同期我国 GDP 在世界的位次 1978 年为第 7 位，2005 年为第 4 位，位次前进了 3 位。这说明中国对外贸易出口额增速及在世界的位次提升速度，均快于中国 GDP 增速及在世界位次的提升速度。2012 年中国对外贸易出口额达到 20 489 亿美元，为 1978 年的 210 倍，同比增长 7.9%，高于同期世界出口平均增长水平。

2. 出口商品结构：根本变化，日趋优化

从出口的初级产品来看，1978 年初级产品出口额为 52.16 亿美元，占当年的出口比重为 53.5%，活动物、原料、油等占较大比重；到 1990 年，初级产品在出口中的比重已下降为 25.59%；2011 年初级产品出口为 1 005 亿美元，占当年出口比重下降为 5%，其中，食品及活动物、饮料及烟类、非食用原料、矿物燃料、润滑油及有关原料出口分别增长了 22.7%、19.4%、29.1%、21% 和 47.9%。

从出口的工业制成品来看，1978 年工业制成品的出口额为 45.29 亿美元，占当年的出口比重为 46.5%，机械与运输设备只占 3.4%；到 1990 年，工业制成品出口额为 462.05 亿美元，占出口的比重上升为 74.41%，机械与运输设备占 9.00%。表明我国出口商品结构已实现由主要出口初级产品向主要出口工业制成品的转变。2011 年，我国工业制成品的出口额为 17 980.5 亿美元，占当年的出口比重为 95%，其中化学成品及有关产品、按原料分类的制成品、机械及运输设备、杂项制品（包括活动房屋、家具、旅行用品、服装和鞋靴等）出口分别增长 31.1%、28.3%、15.6% 和 21.6%。

同时，我国高技术产品出口额也不断增加，在出口商品中的比重不断扩大，我国、商品出口呈现多元化和结构升级的趋势。1991 年我国高技术产品出口额为 28.77 亿美元，占工业制成品出口比重为 5.2%；1995 年我国高技术产品出口额为 100.91 亿美元，占工业制成品出口比重为 7.9%；2003 年我国高技术产品出口额为 1 103.2 亿美元，占工业制成品出口比重 27.3%；2006 年我国高技术产品出口额为 2 814.7 亿美元，占工业制成品出口比重为 30.7%。2011 年，中国高新技术产品出口额已达到 5 488 亿美元，占工业制成品出口比重为 30.5%，居世界第一位。世界银行的研究发现，中国出口增长更多来源于新的产品种类。这表明我国在保持出口高速增长的同时，贸易条件得到了改善。

从出口贸易方式的结构看，加工贸易占有重要地位，支撑着出口贸易的半壁江山。1995 年加工贸易在出口贸易中的比重为 49.5%，1997 年为 54.5%，2000 年为 55.2%，2012 年为 42.1%。

从出口市场看，改革开放以来，我国出口市场集中于西方发达国家，2012 年中国出口市场对象前 10 位国家和地区依次为美国、中国香港、日本、韩国、德国、荷兰、印度、英国、俄罗斯、新加坡。

三、出口商品战略

出口商品战略是出口贸易战略的一个重要组成部分,是关于出口商品结构的战略和规划。出口商品战略是一国根据自身经济发展的具体情况和国际市场的需要,对出口商品构成作出的战略性安排。制定出符合我国国情的出口商品战略措施,对于增强我国出口商品竞争力、扩大出口创汇能力、提高经济效益非常重要。

一国的出口商品结构不仅受国内经济发展水平、产业结构和发展政策的制约,还受国际市场和国际经济环境的制约。

从新中国成立到中共十一届三中全会,我国出口贸易规模逐渐扩大,但增长速度相对缓慢;出口商品结构虽然在逐渐优化,但始终以初级产品出口为主。而中共十一届三中全会以后,我国实行改革开放政策,国民经济得以全面迅速发展,对外贸易进入新的发展时期。因此,根据我国经济发展的具体情况和国际市场的需要,在不同的历史时期制定了不同的出口商品战略。

(一)"六五"时期(1981—1985 年)

"六五"时期,我国开始实行改革开放,面对落后的产业结构和生产技术,我国实行的出口商品战略是,发挥我国资源丰富的优势,增加出口矿产品和农副土特产品;发挥我国传统技艺精湛的优势,发展工艺品和传统的轻纺工业品出口;发挥我国劳动力众多的优势,发展进料加工;发挥我国现有工业基础的作用,发展各种机电产品和多种有色金属、稀有金属加工品的出口。

(二)"七五"时期(1986—1990 年)

在 20 世纪 80 年代,国际初级产品价格大幅下跌,初级产品的贸易开始萎缩。"六五"时期后期,我国初级产品的比重逐步下降,制成品比重逐步上升,但初级产品和粗加工制成品占绝大多数。为此,我国在"七五"计划中提出了以实现"两个转变"为核心内容的出口战略,即我国出口商品结构要逐步由主要出口初级产品向主要出口制成品转变,由主要出口粗加工制成品向主要出口精加工制成品转变。

在此期间,我国减少了一些大宗原料性产品的出口,轻纺织产品迅速发展。到"七五"计划末期,我国实现了由主要出口初级产品向主要出口制成品的历史转变。

(三)"八五"时期(1991—1995 年)

进入"八五"时期,从国际市场来看,机电产品贸易迅速增加,并成为贸易额最大的一类产品。据此,我国提出的出口商品战略是,逐步实现由粗加工制成品为主向精加工制成品为主转变,努力增加附加值高的机电产品、轻纺产品和高技术产品的出口,鼓励那些在国际市场有发展前景、竞争力强的拳头产品出口。

此间,我国出口商品结构进一步优化,机电产品已取代轻纺产品,成为出口的支柱性产品。

(四)"九五"时期(1996—2000 年)

进入"九五"时期,国际贸易中机电产品仍迅速增长,高技术含量、高附加值的高新技术产品增长更快。从我国国内来看,虽然出口结构不断优化,但总体上还是以粗加工、低附加值的劳动密集型产品为主,出口产品的竞争力不强。因此,根据"九五"提出的要实现经济增长方式从粗放型向集约型转变的方针,我国制定了"以质取胜"战略,努力实现外贸出口增长方式由主要靠数量和速度向靠质量和效益转变。

因此该时期提出的出口战略是:"着重提高轻纺产品的质量、档次,加快产品升级换代,扩大花色品种,创立名牌,提高产品附加值。进一步扩大机电产品出口,特别是成套设备出口。发展附加值高和综合利用农业资源的创汇农业。"

(五)"十五"时期(2001—2005 年)

21 世纪是知识经济时代,在国际贸易中,高附加值、高技术含量的产品增长十分强劲。经过改革开放二十多年的经济发展,我国的产业结构和出口商品结构都有了较大的提升,特别是高科技产业发展迅速,产品出口快速增长,但是出口产品中低技术、低附加值产品仍占主导地位。因此,我国提出要继续贯彻以质取胜战略,重视科技兴贸,优化出口商品结构。

据此,我国提出的出口商品战略是,继续贯彻以质取胜战略,重视科技兴贸,优化出口商品结构,增加产品的国际竞争力,努力保持对外经济贸易的可持续发展。

(六)"十一五"时期(2006—2010 年)

我国在"十五"期末已经取得的成绩上进一步加快转变对外贸易增长方式,促进对外贸易由数量增加为主向质量提高为主转变,到 2010 年,货物贸易、服务贸易进出口总额分别达到 2.3 万亿美元和 4 000 亿美元。优化出口商品结构,着力提高对外贸易的质量和效益。扩大具有自主知识产权、自主品牌的商品出口,控制高能耗、高污染产品出口。继续发展加工贸易,着重提高产业层次和加工深度,增强国内配套能力,促进国内产业升级。大力发展服务贸易,不断提高层次和水平。完善公平贸易政策,健全外贸运行监控体系,增强处置贸易争端能力,维护企业合法权益和国家利益。

(七)"十二五"时期(2011—2015 年)

国际服务贸易已经成为推动世界经济贸易发展的重要力量,大力发展服务贸易是"十二五"期间加快对外贸易发展方式转变的重要战略任务。在此期间,我国外贸发展的目标有以下四个方面。

一是稳增长促平衡取得实质进展。进出口平稳增长,总额年均增长 10%左右,到 2015 年达到约 4.8 万亿美元。贸易平衡状况继续改善。

二是进出口商品结构进一步优化。机电产品进出口年均增长 10%左右,总额到 2015 年达到 2.5 万亿美元左右。劳动密集型产品出口附加值进一步提高。自有品牌和知识产权产品、大型成套设备出口比重显著提高。先进技术、关键零部件、国内短缺资源和节能环保产品进口比重进一步提高。消费品进口适度扩大。

三是发展空间布局更加完善。在巩固欧、美、日等传统市场的同时,着力扩大新兴经济体、发展中国家等新兴市场的贸易规模。到 2015 年,与新兴市场的贸易占全国外贸的比重力争提高 5 个百分点左右,达到 58%。东部地区外贸发展质量和效益明显提高,中西部地区加快发展,到 2015 年,中西部地区占全国外贸的比重力争提高 5 个百分点,达到 15%。

四是国际竞争力明显增强。以技术、品牌、质量、服务为核心的竞争新优势加快形成,贸易渠道控制力明显增强。在优势产业中形成一批具有全球资源整合能力的跨国企业。

四、出口市场战略

为加速我国对外经贸的发展,我国提出了出口市场多元化战略。

(一)市场多元化战略的背景

在我国对外贸易发展过程中,进出口市场往往过度集中于少数国家和地区。在20世纪80年代末"七五时期",中国内地的主要出口市场是港澳地区、日本、美国和欧盟,这些市场在总出口中所占的比重为74.8%。以1990年为例,出口额为520亿美元,上面的四个市场所占的比重为75%;而对于其他的100多个发展中国家和地区以及苏联、东欧国家的出口比重还不到25%(苏联、东欧国家所占的出口比重为5.8%,周边11国所占的出口比重为6.6%,东盟所占的出口比重为6%,中东所占的出口比重为2.7%,拉美所占的出口比重为1.27%,非洲所占的出口比重为1.26%)。到了1998年,出口市场结构中,香港地区占21%,美国占20.6%,日本占16.1%,欧盟占15.3%。

乌拉圭回合多边贸易协定的签订和世界贸易组织的建立,为世界贸易的发展创造了一个更加开放和自由的贸易环境,世界市场的多元化趋势日益明显。但是近年来由于贸易保护主义抬头和区域集团化的消极影响以及歧视性贸易壁垒、反倾销诉讼,加剧了国际贸易冲突,妨碍了贸易自由、健康进行,单一的市场格局不利于我国外经贸事业的进一步发展。因此,我国在20世纪90年代初提出实施市场多元化战略,以改善出口市场过于集中的状况,通过开辟新市场,促进对外经济贸易的进一步发展。

(二)市场多元化战略的含义与内容

1. 市场多元化战略的含义

市场多元化战略是根据国际政治经济形势的变化,充分发挥我国的优势,有重点、有计划地采取巩固、发展、开拓、辐射等渐次推进策略,逐步建立起我国出口市场合理的、多元化的总体格局。

2. 市场多元化战略的内容

(1)深度开发日、美、欧和港澳地区等传统市场

首先,对传统市场的深度开拓要以商品结构的优化为保证,在维持传统商品出口的同时,要提高出口产品的技术含量,增加技术、知识密集型产品的出口,逐步扩大参与水平分工的比重,获取更多的比较利益。其次,要进一步了解和研究发达国家和地区的贸易法规和惯例,充分运用其先进的贸易基础设施和经销网络,特别是要进入这些国家市场上深层次的销售系统,如利用国外超市、连锁企业直接进入其销售网络。第三,要改善售后服务,稳定和提高我国出口商品的市场占有率。

我国在深度开发和巩固传统市场时,还应根据各个市场的不同特点,制定相应的开拓策略。重点突破美国轻工业品、机电产品市场;调整对日本的出口商品结构,在保持传统出口商品稳定增长的同时,积极扩大工业制成品,特别是机电产品对日本的出口。通过调整我国出口商品结构,提高出口商品质量,增加花色品种,增强商品的适销性,巩固和发展欧盟市场。港澳地区是内地主要的出口市场和最大的转口市场,应充分利用香港国际贸易和国际金融中心的地位,继续发挥其作为内地出口商品中转站的作用,推动内地与香港的经济合作

向更高层次发展。同时,要加强对港澳地区出口的管理和协调工作,维护对港澳地区出口的良好秩序,保证对港澳地区出口的稳定增长。

(2)重点开拓亚洲、非洲、拉丁美洲发展中国家和地区市场

加强同发展中国家和地区的经济贸易关系,使我国产品更多地进入这一市场。我国出口商品结构很适合发展中国家的消费水平,特别是我国的普通机电产品,操作技术要求不高,价格合理,与发展中国家的产业结构、生产力水平相配套,具有广阔的市场。但与此同时,我国开拓这一市场也存在一些障碍和问题,如许多国家经济发展水平低,贸易规模不大,外汇短缺,有些市场交通运输不便、气候不利等,这些都会制约我国对这些市场出口的扩大。因此,我国应做好市场调研,针对市场需要,组织适销对路产品出口。同时我国应根据不同情况,采取灵活的贸易做法,将出口、援外、对外投资、承包工程和劳务合作等多种经济交往形式结合起来,对发展中国家和地区市场进行综合性开拓,以扩大对其出口。

(3)积极扩大独联体、东欧国家市场

开拓独联体、东欧国家市场是我国实施市场多元化战略的重要组成部分。我国开拓这一市场的有利条件是,一方面独联体不少国家与我国相邻,发展双边经贸往来有着地理、交通上的便利;另一方面,我国与独联体国家在经济结构、产业结构上有一定的差异,从而使双方在经济贸易上有着广泛的互补性,应采取有力措施积极开拓独联体、东欧国家市场。为鼓励我国有实力、信誉好的公司、企业开拓独联体、东欧市场,国家在政策上,如贷款、配额等方面应予以扶持,使其与独联体、东欧信誉好的大企业建立长期合作关系,开展有一定规模、有较深层次的经贸活动,以促进对独联体、东欧国家出口贸易的发展。

(三)市场多元化战略的意义

首先,可以减少由市场集中可能带来的风险。其次,保证我国出口贸易持续、健康、快速发展。再次,多元化市场与我国多层次的产业结构和出口商品结构相适应,有利于促进产业结构调整。最后,发展多元化市场,有利于加强与第三世界国家的团结和合作,维护和发展世界和平事业,为我国经济建设创造良好的外部环境。

总之,实现出口市场多元化,既要求中央与地方相结合、政府与企业相结合,又要求贸易与投资、援外及其他经济合作形式相结合,同时还要求国家从宏观政策措施上予以整体推动。

第二节　进口贸易

一、发展进口贸易的重要意义

(一)通过进口推动国民经济持续、快速协调发展

进口贸易对国民经济有重要的推动作用。通过进口国民经济发展中急需的技术、设备和原材料,有助于实现社会扩大再生产,并实现对国民经济的技术改造,促进国民经济产业调整和优化,提高劳动生产率,增强生产能力,保证国民经济持续、快速协调发展。我国在经济建设的不同时期,根据国民经济发展规划和经济发展要求,进口了大批先进的技术设备和

有关建设物资,满足了经济建设需要,保证了生产和建设的顺利发展,取得了大大高于世界平均水平的高增长率,创造了中国经济持续快速发展的奇迹。

(二)通过进口提高出口商品的国际竞争力,促进进出口贸易协调稳定发展

提高出口产品的国际竞争力,要靠降低生产成本,提高产品质量,这都需要以开发技术作为先导。通过进口引进先进技术,有利于提高我国出口商品的国际竞争力。同时进口的扩大还可以为出口商品开辟市场,促进出口扩大。另外只有进口与出口保持基本平衡,在出口贸易发展的同时相应加快进口贸易发展,才能保证对外贸易发展进入良性循环轨道,实现对外贸易的协调稳定发展。

(三)通过进口增加国内消费品生产,更好地满足人民需要

满足人民群众日益增长的物质和文化生活需要,是外贸行业的重要任务之一。通过进口,引进先进技术设备,有利于发展消费品工业的生产,有利于提高工业消费品的质量、性能,增加花色品种,改善国内市场供应,更好地满足人民群众的需要。

(四)通过进口,有利于增进我国同各国经贸关系的发展

我国国土辽阔,人口众多,国内市场庞大,对世界各国和地区都有着很大的吸引力。特别是那些拥有我国急需的高科技的先进技术与设备和能源、材料丰富的国家,其经济发展更是依赖中国市场,希望扩大对中国的出口。我国"十一五"规划中提出要积极扩大进口和积极发展国际经济合作,实现互利双赢战略,这对于我国全方位地发展同世界各国之间的贸易和经济技术合作,促进扩大国际经济交流的深度和广度,全面参与国际分工起到了重要的推动作用。

二、我国进口贸易发展概况

(一)改革开放前我国进口贸易的发展

改革开放前,我国的进口贸易随着国家经济建设发展和出口的扩大,得到了相应的发展。但由于"左"的错误和"文化大革命"的干扰,进口贸易发展出现波折和起伏。1959年,我国突破以美国为首的主要资本主义国家的封锁、禁运,进口从1950年的5.8亿美元增加到21.2亿美元,增长了2.65倍,其中生产资料占91.5%。这对于恢复和发展国民经济,改善人民生活发挥了重要作用。1966年进口贸易总值达22.48亿美元。

由于"文化大革命"的干扰,1969年进口贸易总值降到18.25亿美元。进口商品结构也不得不扩大消费资料的比重,以弥补因"文化大革命"造成的物质匮乏。消费资料进口的比重由20世纪50年代末的8.5%上升到28.4%,这对于缓解国内市场物质匮乏,改善人民生活起到了巨大作用。

20世纪70年代在我国政治、经济处于重大转折的时期,进口贸易起伏不稳。20世纪70年代前期由于周总理狠抓外贸,1974年进口总值达76.19亿美元,比1970年的23.2亿美元增长了2倍多。后来由于"四人帮"的破坏,在1974年以后进口贸易连续两年下降,1976年下降到68.8亿美元,比1974年下降了14%。经过1977年和1978年的拨乱反正,进口贸易有了发展,1978年进口总值达到108.93亿美元,比上年增长了51%。

（二）改革开放后我国进口贸易的发展

改革开放后,进口贸易得到了持续稳定的发展。1979 年进口总值达到 156.8 亿美元,比 1978 年增长 43.9%;1980 年进口总值为 195.5 亿美元,比 1979 年增长 24.7%;1985 年突破 400 亿美元,达到 422.5 亿美元;1993 年突破 1 000 亿美元,达到 1 039.6 亿美元;2000 年突破 2 000 亿美元,达到 243.1 亿美元;2004 年突破 5 000 亿美元,达到 5 613.8 亿美元;2007 年突破 9 000 亿美元,达到 9 558 亿美元;2012 年突破 18 000 亿美元,达到 18 178.3 亿美元。

这一时期,不仅进口总值连年增长,进口结构也在不断优化。1979 年初级产品进口额为 44.22 亿美元,占当年进口总额的 28.2%;2011 年初级产品进口额为 6 043.8 亿美元,占当年进口总额的 33.2%,与 1979 年相比,有所增长。在初级产品中,矿物燃料、非食用原料等进口比重逐年上升,表明我国在这方面资源短缺;且经济迅速增长、工业化进程推进对燃料和原材料的需求量增大。在食品和活动物方面的进口呈现下降趋势,表明改革开放以来,我国的农业、养殖业等行业发展迅速。进口的工业制成品 1979 年为 112.53 亿美元,占当年进口总额的 71%;1990 年为 434.92 亿美元,占当年进口总额的 81.53%;2007 年为 7 128.4 亿美元,占当年进口总额的 74.6%;2011 年为 12 134.5 亿美元,占当年进口总额的 66.8%。工业制成品进口比重多年来一直维持在比较高的水平上,尤其是化工类产品和机械运输设备的进口存在逐年攀升趋势,这表明我国改革开放以来的进口贸易发展在推动工农业生产发展、加快现代化经济建设方面发挥着越来越大的作用。

三、进口商品战略

进口商品战略是指根据国内生产、消费的需要,对一定时期进口商品的构成所作的战略性规划。进口商品战略是以生产需求和消费需求为依据的,具体表现为一定时期内国家的经济和社会发展目标与产业结构调整目标。

（一）改革开放以前我国进口商品战略（1949—1978 年）

解放前,进口水平很低,进口的商品绝大部分是一般生活消费品和奢侈品。解放后,随着我国社会主义建设事业的发展,进口贸易也得到相应的发展。

20 世纪 50 年代,是我国恢复国民经济和第一个五年计划建设时期。这一时期我国实行的进口商品战略是,大力组织国家经济建设所必需的机器设备、工业器材和原料以及其他重要物资的进口。这一战略的实施不仅打破了以美国为首的世界主要资本主义国家的封锁禁运,而且对恢复和发展国民经济、增强我国的生产能力,改善人民生活,稳定市场价格起了重要的作用。

20 世纪 60 年代,是国民经济面临严重困难和调整的时期。三年困难时期及中苏两党的矛盾和摩擦,加之当时经济建设指导思想"左"的错误,使国民经济的发展遇到了前所未有的困难。根据当时的特殊情况,进口商品战略调整了进口结构,在急需物资进口中,把粮食列为首位,依次安排化肥、农药、油脂、工业原料、设备等。进口贸易出现了上升继而下降的波动。

20 世纪 70 年代,是我国政治、经济发展史上极为复杂的时期,也是我国历史上重要的转折时期。在这个时期,中国再次从西方国家进口化肥、化纤、石油、化工、轧钢、采煤、火电、机械制造等方面的技术和成套设备共222个进口项目,但由于"四人帮"干扰,未能全面实现。进口贸易经历了上升、下降及再上升的变化。

(二) 改革开放后我国的进口商品战略（1978 年至今）

20世纪80年代以后,我国全面进行社会主义建设的时期。在这个时期,党中央作出了实行对外开放、对内搞活经济的战略决策,明确了对外贸易在国民经济发展中的重要地位。

我国各个五年计划都对进口结构进行了规划。

1. "六五"计划时期(1981—1985 年)

"六五"计划时期,我国实行的进口商品战略是,引进先进技术和关键设备;确保生产和建设所需的短缺物质的进口;组织好国内市场所需物资和以进养出物资的进口;对本国能够制造和供应的设备,特别是日用消费品,不能盲目进口,以保护和促进民族工业的发展。

2. "七五"计划时期(1986—1990 年)

我国在此时期的进口重点是引进软件、先进技术和关键设备,以及必要的、国内急需的短缺生产资料。

3. "八五"计划时期(1991—1995 年)

我国实行的进口商品战略是,按照有利于技术进步、增加出口创汇能力以及节约使用外汇的原则合理安排进口,把有限的外汇集中用于先进技术和关键设备的进口,用于国家重点生产建设所需物资以及农用物资的进口,以促进民族工业的发展;国内能够生产供应的原材料和机电设备争取少进口或不进口;严格控制奢侈品、高档消费品和烟、酒、水果等商品的进口。

4. "九五"计划时期(1996—2000 年)

"九五"计划以来中国进口商品结构升级显著:大量进口了短缺的资源型商品;以信息、通信类产品为主的高新技术产品进口大增;技术引进项目和金额成倍增长;国内技术和生产能力逐步完善的进口商品大幅度减少。我国实行的进口商品战略是,积极引进先进技术,适当提高技术、设备和原材料产品的进口比例,努力发展技术贸易和服务贸易。

5. "十五"规划时期(2001—2005 年)

"十五"规划期间,我国根据社会经济发展目标和产业结构和进口结构的现状,确定了进口商品战略结构的重点应是引进先进技术和关键设备;保证重要资源和加工贸易物资的进口;按照我国对国际社会承诺的市场开放进程和国内市场的需求,扩大消费品进口。

6. "十一五"规划时期(2006—2010 年)

实行进出口基本平衡的政策,发挥进口在促进我国经济发展中的作用。完善进口税收政策,扩大先进技术、关键设备及零部件和国内短缺的能源、原材料进口,促进资源进口多元化。积极发展对外贸易,优化进口商品结构,着力提高对外贸易的质量和效益。鼓励进口先进技术设备和国内短缺资源,完善大宗商品进出口协调机制。

由于进口贸易持续、稳定的发展,使我国国民经济对进口的依存度也不断增长。总之,新中国成立以来,特别是改革开放政策实行以来,我国进口贸易对推动工农业生产的发展,加快现代化建设的步伐,起到了重要的推动作用。

7. "十二五"规划时期(2011—2015年)

"十二五"规划期间,我国通过优化进出口结构、提高贸易便利化水平、加强进口国内流通对接等手段不断加强扩大进口工作。

我国以前的进口以中间产品、资源性产品和矿产品居多,现在要加大资本品、关键零部件和消费产品的进口。在进口国别和企业上,要向贸易顺差较多的国家及拥有话语权的企业增加产品进口。通过商务部、海关等部门的合作,进口产品的通关效率及贸易便利化的水平要进一步提高;同时优化管理措施,进一步清除进口环节的不合理限制,降低进口成本。

在进口国内流通的对接上,要鼓励大型企业与国外消费品供应商建立长期合作机制,减少中间环节;还要鼓励有实力的企业把内贸物流等缓解进行整合,使得国外产品顺利进入国内流通领域,鼓励发展直购式的消费平台,打破垄断。

应该通过"走出去"带动进口,利用国外成本优势来提高进口产品的竞争力。同时,进一步完善的进口促进体系将提高政策透明度,利用各种金融税收手段扩大进口,向企业提供更多信息及融资便利。

第三节　服务贸易

一、国际服务贸易概述

(一)服务贸易的概念

服务,一般来说,是指以提供活劳动的形式满足他人一定需要并索取报酬的特殊的劳动产品。服务具有价值与使用价值,因此,具有商品的属性。服务不像货物那样具有物质形体,其生产与消费以及交换常常同时发生,并且某些服务的消费具有不可排他性。因此,它是一种特殊的商品。

服务贸易是乌拉圭回合的三大新议题之一。新议题所涉及的服务贸易概念专指国际服务贸易,即国家间的服务输入或服务输出这样一种贸易形式,而不包括国内服务贸易。乌拉圭回合达成的《服务贸易总协议》第一条对国际服务贸易从以下四个方面进行了定义。

1. 跨界提供

由一个成员境内向另一个成员境内提供的服务。在这种形式下,服务提供者和被提供者分别在本国境内,并不移动过境。所以,这种服务提供方式,往往要借助远程通信手段,或者就是远程通信服务本身。例如,国际电话通信服务。

2. 过境消费

在一个成员境内向任何其他成员的消费者提供的服务。这种服务提供形式下,服务的被提供者,也就是消费者跨过国境进入提供者所在的国家或地区接受服务。出国旅游、出国留学实际上接受的就是这种服务方式。

3. 商业存在

通过一个成员的商业实体在任何其他成员境内的存在而提供的服务。这种商业实体或商业存在,实际上就是外商投资企业。其企业形式可以采取独立的法人,也可以仅仅是一个分支机构或代表处。在这里,服务的提供是以直接投资为基础的,涉及资本和专业人士的跨国流动。例如,外资银行提供的服务就属于这种形式。

4. 自然人的流动

由一个成员在任何其他成员境内的个人提供的服务。这种形式涉及提供者作为自然人的跨国流动。与商业存在不同的是,它不涉及投资行为。例如,我们请一个国外著名会计师事务所的注册会计师前来做财务咨询以及进行讲学,那么这可以被看作“自然人的流动”。但如果该所来中国开设了一家分支机构,那么这就是“商业存在”了。

“服务贸易”作为一个在经济领域被广泛引用的概念,并没有一个完全公认的定义与范围。世界贸易组织《服务贸易总协定》对服务贸易的定义主要是针对服务的不同提供方式而给出的外延式定义。

国际服务贸易是服务提供者从一国境内,通过商业区现场或自然人现场向消费者提供服务并获得外汇收入的交易过程。也可以说是国家间服务输入(进口)和服务输出(出口)的一种贸易形式。

(二) 国际服务贸易的范围

乌拉圭回合服务贸易谈判小组在乌拉圭回合中期评审会议后,加快了服务贸易谈判进程,并在对以商品为中心的服务贸易分类的基础上,结合服务贸易统计和服务贸易部门开放的要求,在征求各谈判方的提案和意见的基础上,提出了以部门为中心的服务贸易分类方法,将服务贸易分为十二大类。

1. 商业性服务

商业性服务是指在商业活动中涉及的服务交换活动,服务贸易谈判小组列出的六类这种服务,既包括个人消费的服务,也包括企业和政府消费的服务。

(1) 专业性(包括咨询)服务。专业性服务涉及的范围包括法律服务、工程设计服务、旅游机构提供的服务、城市规划与环保服务、公共关系服务等;专业性服务中包括涉及上述服务项目的有关咨询服务活动;安装及装配工程服务(不包括建筑工程服务),如设备的安装、装配服务;设备的维修服务,指除固定建筑物以外的一切设备的维修服务,如成套设备的定期维修、机车的检修、汽车等运输设备的维修等。

(2) 计算机及相关服务。这类服务包括计算机硬件安装的咨询服务、软件开发与执行服务、数据处理服务、数据库服务及其他。

(3) 研究与开发服务。这类服务包括自然科学、社会科学及人类学中的研究与开发服务等。

(4) 不动产服务。指不动产范围内的服务交换,但是不包含土地的租赁服务。

(5) 设备租赁服务。主要包括交通运输设备(如汽车、卡车、飞机、船舶等)和非交通运输设备(如计算机、娱乐设备等)的租赁服务,但是不包括其中有可能涉及的操作人员的雇用或所需人员的培训服务。

(6) 其他服务。指生物工艺学服务;翻译服务;展览管理服务;广告服务;市场研究及公众观点调查服务;管理咨询服务;与人类相关的咨询服务;技术检测及分析服务;与农、林、牧、采掘业、制造业相关的服务;与能源分销相关的服务;人员的安置与提供服务;调查与保安服务;与科技相关的服务;建筑物清洁服务;摄影服务;包装服务;印刷、出版服务;会议服务;其他服务等。

2. 通信服务

通信服务主要是指所有有关信息产品、操作、储存设备和软件功能等的服务。通信服务由公共通信部门、信息服务部门、关系密切的企业集团和私人企业间进行信息转接和服务提供。主要包括邮电服务;信使服务;电信服务,其中包含电话、电报、数据传输、电传、传真;视听服务,包括电视广播服务及其他电信服务。

3. 建筑服务

建筑服务主要指工程建筑从设计、选址到施工的整个服务过程。具体包括选址服务,涉及建筑物的选址;国内工程建筑项目,如桥梁、港口、公路等的地址选择;建筑物的安装及装配工程;工程项目施工建筑;固定建筑物的维修服务;其他服务。

4. 销售服务

销售服务指产品销售过程中的服务交换。主要包括商业销售,主要指批发业务;零售服务;与销售有关的代理费用及佣金等;特许经营服务;其他销售服务。

5. 教育服务

教育服务指各国间在高等教育、中等教育、初等教育、学前教育、继续教育、特殊教育和其他教育中的服务交往,如互派留学生、访问学者等。

6. 环境服务

环境服务指污水处理服务;废物处理服务;卫生及相似服务等。

7. 金融服务

金融服务主要指银行和保险业及相关的金融服务活动。包括:① 银行及相关的服务;银行存款服务;与金融市场运行管理有关的服务;贷款服务;其他贷款服务;与债券市场有关的服务,主要涉及经纪业、股票发行和注册管理、有价证券管理等;附属于金融中介的其他服务,包括贷款经纪、金融咨询、外汇兑换服务等。② 保险服务;货物运输保险,其中含海运、航空运输及陆路运输中的货物运输保险等;非货物运输保险,具体包括人寿保险、养老金或年金保险、伤残及医疗费用保险、财产保险服务、债务保险服务;附属于保险的服务,如保险经纪业、保险类别咨询、保险统计和数据服务;再保险服务等。

8. 健康及社会服务

健康及社会服务主要指医疗服务、其他与人类健康相关的服务;社会服务等。

9. 旅游及相关服务

旅游及相关服务指旅馆、饭店提供的住宿、餐饮服务、膳食服务及相关的服务;旅行社及导游服务。

10. 文化、娱乐及体育服务

文化、娱乐及体育服务主要包括广播、电影、电视在内的一切文化、娱乐、新闻、图书馆、体育服务,如文化交流、文艺演出等。

11. 交通运输服务

交通运输服务主要包括货物运输服务,如航空运输、海洋运输、铁路运输、管道运输、内河和沿海运输、公路运输服务,也包括航天发射以及运输服务,如卫星发射等;客运服务;船舶服务(包括船员雇用);附属于交通运输的服务,主要指报关行、货物装卸、仓储、港口服务、起航前查验服务等。

12. 其他服务

（三）国际服务贸易的特点

20 世纪 60 年代以来，世界经济重心开始转向服务业。在 1999 年世界国内生产总值（GDP）中，服务业的产值占 61%，制造业占 34%，而农业仅占 5% 左右。服务业在各国就业和国内生产总值（GDP）中的比重也在不断加大，发达国家服务业占 GDP 的比重由 1970 年的 58.2% 提高到 1999 年的 65.3%，服务业就业人数占国内就业总数的比重在 55%—75%，同期发展中国家服务业占 GDP 的比重也从 42.5% 上升到 48.1%，服务业就业人数占国内就业总数的 30%—55%，服务业已经成为世界各国国民收入和就业增长的重要来源。

服务业的发展相应地推动了国际服务贸易的增长。服务贸易总额在 1970 年为 700 多亿美元，1980 年为 3 800 亿美元，1990 年是 8 660 亿美元。如果将其中的政府服务剔除，仅考虑商业服务，根据有关的世界经济组织的统计，1986 年国际商业服务出口额为 4 496 亿美元，1990 年为 7 827 亿美元，1994 年为 10 550 亿美元，1998 年是 13 320 亿美元，2000 年是 14 150 亿美元，2002 年是 15 400 亿美元，其年平均增长速度达到 7% 左右，超过了同期的货物贸易 6% 左右的增长速度。而 2011 年达到了 41 500 亿美元，同比增长 11%。

国际服务贸易在其快速发展中呈现出以下几个新的特征。

1. 服务贸易在国际贸易中的比重加大

20 世纪 70 年代以前，国际服务贸易在世界经贸关系中还不是一个引人注目的领域，关税及贸易总协定组织的多轮谈判都没有考虑到这一议题。在这以后，国际服务贸易的发展潜力和重要性才开始为人们所重视。进入 20 世纪 70 年代以来，国际服务贸易有了突飞猛进的发展。据世界贸易组织的统计，1990—2000 年间国际服务贸易额年均增长率为 7%，高于同期世界货物贸易 6% 的增长率；而 2000—2007 年国际服务贸易额年均增长率为 12%，世界服务贸易出口年均增速与货物贸易出口年均增速基本持平，均为 12%（见表 8-1）。

表 8-1 国际货物贸易与服务贸易增长率

单位：%

年份	1990—2000	2000—2004	2005	2006	2007
国际货物贸易	6	12	14	26	15
国际服务贸易	7	12	12	12	15

资料来源：2007 年世界贸易报告

随着知识经济时代的来临，新的服务部门不断涌现，越来越多的劳动者从实物生产转移到服务生产。与此相适应，国际服务贸易也将进入了一个高速发展的时期。2011 年，世界服务进出口继续保持稳定增长态势，在同期货物贸易增速下滑的背景下，服务进出口增速仍略有提高。2011 年世界服务进出口总额为 80 150 亿美元，比 2010 年增长 10.6%。

2. 以新兴行业为代表的其他商业服务出口增长最快

自 2000 年以来，以新兴服务行业为代表的其他商业服务出口一直保持快速增长态势，其历年增速均高于同期运输和旅游服务出口增速。2000—2007 年，其他商业服务出口年均增长 14%，而同期运输和旅游服务出口年均增速分别为 11% 和 9%。2007 年，其他商业服务出口16 530亿美元,比2006年增长19%,增速比上年提高4个百分点,比同期运输和旅游服务出口增速分别高1个百分点和5个百分点。同期,运输和旅游服务分别出口7 420亿美元和8 620亿美元,分别比上年增长18%和14%。其中,运输服务出口增长相对较快,很大部分源于燃料价格的快速上涨。其他商业服务占世界服务贸易出口总额的比重保持一贯的上升趋势。2007年,其他商业服务占世界服务贸易出口总额的比重为50.7%,超过运输和旅游服务出口总和。

3. 国际服务贸易的重要性日益加强

服务逐渐成为多数产品增值的主要来源,世界市场的竞争也相应地由价格竞争转向非价格竞争。诸如金融、技术、运输、通信、信息等生产性服务上升为服务贸易的主体,它们的发展状况成为衡量一个国家的经济发展和国际竞争力的重要标志。由于通信和信息技术与服务贸易的日趋融合,服务贸易正成为当代国际信息流动的主渠道。一方面,关系到国家经济命脉和主权安全的关键领域被日益加深的经济全球化的浪潮引入了国际市场,服务贸易发展与国家战略利益紧密相连,致使各国都对本国的服务贸易高度关注;另一方面,信息、技术和金融资源获得了更有效发挥它们功效的传播途径,服务贸易对物质生产和国民经济增长起着越来越重大的调节作用,服务贸易已经成为一国竞争优势的重要组成部分。

4. 国际服务贸易日益显示出发达国家占主导

从地理分布上讲,西欧和北美的国际服务贸易较为活跃,据初步数据显示,2007年,服务贸易出口世界排名前四位的国家依次为美国、英国、德国和日本,其出口额分别为4 540亿美元、2 630亿美元、1 970亿美元和1 360亿美元,占世界服务贸易出口总额的比重依次为13.9%、8.1%、6.1%和4.2%。2007年服务贸易进口世界排名前四位的国家依次为美国、德国、英国和日本,其进口额分别为3 360亿美元、2 450亿美元、1 930亿美元和1 570亿美元,占世界服务贸易进口总额的比重依次为11%、8%、6.3%和5.1%。2011年,美国、德国、英国、中国稳居世界服务进出口前四位。美国排名居首,服务进出口总额达9 690亿美元,继续以较大优势领先;德国、英国和中国服务进出口总额分别为5 370亿美元、4 450亿美元和4 191亿美元。日本服务进出口总额为3 080亿美元,排名第五。

5. 国际服务贸易的发展以高新技术为核心

高新技术的发展和应用,促进了世界经济发展中以服务生产为核心的新的国际分工格局,同时扩大了服务的领域,改变了传统的服务提供方式,在一定程度上增加了服务的可贸易性。

科学技术的发展和应用,改变了国际服务贸易的方式、内容和构成。现代的电信和传递技术,使时间和空间这样的距离概念在经济生活中逐渐失去了它们本来带有的制约性色彩,导致服务的不可储存性和运输的传统特性都发生了改变。从而,许多生产和消费原来需要同步进行的服务,现在可以实现生产与消费的分离。银行、保险、医疗、咨询和教育等原来需要供需双方直接接触的服务,现在可以采用远距离信息传递的方式。

通信革命大大提高了服务的可贸易性,加速了生产专业化发展的进程。从而,服务贸易的主要内容从运输、工程建筑等传统领域转向知识、技术和数据处理等不断涌现的新兴领域。

现代科技的发展使得物质生产和服务生产中的知识、信息投入比重不断提高,从而推动了服务贸易结构的变化。以劳动密集为特征的传统服务贸易地位逐渐下降,而以资本密集、技术密集和知识密集为特征的新兴服务贸易逐渐发展壮大。

二、我国服务贸易进出口的发展概况

我国服务贸易起步于 20 世纪 80 年代,最早是 1979 年海外工程承包。1982 年,我国服务贸易进出口总额为 44 亿美元,在世界服务贸易中的比重为 0.6%,贸易差额为顺差 6 亿美元;到 1992 年我国服务贸易进出口总额为 183 亿美元,在世界服务贸易中的比重为 1.0%,首次出现贸易逆差,贸易逆差额为 1 亿美元,此后我国服务贸易差额一直处于逆差,并且逆差不断扩大。

"十一五"规划时期以来,我国服务贸易进出口总额从 2005 年的 1 571 亿美元增长到 2011 年的 4 191 亿美元,年均增长 18.3%,高于货物贸易年均增长 2.3 个百分点,高于世界服务贸易年均增长近 10 个百分点,全球占比从 3.2% 增长到 5.2%。

同时,我国服务贸易的世界排名基本保持每年上升一位的发展速度,2011 年我国服务进出口总量世界排名第四位,服务出口和服务进口分别位居世界第四和第三位。

而且计算机和信息服务、金融服务、咨询等高附加值新兴服务贸易快速起步,竞争优势不断提升,这一部分的进出口总额从 2005 年的 152.7 亿美元上升到 2011 年的 646 亿美元,年均增长 27.2%,占服务进出口总额的比重从 9.7% 上升到 15.4%;运输、旅游、建筑等传统服务贸易稳步发展,规模优势继续巩固,这一部分的进出口总额从 2005 年的 991.4 亿美元上升到 2011 年的 2 555.2 亿美元,年均增长 17.1%(见表 8 - 2)。

表 8 - 2　我国服务贸易总体概况

年份	中国进出口额			中国出口额			中国进口额		
	金额(亿美元)	同比增长(%)	占世界比重(%)	金额(亿美元)	同比增长(%)	占世界比重(%)	金额(亿美元)	同比增长(%)	占世界比重(%)
1982	44		0.6	25		0.7	19		0.5
1983	43	-2.3	0.6	25	0.0	0.7	18	-5.3	0.5
1984	54	25.6	0.7	28	12.0	0.8	26	44.4	0.7
1985	52	-3.7	0.7	29	3.6	0.8	23	-11.51	0.6
1986	56	7.7	0.6	36	24.1	0.8	20	-13.0	0.4
1987	65	16.1	0.6	42	16.7	0.8	23	15.0	0.4
1988	80	23.1	0.7	47	11.9	0.8	33	42.5	0.5
1989	81	1.3	0.6	45	-4.3	0.7	36	9.1	0.5
1900	98	21.0	0.6	57	26.7	0.7	41	13.9	0.5
1991	108	10.2	0.6	69	21.1	0.8	39	-4.9	0.5

年份	中国进出口额			中国出口额			中国进口额		
	金额 (亿美元)	同比 增长(%)	占世界 比重(%)	金额 (亿美元)	同比 增长(%)	占世界 比重(%)	金额 (亿美元)	同比 增长(%)	占世界 比重(%)
1992	183	69.4	1.0	91	31.9	1.0	92	135.9	1.0
1993	226	23.5	1.2	110	20.9	1.2	116	26.1	1.2
1994	322	42.5	1.5	164	49.1	1.6	158	36.2	1.5
1995	430	33.5	1.8	184	12.2	1.6	246	55.7	2.1
1996	430	0.0	1.7	206	12.0	1.6	224	−8.9	1.8
1997	522	21.4	2.0	245	19.0	1.9	277	23.8	2.2
1998	504	−3.4	1.9	239	−2.5	108	265	−4.5	2.0
1999	572	13.5	2.1	262	9.6	1.9	310	17.0	2.3
2000	660	15.4	2.2	301	15.2	2.0	359	15.8	2.5
2001	719	9.0	2.4	329	9.1	2.2	390	8.8	2.6
2002	855	18.9	2.7	394	19.7	2.5	461	18.1	3.0
2003	1013	18.5	2.8	464	17.8	2.5	549	19.0	3.1
2004	1337	32.0	3.1	621	33.8	2.8	716	30.5	3.4
2005	1571	17.5	3.2	739	19.1	3.0	832	16.2	3.5
2006	1917	22.0	3.5	914	23.7	3.2	1003	20.6	3.8
2007	2509	30.9	3.8	1217	33.1	3.6	1293	28.8	4.1
2008	3045	21.4	4.1	1464	20.4	3.8	1580	22.2	4.4
2009	2867	−5.8	4.3	1286	−12.2	3.8	1581	0.1	4.9
2010	3624	26.4	5.0	1702	32.4	4.6	1922	21.5	5.5
2011	4191	15.6	5.2	1981	16.4	4.8	2370	23.3	6.1

注:① 遵循 WTO 有关服务贸易的定义,中国服务进出口贸易数据不含政府服务。

② 数据来源:WTO 国际贸易统计数据库(Internationnal Trade Statistics Database);中国商务部。

(一)我国服务贸易进口概况

1. 起步阶段(1982—1991 年)

1982—1991 年,我国服务贸易进口总额为 278 亿美元,在世界服务贸易进出口中的比重为 0.5%。在 1982 年我国服务贸易进口额为 19 亿美元,到 1990 年增加到 41 亿美元。

2. 发展阶段(1992—2000 年)

1992—2000 年,我国服务贸易进口总额为 1 687.59 亿美元,在世界服务贸易进口中的比重为 1.95%。在 1992 年我国进口贸易额为 92 亿美元,在世界进口中的比重为 1%,到 1997 年增加到 277.25 亿美元,在世界进口中的比重增加到 2.1%;到 1999 年增加到

309.66 亿美元,在世界进口中的比重为 2.2%。

3. 快速发展阶段(2000 年至今)

2000 年我国服务贸易进口总额为 358.58 亿美元,占世界服务贸易的比重仅为 2.4%,到 2011 年进口额达到 2 370 亿美元,占世界服务贸易的比重上升到 5.2%,服务贸易进口居世界第三位。

(二)我国服务贸易出口概况

我国服务贸易出口起步于 20 世纪 80 年代,最早的是 1979 年海外工程承包。我国的服务贸易出口从 1982 年的 25 亿美元,到 1992 年的 90.5 亿美元,到 2007 年的 1 216.5 亿美元,再到 2015 年的 2 881.9 亿美元,发展十分迅速。

按照我国的服务贸易出口在世界服务贸易出口中的位次,可以将我国的服务贸易出口分为以下几个发展阶段。

1. 起步阶段(1982—1991 年)

1982—1991 年,我国服务贸易出口总额为 400.8 亿美元,在世界服务贸易出口中的位次是 25 位左右。

2. 发展阶段(1992—2000 年)

1992—2000 年,我国服务贸易出口总额为 1 489.3 亿美元,在世界服务贸易出口中的位次是 16 位左右。

3. 快速发展阶段(2001 年至今)

从"十五"开始我国服务贸易进入快速发展阶段。出口额于 2003 年为 467.3 亿美元,2005 年为 739.09 亿美元,2007 年增加到 1 216.5 亿美元,2011 年服务贸易出口上升到 2 370 亿美元,出口额世界排名位居第四位。世界贸易组织最新发布的报告显示,2015 年我国服务进出口总额继续保持世界第二,其中服务出口居第五位,服务进口居第二位。我国服务进出口额 7 130 亿美元,占世界服务进出口额比重为 7.7%,较上一年提升 1.4 个百分点。我国服务贸易世界排名于 2012 年首次进入前三位,2014 年上升至第二位。

(三)我国服务贸易发展的特点

过去 30 多年中,国际服务贸易平均增长速度高于货物贸易,在这一国际背景下,中国服务贸易保持了快速发展,到 2015 年服务贸易突破 7 130 亿美元大关。

1. 服务贸易规模迅速扩大

2016 年 1—10 月,服务贸易进出口总额 42 915 亿元人民币,其中,服务出口 14 625 亿元,同比增长 3.6%;服务进口 28 290 亿元,同比增长 23.7%。我国已成为世界第二大服务进口国和第三大服务出口国。2016 年以来,我国服务贸易增速仍高于世界主要经济体。

2. 服务贸易增速远高于世界平均水平

20 世纪 80 年代以来,除个别年份外,我国服务贸易出口增速一直高于同期世界服务贸易平均出口增速和全球服务贸易主要出口国家(地区)平均水平。我国服务贸易进出口总额年均增长 18.3%,高于货物贸易年均增长 2.3 个百分点,高于世界服务贸易年均增长近 10 个百分点,全球占比从 3.2% 增长到 5.2%。

3. 服务贸易逆差持续扩大

1982—1991 年中国服务贸易一直保持顺差。自 1992 年开始,中国服务贸易出现逆差,除 1994 年略有顺差外，其他年份均为逆差，而且逆差额持续扩大，2004 年达到 95.46 亿美元，2005 年开始回落，2005—2010 年逆差分别为 93 亿美元、89 亿美元、76 亿美元、116 亿美元、295 亿美元、220 亿美元。2011 年，中国服务出口和进口呈现出不同的发展态势，进口增长明显快于出口。其中，服务出口 1 820.9 亿美元，由上年的增长 32.4% 转为增长 7%；服务进口 2 370 亿美元，增幅由上年的 21.5% 上升至 23.3%。服务贸易逆差由 2010 年的 220 亿美元扩大至 549 亿美元，同比增长 1.5 倍。逆差主要集中于运输服务、旅游、保险服务及专有权利使用和特许费等服务类别；其他商业服务、建筑服务、咨询、计算机和信息服务则实现较大数额顺差。

4. 与货物贸易相比服务贸易发展水平偏低

我国服务贸易与货物贸易相比，发展水平较低。2011 年我国服务进出口与货物和服务进出口总额之比为 10.3%，低于同期 18% 的世界平均水平；从我国服务贸易总额占世界服务贸易总额的比重来看，水平也较低，2011 年该比值仅为 5.2%。同期，我国货物进出口总额占世界货物进出口总额的比重则为 20%。

5. 服务贸易国际市场结构不平衡

我国服务进出口主要集中于中国香港、欧盟、美国、日本、东盟等国家和地区。其中，中国香港一直是内地最大的服务出口目的地、进口来源地和顺差来源地，双边服务贸易占我国服务贸易进出口总额的比重达到四分之一。2011 年，与中国香港、欧盟、东盟、美国、日本等国家和地区的服务贸易额占我国服务贸易总额的 64%。

不过，从总体上看，我国服务业的发展不仅总体水平较低，而且其行业结构属于明显的低发展阶段结构，其基本特征是，劳动密集型服务业企业居主导地位，技术和知识密集型服务业企业所占比重十分低。尽管如此，我国服务业在某些部门也具有一定的优势，如在航运、工程建设服务等部门都有着相当的优势和发展潜力。劳动力便宜且训练有素是我国拓展海外服务市场的最大优势。

三、中国发展服务贸易的意义

预计到 2015 年，中国有望成为世界最大的消费市场，社会消费品零售总额将突破 5 万亿美元，出境旅游将达 8 800 万人次；中国的国际航空运输市场将达到 360 亿吨公里的规模。中国内需市场潜力巨大、层次多元、前景广阔，商机无限。另外中国社会对家政服务、教育培训、医疗保健等领域的服务需求将不断释放，对金融、技术、旅游等领域的服务需求将快速增长。

（一）大力发展服务贸易，可以抓住新一轮服务业跨国转移的重大机遇，提高我国承接世界服务外包的能力和竞争力

从 20 世纪 70 年代开始，服务外包以其有效降低成本、增强企业核心竞争力等特性成为越来越多企业采取的一项重要的商业措施。由外国直接投资产生并通过境外商业存在形式，即服务外包形式实现的国际服务贸易规模迅速扩大，在一些发达国家已经超过了跨境方式的服务贸易。

随着跨国公司基本竞争战略调整以及系统、网络、信息技术的迅猛发展，很多跨国公司不断扩大服务外包的业务范围,由业务流程外包(BPO)和信息技术外包(ITO)组成的服务外包,正逐步成为服务贸易的重要形式。联合国贸发会议预测,未来几年将继续保持30%—40%的增长速度。可见,全球服务外包市场潜力巨大。

在全球外包支出中,美国占了约 2/3,欧盟和日本占近 1/3,世界发达国家和地区是主要服务外包输出地。发展中国家是服务外包业务的主要承接地,亚洲是承接服务外包最多的地区,约占全球服务外包业务的 45%。印度是亚洲的服务外包中心,墨西哥是北美的服务外包中心,东欧和爱尔兰是欧洲的服务外包中心,中国、菲律宾、俄罗斯等国家正在成为承接外包较多的国家。根据 McKinsey 调查,印度是迄今为止最受离岸外包业务青睐的地区,目前是 IT 离岸外包市场的中心,据称至少 80% 的全球外包业务都去了印度。从中国目前的承接能力来看,与印度等国家还有相当大的差距。美国、日本和欧洲世界三大软件外包发包方中,中国获得的市场份额极小。

据分析,服务外包对国内增加值的贡献是来料加工的 20 倍,印度 500 亿美元软件的出口额,给国内创造的增加值相当于中国制造业 1 万亿美元创造的价值。两种贸易形态,创造了完全不同的价值量,但资源能源和生态环境的代价却很小。在上一轮全球制造业转移中,中国是最大的受益国之一。我们必须充分认识承接服务业国际转移的重要性,抓住全球兴起的离岸服务外包的历史机遇,采取综合的、配套的措施提高承接服务业国际转移的能力,以赢得这一场新的国际竞争。

（二）大力发展服务贸易,可以促进对外贸易增长方式的转变,推动我国从贸易大国向贸易强国迈进

改革开放 30 多年来,我国积极扩大制造业领域的对外开放,抓住第三次国际制造业跨国转移的重大机遇,大力发展货物贸易,成为一个名副其实的货物贸易大国。但在对外贸易快速增长的过程中,我们既过度支付了能源原材料消耗的成本、过度支付了生态和环境的代价、过度压低了劳动者福利,还容易引发国际贸易摩擦。我国对外贸易增长,总体上看是规模的扩张、速度的扩张、外延的扩张和数量的扩张,是粗放型的对外贸易增长方式,难以支撑我国对外贸易的持续增长。

发展服务贸易,能够减少资源和能源的消耗,获得产业高端附加值的服务品。从整体上看,世界服务贸易规模在不断扩大,占世界贸易出口的比重从 1/7 增长到近 1/5。2000—2011 年间,世界服务贸易进出口年均增长 18.3%,世界服务贸易额与货物贸易额之比达到1∶4.5。这预示着在全球经济转向服务经济的过程中,服务贸易的发达程度,标志着一个国家对外贸易增长的协调性和持续性,也标志着一个国家贸易增长方式的科学性和合理性。

（三）大力发展服务贸易,可以加快推进工业化发展进程,提升我国制造业在国际产业分工和价值链中的层次和地位

改革开放至今,我国的贸易结构之所以以获得附加值较少的加工贸易为主,就是因为我们的工业化程度低、产业化程度低、组织化程度低和现代化程度低,制造业发展主要是采用了加工组装型、生产主导型、模仿型和粗放型的模式。过去我国主要是世界的"加工厂"、世界的"组装车间",将来应该是世界的现代化"大工业制造基地",应该是世界的"办公室"和世界的"创造基地",成为资本密集、技术密集和人才密集的区域。过去我国制造业在国际产业链和价值链中处于低端,今后主要是向高端发展,就是蕴含在高水平服务能力中服务品转化为贸易品的能力。

提升我国制造业发展水平,应该特别注重生产性服务贸易的发展,促进现代制造业与现代服务业高度融合,细化深化专业分工,把生产过程中的服务流程部分分离出去,通过服务流程的再造,提高制造业资源整合和利用的水平。生产性服务贸易在服务贸易中的比重,直接反映了一个国家制造业的工业化程度和现代化程度。我国服务贸易不发达,就在于我国制造业中的高端服务环节尚未形成,高端服务无法分离出来成为可贸易的服务产品,如我国的工业设计服务能力很低,难以创造出具有自主知识产权的专利、品牌等价值量高的服务品。据国家统计局和世界知识产权组织的数据,目前在我国制造技术领域,发明专利数只有美国、日本的 1/30。我国高新技术产业用于技术引进与消化吸收的收支比仅为 1∶0.1,作为计算机制造的 IT 核心企业,只有 1∶0.01。

我国制造业发展到了一个重要的转型时期,到了需要进行设计研发创造、品牌价值创造和营销渠道创造等高端服务环节创造利润、创造附加值的阶段。服务贸易的发展对提升我国的产业层次和地位具有重要的作用。我们必须抓住国际资本向服务业和高技术产业转移的历史契机,积极吸引优质高效的跨国公司,形成跨国公司在我国的先进服务业基地、先进制造业基地、研发中心和地区总部,通过服务外包的"溢出效应",推动我国进入全球产业链的高端,在利润创造、效率提高和创新方面赶上世界水平。

(四)大力发展服务贸易,可以提升我国现代服务业发展水平,开辟崭新的财富创造方式

世界各国产业结构变动的一般规律,是农业在国民经济中所占份额持续下降,工业份额在工业化阶段迅速增长,服务业份额在工业化中后期持续上升,劳动力从农业先转移到制造业,继而转移到服务业,最终形成服务业在国民经济增长中占据主要份额的局面。一个国家或地区向国际市场提供服务的能力,直接受国内服务业发展水平的影响。20 世纪 70 年代后期,发达国家服务业加速发展,制造业随着在全球配置资源而在国际市场的比重相对降低,日益兴起的现代服务业在发达国家经济增长中成为新动力。服务业发展水平成为衡量一个国家现代化程度和一个国家社会经济发达程度的重要标志,也成为发展服务贸易的基础和支撑。

国家"十二五"规划纲要指出,2015 年服务业产值占 GDP 的比重要从目前的 42.6%提高到 47%,提高 4 个百分点。第三产业的规模届时将达到 26 万亿人民币,复合增长率将达到 8.9%,明显高于同期预期 7%的 GDP 增长率。中国服务业的发展潜力巨大。我国服务业正面临与我国当初制造业发展相类似的机遇,大力发展服务贸易,成为发挥现代流通对经济运行先导性作用的高端和前端,也成为通过服务贸易带动和提升现代服务能力,形成在国际市场交易和交换、创造增值价值的财富实现方式。尽快使服务业成为国民经济的主导产业,是提高我国服务贸易水平的根本措施,是推进经济结构调整、加快转变经济发展方式的必由之路,是有效缓解能源资源短缺的瓶颈制约、提高资源利用效率的迫切需要。

（五）大力发展服务贸易，可以解决大量高素质人才的就业问题，把高端劳动力转变为创造力最强的人力资本

服务贸易特别是离岸外包转移的工作岗位主要集中在知识密集型和服务技术密集型行业。发展服务贸易是把高端劳动力变为有竞争力的人才，变为人力资本的有效途径。越来越多的精通英语、掌握世界前沿科技、与海外市场联系广泛的人才脱颖而出，将为中国发展服务贸易的高端奠定重要基础。中国要素价格的比较优势明显，特别是劳动力价格，不仅普通产业工人的劳动力价格具有明显优势，高级设计师和高端人才的劳动力价格同样具有比较优势。

承接外包服务可以拓展更多的现代服务业发展，创造更多的高端人才就业岗位，把我国的高端劳动力造就为可以创造更多财富的人力资源，同时缓解我国目前存在的就业压力，特别是解决高素质人才的就业问题。自 2003 年开始，中国就是世界上应届毕业大学生最多的国家。当今高素质人才就业难的关键原因不是教育问题，而是没有合理的产业来吸收他们，发挥他们的智力优势。专家认为，服务外包对大学生就业的拉动会很大，因为其许多业务来自于金融、电信、医疗、制造等行业，服务外包所提供的就业规模将是很大的，不亚于当年的制造业向中国转移所创造的机会。因此，解决中国高端人才就业问题，发展服务贸易是最好的选择。

入世以来，我国服务贸易迅速发展，随着国际竞争机制的引入，我国的企业受到来自外国同行的挑战，同制造业相比，服务业受到的挑战更大。中国发展服务业正面临着前所未有的历史机遇。扩大服务贸易出口，不仅有利于改善服务贸易国际收支，优化中国外贸出口的整体结构，而且对于改善中国在国际分工中的地位，促进中国产业结构调整，走可持续发展的道路，都具有重大的历史意义和现实意义。

四、服务贸易发展"十二五"主要目标

《服务贸易发展"十二五"规划纲要》提出，到 2015 年，服务贸易进出口总额达到 6 000 亿美元，年均增速超过 11%。其中，通信、信息服务、金融、文化、咨询等智力密集型服务出口占我国服务出口总额的比重要超过 45%。

此外，《服务贸易发展"十二五"规划纲要》还提出了服务贸易发展的七项战略任务，分别为积极推动重点行业服务出口；继续扩大服务领域对外开放；加快服务贸易企业"走出去"步伐；培育具有较强国际竞争力的服务贸易企业；推进服务贸易领域自主创新；促进服务贸易区域协调发展；加快发展与战略性新兴产业相配套的服务贸易。

为了实现上述战略任务，将会在法规体系、统计体系、管理机制、促进体系、贸易环境、创新扶持、知识产权、行业协会这八个方面健全保障体系。《规划》提出，将制定和完善支持服务贸易发展的财政税收政策，引导鼓励金融机构优化贷款审批程序，开发适合服务贸易企业需求的金融产品，积极搭建中小企业融资平台，完善出口信用保险机制等。

《规划》提出"十二五"时期服务贸易发展重点领域，包括旅游服务，信息技术服务，航海、航空、铁路、公路运输服务，保险、银行、证券期货等金融服务，文化艺术服务等 30 个重点领域。其中，到 2015 年，实现旅游服务贸易进出口总额进入世界前 5 位；培育 20 家具有国际竞争力的大型信息技术服务企业；国际航空运输市场达到 360 亿吨公里的规模，中国承运人份额达到 34%；至少有 3 家本土会计事务所进入世界前 30 强的行列；同时，培育 6—7 家具有国际竞争力的大型传媒集团和国际化数字出版企业。

第四节　技术贸易

国际技术贸易是当今国际经济交往中的一项重要内容,我国的技术贸易从技术引进开始,自 20 世纪 80 年代以后有了长足的发展。

一、国际技术贸易概述

(一)国际技术贸易的含义与内容

1. 国际技术贸易的含义

广义的技术概念是指解决某些问题的具体方法和手段。狭义的技术概念是指应用于改造自然的技术。世界知识产权组织认为:"技术是指制造一种产品或提供一项服务的系统知识。这种知识可能是一项产品或工艺的发明、一项外形设计、一种实用新型产品、一种动植物新品种,也可能是一种设计、布局、维修和管理的专门技能。"

国际技术贸易中所指的技术是一类特定技术,它是一种特殊商品,可以在国际市场上交换和流通,然而并非所有技术都是商品,有些技术已进入公有领域,属于人类共同的财富,不属于国际技术贸易的对象。

国际技术贸易是指不同国家的企业、经济组织或个人之间,按照一般商业条件,向对方出售或从对方购买软件技术使用权的一种国际贸易行为。它由技术出口和技术引进这两方面组成。简言之,国际技术贸易是一种国家间的以纯技术的使用权为主要交易标的的商业行为。

2. 国际技术贸易的内容

国际技术贸易以无形的技术知识作为主要交易标的,这些技术知识构成了国际技术贸易的内容,它主要包括专利技术、商标和专有技术等。商标虽不属于技术,但它与技术密切相关,所以常将它作为国际技术贸易的基本内容之一。

(1)专利

专利是由政府机构或代表几个国家的地区机构根据申请而发给的一种文件,文件中说明一项发明并给予它法律上的地位。专利权就是专利持有人(或专利权人)对专利发明的支配权。专利权受到专门法律《中华人民共和国专利法》的保护。专利权不是自动产生的,需要申请人按照法律规定的手续申请,并经过审查批准才能获得。

根据专利技术的创造性程度的高低和其他特点,常把专利分为三种类型:发明专利、实用新型专利、外观设计专利。

专利权有其明显的特点:① 专利权是一种法律赋予的权利。发明人进行申请,专利机关经过审查批准,使他的发明获得法律地位而成为专利发明,而他自己同时也因之获得专利权,这种权利的产生与物权的自然产生是不同的。② 专利技术是一种知识财产、无形财产。专利权是一种特殊的财产权。③ 专利权是一种不完全的所有权。专利权的获得是以发明人公开其发明的内容为前提的,而公开了的知识很难真正为发明人所独有。④ 专利权是一种排他性(独占性、专有性)的权利。对特定发明,只能有一家获得其专利权。也只有专利权人才能利用这项专利发明,他人未经专利权人的许可,不能使用该专利发明。⑤ 专利权是一种地域性的权利。专利权只在专利权批准机关所管辖的地区范围内发生效力。⑥ 专利权是一种时间性的权利。专利权存在有效期,超过有效期,专利权即失去效力。

（2）商标

商标权是商标使用者向商标管理部门申请注册并得到批准的商标专用权。但在少数国家,商标权是由于商标的首先使用而获得的。在我国,商标权是以"注册在先"原则取得的。商标权的内容包括使用权、禁止权（禁止他人使用）、转让权、许可使用权和放弃权。商标权受专门法律《中华人民共和国商标法》的保护。

商标权的特点:① 商标权是一种排他性权利。② 商标是一种无形的知识财产。商标权是一种特殊的财产权。③ 商标权是有时间性但又可无限延期的权利。与专利权期满不可延期不同,商标权到期可续展延期,且延期次数不限。④ 地域性。商标权只在注册机构所管辖地区范围内有效。

（3）专有技术

专有技术的英文名称叫 Know-how,意为"知道如何制造"。它有许多中文名称:技术诀窍、技术秘密、专门知识等。还有音译成"诺浩"的,但最常用的名称是"专有技术"。所谓专有技术是指在实践中已使用过了的、没有专门的法律保护的、具有秘密性质的技术知识、经验和技巧。专有技术可以是产品的构思,也可以是方法的构思,但它在不少方面与专利技术不同。

专有技术有如下几个特点:① 专有技术必须是可以通过语言来传授的,但它未必都是可言传的,有些只能通过"身教"才能传授。② 专有技术是处于秘密状态下的技术;而专利技术是公开技术。③ 专有技术没有专门法律的保护,所以它不属于知识产权。④ 专有技术是富于变化的动态技术,专利技术则是被专利文件固定了的静态技术。⑤ 专有技术是靠保密而垄断的,因而它被垄断的期限是不定的。专利技术受保护或被垄断的期限则是有限的（最多 20 年）。

（二）国际技术贸易与一般商品贸易的区别

国际技术贸易是以技术作为交易内容,在国家间发生的交换行为,必然遵循商品交换的一般规律。技术贸易不同于一般的商品贸易,形成了相对独立的世界技术市场,技术贸易与一般商品贸易有以下区别。

1. 交易的标的物不同

一般商品贸易的标的物是各种具体的物质产品;而技术贸易的标的物是知识产品,是人们在科学实验和生产过程中创造的各种科技成果。一般商品贸易是有形贸易,是看得见摸得着的物质产品;而技术贸易则是无形贸易,无法称量也难以检验其质量。

2. 所有权转移不同

商品所有权是指对商品的占有、使用、收益和处分的权利。一般商品的所有权随贸易过程发生转移,原所有者不能再使用、再出卖;而技术贸易过程一般不转移所有权,只转移使用权。绝大多数情况下,技术转让后技术所有权仍属技术所有人,因而一项技术不需要经过再生产就可以多次转让。这与技术商品的特点有关,因为技术商品的所有权与使用权可以完全分开,技术转让只是扩散技术知识,转让的只是使用权、制造权、销售权,并非所有权。

3. 贸易关系不同

一般商品贸易只是简单的买卖关系,钱货两清,贸易关系终结。而技术贸易是一种长期合作关系:一项技术从一方转移到另一方,往往需经过提供资料、吸收技术、消化投产,最后才能完成技术贸易行为。因此,技术交付不是双方关系的终结,而是双方关系的开始,技术贸易双方通常是"同行",所以能合作,但也会存在潜在利益冲突和竞争关系。

4. 作价和价格构成不同

一般物质商品的价值量是由生产该商品的社会必要劳动时间决定的;而技术商品的价值量是由该技术发明所需的个别劳动时间直接构成的。因为新技术具有先进性,新颖性是社会唯一的,不可能形成社会平均必要劳动时间,同时新技术又具有垄断性、独占性的特点,这就决定了技术商品作价原则的特殊性,技术商品价格构成也复杂得多。

(三) 国际技术贸易的方式

国际技术贸易采用的方式主要有许可贸易、特许专营、技术服务和咨询、合作生产、工程承包,以及含有知识产权和专有技术许可的设备买卖等。

1. 许可贸易

许可贸易也称为许可证贸易,是指技术产权所有人作为许可方(licensor),允许被许可方(licensee)取得其拥有的专利、商标或专有技术的使用权以及制造、销售该技术项下产品的权利,并由被许可方支付一定数额的报酬。许可贸易的三种基本类型是,专利许可、商标许可和专有技术许可。许可贸易是国际技术贸易中使用最为广泛的技术贸易方式。

许可贸易实际上是一种许可方用授权的形式向被许可方转让技术使用权同时也让渡一定市场的贸易行为。根据其授权程度大小,许可贸易可分为如下五种形式。

(1) 独占许可。这是指在合同规定的期限和地域内,被许可方对转让的技术享有独占的使用权,即许可方自己和任何第三方都不得使用该项技术和销售该技术项下的产品。所以这种许可的技术使用费是最高的。

(2) 排他许可。排他许可又称独家许可,是指在合同规定的期限和地域内,被许可方和许可方自己都可使用该许可项下的技术和销售该技术项下的产品,但许可方不得再将该项技术转让给第三方。排他许可是只排除第三方,不排除许可方。

(3) 普通许可。它是指在合同规定的期限和地域内,除被许可方允许使用该技术和许可方仍保留对该项技术的使用权之外,许可方还有权再向第三方转让该项技术。普通许可是许可方授予被许可方权限最小的一种授权,其技术使用费也是最低的。

(4) 可转让许可。可转让许可又称分许可,它是指被许可方经许可方允许,在合同规定的地域内,将其被许可所获得的技术使用权全部或部分地转售给第三方。通常只有独占许可或排他许可的被许可方才能获得这种可转让许可的授权。

(5) 互换许可。互换许可又称交叉许可,它是指交易双方或各方以其所拥有的知识产权或专有技术,按各方都同意的条件互惠交换技术的使用权,供对方使用。这种许可多适用于原发明的专利权人与派生发明的专利权人之间。

2. 特许专营

特许专营是近三十年迅速发展起来的一种新型商业技术转让方式。它是指由一家已经取得成功经验的企业,将其商标、商号名称、服务标志、专利、专有技术以及经营管理的方式或经验等全盘地转让给另一家企业使用,由后一企业(被特许人)向前一企业(特许人)支付一定金额特许费的技术贸易行为。

特许专营合同是一种长期合同,它可以适用于商业和服务业,也可以适用于工业。特许专营是发达国家的厂商进入发展中国家的一种非常有用的形式。由于风险小,发展中国家的厂商也乐于接受。

3. 技术服务和咨询

技术服务和咨询是指独立的专家或专家小组或咨询机构作为服务方应委托方的要求,就某一个具体的技术课题向委托方提供高知识性服务,并由委托方支付一定数额的技术服务费的活动。技术服务和咨询的范围和内容相当广泛,包括产品开发、成果推广、技术改造、工程建设、科技管理等,大到大型工程项目的工程设计、可行性研究,小到对某个设备的改进和产品质量的控制等。企业利用"外脑"或外部智囊机构,帮助解决企业发展中的重要技术问题,可弥补自身技术力量的不足,减少失误,加速发展自己。例如,"二汽"委托英国的工程咨询公司改进发动机燃烧室型腔设计,合同生效半年内就取得了较好的技术经济效果。

4. 国际合作生产

国际合作生产是指两国企业根据签订的合作生产合同,共同完成制造某些产品。这种方式多用于机器制造业,特别是在制造某些复杂的机器时,引进方为了逐步掌握所引进的技术,且尽快地生产出产品,需要和许可方在一个时期内建立合作生产关系,按照许可方提供的统一技术标准和设计进行生产,引进方在合作过程中达到掌握先进技术的目的。这种合作生产的方式常常和许可证贸易结合进行。有时合作双方可以共同研究、共同设计、共同确定零部件的规格型号,双方互相提供技术,取长补短。利用国际合作生产引进国外的先进技术,已成为各国的普遍做法。

5. 国际工程承包

国际工程承包也是国际技术贸易的一种方式。国际工程承包是通过国际间的招标、投标、议标、评标、定标等程序,由具有法人地位的承包人与发包人按一定的条件签订承包合同,承包人提供技术、管理、材料,组织工程项目的实施,并按时、按质、按量完成工程项目的建设,经验收合格后交付发包人的一项系统工程。工程承包项目多是大型建设项目,一般伴随着技术转让。在施工过程中,承包商将使用最新的工艺和技术,并采购一些国家的先进设备,有些项目还涉及操作人员的技术培训、生产运行中的技术指导以及专利和专有技术的转让。目前,国际上流行的交钥匙工程和 BOT 建设方式中技术转让的内容十分广泛,许多国家都希望通过国际工程承包来改善本国基础设施条件和推动本国企业技术改造。

二、我国的技术引进

(一)技术引进的含义和作用

1. 技术引进的含义

技术引进是指一国通过各种方式从他国获得先进科学技术成果的活动,包括购买专利技术咨询、引进成套设备、聘请专家或派出人员培训、引进先进的管理方法等。

2. 引进先进技术的意义和作用

（1）加速我国经济的发展，增强自力更生的能力

一个国家经济的发展，主要靠科学技术的进步。根据一般规律，一项重大的基础科研成果，从研究、实验、设计到投入生产，技术创新国需要 10—15 年的时间，而技术引进国只需要2—3 年的时间就可以使之产业化，达到提高国内生产技术的水平。

（2）促进我国科学技术的发展，赶超国外的先进水平

引进国外先进技术，是直接使用现成的科研成果，这就可以避免人家走过的许多弯路，节省自己探索的时间，一般从引进到投产，只需要两三年的时间就可以办到。可见，引进技术是一条赶超世界先进水平的捷径。

（3）提高我国的管理水平

在引进技术的设备制造、安装和投产过程中，也同时引进了国外先进的科学管理经验，这有助于改变我国目前管理上的落后状况，促进企业经营管理的改善，不断提高我国的科学管理水平。

（4）提高我国出口商品的竞争能力，促进对外贸易的发展

我国要发展对外贸易，必须大力提高出口商品的竞争能力。而提高出口商品的竞争能力就必须降低生产成本，提高产品质量，这两者都要以开发技术作为先导。

（二）我国技术引进的概况

我国从 1950 年开始技术引进，到现在已经有 60 多年的历史，整个技术引进大致可以分为以下两个阶段。

1. 初始阶段（1950—1978 年）

从 1950—1978 年，我国总共签订技术引进合同 845 项，合同总额为 119.72 亿美元，该阶段又可以分为以下不同的发展时期：

20 世纪 50 年代为引进成套设备、奠定基础时期。这一时期我国引进了约 450 项技术，总金额为 37 亿美元。其中"一五"时期的 156 个大项目成套设备为该时期的重点项目。我国与苏联签订贸易合同 116 项。

20 世纪 60 年代为引进技术、填补空白时期。由于我国经历了三方面的变化，即三年困难时期、"文化大革命"和中苏关系恶化，因此我国从 1963 年起转向从日本、西欧各国引进技术。该时期我国引进技术约 84 项，总金额为 14.5 亿美元。另外技术引进的产业结构也发生了变化，过分重视重工业的现象有所改变，开始用于冶金、化纤、石油、化工、纺织等行业。

20 世纪 70 年代为扩大规模引进技术时期。我国开始从美国、德国、日本、英国和法国引进技术。该时期我国引进了约 310 项技术，总金额为 68.22 亿美元，其中 90% 以上是用于成套设备的技术引进。

在我国技术引进的初始阶段，技术引进的特点如下。

（1）技术引进的基本目标是进口成套设备以建立大型企业为主。

（2）引进项目的实施由中央实行高度的计划管理：技术引进的谈判、签约和合同的执行，全部由中国技术进出口公司负责；技术引进的用汇主要靠国家调拨。

（3）在技术引进的方式上主要以成套设备为主，到 20 世纪 70 年代后期开始使用国际技术许可。

2. 发展阶段(1979年至今)

进入改革开放新时期,从1979年开始,中国的技术引进发生了本质性的变化。改革开放以后中国经济建设速度不断加快,对技术进口的需求也在不断加大,技术引进的战略也相应进行了较大调整。我国总结了以往盲目大规模进口成套设备的教训,从国情出发,调整了技术引进工作的重点,强调从进口大型成套设备转向引进单项技术,并鼓励以灵活多样的方式进口国外先进技术。中国的技术引进工作开始稳步前进,并扩大发展。这一阶段又可划分为以下三个时期。

(1)改革开放初期(1979—1990年)

1978年12月举行的党的十一届三中全会提出了具有深远影响的"改革开放"方针,并指出"在自力更生的基础上积极发展同世界各国平等互利的经济合作,努力采用世界先进技术和先进设备"。在以后的十多年里,经过"六五"、"七五"时期,随着国内外经济、社会环境的变化和科学技术的发展,我国技术引进的规模和领域不断扩大。技术引进由以往单一的生产领域,转向生产领域与生活领域并举。除了从国外引进经济建设所需的技术装备外,还大量引进了消费品(如电视、冰箱、洗衣机等)的生产技术和生产线,技术来源也开始向多元化转变。我国与世界上越来越多的国家建立了经济合作和技术合作关系,能够根据自身需求,有选择地引进所需技术与装备,引进技术内容也由单一的成套装备引进,转向技术与装备引进相结合;在引进国民经济建设所需设备的同时,还引进了设计、制造和工艺技术,引进主体也由政府逐步转向政府与企业相结合。

值得指出的是,我国在这一时期加强了技术引进的法制化管理工作。1985年和1987年,国务院先后颁布了《技术引进合同管理条例》和《技术引进合同管理条例实施细则》。这两个法规的颁布,在技术的引进、消化、吸收、考核、验收等方面形成了严格的程序,建立了技术引进合同审批生效制度,从而成为我国技术引进工作法制化建设的一块重要基石。

据统计,1980—1990年,我国共签订了4 000多项技术引进合同,对外签约总金额约300亿美元。这一时期,以引进软件技术为特征的许可贸易等与70年代相比有了明显增加。1980—1989年,许可贸易、顾问咨询、技术服务、合作生产等软件引进合同的金额,约占全部引进合同金额的21%,比重扩大了13倍。

(2)"八五"计划与"九五"计划时期(1991—2000年)

1991年的"八五"计划中要求"按照有利于技术进步、有利于增加出口创汇能力和有利于节约使用外汇的原则,合理安排进口。积极引进先进技术,并加强消化、吸收和创新",并且"要逐步增加技术引进的投入,并提高进口软件在技术引进中的比重"。1996年的"九五"计划中又进一步规定,要"改革进口体制,建立有利于改善进口结构、促进技术引进、消化、创新的机制"。1999年以后,国家开始实施科技兴贸战略。在一系列政策的指导下,我国技术引进规模逐步上升,跨上了一个新的台阶。这一时期共引进技术约37 770项,合同金额共计1 159.95亿美元。在技术引进中,我国除增加自有外汇投入外,还积极争取和利用国际金融组织及外国政府贷款,贷款项目涉及国民经济各个领域,技术来源包括欧洲、美国、日本等50多个国家和地区。其中的主要项目有上海地铁一、二、三期工程,三峡工程,广州地铁,黄河小浪底水利枢纽,天津石化公司聚酯工程等。

这一时期技术引进的主要特点如下。

一是技术引进方式日趋合理,成套设备和关键设备引进比例稳步下降,技术许可、技术服务、技术咨询等已成为主要的引进方式。据统计,1998 年成套设备的进口比例为33.16%。到了 2000 年,该比例下降到 19.18%。技术许可引进比例则由 1998 年的 9.81%上升到 2000 年的 18.68%。

二是技术引进主体实现多元化。不仅仅局限于国有大中型企业,外商投资企业和民营企业也逐渐加入到技术引进行列中来。

三是引进规模逐渐扩大。到了"九五"计划时期,技术引进规模每年都在 150 亿美元左右。

(3)"十五"规划与"十一五"规划时期(2001—2010 年)

自 2001 年 12 月加入世界贸易组织后,中国技术引进发展迅速,引进规模频频创历史新高。这一时期的技术引进主要有以下几个特点:

其一,在技术引进合同数量明显增长的同时,引进金额稳步提高。技术引进合同数量从2001 年的 3 900 项增加到 2007 年的 9 773 项,合同金额从 2001 年的 90.9 亿美元增加到2007 年的 254.15 亿美元。2007 年技术引进前 10 位行业,分别是电力、蒸汽、热水的生产和供应业,电子及通信设备制造业,交通运输设备制造业,化学原料及化学制品制造业,黑色金属冶炼及压延加工业,专用设备制造业,计算机应用服务业,普通机械制造业,电气机械及器材制造业,石油和天然气开采业。2010 年,全国共登记技术引进合同 11 253 份,合同金额为256.4 亿美元,同比增长 18.8%。其中,通信设备、计算机及其他电子设备制造业是技术引进金额最大的行业,共引进技术 1 061 项,合同金额达 58.4 亿美元,占全国技术引进合同总金额的 22.8%。交通运输设备制造业技术引进金额为 38.4 亿美元,金额占比为 14.97%;电力、热力的生产和供应业技术引进金额为 22.7 亿美元,金额占比为 8.87%;上述两行业分列第二、三位。

其二,引进主体以国有企业和外资企业为主,各类企业技术引进金额均有所上升。中国加入世界贸易组织后,外资企业技术引进项目逐年增加.技术引进合同金额位居各类企业首位。2002 年,外资企业技术引进合同金额占全国技术引进合同金额的比重为 71.39%,2003年后,该比重虽有所下降,但仍保持在 50%左右。2010 年,外资企业引进技术金额为 153.7亿美元,占全国技术引进总金额的六成;国有企业技术引进总额为 62.7 亿美元,金额占比为24.5%;民营企业技术引进金额为 21.4 亿美元,金额占比为 8.3%。

其三,欧盟、美国和日本等发达国家和地区是中国技术引进的主要来源地。2006 年至今,欧盟一直是中国技术引进的最大来源地。2008 年上半年,由于汽车、电子等相关技术的引进,我国自韩国的技术引进增长迅速,引进金额达 21.2 亿美元,占技术引进总金额的16.8%。韩国超越美国,在我国技术引进来源地中居第三位,而日本和美国分列第二、第四位。2010 年,我国技术引进的来源国家和地区达 71 个。其中,与欧盟签订技术引进合同3 058 份,合同金额达 78.2 亿美元,占技术引进合同总金额的 30.5%;自美国和日本技术引进金额分别为 57.5 亿美元和 45.6 亿美元,金额占比为 22.4%和 17.8%,分列第二、第三位;自韩国技术引进金额 21 亿美元,列第四位。

其四,技术引进质量明显提高。传统的以关键设备、成套设备为主的技术引进格局已经被打破,取而代之的是专有技术许可或转让、技术咨询、技术服务等多种技术引进方式相互交织的新局面。2010 年,专有技术许可合同成交额为 94.1 亿美元,占技术引进总金额的 36.7%,是我国技术引进的最主要方式;技术咨询、技术服务合同金额为 74.7 亿美元,占合同总金额的 29.2%,列第二位。上述两项技术引进金额占技术引进总金额的六成。值得关注的是,计算机软件进口金额占比也呈稳定增长之势,从 2007 年的 3.4%,增长到 2010 年的 9%。这表明软技术已经占据中国技术引进的主导地位,引进技术质量有了明显改善。

其五,技术引进主要集中在东部发达地区。2007 年,上海、北京、天津、江苏、广东、浙江等沿海省市居技术引进的主体地位,中部地区的湖南、河北、湖北等省市的技术引进合同金额占比不足 1%,山西、内蒙古、宁夏和新疆等则不足 0.1%。2008 年上半年,合同金额排在前五位的省市仍为上海、北京、广东、天津和江苏。上述省市登记的合同金额占所有地方管理部门登记合同金额的 72.6%。河南、山西、湖南等的技术引进尽管在全国所占比重不高,但呈现出较快的增长势头。

(三)现阶段我国技术引进的目标与基本原则

1. 现阶段我国技术引进的总体目标

优化技术引进结构,提高技术引进质量和效益,引进技术的消化吸收配套资金比例有所提高,逐步建立以企业为主体,以市场为导向,政府积极引导推动,各方科技力量支持的技术引进和创新促进体系,实现"引进技术—消化吸收—创新开发—提高国际竞争力"的良性循环。

2. 现阶段我国技术引进的基本原则

(1) 把大力引进先进技术和优化引进结构结合起来,提高产品设计、制造工艺等方面的专利或专有技术在技术引进中的比例。

(2) 把引进技术和开发创新结合起来,强化技术引进与消化吸收的有效衔接,注重引进技术的消化吸收和再创新,使企业在核心产品和核心技术上拥有更多的自主知识产权。

(3) 把发展高新技术产业和改造传统产业结合起来,选择重点领域和产业,扩大引进规模,实现传统产业结构优化和技术升级。

(4) 把整体推进和重点扶持结合起来,培育技术引进和消化创新的主体。

(5) 把提高引进外资质量和国内产业发展结合起来,鼓励外商投资高新技术企业,发展配套产业,延伸产业链,培育和支持出口型企业的发展。

(四)我国对技术引进的管理

为维护我国利益,根据以往实践经验并参考一些国家的做法,我国规定引进合同中不得含有下列不合理的限制性条款:

(1) 要求受方接受同技术引进无关的附带条件,包括购买不需要的技术、技术服务、原材料、设备或产品。

(2) 限制受方自由选择从不同来源购买原材料、零部件或设备。

(3) 限制受方发展和改进所引进的技术。

(4) 限制受方从其他来源获得类似技术或与供方竞争的同类技术。

(5) 双方交换改进技术的条件不对等。

(6) 限制受方利用引进的技术生产产品的数量、品种或销售价格。

（7）不合理地限制受方的销售渠道或出口市场。

（8）禁止受方在合同期满后，继续使用引进的技术。

（9）要求受方为不使用的或失效的专利支付报酬或承担义务。

依照我国法律规定，合同的引进方应自合同签订之日起的 30 天内，向审批机关报批。

审批机关应在收到报批申请书之日起的 60 天内决定批准或不批准。审批机关逾期未予答复的，视为合同获得批准。经批准的合同自批准之日起生效，并由审批机关发给《技术引进合同批准证书》。在技术引进合同的履约过程中涉及税收和用汇问题，分别统一由国家税务局（涉及关税的由海关总署负责）和国家外汇管理局负责解决和管理。

三、我国的技术出口

（一）我国技术出口概况

新中国成立后一个很长时期，中国的对外技术贸易是只进口不出口的单向流动局面。改革开放以后，从 20 世纪 80 年代初起，中国开始技术出口，90 年代以后发展加快。

从 20 世纪 50 年代末期到 70 年代，我国的技术出口主要是通过对外经济援助的方式进行的，并且技术出口的对象是第三世界发展中国家，出口的技术主要是关于某些技术和成套设备，并用于农业、铁路、公路、水利等项目。而真正具有商业性质的技术出口始于 20 世纪 80 年代，进入 90 年代发展加快，出口项目和金额逐年增加。我国的技术出口经历了以下四个发展阶段。

1. 探索阶段（1981—1985 年）

我国的技术出口起步较晚，开始于 1981 年。1981—1985 年，属于缺乏国家宏观管理的自发阶段。当时我国在技术出口方面，没有专门的法规和政策，也没有明确的管理部门。我国签订技术出口合同 40 项，总金额为 0.67 亿美元。1981 年，我国的技术仅出口到联邦德国、美国和巴基斯坦 3 个国家。

该时期我国技术出口的主要特点如下：

（1）技术出口无计划、无组织，纯属自发性质。

（2）没有专门的技术管理部门，没有专门的法规和政策。

（3）出口金额小，每年约 1 000 万美元。

（4）出口的主要市场是美国、英国、瑞士等发达国家。

（5）出口的项目多为新技术、新工艺等软件技术。

2. 起步阶段（1986—1989 年）

从 1986 年开始，我国的技术出口开始走向有组织、有管理的阶段。1986 年 10 月，国家就技术出口措施等方面作了原则规定，另外经贸部和国家科学技术委员会为技术出口的管理部门，还明确规定了技术出口的政策、技术审批和合同审批权限与审批程序。从 1986—1989 年，我国技术出口约 389 项，总金额为 11.73 亿美元。

该时期我国技术出口的主要特点如下：

（1）技术出口规章开始建立。

（2）建立技术出口的管理机构并批准一批公司从事技术出口的经营权。

（3）出口的国别多元化，但发达国家是主体。此外还包括发展中国家。

（4）出口的技术除单纯转让"软件"技术以外，成套设备出口、技术服务等方式开始出现。

3. 初级发展阶段（1990—1997 年）

该阶段我国签订技术出口合同 6 269 项，总金额为 203 亿美元，同起步阶段相比，我国技术出口进入了一个新阶段。1991 年我国技术出口猛增到 12.27 亿美元，1993 年达到了 21.74 亿美元。1990 年国务院颁布了《技术出口管理暂行办法》对我国的技术出口的发展起到了积极的推动作用。

该时期我国技术出口的主要特点如下：

（1）技术出口走上了法制化的道路。

（2）技术出口速度明显加快。

（3）成套设备出口在技术出口中的比重不断增加。例如 1997 年大型成套设备出口占技术出口总额的 55%，1995 年高达 94%。

（4）出口市场多元化取得进展。到 1997 年我国技术出口的国别和地区已经达到 110 个，对发展中国家的出口份额达到 70%。

（5）技术含量不断提高，技术出口已经初具规模。成套设备的出口从小型成套设备逐步转向大型成套设备，我国已经拥有多层次的技术资源，机电产品的出口占有一定比重。

4. 快速发展阶段（1998 年至今）

自 1998 年开始，中国技术出口开始步入快速发展阶段。1999 年初，外经贸部提出"科技兴贸"战略，并与科学技术部、信息产业部等部门建立了联合工作机制，制订了《科技兴贸行动计划》。随着对外贸易体制的改革，越来越多的国内科研院所获得了技术出口经营权。国家还制定了一系列鼓励技术出口的优惠政策，如给予信贷、税收等政策优惠或给予一定的补贴，以及鼓励企业到境外注册商标或出国参展等。2001 年 12 月，中国成功加入世界贸易组织。上述这些因素为我国的技术出口增强了后劲，提供了更大的发展空间。

该阶段的中国技术出口主要有以下几个特点：

（1）高技术产品成为技术出口增长的重要力量。"十五"规划期间，我国高技术产品出口表现出前所未有的增长势头。2000 年，高技术产品出口额为 370.43 亿美元，比 1999 年增长 50.0%，在此后的 4 年时间里，其年均增长幅度在 44% 左右。"十一五"规划时期，中国高技术产品出口增势更是明显，出口额连续 5 年保持世界第一。2010 年，我国高技术产品出口一扫 2009 年的低迷，出口额强劲增长到 4924.1 亿美元，较"十五"规划末的 2005 年翻了一番多。

（2）企业是技术的最主要输出方。据统计，包括国内外市场在内，2006 年企业共签订技术合同 130 125 项，输出技术交易额达 1 528.0 亿元，较上年增长 66.3%，占技术合同成交总金额的 84.0%；科研机构输出技术项目 44 079 项，输出技术交易额达 141.0 亿元；高等院校输出技术项目 18 401 项，输出技术交易额为 65.0 亿元。继 2006 年企业输出技术交易额首次超过吸纳技术交易额后，2007 年企业输出技术交易额又创新高。2007 年，企业输出技术合同项目为 135 922 项，输出技术交易额为 1 923 亿元，较 2006 年增长 25.9%，占全国成交总金额的比例进一步增长，达到 86.4%。

（3）技术出口市场多元化。随着市场多元化战略的实施，中国技术出口的国别、地区呈多元化趋势,既包括发展中国家,也包括发达国家。东南亚、西亚、中国香港地区是技术出口稳固发展的重点市场,对非洲及欧美发达国家的出口也有较大增长。从高新技术产品出口来看,自 1996 年以来,中国香港、欧盟和美国一直是我国高技术产品出口市场前几位,对这三个市场的高技术产品出口占我国高技术产品出口总额的比重一直保持在 50％以上,2009年该比重超过 60％。

(4)技术出口领域广泛。目前,我国技术出口涉及计算机、通信、软件、机械、汽车、化工、冶金、农业、医药等诸多领域,如中铝国际工程有限责任公司对印度、伊朗、越南、俄罗斯、沙特、卡塔尔等国的多家铝公司进行技术转让,标志着我国已成为重大铝技术的输出国。中国中医研究院西苑医院则以知识产权形式,向日本输出中药技术。2009 年,计算机与通信技术、电子技术、光电技术和生命科学技术成为我国高技术产品出口最多的四个技术领域,这四类技术领域的出口总额占高技术产品出口总额的比重高达 96.97％。

(二)我国对技术出口的管理

我国以贸易渠道出口技术是从 20 世纪 80 年代开始的。1986 年国家制定了我国技术出口的方针、原则和管理制度。我国技术出口应遵循以下六项原则:

(1)遵守我国的法律、法规。

(2)符合我国外交、外贸和科技政策并参照国际惯例。

(3)遵守我国对外签订的协议和所承担的义务。

(4)不得危害国家安全和社会公共利益。

(5)有利于促进我国对外贸易发展、科学技术进步以及经济技术合作。

(6)保护我国经济技术权益和我国产品在国际市场上的竞争地位。为贯彻上述原则,我国把技术项目分为禁止出口、控制出口(重大技术)和允许出口(一般技术)三大类,并对技术出口项目和技术出口合同实行双重审批制度。

 **本章小结**

出口和进口是对外贸易的两个重要方面,它们互相制约、互相渗透、互为条件。只有出口,没有进口,出口就没有意义;只有进口,没有出口,进口就没有基础。既要大力发展出口贸易,也要积极开展进口贸易,使进出口保持基本平衡。

出口贸易为我国增加进口、引进资金技术、开展对外经济合作提供外汇保障,为国民经济技术进步提供强大推动力,推动产业结构和国民经济调整与优化,促进国际环境改善。出口商品战略是一国根据自己经济发展的具体情况和国际市场需要,对出口商品构成作出的战略性安排。我国在不同时期制定了不同的出口商品战略。在出口市场战略上,我国提出了市场多元化战略。

发展进口贸易可以推动国民经济持续、快速协调发展;提高出口商品的国际竞争力,促进进出口贸易协调稳定发展;增加国内消费品生产,更好地满足人民需要;增进与各国经贸关系的发展。进口商品战略是根据国内生产、消费的需要,对一定时期进口商品的构成所作的战略性规划,以生产需求和消费需求为依据,体现一定时期国家经济社会发展目标和产业结构调整目标。

　　服务贸易是指国家间的服务输入或服务输出的一种贸易形式。乌拉圭回合提出以部门为中心的服务贸易分类方法将服务贸易分为十二大类。20世纪60年代以来,世界经济中心开始转向服务贸易,呈现出一些新的特点。扩大服务贸易有利于优化中国外贸结构,充分发挥中国劳动力比较优势。"十二五"期间,我国进一步扩大服务贸易规模,优化服务贸易结构,形成了更加开放的格局,大幅提高市场开拓能力。

　　技术贸易是不同国家的企业、经济组织或个人之间,按照一般商业条件,向对方出售或从对方购买软件技术使用权的一种国际贸易行为。其内容包括专利、商标、专有技术等。它交易的标的物、所有权转换、贸易关系、作价和价格构成与一般商品贸易是不同的。我国的技术引进要优化结构,提高质量和效益,实现"引进技术—消化吸收—创新开发—提高国际竞争力"的良性循环。我国的技术出口应遵循技术出口管理的六项原则。

复习思考题

1. 发展出口贸易有什么重要意义?
2. 我国"十二五"规划期间出口商品战略的内容是什么?
3. 我国实施出口市场多元化战略的重要意义何在? 应采取哪些具体措施?
4. 发展进口贸易有什么意义?
5. 我国"十二五"规划期间进口商品战略的内容是什么?
6. 中国发展服务贸易有什么重要意义?
7. 我国对技术贸易的引进和出口管理应遵循哪些原则?

微信扫码查看

第九章 中国对外贸易关系

学习要求

通过本章的学习,要求了解中国对外贸易关系的基本情况;熟悉中国在多边和区域贸易关系的作用;掌握中国自贸区的建设情况及其意义。

关 键 词

多边贸易体制　世界贸易组织　国际货币基金组织　联合国贸易与发展委员会　关贸总协定　最惠国待遇　国民待遇　布雷顿森林会议　多边支付体系　特别提款权　欧盟东盟　经济一体化　亚太经合组织　贸易与投资便利化　自由贸易协定　原产地证书

通常从一国的角度,对外贸易关系分为双边贸易关系、区域贸易关系和多边贸易关系。在中国以往的对外经贸关系中,主要侧重于在双边一级发展与外部世界的经济贸易合作。中国迄今与100多个国家签订了经贸协定,与60多个国家签订了投资保护协定,都是建立在双边的基础上。但是,随着中国对外开放的扩大和经济体制改革的深化,越来越认识到参加多边贸易体制的重要性。中国要扩大对外开放,实现经济的国际化,与世界经济接轨,就不能不参加世界多边贸易体制。本章就中国的多边、区域、双边贸易关系以及中国自由贸易区进行详细介绍。

第一节 中国的多边贸易关系

中国的多边贸易关系主要集中表现在中国与世界性国际经济组织之间的关系,如三大支柱性国际经济组织(世界贸易组织、国际货币基金组织、世界银行集团)和联合国下属的国际性经济组织(联合国贸易与发展会议等)。这些世界性国际经济组织向世界各国开放,组织范围广、会员多、影响大,各国(地区)可依据该组织的基本文件所规定的条件申请参加。

一、中国与世界贸易组织

(一)世界贸易组织简介

世界贸易组织(World Trade Organization,WTO)简称世贸组织。它是根据关税与贸易总协定乌拉圭回合多边贸易谈判达成的《建立世界贸易组织协定》于1995年1月1日建立的,取代了关税与贸易总协定(General Agreement on Trade and Tariff,GATT;简称关贸总协定),并按照乌拉圭回合多边谈判达成的最后文件所形成的一整套协定和协议的条款作为国际法律规则,对各成员之间经济贸易关系的权利和义务进行监督、管理和履行的国际经济组织,其中创始成员 113 个。

1. 宗旨

(1) 提高生活水平,保证充分就业,大幅度稳步地提高实际收入和有效需求;

(2) 扩大货物、服务的生产和贸易;

(3) 坚持走可持续发展之路,各成员应促进对世界资源的最优利用,保护和维护环境,并以符合不同经济发展水平下各自成员需要的方式,加强采取各种相应的措施;

(4) 积极努力以确保发展中国家,尤其是最不发达国家,在国际贸易增长中获得与其经济发展水平相应的份额和利益。

2. 目标

世界贸易组织的目标是建立一个完整的包括货物、服务、与贸易有关的投资及知识产权等更具活力、更持久的多边贸易体系,以包括关贸总协定贸易自由化的成果和乌拉圭回合多边贸易溯及的所有成果。世贸组织实现目标的途径是协调管理贸易。

3. 原则

(1) 最惠国待遇原则。最惠国待遇是指缔约一方现在和将来给予任何第三方的优惠,也给予所有缔约方。在国际贸易中,最惠国待遇是指签订双边或多边贸易协议的一方在贸易、关税、航运、公民法律地位等方面,给予任何第三方的减让、特权、优惠或豁免时,缔约另一方或其他缔约方也可以得到相同的待遇。

(2) 国民待遇原则。国民待遇是指在贸易条约或协议中,缔约方之间相互保证给予对方的自然人(公民)、法人(企业)和商船在本国境内享有与本国自然人、法人和商船同等的待遇。就是把外国的商品当作本国商品对待,把外国企业当作本国企业对待。其目的是为了公平竞争,防止歧视性保护,实现贸易自由化。

(3) 无歧视待遇原则。无歧视待遇原则又叫无差别待遇原则,是 WTO 最重要的原则之一。它规定缔约方一方在实施某种限制或禁止措施时,不得对其他缔约方实施歧视待遇。无歧视待遇的原则要求每个缔约方在任何贸易活动中,都要给予其他缔约方以平等待遇,使所有缔约方能在同样的条件下进行贸易。

(4) 互惠原则。互惠是指两国或多国之间在贸易利益或特权方面的相互或相应让与。互惠原则体现在关税、运输、非关税壁垒方面的削减和知识产权方面的相互保护等。

(5) 公平贸易原则。这一原则要求 WTO 各成员的出口贸易经营者不得采取不公正的贸易手段,扭曲国际贸易竞争,尤其不能采取倾销和补贴的方式在他国销售产品。对于以倾销或补贴方式出口本国产品,给进口方国内工业造成实质性损害,或有实质性损害威胁时,该进口方可以根据受损的国内工业的指控,采取反倾销和反补贴措施。同时,世贸组织反对成员滥用反倾销和反补贴措施达到其贸易保护的目的。

(6) 关税减让原则。关税和非关税措施是国家管制进出口贸易的两种常用方式。与名目繁多的非关税措施相比,关税的最大优点是它具有公开性和可计量性,能够清楚地反映关税对国内产业的保护程度。在 WTO 中,关税是唯一合法的保护方式。不断地降低关税是

WTO 最重要的原则之一。目前,关税的总体水平,发达国家在 3% 以下,发展中国家约为 10%。

(7) 禁止数量限制原则。世界贸易组织仅允许进行"关税"保护,禁止其他非关税壁垒,尤其是以配额和许可证为主要方式的"数量限制"。数量限制是非关税壁垒中最常用的方法,是政府惯用的手段,常被用来限制进出口数量。WTO 倡导贸易自由化,主张取消任何非关税壁垒。但禁止数量限制也有一些重要的例外,如国际收支困难的国家被允许实施数量限制,发展中国家的"幼稚工业"也被允许加以保护。

(8) 透明度原则。这一原则要求各成员对实施的有关管理对外贸易的各项法律、法规、行政规章、司法判决等迅速公布,以使其他成员政府和贸易经营者加以熟悉;各成员政府之间或政府机构之间签署的影响国际贸易政策的现行协定和条约也应予以公布。各成员应在其境内统一、公正和合理地实施各项法律、法规、行政规章、司法判决等。其目的在于防止缔约方之间进行不公平的贸易。透明度原则已经成为各缔约方在货物贸易、技术贸易和服务贸易中应遵守的一项基本原则,它涉及贸易的所有领域。

4. 主要职能

(1) 组织实施世贸组织负责管辖的各项贸易协定、协议,积极采取各种措施努力实现各项协定、协议的目标,并对所辖的不属于"一揽子"协议项下的诸边贸易协议执行管理和运作提供组织保障。

(2) 为成员提供处理各协定、协议有关事务的谈判场所,并为世贸组织发动多边贸易谈判提供场所、谈判准备和框架草案。

(3) 解决各成员间发生的贸易争端,负责管理世贸组织争端解决协议。

(4) 对各成员的贸易政策、法规进行定期审评。

(5) 协调与国际货币基金组织和世界银行等国际经济组织的关系,以保障全球经济决策的凝聚力和一致性,避免政策冲突。

5. 组织机构

(1) 部长会议。部长会议是各成员方最重要的谈判场合,是世界贸易组织的最高权力机构。它有权对多边贸易协议中的任何事项做出决定,但它不是一个常设机构,只是一个由世界贸易组织所有成员代表组成,至少每两年召开一次会议,对国际贸易重大问题做出决策的会议制度。部长会议应当履行世界贸易组织的职能,并为此采取必要的措施。如有成员要求,部长会议有权对各多边贸易协议中的任何事项做出决定。部长会议的决定应按照协议及有关多边贸易协议中关于决策的具体规定做出。

(2) 总理事会。总理事会是世界贸易组织的日常工作执行机构。它由世界贸易组织所有成员代表组成,需要向部长会议报告工作,在部长会议休会期间执行部长会议的各项职能。总理事会还应当执行世界贸易组织协议指定的各项职能。总理事会除代表部长会议处理日常事务外,还应在适当时候召开会议,以行使贸易政策审议机制所规定的贸易政策审议机构的职责以及争端解决谅解所规定的争端解决机构的职责。贸易政策审议机构和争端解决机构都可有自己的主席,并建立它们认为必要的程序规则以行使其职责。总理事会应当制定自己的程序规则。

(3) 理事会和委员会。总理事会将部分职权授予另外三个主要机构:货物贸易理事会、服务贸易理事会及与贸易有关的知识产权理事会(简称"知识产权理事会")。

(4) 诸边贸易协议的管理机构。世界贸易组织的4个诸边协议,即关于民用航空器、政府采购、奶制品和牛肉的诸边协议,每个协议都建立了自己的管理机构,以行使这些协议所赋予的职责。诸边协议的管理机构应在世界贸易组织机构框架内运作,并向总理事会通知其活动。

(5) 总干事和秘书处。世界贸易组织设立一个总干事领导下的秘书处。总干事的权力、责任、任职条件和任期由部长会议制定规则确定。总干事任命秘书处的职员,并根据部长会议通过的规则确定他们的责任和任职条件。从实际出发,关贸总协定的秘书处应成为世界贸易组织的秘书处。关贸总协定缔约方全体的总干事,在部长会议任命总干事之前,应作为世界贸易组织的总干事。目前,世界贸易组织的秘书处设在日内瓦,它拥有大约600名工作人员。其责任包括在谈判以及协议实施方面向世界贸易组织代表机构提供服务。它有特别责任,对发展中国家,尤其是最不发达国家提供技术援助。世界贸易组织的经济学家和统计学家提供贸易实际情况和贸易政策分析,而它的法律工作人员帮助解决贸易争端,包括涉及世界贸易组织规则和先例的解释。秘书处的其他工作涉及新成员的加入谈判,并为正在考虑成员资格的政府提供咨询。

总干事和秘书处的职员是国际公务员,在履行其职责方面,总干事和秘书处职员不应当寻求和接受世界贸易组织之外的任何政府或其他当局的指示,他们应避免任何有损其国际官员身份的行为,世界贸易组织的成员应当尊重总干事和秘书处职员在其职责方面的国际性质,不应对他们行使职权施加影响。

6. 权利与义务

世贸组织各成员应享有一定的权利和履行相应的义务。各成员应享受的基本权利主要有以下几点:① 在现有成员中享受多边的、无条件的和稳定的最惠国待遇;② 享受其他世贸组织成员开放或扩大货物、服务市场准入的利益;③ 发展中国家可享受一定范围的普惠制待遇及发展中国家成员的大多数优惠或过渡期安排;④ 利用世贸组织的贸易争端解决机制和程序,公平、客观、合理地解决与其他国家的经贸摩擦,营造良好的经贸发展环境;⑤ 享有世贸组织成员利用各项规则、采取促进本国经贸发展的措施的权利。

在享受上述权利的同时,世贸组织成员也应根据世贸规则履行相应的义务,主要表现在以下方面:① 在货物、服务、知识产权等方面,根据世贸组织规定,给予其他成员最惠国待遇;② 根据世贸组织有关协议规定,扩大货物、服务的市场准入程度,即具体要求降低关税和规范非关税措施,逐步扩大服务贸易市场的开放;③ 按《与贸易有关的知识产权协定》(TRIPs)规定,进一步规范知识产权的保护措施;④ 根据世贸组织贸易争端解决机制与程序,和其他成员公正地解决贸易摩擦,不能搞单边报复;⑤ 增加贸易政策和有关法规的透明度;⑧ 按在世界出口中所占比例缴纳一定会费。

7. 出版物

世界贸易组织的主要出版物有《世界贸易报告》(年刊)、《国际贸易统计》(年刊)、《世界贸易组织年报》(年刊)。

（二）中国与世界贸易组织关系

1. 中国加入世贸组织的过程

中国是关贸总协定（GATT）23 个创始缔约国之一。1948 年 4 月 21 日，当时的中国政府签署了《临时适用议定书》，同年 5 月 21 日，中国成为关贸总协定缔约方。在未得到中国唯一合法政府——中华人民共和国政府授权的情况下，台湾当局于 1950 年 3 月通知联合国秘书长，决定退出关贸总协定。虽然中国指出这一退出决定是无效的，但由于受当时国内外政治、经济环境的制约，中国未能及时提出恢复关贸总协定缔约国地位的申请。

随着中国 1978 年实行改革开放政策取得巨大经济成就，中国经济与世界经济联系日益紧密。从加快实行改革开放政策、进一步发展国民经济的需要出发，中共中央于 1986 年作出了申请恢复我国关贸总协定缔约国地位的决定。自 1986 年 7 月 11 日中国正式提出恢复我国缔约方地位后，1987 年 3 月关贸总协定成立了"中国工作组"，开始中国的"复关"谈判。1995 年 1 月，世界贸易组织成立，从当年 7 月起中国复关谈判转为加入 WTO 谈判。谈判过程充满了艰巨性、复杂性、特殊性和敏感性。其中最重要的环节是中美谈判和中欧谈判，中美谈判举行了 25 轮，中欧谈判进行了 15 轮。1999 年 11 月 15 日，中美谈判协议的达成，为中国加入世贸组织谈判的最终成功铺平了道路。2001 年 11 月，世界贸易组织（WTO）第四届部长级会议审议通过了中国加入世界贸易组织的决议。

2. 中国加入世贸组织的法律文件

《马拉喀什建立世贸组织协定》、《中华人民共和国加入 WTO 的决定》、《中华人民共和国加入 WTO 议定书》及其附件、《中国加入工作组报告书》等。中国加入世贸组织的法律文件的主体是《马拉喀什建立世贸组织协定》，议定书和工作组报告书已成为《世贸组织协定》的组成部分。

3. 中国加入世贸组织的基本权利和义务

中国加入世贸组织的基本权利有：全面参与多边贸易体制；享受非歧视待遇；享受发展中国家权利；获得市场开放和法规修改的过渡期；保留国营贸易体制；对国内产业提供必要的支持；维持国家定价；保留征收出口税的权利；保留对进出口商品进行法定检验的权利；有条件、有步骤地开放服务贸易领域并进行管理和审批。

中国加入世贸组织的基本义务有：遵守非歧视原则；贸易政策统一实施；确保贸易政策透明度；为当事人提供司法审议的机会；逐步放开外贸经营权；逐步取消非关税措施；不再实行出口补贴；实施《与贸易有关的投资措施协议》；以折中方式处理反倾销反补贴条款可比价格；接受特殊保障条款；接受过渡性审议。

4. 中国在世贸组织中的作用

加入 WTO，对中国而言，迎来了发展的机遇；对 WTO 而言，给 WTO 注入了新鲜的血液，带来了新的活力。

（1）中国加入 WTO 后，使 WTO 成为名副其实的世界贸易组织。对此，WTO 前总干事素帕猜曾说："缺少中国，世界贸易组织就不能称作真正的全球性贸易机构。"中国需要世贸组织，世贸组织也同样需要中国。

（2）中国加入 WTO 后，使中国的对外开放从单边自主、窄领域的对外开放转变为相互、多边和全方位的开放。在 WTO 多边贸易体制基础上，与 WTO 成员进行"开放、公平和无扭曲的竞争"与合作,能够使中国与 WTO 成员的比较优势和绝对优势得以充分发挥,实现优势互补,加强世界范围内各种要素的合理和优化配置,提高效率和增加有效需求,实现双赢或多赢,有助于 WTO 实现其成员"提高生活水平、保证充分就业、保证实际收入和有效需求的大幅稳定增长、扩大货物和服务的生产和贸易"的目标。

（3）中国加入 WTO 后,将在消费、资源、劳动力等方面为 WTO 成员提供更多的机会,彼此相互促进发展与繁荣。中国是世界最大的潜在市场;同时,中国进行社会主义现代化建设需要引进大量的资金、先进技术和管理经验;此外,中国实施的"西部大开发"战略、滨海新区开发开放战略、2008 年召开的北京奥运会、2010 年上海世博会等,这些无疑会给竞争日益激烈的各成员提供无限商机。

（4）中国加入 WTO 后,将维护多边贸易体制的基本原则,认真如实履行《中国加入世界贸易组织议定书》的承诺,与 WTO 成员共同努力,化解多边贸易体制遇到的困境,抑制不良倾向的加剧,从而有助于世界贸易组织制定更为公平的贸易谈判规则和议程,使 WTO 成为一个更加公平、更加完整、更加稳定的多边贸易体制。

二、中国与联合国贸易与发展会议

（一）联合国贸易与发展会议简介

联合国贸易与发展会议（United Nations Conference on Trade and Development, UNCTAD)是联合国大会负责审议和处理国际贸易及有关经济发展问题的一个直属机构,简称贸发会议。它是由发展中国家倡议并根据第 19 届联大决议设立,秘书处设在日内瓦,截止到 2010 年 3 月,贸发会议共有 193 个成员国,还有许多国际组织(包括政府间和非政府间的)作为观察员参与其活动。

第二次世界大战以后,众多发展中国家继政治上获得独立后努力发展民族经济,但由于旧国际经济秩序的严重阻碍,发展中国家经济遭受极大损害,初级产品出口停滞,贸易条件恶化,国际收支逆差不断扩大。为此,广大发展中国家积极呼吁召开国际性会议,研究和解决发展中国家的经济和贸易发展问题。1962 年 12 月 18 日,联合国大会批准召开贸易与发展问题大会。1964 年 3 月至 6 月,首届联合国贸易与发展会议召开,在这次会议的建议下,联合国于 1964 年 12 月 30 日通过第 1995 号决议,确定联合国贸易和发展会议为联合国大会的常设机构。

联合国贸发会议在向发展中国家提供技术援助、协助其进行债务管理以及培训高级金融管理人才等方面做了大量工作,取得了令人注目的成果。另外,联合国贸发会议还在贸易发展研究以及增强发展中国家在目前国际格局中的竞争能力和地位方面进行了诸多尝试,并协助一些发展中国家进行有关加入世贸组织的谈判,赢得了良好信誉。

贸发会议自成立以来,在促进发展中国家的经贸发展、推动南北对话和南南合作方面发挥了重要作用,曾主持谈判达成了一些重要的国际公约和协议,如《各国经济权利和义务宪章》、《班轮公约行动守则》、普遍优惠制、《商品综合方案》等,在 20 世纪 70 年代和 80 年代初联合国系统内改革旧的国际经济关系和建立新的国际经济秩序的热潮中发挥过核心作用。随着国际政治经济形势的急剧变化,特别是由于发达国家对发展合作态度日趋消极,发展中国家利益要求不同而导致的谈判能力下降的情况下,贸发会议的谈判职能逐渐削弱,但在帮助发展中国家制定经济发展战略和贸易、投资、金融政策,加强它们参与多边经济贸易事务的能力方面,仍然发挥着独特而重要的作用,被誉为"发展中国家的良心"和"南方知识库"。如今,贸发会议仍然是备受广大发展中国家依赖与重视的国际多边经贸组织,仍不失为牵制发达国家谋取经济私利和维护广大发展中国家正当利益的重要论坛。

1. 宗旨

贸发会议的宗旨是促进国际贸易,特别是加速发展中国家的经济和贸易发展;制定国际贸易和有关经济发展问题的原则和政策;推动发展中国家和发达国家就国际经济、贸易领域的重大问题进行谈判;检查和协调联合国系统其他机构在国际贸易和经济发展方面的各项活动;采取行动以便通过多边贸易协定;协调各国政府和区域经济集团的贸易和发展战略。

2. 目标

贸发会议的主要目标是帮助发展中国家增强竞争能力,最大限度地获取贸易和投资机会,加速发展进程,并协助它们应付全球化带来的挑战和在公平的基础上融入世界经济。贸发会议通过研究和政策分析、政府间审议、技术合作以及与非政府机构企业部门的合作实现其目标。其当前的工作领域涉及贸易、资金、投资、技术、企业、可持续发展,以及南南合作和最不发达国家等问题。

3. 组织机构

联合国贸发会议的最高权力机构是各成员参加的大会,通常每四年举行一次。理事会是贸发会议的执行机构,通常每年举行两次会议,必要时召开理事会特别会议。理事会下设七个专业委员会:初级产品委员会、制成品委员会、航运委员会、无形贸易和资金贸易委员会、技术转让委员会、优惠特别委员会和发展中国家间经济合作委员会。秘书处是贸发会议的常设办事机构,三位秘书长均来自发展中国家。

4. 出版物

联合国贸易与发展会议的出版物有《联合国贸易和发展会议公报》(月刊)、《贸易和发展》(年刊)、《贸易和发展报告》(年刊)、《贸易和发展评论》(年刊)、《国际贸易和发展统计手册》(年刊)、《商品价格公报月报》。贸发会议一年一度发表的《贸易和发展报告》、《世界投资报告》和《最不发达国家报告》在全世界具有广泛的影响和声誉,这些报告不但是国际上被广征博引的权威资料,也是各国特别是发展中国家制定经济和社会发展政策的重要参考依据。贸发会议在为将自己办成一个"知识型"的国际机构而努力。

(二)中国与联合国贸易与发展会议的关系

贸发会议是中国政府在恢复联合国的合法席位后于 1972 年参加的第一个联合国大会直属机构。此后,中国既是贸发会议的成员,又是贸易理事会及其所属的各委员会的成员。多年来,贸发会议和中国政府一直保持着良好的合作关系,贸发会议为我国的改革开放和经济建设提供了很多帮助。中国也一贯支持贸发会议,积极参与其各项活动,在该组织有着重要的影响。

中国派团出席了贸发会第三届以来的历届大会及其下属各层次的会议,积极宣传我国的对外政策以及对一些重大问题的原则和立场,并与其他发展中国家保持了良好合作关系,曾以四方(发达国家组成的 B 组、苏联及东欧国家组成的 D 组、77 国集团和中国)之一以及第八届大会以后的"77 国集团和中国"的形式,积极参与大会和各层次会议有关议题的审议,维护了我国及广大发展中国家的权益,有力地支持了发展中国家的合理要求和主张。

在联合国贸发会议上,中国代表团提出了加强贸发会议的国际地位,使其成为国际多边经贸体制一部分的观点。中方主张,联合国贸发会议和世界贸易组织都是全球多边经贸体制的组成部分,这两个机构应通过有效的合作,建立相互支持、相互补充的关系。世界贸易组织作为多边贸易规则的制定者,其自身不能有效地监督这些规则的执行,特别是不能确保在规则执行过程中不实行双重标准。贸发会议作为世界上最具普遍性的国际贸易组织,应该发挥实施多边规则的监督机构的作用,从而与世界贸易组织在多边体制中建立一个相互制约的机制。只有这样,多边经贸体制才能在公平合理的基础上维护所有国家的利益,防止少数国家主宰多边体制,并确保这一体制的有效性和活力。这一呼声代表了广大发展中国家的利益,得到了与会者的广泛支持。

近年来,我国加强了同贸发会议在我国举办专业性研讨会方面的合作,双方多次在华联合举办有关普遍优惠制、贸易效率和国际投资等主题研讨会和讲习班,为提高我国专业人才的素质做出了贡献。

三、中国与国际货币基金组织

(一)国际货币基金组织简介

国际货币基金组织(The International Monetary Fund,IMF)是政府间的国际金融组织,它是根据1994年7月在美国新罕布什尔州布雷顿森林召开的联合国和联盟国家国际货币金融会议上通过的《国际货币基金协定》而建立起来的。1945年12月27日正式成立,1947年3月1日开始办理业务,同年11月15日成为联合国的一个专门机构,截止到2016年,IMF已有186位成员国。

国际货币基金组织设5个地区部门(非洲、亚洲、欧洲、中东、西半球)和12个职能部门(行政管理、中央银行业务、汇兑和贸易关系、对外关系、财政事务、国际货币基金学院、法律事务、研究、秘书、司库、统计、语言服务局)。其会员国分两种:凡参加1944年布雷顿森林会议,并于1945年12月31日前在协定上签字的国家称为创始会员国,共有39个,在此之后参加的同家称为其他会员国。

1. 宗旨

(1)通过设置常设机构就国际货币问题进行磋商与协作,从而促进国际货币领域的合作;

(2)促进国际贸易的扩大和平衡发展,从而有助于提高和保持高水平的就业和实际收入以及各成员国生产性资源的开发,并以此作为经济政策的首要目标;

(3)促进汇率的稳定,保持成员国之间有秩序的汇兑安排,避免竞争性通货贬值;

(4)协助在成员国之间建立经常性交易的多边支付体系,取消阻碍国际贸易发展的外汇限制;

(5)在具有充分保障的前提下,向成员国提供暂时性普通资金,以增强其信心,使其能有机会在无需采取有损本国和国际繁荣的措施的情况下,纠正国际收支失调;

(6)缩短成员国国际收支失衡的时间,减轻失衡的程度。

2. 组织机构

国际货币基金组织由理事会、执行董事会、总裁和众多分支机构组成。理事会任命若干特定的常设委员会,还可以建立临时委员会。各常设委员会向理事会提供建议,但不行使权力,也不直接贯彻执行理事会的决议。理事会和执行董事会决议的通过和执行,原则上以各国投票权的多少作为依据。

IMF 的最高决策机构是理事会,由各会员国选派一名理事和一名副理事组成,任期五年,人员任免由会员国本国决定。理事会每年召开一次常会,必要时可以召开特别会议。

理事会下设执行董事会,是华盛顿 IMF 总部的常设机构。接纳新会员国、调整基金份额和修订协定条款等重大事务以外的一般行政和政策事务,均由执行董事会行使权力。执行董事会向理事会提出年度报告,与会员国进行讨论,并随时对会员国重大经济问题以及国际金融方面的重大问题进行研究。

IMF 的各国理事和执行董事权力的大小,实际由他们所代表的会员国拥有票数的多少决定。一般的决议简单多数票即可通过,但是对于重大问题的决议,如修订基金条款和调整会员份额等,则需获得总投票权的 85% 才能通过。

总裁负责基金组织的业务工作,行使执行董事会主席的职能,由执行董事会推选,任期五年,可连任。历任总裁按贯例均由欧洲人担任。

国际货币基金组织主要出版物有《世界经济展望》、《国际金融统计》(月刊)、《国际货币基金概览》(周刊)、《国际收支统计》(月刊)、《政府财政统计年鉴》。

(二)中国与国际货币基金组织的关系

我国与 IMF 的关系一直在发展。在 IMF 创立时我国的份额为 5.5 亿特别提款权,1980 年席位恢复后,增加到 12 亿特别提款权,1983 年 4 月再次增到 18 亿特别提款权。到 1989 年,中国在 IMF 的份额是 23.91 亿特别提款权,占份额总数的 2.68%,投票权占总投票权的 2.6%,投票权比例和份额比例均排名第 9 位。2009 年中国的份额为 3.66%,在基金组织中排名第 6(前 5 名依次为美国、日本、德国、法国和英国)。

2010 年 12 月 15 日,IMF 最高决策机构理事会批准了关于 IMF 份额和治理改革的方案,并完成了第 14 次份额总检查。改革方案将涉及修正 IMF 协定,并需要占总投票权 85% 的五分之三成员国接受。改革后,中国的份额从 3.994% 大幅上升至 6.390%,跃身为 IMF 第三大份额国,比第二位的日本(6.461%)仅低 0.071 个百分点,而美国依然是第一位(17.398%)。金砖四国(巴西、中国、印度和俄罗斯)将全部跻身 IMF 份额最高的十大成员国之列。按照改革后的最新份额比重,IMF 十大成员国依次为美国、日本、中国、德国、法国、英国、意大利、印度、俄罗斯和巴西。

IMF 带有极其浓厚的政治色彩,它往往是不同集团、不同利益国家间争斗的论坛。我国是发展中的社会主义国家,坚持独立的外交政策,在 IMF 中凡是有利于发展中国家的正当要求和主张,我们均给予支持。

自恢复在基金组织的合法席位以来,我国与国际货币基金组织在平等互利的基础上开展了深入而富有成效的合作,主要表现在以下几个方面:

1. 资金往来

中国作为基金组织成员国,有权从基金组织取得贷款来弥补国际收支逆差,支持经济结构调整。改革开放初期,我国在经济转型过程中出现了持续的经济过热,通货膨胀上升,国际收支逆差增大。为此,我国先后于1981年和1986年从基金组织借入7.59亿特别提款权和5.98亿特别提款权的贷款,用于弥补国际收支逆差,支持经济结构调整和经济体制改革。到20世纪90年代初,我国已全部偿还了基金组织的贷款。

随着我国经济实力的增强和宏观经济管理水平的提高,我国不仅未再向基金组织提出新的借款要求,而且长期以来一直是基金组织的债权国,为基金组织各项贷款安排提供资金。特别是亚洲金融危机爆发以后,我国积极履行成员国的义务,向基金组织出资支持其援助有关危机国家的资金使用计划。在履行成员国的出资义务之外,我国自身作为一个发展中国家,还为基金组织援助发展中国家的各项安排提供了力所能及的支持。

2. 定期磋商

根据《基金组织协定》第4条款的规定,基金组织定期与各成员国政府举行磋商,以了解各成员国的宏观经济运行情况,并对各成员国的外汇与贸易制度进行监督。而成员国也有义务向基金组织提供相关经济统计数据,并就政府各部门主管业务作政策说明。我国自恢复合法席位以后即开始与基金组织进行每年一次的第4条款磋商。鉴于中国经济在亚太地区的重要地位,基金组织从1991年起加强了对中国经济的关注,每年在第4条款磋商之外又增加了一次中期工作人员访问。我国与基金组织的定期磋商涉及财税、金融、对外贸易等各个宏观经济部门。通过各有关部委与基金组织磋商代表团的相关讨论,增进了基金组织对中国经济的了解,并就当前经济中存在的主要问题坦诚地交换意见。基金组织代表团于历次磋商后撰写的总结性发言及磋商报告中,都高度评价了中国在经济增长、宏观经济调控和结构改革中所取得的进展,在国际上产生了积极的影响;同时也在一些关键问题上提出了政策建议,为我国经济增长和改革开放的努力提供了有益的参考。从2000年开始,我国同意基金组织对外发布基金组织执董会讨论中国磋商报告的公共信息公告。

3. 技术援助

基金组织通过其技术援助先后为我国20世纪80年代的中央银行体制改革、1994年的汇率并轨、1995年《中国人民银行法》的制定、1996年的经常项目可兑换以及90年代以来相继实施的财税体制改革等重大改革政策的实施提供了有益的咨询。除了宏观政策咨询之外,基金组织还在技术层面上与我国充分合作。通过与基金组织的技术合作,我国在统计领域建立了符合国际标准的货币银行统计体系和国际收支统计体系,改进了国民账户统计,建立了外债监测体系;在货币与金融领域,改善了货币政策的制定与操作,修改和完善了银行法规及会计与审计制度,强化了金融监管,推动了金融市场及相应的金融工具的发展;在财税领域,启动了财政预算分类和编制改革及国库单一账户改革、税制改革,加快了财政和税收征管电子化信息系统的建设。

作为技术援助的一项重要内容,基金组织为我国政府机构的有关人员提供了大量的培训。每年在我国举办的培训班涉及货币政策、财税政策、银行监管、外汇市场管理、国际收支管理和宏观经济统计等多个领域。

4. 国际会议

基金组织是我国阐述对国际经济金融体系及其他国际事务的政策立场的一个重要论坛,是我国与国际社会进行政策对话的一个重要窗口。我国每年派出由中国人民银行和财政部等部门高级官员组成的代表团参加基金组织与世界银行的联合年会。此外,我国还每年组团参加基金组织国际货币与金融委员会春季和秋季会议,以及基金组织与世界银行联合举办的发展委员会会议。在参加基金组织各项会议时,我国代表团一般均会与基金组织总裁或其他高级管理人员进行会谈,讨论双方共同关心的问题以及进一步的合作。在这些国际会议中,我国代表向国际社会系统地阐述了我国对于世界经济形势、国际金融体系改革以及基金组织改革的观点和建议,同时积极地维护发展中国家的利益,支持发展中国家的合理要求和正确主张。

5. 互设机构

作为基金组织的单国选区,中国有权单独任命执董,在基金组织总部设有中国执董办公室,参与基金组织的各项重大决策。自建立以来,中国执董办在基金组织执董会中积极发挥作用,努力维护我国及发展中国家的利益。

中国经济在改革开放之后,对世界经济的影响日趋明显。为了方便基金组织了解情况,推进双方的合作,我国与基金组织签署备忘录,于1991年同意其设立基金组织驻华代表处。1997年香港回归后,经我国同意,基金组织于2001年在香港设立了基金组织驻华代表处香港特别行政区分处。

第二节　中国的区域贸易关系

随着经济全球化的日益深入,区域经济贸易合作进一步加强,中国也积极参与欧盟、亚太、东盟等区域经济贸易合作活动,为对外开放缔造良好的国际环境。

一、中国与欧盟经贸关系

中欧经贸往来历史悠久。1978年中国和欧共体签署了第一个贸易协定,相互给予最惠国待遇,同时成立了中欧经济贸易混合委员会。进入2004年,中国与欧盟双边的关系进一步提升为全面战略伙伴关系的定位得到了确立,中国与欧盟建立了全面战略伙伴关系。在欧盟于2004年5月扩大至25国后,欧盟已超过日本和美国,成为中国最大的贸易伙伴和出口市场,也是最大的技术引进来源地和第四大实际投资方;而中国也自2003年开始,成为欧盟的第二大贸易伙伴。

1. 中欧经贸关系的特点

欧盟成员国多数是我国的传统贸易对象,有着悠久的贸易历史。1975年中国和欧共体建立正式外交关系,为发展双边的贸易往来和经济合作奠定了基础。中国一贯主张积极发展与欧盟的经济贸易关系,欧盟也把中国视为潜在的巨大市场和合作伙伴,在发展对华贸易上采取了一系列措施和行动。经过双方的共同努力,中国与欧盟的贸易关系取得了良好的进展。

(1) 双边贸易额不断增长

在双方正式建交前,我国与欧共体国家的贸易规模较小。1975年以后,尤其是我国与欧共体于1978年签订双边贸易协定以及1980年欧方给予我国最惠国待遇以后,中欧贸易有了较大的发展。1975年双边贸易额为24亿美元,1980年发展到49亿美元,1998年进一步增长为 487 亿美元,占我国对外贸易总额的 15% 左右。2000 年中国与欧盟贸易额为 690.4 亿美元,占我国进出口总额的 14.6%。2001 年双方贸易额为 766.2 亿美元。

2008 年,中欧贸易突破 4 000 亿美元大关,已经达到 4 255.8 亿美元。其中,对欧出口 2 928.8 亿美元,同比增长 19.5%,占当年中国出口总额的 20.5%,欧盟继续保持中国第一大出口市场的地位;中国自欧进口 1 327.0 亿美元,增长 19.6%;实现贸易顺差 1 601.8 亿美元,增长 19.4%。在中欧的主要贸易商品中,中国对欧出口的劳动密集型产品,如纺织品、服装、玩具及运动用品等,在 2008 年取得了较大幅度的增长,而钢铁出口略有下降,同期自欧进口的主要产品则基本保持了平稳增长的态势。在主要贸易伙伴国中,居第一和第五的中德、中意贸易 2008 年的增幅超过了 20%,分别达 22.2% 和 21.9%,据第三和第四位的中英、中法贸易同比增幅均为 15.7%,居第二位的中荷贸易则仅增 10.5%,中国与上述五国的贸易额占中国与欧盟 27 国贸易总额的 67.9%。

(2) 欧盟对我国技术设备出口领先于日美

我国对欧盟出口以农副土特产品、轻纺产品和工艺品为主。从欧盟进口的主要是机械、工业设备、精密仪器、运输机械等,而且进口机械设备时都涉及技术转让。我国与欧盟贸易结构的一个突出特点是,欧盟对我国技术设备出口在我国引进技术、成套设备的合同金额中占 60% 以上的比重。1981 年到 1996 年我国从欧盟成员国引进了 3 000 多项重点技术和设备,合同金额共计 268.9 亿美元,占中国引进总金额的 48.8%。2006 年 1—11 月,我国与欧洲新签技术引进合同 2 606 个,合同金额 85.8 亿美元,分别占全国技术引进项目数和总金额的 27.3% 和 42.2%。项目平均金额 330 万美元(全国平均为 213 万美元),其中,欧盟是我国最大技术供应方。截至 2009 年底,我国自欧盟累计引进技术 23 000 多项,合同金额近千亿美元。相比较而言,欧盟在对华技术转让方面的政策比美国和日本要开放、宽松得多。

(3) 双边的经贸合作规模与双方的地位不相称

据统计,中国和欧盟之间的贸易依存度相差很大,表现为中国对欧盟的贸易依存度高,而欧盟对中国的贸易依存度则要小很多。同时,欧美之间的贸易是欧盟贸易的重要组成部分,而日本及欧盟成员国原先殖民地国家间的贸易仍然在欧盟贸易中占有比较重要的位置,中国的重要性则要次之,投资方面也是如此。

欧盟已经在战略上认识到亚洲以及我国是世界未来的重要市场,亚欧会议机制充分显示出欧盟各国政府观点的转变。但是,从双边贸易发展的实际情况来看,相互在经贸方面的依赖程度并不高,没有上升到主导的地位。

2. 中欧经贸关系存在的主要问题

(1) 贸易平衡问题

近年来,中欧贸易顺差一直保持高速增长态势,即使 2006 和 2007 年的年增长率有所放慢,也均在 30% 以上,导致绝对值迅速超过千亿美元,2007 年达到了 1 342.3 亿美元,在 2008 年中欧贸易顺差增幅接近 20% 的情况下,绝对值为 1 601.8 亿美元。在欧盟成员国中,目前只有奥地利在对华贸易中存在 13.4 亿美元的顺差,其他 26 个国家均呈逆差状态。另一方面,由于转口贸易的存在,加上海关计价标准及汇率变动等因素的影响,欧盟的统计数据与我国差异较大,因而更加放大了中欧贸易不平衡问题的严重性。

来自欧方的数字显示,2007 年欧盟对中国的贸易逆差已超过 2 000 亿美元,为 1 607 亿欧元(约合 2 202.4 亿美元),2008 年扩大至 1 692 亿欧元(约合 2 488.6 亿美元),中国是欧盟最大的贸易逆差来源地。而这种源于统计差异的双边贸易不平衡问题的急剧放大,无疑使矛盾更加突出,站在欧盟的角度,其对华贸易逆差不仅规模巨大,且仍在高速增长,已濒临危险的边缘,使其失去耐性,不满和贸易保护主义之声逐渐高涨。

(2) 频繁使用反倾销手段问题

欧盟对中国实行的歧视性政策更严重地表现在"反倾销"的运用上。欧盟是西方发达国家中首先对中国实施反倾销手段的,也是最近几年对我国实施反倾销诉讼最多的国家。根据商务部的统计,自 2007 年 9 月次贷危机爆发以来,欧委会已对华反倾销立案 12 起,产品涉及范围广泛,涉案金额巨大,并对味精、橘子罐头、铁及非合金钢焊管和紧固件等中国产品裁定征收高额反倾销税。近期,欧盟内部关于本土产品替代进口产品的呼声日渐高涨,成员国和产业组织纷纷要求欧委会给予更多保护,并意欲对包括轻工、纺织、钢铁、电子和家电等在内的中国产品提起更多的反倾销申诉。未来欧盟还将可能设置更多更为严厉的安全与技术壁垒,对中国相关产品实施更为严格的检验检疫措施,对华运用反倾销、反补贴措施也可能更为频繁。

(3) 知识产权领域争端问题

近年来,随着中欧双边贸易和投资的迅速增长,双方关于知识产权领域的争端日益增多。欧盟知识产权保护日益强化,2004 年 7 月 1 日《欧盟关于海关打击涉嫌侵权产品及其措施的法令》正式生效。该法令的目的是加大打击侵权产品的力度,简化海关处理涉嫌侵权产品的程序,严禁来自欧盟外第三国的侵权产品进出欧盟。

(4) 技术贸易壁垒问题

欧盟是世界上运用技术性贸易保护措施最频繁和严格的地区之一,目前形成了包括300 多个具有法律效力的欧盟指令和 10 万多个技术标准的双重结构的技术性贸易措施管理体系,内容涉及工业产品的安全、卫生、技术标准、商品包装和标签的规定及认证制度,以及农产品的生产、加工、运输、贮藏等各个环节。欧盟形形色色的技术性贸易保护措施既具有一定的合法性,也具有隐蔽性。

(5) 政治因素问题

除贸易保护主义外,政治因素也成为近年来干扰中欧双边经贸关系的另一"不和谐音符",欧洲部分国家以人权与西藏等问题为由屡屡向中国发难,为双边经贸关系的正常发展设置了许多不必要的障碍。

二、中国与东盟(ASEAN)的经贸关系

东盟国家是我国的友好邻邦。近年来,我国与东盟各国的友好关系进一步发展,在政治、经济、贸易、科技、文化等各个领域的双边合作发展迅速,我国与东盟的关系也取得了新的进展。《中国—东盟全面经济合作框架协议》于 2001 年 11 月 4 日正式签署。框架协议是未来自由贸易区的法律基础,它的签署标志着中国与东盟自由贸易区谈判正式启动。中国东盟自由贸易区建成后,将形成一个拥有 17 亿消费者、近 2 万亿美元国内生产总值、1.2 万亿美元贸易总量的经济区。这将是世界上人口最多的自由贸易区,也是迄今发展中国家组成的最大的自由贸易区。

1. 发展过程

中国和东盟的合作始于 1997 年 2 月中国—东盟联合合作委员会的成立,双方就经济、贸易、科技和旅游等领域的合作发表了联合公报。这是继 1996 年第一届亚欧首脑会议后中国升格为东盟对话伙伴后的更进一步的合作。1997 年 7 月东南亚金融危机爆发,同年 12 月东盟 9 国和中国、日本、韩国等 3 国首脑在马来西亚首都吉隆坡举行首次"9＋3"峰会,此举拉开了东亚经济合作的序幕。1998 年 12 月第二次"9＋3"首脑峰会在越南首都河内举行,各国领导人就克服金融危机的影响,加强东亚经济合作并维护该地区的稳定与发展交换了意见。1999 年 4 月柬埔寨加入东盟,同年 11 月"10＋3"峰会在印度尼西亚首都雅加达举行,会议发表了《东亚合作联合声明》,至此东亚经济合作全面展开。在 2001 年的东盟外长会议和第五次东盟—中国"10 ＋1"领导人会议上,时任中国国务院总理朱镕基根据东盟一体化的需要和中国与东盟各自的优势提出三项建议:一是确立中国与东盟之间的重要合作领域。把农业、人力资源开发、湄公河流域开发合作、信息通讯和相互投资等五大领域确定为新世纪中国与东盟合作的重点。二是建立中国与东盟之间的自由贸易区。10 年后建成的中国—东盟自由贸易区,将是一个人口 20 亿,国内生产总值超过 20 000 亿美元的市场潜力巨大的贸易区。三是加强政治互信与支持。此举开创了真正意义上的东亚经济一体化的先河,必将对亚洲地区的经济一体化进程以及全球经济的发展产生积极的推动作用。

中国"入世"和中国—东盟自由贸易区的起步,标志着中国外交思维和实践发生着实质性的转变,即从超然局外转向作用其中。中国和东盟自由贸易区框架的主要内容是,关税减让、澜沧江—湄公河流域的开发、投资领域力度加强等,而且特地将农业产品市场的开放列入其中。东亚在金融、人力资源开发和经贸合作领域进展迅速,领袖峰会和专业部长会晤机制已经建立起来。

经济一体化使资源的配置跨越国界,经济和技术的合作跨越国界。跨国界经济要求国家减少干预,甚至要求国家交出部分经济和技术的决策权,也就是说一体化意味着部分主权的让渡。尽管东亚地区多数成员对一体化的期待殷切,但历史上的积怨又一时难了,因此东亚经济一体化可以说是任重道远。东亚各国必须理解一体化需要的是政治妥协的艺术,而不是政治争夺的强力。从理论上讲,5 亿人口的东盟是个共同自由贸易区、拥有共同的电子产业基地,其综合国内生产总值相当于中国的 2/3。就经济实力排序,日本第一、中国第二、东盟第三,三者如果实现竞争中的合作,密切三方的经济关系,最后在自由贸易的旗帜下组成共同市场,那么将对三方都有利。但是在目前的实际情况下,让三方走到一起还有许多政治和经济障碍,所以中国和东盟先行一步组建自由贸易区对东亚经济一体化的实现具有重要的战略意义。

实现亚洲经济一体化需要建立具有正式规则的自由贸易区,而在亚洲建立自由贸易区可分五步走:第一步,中国积极参加东盟自由贸易区;第二步,建立中国、日本、韩国和中国香港自由贸易区;第三步,在前两步的基础上建立东亚自由贸易区;第四步,吸收南亚各国,建立东亚与南亚自由贸易区;第五步,参与和建立亚太地区自由贸易区。

以上构想中突出了中国—东盟合作促进亚洲经济一体化的重要性,事实也证明了这一点。可以说中国—东盟自由贸易区的建立不仅实现了该区内的共赢,它还将引领整个东亚地区经济一体化的共赢。

2. 存在的主要问题

(1) 文化和意识形态的问题

历史上,中国是东亚朝贡的中心,随着中国的崛起,东南亚各国对中国的崛起存在疑虑和担心。特别是在进入 20 世纪 90 年代之后,针对中国的经济高速增长和综合国力不断增强,以美国为首的西方国家的一些媒体开始大肆散布"中国威胁论"。他们挑拨中国与周边国家的关系,诋毁中国的和平形象,而中国的迅速崛起也引起一些东盟国家的疑虑。

(2) 东盟国家的投资环境问题

东盟许多国家的贸易投资环境较差,阻碍了中国对东盟的贸易与投资,主要有以下几个方面:一是存在较多的非关税壁垒。东盟一些发展中国家采取多种形式的非关税壁垒保护国内市场,对中国产品的进入人为地设置一些障碍。二是基础设施不够完善。东盟部分中下游国家基础设施不够完善,道路、桥梁、电力和通信等基础设施很差,对投资和贸易带来了一定的障碍。三是东盟一些欠发达国家缺乏规范市场的运行机制,政策变化快,税收体系不完善,政府对市场调整能力差。第四方面也是最重要的方面是,东盟国家内部存在较多的矛盾和摩擦。东盟成员国内部的领土争端一直存在,历史上越南入侵过柬埔寨,至今两国关系仍然貌合神离。马来西亚与新加坡、印尼,印尼与菲律宾之间都有岛屿主权的争执。东盟许多国家都是党派林立、纷争不断,有的国家军人政府当政,有的国家内阁变换频繁。另外有些国家的反政府武装及恐怖分子活动猖獗。加上近来以美国为首的西方国家对反恐战争的扩大及对伊斯兰教派传统的敌视,造成有些东盟国家内部民族情绪高涨。

(3) 日本和美国的干预

目前从贸易额上看,美国、日本仍然是东盟的主要贸易伙伴,远远超出东盟与中国的贸易水平。但是中国对东盟出口的增多,特别是我国具有比较优势的中低档日用消费品以及某些机电产品,已经成为美国、日本、欧盟等国家和地区在东盟市场上的竞争对手,更是一个潜在的强有力的竞争对手。中国与东盟国家的合作日益增强,使得美国倍感不安。美国"东盟贸易咨询理事会"2002 年 2 月要求布什政府坚决阻止中国—东盟自由贸易区的建立,并要求美国政府尽快在 5 年内与东盟 10 国建立"美国—东盟自由贸易区",与中国抗衡,维持其在东南亚地区的既有利益。作为亚洲第一的经济大国,日本也希望能在推进东亚经济一体化进程中发挥核心的领导作用。但自 20 世纪 90 年代初经济泡沫破灭之后,日本经济长期低迷,无力整合和带动整个东亚经济的发展。近几年日本的贸易保护主义越发严重,与周边国家的贸易摩擦频频发生,加上日本国内政治右倾势力抬头,不断歪曲和美化其侵略战争历史,这使东亚国家加强了对日本的戒心。这些因素,在一定程度上制约着日本对中国与东盟关系日益友好以及中国在东亚区域内影响力的干预力度。

三、中国与亚太经济合作组织(APEC)的经贸关系

亚太经济合作组织简称亚太经合组织(Asia - Pacific Economic Cooperation,简称 APEC),自 1989 年成立以来,凭借亚太地区经济蓬勃发展的势头,在推动地区的贸易和投资自由化、便利化方面高歌猛进,在全球区域经济组织中独领风骚。从 1993 年西雅图首次亚太经合组织峰会起,中国国家主席每次都亲自与会,并在 APEC 中大力倡导亚太地区的经济技术合作。这种倡导得到了 APEC 成员日益强烈的响应。与谋求加入世界贸易组织

一样,参与亚太经合组织也是中国改革开放的需要。作为最大的发展中国家,中国加入 APEC 大家庭以来,始终本着积极参与、求同存异、推动合作的精神,积极参与亚太经济的合作进程,中国在亚太经合组织中扮演着日益重要的角色,发挥着越来越大的作用。

(一)亚太经合组织简介

亚太经合组织最初是在 1989 年澳大利亚总理霍克访问韩国时就加强亚太经济合作提出"汉城倡议",并于同年在澳大利亚举行首届部长级会议后正式成立的,1991 年 11 月在韩国汉城举行的 APEC 第三届部长级会议通过了《汉城宣言》,正式确立 APEC 的宗旨和目标为"相互依存,共同利益,坚持开放性多边贸易体制和减少区域贸易壁垒"。1993 年在美国西雅图举行首次领导人非正式会议。目前的成员共有 21 个,分别是中国、澳大利亚、文莱、加拿大、智利、中国香港、印尼、日本、韩国、墨西哥、马来西亚、新西兰、巴布亚新几内亚、秘鲁、菲律宾、俄罗斯、新加坡、中国台北、泰国、美国和越南。

APEC 运行机制包含五个层次:(1) 领导人非正式会议,每年下半年举行;(2) 部长级会议,每年领导人非正式会议前举行;(3) 高官会,每年举行 4 至 5 次会议,一般由各成员司局级或大使级官员组成;(4) 委员会和工作组,高官会下设 4 个委员会,即贸易和投资委员会、经济委员会、高官会经济技术合作分委员会和预算管理委员会;(5) 秘书处,1993 年 1 月在新加坡设立,为 APEC 各层次的活动提供支持与服务。

(二)中国加入 APEC 的重要性

参加 APEC 合作,是中国进一步深化改革开放的需要,是中国加速社会主义建设的需要。中国参加 APEC 不是一时的权宜之计,而是长期的战略选择。

1. 有利于中国融入国际经济体系

中国加入 APEC 时还不是 WTO 的正式成员,也没有参加其他任何官方性质的次区域经济体,APEC 对中国的对外开放,实现经济现代化及参与世界经济运作体系有很大作用。中国采取的一系列措施,特别是大幅度降低进口关税总水平,引起了各国的关注,海外舆论普遍认为,这是 1979 年中国实行改革开放以来在推动贸易和投资自由化方面采取的一次大行动。就当时而言,加入 APEC 对于中国经贸体制改革、同国际接轨、加入 WTO 无疑是巨大的推动力。因为 APEC 具有很大的自主性和灵活性,中国参与 APEC 的活动不必像 WTO 那样付出很高的"入门费"——即必须在短时间内大幅度开放国内市场。如果中国在 APEC 内能有所作为,把 APEC 作为推动自己市场开放的舞台,势必可以为加入 WTO 创造有利的条件和环境。

2. 有利于中国维系国际经济安全

亚太地区是我国对外经济贸易的重要依托。中国每年对外贸易额的 3/4 是与 APEC 成员进行的,引进外资的 4/5 以上来自 APEC。世界经济波动对中国经济的主要影响也来自 APEC 地区。中国主要贸易伙伴除了欧盟以外,都是 APEC 成员(包括美国、日本、东盟、加拿大、澳大利亚、韩国等)。可以说,中国的国际经济安全,主要维系于 APEC 地区。因此,与 APEC 成员稳步开展贸易与投资自由化和经济技术合作,对于确保中国的经济安全和深化对外开放具有特别重要的战略意义。

3. 有利于中国市场机制的形成

APEC 是一个极为宽松的经济合作组织,它的贸易与投资自由化始于市场作用的自然进程,进而转变为政策驱动的体制融合过程,具有较大的灵活性、开放性。在 APEC 成员中,既有发达国家和地区,也有发展中国家,经济的发展水平和市场化程度差异很大,其中主要的贸易伙伴多为世界上最发达的国家(如美国、日本、加拿大、澳大利亚),它们的市场体系已经很完善,制度建设也较健全,代表了当今世界经济发展方向的主流。加强 APEC 内的交流与合作,能够使我们及时了解国际经济规则的变化和国际产业发展的方向,从而明确国内改革的目标,形成规范的市场经济体系。积极参与 APEC 的贸易与投资自由化进程,可以加快中国市场的对外开放进程,使国内市场国际化程度不断提高,成为世界经济体系的重要组成部分。

4. 有利于加强中国与亚太地区的技术合作

亚太经合组织的宗旨除了实现贸易和投资自由化外,尚有加强经济技术合作为核心内容。由于区内成员现有发达经济体、新兴工业体和发展中经济体三个层次,经济发展和技术水平有巨大差异。如果发展中成员的落后状况长期得不到改善,一方面会使它们无法实现贸易投资自由化,另一方面会导致发达成员的商品和资本找不到市场,最终对各方都不利。可见经济技术合作对缩小双方差距至关重要。而且这种技术合作,不同于传统意义上的单方面援助,因为不同层次的成员在某一领域也会具有不同的技术优势,所以是建立在优势互补、平等互助基础上的双向合作,符合各方利益。

5. 有利于中国参加首脑外交

1993 年之后 APEC 才有了领导人会议,这是 APEC 或者说整个亚太地区的发展历史上具有里程碑意义的事件。在亚太地区的历史上,以前没有领导人定期聚会的论坛,或者说机制。这种领导人会议是非正式的。但是有这种机制,就是功不可没,至少有一个非常的功能——首脑外交。首脑外交可以是多边的,也可以是双边的,不仅可以解决很多经济合作方面的问题,双边之间的问题也可以解决。比如中美之间多次发生很大的争议,但是通过 APEC 得以化解僵局。所以,加入 APEC,使中国有了同亚太地区进行首脑外交的机会,有利于缓解中国与一些贸易伙伴之间的矛盾。

(三)中国在 APEC 中的作用

中国作为 APEC 最大的发展中成员及最具有经济潜力和活力的成员,对 APEC 的进程起着有益的推动作用和建设性作用。

1. 中国的经济发展促进 APEC 的经济增长

取得长足进步的中国经济为亚太经济的发展注入了生机和活力。中国的经济增长是亚太经济持续增长的重要推动力,将在亚太和世界的经济和贸易交往中发挥更大的作用。无怪乎诺贝尔奖获得者克劳斯教授说:"中国是环太平洋经济增长的发动机。"

2. 推动贸易和投资自由化

APEC 的贸易和投资自由化进程与中国经济的逐步市场化和国际化是一致的。中国在 1996 年的大阪会议上,承诺从 1996 年 4 月 1 日开始,将 4 900 个税目的平均关税率从当时的 35.9%降到 23%,降幅达到 35%;同时还取消 170 项进口商品的配额许可证制度。中国政府在 1997 年 11 月的温哥华会议上宣布:到 2005 年,将工业品的平均关税降至 10%;在 APEC 单边行动计划中,中国政府又承诺:2000 年前确定审查所有非关税措施,逐步减少放宽非关税措施,并确保非关税透明度;2010 年前进一步减少非关税措施;2020 年前取消所有不符合 WTO 的非关税措施。中国采取的措施是 APEC 21 个成员中最引人注目的。显然，没有中国的参与、合作和支持，APEC 的贸易投资自由化不可能取得现在这样的发展。1997年起，中国开始实施单边行动计划，以实际行动来促进亚太地区的贸易和投资自由化进程。

3. 保障 APEC 的顺利发展

APEC 的生命力在于承认和保持多样性的前提下开展多种形式、多种方式和多种速度的地区合作，推动贸易和投资自由化，加强经济技术合作，以保持地区的长期稳定发展和各国的共同繁荣。中国坚持 APEC 的组织非机制化、功能非指令化、方式非条约化，对于缓和APEC 发展进程中的矛盾，保证 APEC 沿着一条现实和可行的道路发展起到了重要的作用。

4. 有利于 APEC 经济贸易活动的扩大

近年来，东亚地区的主要出口对象美国，贸易保护主义的倾向比较严重，致使亚太地区的出口市场面临日渐萎缩的威胁。而日本国土狭小，为保护容量有限的市场，不允许外货进入。中国作为一个拥有 13 亿人口的国家，经过 30 多年的改革开放，经济取得了飞速的发展，人民生活水平有了显著的提高，居民购买力上升，对产品的需求也相应上升，进口额会不断增加，在一定程度上弥补了相对萎缩的美国市场，被公认为世界上最后一个巨大市场，各国都把中国作为调整策略的核心议题。

5. 促进经济技术合作

APEC 的经济技术合作不同于其他的国际或地区组织，它是以"彼此平等"、"互惠互助"、"协商一致"、"自愿参加"和"力所能及"为原则的。因此，它突破了传统的"发展援助"模式。中国是加强 APEC 内部经济技术援助的积极倡导者和坚定支持者，并期望从加强合作中获益。中国将努力扭转重贸易和投资自由化、轻经济技术合作的倾向，不断提出建设性措施，推动经济技术合作的发展。在一些重点领域，像人力资源、中小企业、基础设施以及农业技术等方面提出并牵头开展可行的合作项目。

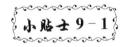

小贴士 9-1

中俄关系发展再添新动力

新华网莫斯科 3 月 24 日电（记者岳连国）　中国国家主席习近平 24 日结束了对友好邻邦俄罗斯的国事访问。俄罗斯成为习近平就任国家主席后出访的首个国家，充分体现了中国新领导层对中俄关系的高度重视，表明中俄全面战略协作伙伴关系的高水平和特殊性。

分析人士认为，习近平此访对中俄关系具有承前启后、继往开来的重大意义，为双边关系持续深入发展注入了新的强大动力。

规划发展蓝图

访问期间，习近平与俄罗斯总统普京就两国如何加强相互支持、扩大各领域合作、密切在国际和地区事务中的协调配合深入交换了意见。通过与俄各界人士的广泛接触，习近平传递了中国政府和人民对俄罗斯政府和人民的深情厚谊。

中俄两国元首共同签署了《中华人民共和国和俄罗斯联邦关于合作共赢、深化全面战略协作伙伴关系的联合声明》，宣示了中俄就两国战略协作及重大国际问题的立场主张。

访问期间，中俄双方批准了《〈中华人民共和国和俄罗斯联邦睦邻友好合作条约〉实施纲要(2013年至2016年)》，以加强合作，共同提升两国的综合国力和国际竞争力。

习近平此访在俄罗斯掀起了一股"中国热"。俄各大媒体对习近平访问行程和中俄关系进行了大量报道，俄社会各界争相目睹中国新领导人的风采，对中俄关系发展前景普遍持乐观态度。

"习近平将俄罗斯作为担任国家主席后的首访国家，这是非常重要和意义深远的步骤。"俄科学院远东研究所高级研究员别尔格尔说。他认为，这表明中国将俄罗斯视为优先战略伙伴，中国新领导层进一步巩固对俄友好合作的方针没有改变。

推进务实合作

目前中俄在发展双边关系方面面临的战略任务是把两国前所未有的高水平政治关系优势转化为经济、人文等领域的务实合作成果，更好地惠及两国人民。

习近平与普京会谈期间就务实合作进行了深入探讨。双方认为，中俄开展大规模经济合作时机和条件已经成熟。要从全局和长远角度，充分挖掘互补优势和发展潜力，重视加强经贸合作，共同提高各自经济实力和国际竞争力。

中俄在23日发表的联合声明中表示，要实现两国经济合作量和质的平衡发展，实现双边贸易额2015年前达到1 000亿美元，2020年前达到2 000亿美元，促进贸易结构多元化。

能源合作是中俄深化务实合作的重要领域。如今两国在能源领域的合作是全方位的，不仅包括石油和天然气，还涉及核能、煤炭、电力和新能源。双方开展能源合作旨在实现互利双赢。习近平此次访俄期间，中俄双方签署了一系列深化能源合作的文件。

中俄近年来加强了人文领域交流，互办"国家年"、"语言年"等重大双边交流活动。去年举办的中国俄罗斯旅游年取得圆满成功。习近平此次访俄期间，俄罗斯中国旅游年在莫斯科盛大开幕，再次将双方人文合作推向高潮。

此外，习近平访俄期间，双方表示要重视青年交流，鼓励两国高校交往，增加互派留学生名额，在2014年和2015年互办中俄青年友好交流年。

中俄关系前景广阔

经过双方二十多年的不懈努力，中俄关系已发展成为全面战略协作伙伴关系。双方彻底解决了历史遗留的边界问题，政治关系基础牢固，双边贸易额迅猛增长，人文交流蓬勃发展，在国际舞台上的战略协作更加密切。

习近平不久前在接受金砖国家媒体联合采访时说，中俄互为最主要、最重要的战略协作伙伴，两国关系在各自外交全局和对外政策中都占据优先地位。

普京在会谈时表示，两国都致力于国家发展振兴，共同利益广泛，合作前景广阔。事实证明，俄中全面战略协作伙伴关系符合两国人民的利益，也成为当今国际关系中的重要积极因素。俄方愿加强两国战略合作。

中俄关系能够实现并继续保持健康稳定发展，得益于两国政府在积极发展中俄关系方面达成高度共识。双方将恪守2001年签署的《中俄睦邻友好合作条约》的原则和精神，把平等信任、相互支持、共同繁荣、世代友好的全面战略协作伙伴关系提升至新阶段，将此作为本国外交的优先方向。

《中俄睦邻友好合作条约》将两国和两国人民"世代友好、永不为敌"的和平思想以及"不结盟、不对抗、不针对第三国"的外交理念以法律形式固定下来,确立了新型国家关系。该条约以及两国根据该条约精神和时代发展新要求签署的一系列重要文件确保了中俄关系始终会在一条稳定、健康、正确的轨道上不断前行。

中俄关系发展已形成了广泛的社会基础。这一关系的发展给两国和两国人民带来了实实在在的利益。两国民众越来越真切地认识到,一个更加密切合作的中俄关系有利于中俄两国、有利于世界。两国社会各界坚决拥护和积极参与发展中俄友好事业的力量日益壮大,中俄全面战略协作伙伴关系的社会基础更加牢固。

俄罗斯科学院远东研究所所长季塔连科说,未来俄中两国具备合作潜力的领域和方向非常多,双方应不断增进相互了解、摈弃成见、深化合作。他认为,双方应坚持长期互利共赢的战略合作,因为这符合俄中两国的根本利益。

资料来源:http://www.caeexpo.org/new2013/54295.html,2013 年 3 月 24 日

第三节　中国的双边贸易关系

一、中美贸易关系

中国是世界最大的发展中国家,美国是世界最大的发达国家,发展中美经贸关系不仅对中美两国经济的发展具有重要的作用,而且也是世界和平与稳定的重要因素。中美两国经历了曲折的历程,建立和发展了符合两国人民利益的关系,这对世界和平是有益的。在平等互利的基础上建立和发展长期稳定的、全面的经济贸易关系,对两国人民友好和各自经济的发展与繁荣,对追求世界和平和发展的目标,也都有着十分重要的意义。

(一)概况

在中国改革开放逐步深入和中美关系不断发展的大背景下,中美经贸关系持续扩大和深化。目前,中美经济相互依存达到了空前的程度,互为本国主要的经贸伙伴之一。中国是美国第二大贸易伙伴、第三大出口市场、第二大进口来源地和第一大国债持有国;美国是中国第一大贸易伙伴国、第一大出口市场、第六大进口来源地、第二大直接投资国和第三大技术进口来源地。

自改革开放以来,中美贸易额从 1979 年的不足 25 亿美元,迅速增长到 2007 年的 3 021 亿美元,增长了 120 多倍。2007 年,中美贸易额 3 020.8 亿美元,同比增长 15.0%。其中,中国自美国进口 693.8 亿美元,同比增长 17.2%;出口 2 327.0 亿美元,同比增长 14.4%。根据美方统计,2007 年,中美贸易额 3 867.5 亿美元,同比增长 12.8%。

在双向投资方面,多年来中美两国进行了卓有成效的合作。截至 2008 年 11 月底,美对华投资项目累计达 56 462 个,美方实际投入 593.8 亿美元。美国是中国外资最大的来源地之一。同时,中国在美国兴办的企业也呈增长趋势。截至 2008 年 6 月,中国企业在美国直接投资近 30 亿美元,投资范围广泛,涉及工业、科技、服装、农业、餐饮、食品加工、旅游、金融、保险、运输和工程承包等领域。

互利双赢是中美经贸合作的显著特征。中美两国经济具有很强的互补性,加强双边经贸合作,有利于两国经济发展,为两国人民带来实实在在的好处。保持中美经贸关系的稳定健康发展,不仅符合两国和两国人民利益,也有利于世界经济繁荣。

中美双边贸易发展快,规模大,两国贸易中出现一些问题和摩擦是正常的。截止到2009年底,两国诉诸 WTO 贸易争端解决机制的诉案已有 10 起,其中,美国诉中国 7 起,中国诉美国 3 起。贸易不平衡、市场准入、知识产权保护等是美方关注的经贸议题;美对华出口管制、美对华产品的贸易救济措施、市场经济地位等是中方关注的问题。但总的说,互利共赢一直是两国合作的主流,在两国政府和业界的共同努力下,双边经贸合作不断深化和发展。

(二)中美经贸摩擦

中美关系正常化后的第一次贸易摩擦是 1980 年 7 月 2 日美国对中国的薄荷醇的反倾销调查案。20 世纪 80 年代,中美经贸摩擦大多是经济性质的,主要表现在纺织品配额和工业品反倾销等方面。自 1989 年以后,美对华经贸摩擦的政治色彩浓厚,政经两手并用。一方面,美国对华采取了经济制裁、歧视性出口管制和禁运、审议最惠国待遇等政策手段;另一方面,中美在纺织品配额、反倾销贸易平衡等问题上发生争执。2001 年底中国加入 WTO以来,中美经贸摩擦进入了"常态化"阶段。目前,两国经贸摩擦突出表现在反倾销反补贴、纺织品问题、经贸失衡、人民币汇率、知识产权保护等方面。

1. 反倾销、反补贴问题

1980 年至 2007 年,美国已累计对中国发起 129 起反倾销调查。中国成为美国提起反倾销立案与调查最多的国家。主要原因之一是美国无视中国 30 年来市场经济改革取得的巨大成就,坚持视中国为非市场经济国家,采用歧视性的"替代国"做法。另外,美国认为中国近年的发展已使其经济具有不同于非市场经济的特征,可以确定和计算补贴,对中国产品适用反补贴法。2007 年初到 2008 年,美国分别对中国标准钢管、复合编织袋、工程轮胎、亚硝酸钠、薄壁矩形钢管、橡胶磁铁、低克重热敏纸及厨房器具置物架和挂物架等产品发起 13起反倾销反补贴合并调查。美国采用双重标准来实现其保护国内产业的目的,已经构成了对中国产品的双重歧视。

2. 纺织品问题

纺织品贸易问题在纺织品贸易协议 2005 年到期后,已成为中美贸易中的一个突出问题。从根本上说,这是因为美国纺织业界未能对纺织品贸易协议到期后的形势做好充分准备而引起的问题。美国为了保护其纺织企业的利益,不断启动 WTO 允许的"242 特保条款"来限制中国的纺织品进口。2005 年 11 月 8 日,中美双方经过七轮磋商最终就纺织品问题达成协议,签署了《中华人民共和国政府与美利坚合众国政府关于纺织品和服装贸易的谅解备忘录》。纺织品协议规定,中美在协议期内(2006 年 1 月 1 日到 2008 年 12 月 31 日)对中国向美国出口的棉制裤子等 21 个类别产品实施数量管理。在双边协议 2008 年底到期之前,美国纺织业界已经在紧锣密鼓地研究对策,企图推动政府出台新的贸易保护措施。

3. 经贸失衡问题

自 1993 年以来,中美贸易一直不平衡,特别是近几年来,中国对美贸易顺差继续迅速扩大,成为美方贸易逆差第一大对象国。

按理说,中美贸易不平衡是常态,是两国经济结构差异、分工不同、经济全球化发展及两国统计口径不一的结果,但美方借题发挥,对中方进行多方指责,将失衡归咎于中国不公平贸易行为和人民币汇率低估等,并以此为借口,在人民币升值、开放市场等方面对中方施压。

4. 人民币汇率问题

美国希望通过人民币升值,阻碍中国商品大规模进入美国,以缓解美中贸易逆差。2005年7月21日,中方宣布放弃人民币与美元挂钩等政策,改革汇率形成机制,人民币不断逐步升值,但美方认为中国政府对汇率的管制依然偏紧,敦促中国进一步加大人民币升值力度。事实上,中美贸易不平衡与人民币汇率关系不大,人民币升值对减少美对华逆差作用有限。

5. 知识产权保护问题

美国对中国的知识产权保护一向有颇多指责,态度强硬。20世纪90年代,美国借口中国侵权行为失控,曾多次将中国列为其"特殊条款"的"重点国家",并单方面公布了对华贸易报复清单。中美两国政府分别在1991年、1994年和1996年进行了三次知识产权谈判,并达成了三个有关知识产权的协议。21世纪初,知识产权的争执再次凸显。2004年7月,美国商务部副部长指责中国企业全面侵权;2005年初,美国商会首次要求美国政府把中国仿冒问题提交处理。美国还以中国知识产权保护不力为由,对中国产品启动"337条款"调查(依据"337条款",美国可以根据国内法律实行对外国产品侵犯本国知识产权行为的干预)。截至2007年底,美国共对中国发起78起"337条款"调查,其中63起案件是2002年以后发生的。中国政府在知识产权保护方面做了大量工作,在相关的立法、执法及国际交流与合作方面均取得了很大进展。但美国仍然认为中国知识产权保护的现状不能令人满意,惩治盗版的执法力度不够大。

(三)中美经贸协调机制

虽然中美经贸摩擦不断并呈常态化,但加强经贸合作事关两国发展全局,是双方重大利益之所在,两国都竭力避免经贸摩擦演变为贸易战,努力推动双边经贸关系在摩擦中向前推进。这是中美经贸关系的主流。为此,两国自建交以来就不断进行经贸政策协调,先后建立了中美联合经济委员会(Sino - U. S. Joint Economic Committee,简称经济联委会,JEC)、中美商务与贸易联合委员会(Sino - U. S. Joint Commission on Commerce and Trade,简称商贸联委会,JCCT)、中美战略经济对话(Sino - U. S. Strategic Economic Dialogue,简称SED)等经贸协调机制。

1. 中美经济联委会

1979年邓小平副总理访问美国时与卡特总统商定成立JEC,在中美两国的首都轮流举行,由两国财长共同主持,参加人员来自两国宏观经济和金融部门。1980年9月在美国华盛顿举行第一次会议,由此拉开了中美双边经贸协调的帷幕。1989年后的几年间,JEC因政治风波影响曾一度中断。1994年恢复后,会议每年轮流在两国召开,机制运行基本正常。截止到2009年,已召开了20次会议。JEC协调的议题除包括金融、税收、投资等宏观经济问题外,还涵盖执法(如打击恐怖主义融资、反洗钱、劳改产品进出口等)、市场准入、国际财经合作以及领事条约、民用航空协定、海运协定等具体问题。JEC为双方就共同关心的财经问题交换意见提供了一个有益的论坛,一定程度上争取到美方对中国经济制度、政策、措施以及建立公平国际经济秩序主张的理解,对促进中国的改革开放,维护中美经济关系的健康稳定发展发挥了重要作用。

2. 中美商贸联委会

中美商贸联委会是两国政府于 1981 年建立的经贸合作机制。自 1983 年 5 月中美召开首届商贸联委会以来,中美双方已共同举办了 19 届商贸联委会。目前,联委会中方主席由王岐山副总理担任,美方主席由商务部长古铁雷斯、贸易谈判代表施瓦布担任。第 19 届中美商贸联委会于 2008 年 9 月 16 日在美国洛杉矶尼克松图书馆举行,由王岐山副总理与美商务部长古铁雷斯和贸易代表施瓦布共同主持。双方就各自关注的经贸议题坦诚、深入地交换了意见,达成许多共识,取得了积极成果。

目前,中美商贸联委会共设有贸易与投资、法律、能源化工资源、农业、科技、运输、信息产业、航空航天、卫生医药、环保、旅游、产品质量与食品安全等 12 个行业工作组。同时,还设立了市场经济地位、知识产权、高技术与战略贸易、贸易救济措施、纺织品贸易、非正式钢铁对话、贸易统计、版权信息交流合作等 9 个磋商机制。双方通过行业合作工作组的交流与对话,在贸易、投资等领域进行广泛磋商,加强了解,扩大共识,深化合作,为促进中美经贸关系稳定健康发展发挥了不可替代的重要作用。

3. 中美战略经济对话

2006 年 9 月,根据中美两国元首达成的共识,由美方发起,两国正式启动 SED 机制。这一对话的内容关系到两国的共同利益,主要涉及具有全局性、战略性、长期性的经济议题。SED 半年举行一次。在首次对话中,中美围绕"中国发展道路和中国经济发展战略"主题,就中国城乡均衡发展、经济持续增长、促进贸易和投资、能源、环境及可持续发展等 5 个专题、11 个分议题进行深入讨论;第二次对话围绕"创新和教育、中美经贸关系发展"两大主题展开,就服务业、投资与透明度、能源和环境、平衡增长及创新等议题进行讨论;第三次对话的主题是"抓住经济全球化的机遇和应对挑战",双方就强化贸易诚信、经济平衡发展、能源、环境和双边投资等 5 个议题进行讨论;第四次对话的核心议题是未来 10 年经济关系,主要聚焦能源环境合作、双边投资保护、加快金融改革和产品安全等问题,对话取得两个主要成果,中美双方签署了《中美能源环境十年合作框架》文件,并正式同意启动中美双边投资保护协定的谈判。

SED 是中美两国在经贸领域搭建的一个规格更高、领域更广、层次更深和综合性更强的协调机制。战略经济对话在原有协调机制的基础上,把对话层级提高到副总理级,两国首脑积极支持并以适当形式参与协调,弥补了由两国行政体制不同带来的原有机制的不足,也符合两国近年来经济依赖加深、双方利益分歧日益错综复杂的现实需要。双方参与对话的部门众多,中方包括财政部、外交部、国家发改委、科技部、劳动保障部、铁道部、交通部、信息产业部、商务部、卫生部、人民银行、质检总局和环保总局等,美方有财政部、国务院、美联储、卫生部、能源部、商务部、劳工部、交通部、总统经济顾问委员会、贸易代表办公室、环保署、进出口银行等。它不仅有助于解决 JEC、JCCT 等相互之间议题有所重复、参与部门有所重叠等问题,而且进一步深入到国内宏观经济政策、社会政策、能源政策及环保政策等方面的协调。

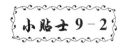

石油成为俄方外交工具

1994年，俄罗斯石油企业向中方提出了修建从西伯利亚到中国东北地区石油管道的建议。经过近10年的努力，2003年5月，中俄两国石油公司签署了拟通过建成后的"安大线"向中方供应7亿吨、价值1 500亿美元石油的协议。

2003年8月，原定当月举行的中俄能源分委会会议被推迟，有消息说俄政府决定优先铺设安加尔斯克至纳霍德卡的石油管线（安纳线）。9月2日，俄自然资源部宣布将最终否决安大线，安大线陷入危局。9月22日，俄中总理会晤，俄总理表示将信守与中国的协议。

2004年2月，俄方决定将安大线和安纳线合并为一条线，建设一条有支线经外贝加尔斯克通往中国大庆的安加尔斯克—纳霍德卡输油和输气干线，到中国的管道线路将优先开工，之后再从中国国境附近的中继地赤塔转接远东的纳霍德卡。这一方案被认为是"最大限度地符合国家利益，有利于东西伯利亚和远东发展以及有利于自然资源的综合开发"。

如果按照"中俄方案"，中国是唯一输入国，可以签署20—25年的长期合同，这样价格上会有一些优惠。但俄决定修建到纳霍德卡的管线后，通过支线进口石油，就不一定能签署长期合同了，而且中国也将失去俄石油经中国出口到其他国家这一在战略上有利的过境国地位。但从中国石油安全战略来看，到纳霍德卡的管线年输油量可达5 000万吨，远高于到大庆管线的2 000万—3 000万吨，这样，即使通过支线，也能基本满足中国的需求。这对于解决中国能源进口的"路径依赖"问题还是具有重要意义的。

中国的石油战略遭到日本的严重"搅局"。"安大线"的命运和日本有直接的关系。

日本在开展能源外交方面经验丰富。为了获得石油资源的开采权，它早就开始对俄罗斯的滨海边疆区和萨哈林州等地方政府做了许多工作。所以，在采纳中国方案还是日本方案的选择上，滨海边疆区地方政府坚定地站到了日本一边。这无疑是日本向俄罗斯方面施展"欲取姑予"小恩小惠手段的结果。

俄方不想放弃中国的巨大市场，也在乎俄国加入WTO时的中国的一票。

而石油是中国的命脉，中东的石油产地基本上被美国把持了，石油运输渠道的马六甲海峡有多种利益集团的争夺，所以，获得俄国的石油对中国至关重要。

使中国高兴的是，中哈石油管线进入实施阶段。

2004年5月，胡锦涛与哈萨克斯坦总统签署了9个文件，涉及能源、交通、农业等领域。其中，《关于哈萨克斯坦共和国阿塔苏至中华人民共和国阿拉山口原油管道建设基本原则协议》，标志着中哈石油管道项目正式进入实施阶段。

相关问题：俄罗斯为什么不愿卖石油给中国？

俄罗斯的原油出口每年为2亿吨，给中国的只有800万吨，只占到俄罗斯出口总量的4%，而出口到独联体国家的原油每年约为3 200万吨，是中国的4倍。"为什么给他们多？因为俄罗斯想维持在该地区的影响力。因为这些年来，俄罗斯经济实力和影响力已经大不如前，所以，只有石油才能把这些独联体国家联合起来。"

另外 1.4 亿吨主要给了欧洲、日本和美国,其中大部分出口到欧盟。因为除了石油,俄罗斯很难找出可以与这些西方发达国家构筑相互依赖关系的战略资源了。石油成为一个外交工具。

资料来源:http://info.news.hc360.com/html/00 1/002/003/01 3/15 702.htm,2003 年 9 月 18 日

二、中日贸易关系

中日是全球第三和第二经济大国,更是东亚第二和第一经济大国,还是全球第一和第二大外汇储备国,两国拥有的外汇储备占全球外汇储备总额的约 1/2。从中日建交以来,两国政府就在不断推进经贸、投资等领域的合作。随着经济全球化的深入发展,中日两国经济发展与合作也迎来一个新的阶段,在进出口贸易增速、投资规模扩大以及新的合作机制拓展方面取得明显的成效并呈现出良好的发展势头。

(一)概况

中日经贸关系的突出特征,即经贸关系同两国交往关系始终呈互动型演进关系,两国经贸关系同两国交往关系是交织变迁的并进格局。20 世纪 50 年代两国是单纯的民间经贸关系时代,1950 年,中日经贸额仅为 4 700 万美元,到 1971 年,中日双边贸易额累计为 55 亿美元,年均增长率仅为 13.6%。从进出口结构看,是日重我轻的进出口产品结构,属低层次的互为需求和互为补充的贸易结构形态。

自 1972 年中日邦交正常化后,随着两国交往关系的升格,明显带动了两国经贸关系的长足发展,从 1972—1983 年,两国贸易额累计 653 亿美元,1984 年两国贸易额突破百亿美元大关,达 127 亿美元,占我国对外贸易总额的 25.5%。其中,对日出口 53.54 亿美元,日本对华出口 73.74 亿美元,两国结成了互为重要经贸合作伙伴关系。

中国实施改革开放政策后,其综合国力以超常速度迅速崛起,日益展现出大国经济地位,无论在国际经济大格局中还是在区域经济格局中,都呈现出举足轻重的大国作用。尤其是随着中国科技力量和科技水平的迅速提升,不仅中日两国关系发生了新的变化,经贸关系演生出了新的转型,而且,国际分工格局也由传统的以日本为中心的产业间垂直分工向互动的产业内水平分工格局演进,同时,雁形模式分工体系被结构性撕裂,一种新型的互为需求和互为补充的经贸关系正在形成。相互依存、共同发展,互为依赖、彼此并进必将是今后中日经贸关系的主要走势。

进入 21 世纪后,中日经贸关系无论是贸易结构还是贸易规模发生了巨大变化。2000—2004 年的 5 年间,中国的进口市场规模从 2 251 亿美元猛增至 5 608 亿美元,5 年间扩张 1.5 倍,其中,日本的增长率达 1.3 倍。到 2005 年,中日双边贸易额均超过千亿美元,其中,中国 1 002 亿美元,日本 1 078 亿美元。同 1972 年相比,2006 年中日双边贸易额增长了 200 倍,达 2 073.6 亿美元,两国强劲的贸易增长势头,不仅进一步强化了中日双方的经贸关系,还在相当程度上历史性地改变了中日贸易结构,调整了国际分工格局。1992 年,中国对日出口商品中,机电产品比重仅占 4.4%,2000 年提高至 21.1%,到 2008 年再提高至 37.2%,在日本对华出口商品中,2005 年的机电产品比重为 45.5%,到 2007 年仅增至 47.5%。

（二）中日贸易中存在的主要问题

1. 贸易摩擦问题

2001 年两国首先在纺织品上发生激烈摩擦。2001 年 2 月日本毛巾工业组合联合会正式向经济产业省提出申请,要求对从中国进口的针织大衣、针织裙子、T 恤衫、丝织裙子等采取保障措施。同年日本对从中国进口的农产品如大葱、鲜菇等进行紧急限制。此后日本又采取了一些对中国商品的限制政策,对中国的水果、蔬菜、家禽等实施严格的卫生检疫标准。除此之外,日本还用技术壁垒、绿色壁垒等方式限制中国商品进入日本市场。

2. 垂直分工问题

尽管中国产业结构调整已取得了一定成效,但两国的垂直分工特点并没有发生根本性的转变,产业间贸易仍是两国贸易的主体,而且中日之间的产业内贸易很大程度上是在日本的跨国公司内部完成的,这使得两国间贸易得利不均。中国的出口商品结构等级低,让中国容易陷入比较优势的陷阱中,长期处在生产链的最低端,逐渐丧失竞争优势,在两国贸易中长期处于从属地位。

3. 加工贸易问题

中日贸易以加工贸易为主要形式。20 世纪 90 年代以后,日本企业将失去优势的产业转移到中国,利用中国廉价的劳动力,生产之后再进口回日本,其中并没有转移产品的生产工艺,技术外溢程度很低。虽然这种方式一度导致了日本的"产业空洞化"现象,但是日本从中得到了更多的利润,同时造成了中国外贸大进大出的虚假繁荣的景象,而且也不利于中国的技术引进和产业结构调整与升级。

4. 政治利益

日本在经济崛起之后一直追求政治大国地位,而中国作为政治大国正在追求经济强国地位。中日两国都在以自己的方式追求各自的战略目标,利益冲突是在所难免。从 2005 年开始日本政府就表示,要加大对新兴市场的投资,以分散日本的投资风险。2006 年日本对外直接投资大幅增加,特别是对俄罗斯、印度、巴西投资增加很快,而对中国投资却下降了。

（三）中日经贸协调机制

随着中日经贸关系的快速发展,一些保障机制也不断地建立与加强。这些不同的机制为中日经贸关系的稳步发展起到了保驾护航的作用,也为中日经贸关系的发展进入新阶段奠定了坚实的基础。

1. 中日经济伙伴关系磋商机制(副部级)

2002 年中日双方启动了副部级"中日经济伙伴关系磋商机制",中方由商务部(外经贸部)牵头,日方由外务省牵头,其他政府经济部门视磋商议题参加。磋商的主要内容包括:双边经贸政策、科技、知识产权保护、质检等双方关切的问题。每年举行一次副部级磋商、1—2次事务级准备会或后续会议。

2. 中日农业副部级对话机制

中日农业副部级对话机制是 2004 年启动并开始工作的,主要是就中日双方农业方面的一些问题进行对话,使问题尽快解决,促进两国农业的发展。中方主管部门是农业部,日方为农林水产省,原则上每年举行一次。

3. 中日财长对话机制(部长级)

中日财长对话机制是 2006 年 3 月启动的,中方由财政部负责,日方为财务省。中日财长对话机制主要讨论的是,全球、亚洲及中日两国宏观经济形势;中日两国财政政策;区域合作,特别是东盟加中日韩("10+3")财金合作框架下的清迈倡议、亚洲债券市场倡议;中日两国在全球问题上的合作,如国际货币基金组织改革、发展以及气候变化问题等。

4. 中日部长级能源政策对话机制

中日部长级能源政策对话机制于 2007 年 4 月启动,中方是由国家发展和改革委员会主任、日方是由经济产业大臣负责,每年定期举行一次。第一次部长级能源政策对话于 2007 年 4 月 12 日在日本东京举行,时任中国国家发展和改革委员会主任马凯和日本经济产业大臣甘利明共同主持召开中日能源合作研讨会。双方共同签署了《关于加强两国在能源领域合作的联合声明》。在部长级能源政策对话中,马凯与甘利明围绕节能、核电、煤炭和多边国际合作等问题深入交换了意见。双方一致认为,加强在节能环保、石油替代、新能源等方面的合作,是中日战略互惠关系的重要内容,是促进中日经济关系发展的重要增长点。

此外还有中日动植物卫生磋商合作机制、中日知识产权局局长会谈、中日副部级航空政策对话等对口磋商机制。

日本肯定列表制度

肯定列表制度(Positive List System)是日本为加强食品(包括可食用农产品)中农业化学品(包括农药、兽药和饲料添加剂)残留管理而制定的一项新制度。该制度要求:食品中农业化学品含量不得超过最大残留限量标准;对于未制定最大残留限量标准的农业化学品,其在食品中的含量不得超过"一律标准",即 0.01 毫克/公斤。该制度已于 2006 年 5 月 29 日正式实施。

"肯定列表"制度规定的农业化学品涉及我国对日出口的绝大部分食品、农产品,对我国对日出口食品、农产品是一个新的壁垒,对我国的分析检测技术也是一个新的考验。我国目前仅制定了 137 种农药的 477 项残留限量标准,98 种兽药 658 项残留限量标准,还有 391 种农药、155 种兽药没有残留检测方法标准,与日本"肯定列表"制度的差距极大。

而日本是世界主要农产品进口国之一,也是我国农产品第一大出口市场,目前中国近 1/3 的农产品出口输往日本市场,是日本进口农产品的第二大来源国(市场份额占 13.8%)。

肯定列表制度实施后,我国出口食品将面临更大的挑战,具体表现在以下两个方面。一是出口食品残留超标风险增大。由于日本残留限量新标准在指标数量和指标要求上比现行标准高出许多,因此我国食品出口残留超标的可能性也将明显增加。特别是日本目前尚无限量标准但我国正在广泛使用的农业化学品,残留超标的可能性非常大。二是出口成本提高。主要源于残留控制费用的增加、产品检测费用的增加、通关时间的延长等。

企业自律、规范用药是出口企业降低"肯定列表"制度影响的最根本措施。为降低出口食品残留超标的可能性,出口企业必须从源头抓起,保证农业化学品质量,并严格按照使用规范用药。

资料来源:袁志广.北京青年报·2006 年 7 月 17 日

第四节　中国的自由贸易协定

近年来,随着世界经济一体化的加快,区域间自由贸易协定快速增长。为了营造更为公平和自由的国际贸易环境,中国在积极参与多边自由贸易谈判的同时,也越发重视双边自由贸易协定的作用。目前,我国与周边国家和地区经济合作正全面展开,发展迅速。

截止到 2010 年 3 月,我国与 31 个自贸伙伴建设了 14 个自贸区。其中,已生效的自贸协定有 8 个,涉及 16 个国家和地区,包括内地与港澳更紧密经贸关系安排及 5 个补充协议、中国—东盟自贸区系列协议、中国—巴基斯坦自贸协定、中国—智利自贸协定、中国—新西兰自贸协定、中国—新加坡自贸协定、中国秘鲁自贸协定。此外,我国参与了亚太贸易协定(包括中国、印度、韩国、孟加拉、老挝、斯里兰卡 6 个成员国)。

与此同时,我国正在推进与海湾合作委员会(包括沙特、科威特、阿联酋、阿曼、卡塔尔和巴林 6 国)、澳大利亚、冰岛、挪威、南部非洲关税同盟的自贸协定谈判。此外,我国已完成了与印度的区域贸易安排研究,正在开展与韩国、瑞士的自贸区联合研究。见表 9-1。

表 9-1　中国参与的自由贸易协定(截止到 2010 年 3 月)

已签协议的自贸区	正在谈判的自贸区	正在研究的自贸区
·内地与港澳更紧密经贸关系安排 ·中国—东盟 ·中国—巴基斯坦 ·中国—智利 ·中国—新西兰 ·中国—新加坡 ·中国—秘鲁 ·亚太贸易协定	·中国—海合会 ·中国—澳大利亚 ·中国—冰岛 ·中国—挪威 ·中国—南部非洲关税同盟 ·中国—哥斯达黎加(已完成)	·中国—印度(已完成) ·中国—韩国 ·中国—瑞士

一、部分已签订的自贸协定简介

(一)内地与港澳《关于建立更紧密经贸关系的安排》简介

1. 概述

2003 年,内地与香港、澳门特区政府分别签署了《内地与香港、澳门关于建立更紧密经贸关系的安排》(以下简称"CEPA")。2004 年、2005 年、2006 年又分别签署了《补充协议》、《补充协议二》和《补充协议三》。CEPA 是"一国两制"原则的成功实践,是内地与港澳制度性合作的新路径,是内地与港澳经贸交流与合作的重要里程碑,是我国家主体与香港、澳门单独关税区之间签署的自由贸易协议,也是内地第一个全面实施的自由贸易协议。

两个 CEPA 分别是中国国家主体与其单独关税区香港和澳门之间建立自由贸易关系

的经贸安排。CEPA遵循"一国两制"方针,符合世贸组织有关自由贸易协定的规定。

2. CEPA的主要内容

CEPA的内容包括货物贸易自由化、服务贸易自由化和贸易投资便利化。货物贸易方面,内地于2004年1月1日起分别对原产于香港、澳门的273个税号的产品实行零关税,并不迟于2006年1月1日,对273种以外的港、澳原产产品实行零关税。内地于2004年1月1日起取消对港、澳产品的非关税措施和关税配额。双方彼此之间不采用反倾销和反补贴措施。

服务贸易方面,内地向香港、澳门进一步开放管理咨询、会议展览、广告、会计、法律、医疗及牙医、物流、货代、仓储、分销、运输、旅游、建筑、视听、电信、银行、保险、证券等18个服务行业,分别对部分行业采取以下开放措施:提前实施中国对世贸组织成员的开放承诺,取消投资的股权限制,允许独资经营;降低最低注册资本、资质条件的要求;放宽地域和经营范围限制。

贸易投资便利化方面,内地与香港、澳门就7个领域(贸易投资促进,通关便利化,中小企业合作,中医药产业合作,电子商务,法律法规透明度,商品检验检疫、食品安全及质量标准)的合作机制和合作内容达成了协议。同时内地与香港、澳门还确定了金融和旅游领域的合作内容,鼓励专业人员资格的相互承认。

香港和澳门都是中华人民共和国的特别行政区,在经济制度上都是高度开放的经济体,两者有着许多共性,因此内地与香港和澳门的CEPA在原则和内容上基本一致。同时,考虑到澳门与香港经济的差异,内地与澳门的CEPA在部分领域按照澳门的实际情况做了不同的规定。例如,在货物贸易中,澳门第一批实行零关税的273种产品中有150种与香港不同;澳门的原产货物除直接运输到内地外,可经香港转运。而香港的CEPA规定,香港的原产货物必须直接运输内地。在服务贸易领域,法律服务、医疗服务、证券服务、运输服务的有关内容也根据澳门的实际情况,有针对性地作了调整。

3. CEPA的影响

经过改革开放20多年的发展,内地与港、澳经贸交流已经呈现了相互协作配套、分工明晰的合作态势。CEPA的签署与实施,将实现内地与港、澳间货物贸易的自由化和便利化,一方面,促进内地与港、澳间贸易量的增长,另一方面,将扩大港澳对内地的出口,在一定程度上降低香港、澳门制造业的成本,吸引一部分制造业工序回流香港或投资澳门,促进香港、澳门高增值制造业的发展,有利于香港、澳门实现产业升级和适度多元化,对增加港、澳当地就业也有现实意义。同时,在较短时间内对港、澳产品实现零关税,可以提高内地与港、澳制造业相互配合的效率,加快内地与港、澳制造业的融合与协调发展。

根据CEPA中的承诺,香港、澳门18个服务行业进入内地的领域、地域范围都将有较大拓展,进入时间比其他WTO成员提前,有关行业的准入门槛也有大幅度的降低。这些措施将为香港、澳门经济主体的服务业进一步发展提供良好机遇和广阔空间,将巩固香港国际金融中心、离岸服务业枢纽的功能和地位。同时,这些服务业进入内地,不仅会为内地20多万家港、澳资企业提供更好的服务,也会提高和带动内地相关服务行业的发展水平,促进内地的经济发展。

从贸易投资便利化角度看,内地与港、澳通过CEPA,在7个领域形成了制度性的合作,明确了金融和旅游领域的合作内容,鼓励和推动专业人员资格的相互承认,这些措施将促进相互间的贸易投资便利化,保障内地与港、澳产业合作。

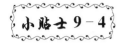

CEPA

《内地与香港关于建立更紧密经贸关系的安排》(Closer Economic Partnership Arrangement)于 2004 年 1 月 1 日零时正式实施。内地将对原产香港进口金额较大的 273 个税目的产品实行零关税,特别是服务产品将更多进入内地市场。

内地于 2006 年 1 月 1 日前对以上 273 种以外原产香港的进口货物实行零关税,但须事先由特区政府核定产品确实在港生产,并由双方核定产品清单和确定原产地标准。

"香港制造"标准问题

香港认为,产品有 25% 的工序在港进行,即可当作"香港产品",但内地认为至少应有 45% 的工序,才算香港制造。由于香港是自由港,零关税,如果按照 25% 的比例界定,那么很多外国产品就会利用香港地区进入中国内地,只要在香港地区进行一定的加工就可以了。因此有专家认为,内地坚持 45% 的比例,是出于对内地企业的保护。

可见"香港的公司"和"香港制造的产品"成为问题的焦点。因为只有"香港公司"才能享受 CEPA 所带来的优惠政策,只有"香港制造"的产品才能享受 CEPA 所给予的零关税。

如何确定

"香港公司"的认定标准是,公司必须在香港注册;在香港从事 3—5 年的实质性商业经营;聘用香港员工所占的比例在 50% 以上;租用香港场地;向特区政府纳税等。

而关于 25% 和 45% 的争论最后采用了一个折中的指标:30%。如果某个产品在香港加工,它的附加成本占到了总成本的 30%,就可以认为是"香港制造"的。这比 WTO 成员之间的规定要低得多。

普遍适用的原产地判定有两大原则,即产品从一地区"完全获得"或产品在一地区经过"实质性加工"。

资料来源 http://www..people.ccm.cm/GB/jinji/1037/1942584.html

(二)《中国与新西兰政府自由贸易协定》简介

1. 概述

2008 年 4 月 7 日,《中华人民共和国政府与新西兰政府自由贸易协定》(以下简称《中新协定》)在两国总理的见证下正式签署。这是中国与发达国家签署的第一个自由贸易协定,也是中国与其他国家签署的第一个涵盖货物贸易、服务贸易、投资等多个领域的自由贸易协定,目前,中新双方均已完成各自国内法律程序,《中新协定》已于 2008 年 10 月 1 日开始生效。

中新两国虽然相距遥远,但经贸联系十分紧密。特别是近年来,在双方的共同努力下,两国关系稳步发展,经贸合作日益加强。2007 年中新双边贸易额达 37 亿美元,同比增长

26％，比 2003 年的 18.3 亿美元翻了一番。中国已成为新西兰第三大贸易伙伴，第四大出口市场和第二大进口来源地。截至 2007 年底，中国共批准新西兰在华投资项目 1 301 个，实际投入金额 7.5 亿美元；中国在新直接投资总额达 4 106 万美元，涉及资源、运输、保险、贸易和房地产开发、通信等多个领域。与此同时，中国还是新西兰成长最快的旅游市场和最大的海外留学生来源地，2007 年，中国公民赴新旅游达 6.83 万人次，同比增加 16.5％，中国在新留学人员超过 4 万人。

特别值得一提的是，在发展对华关系方面，新西兰创下了四个令人骄傲的"第一"。它是第一个同中国就中国加入世贸组织达成双边协议的发达国家，第一个正式承认中国完全市场经济地位的国家，第一个与中国启动自由贸易协定谈判的发达国家，第一个与中国达成自由贸易协定的发达国家。

通过缔结自由贸易协定，中新两国将进一步相互降低产品关税、放宽服务贸易市场准入条件、便利两国间的人员流动、保护并促进双向投资、加强两国在海关、检验检疫、知识产权等方面的合作。《中新协定》的签署无疑会成为两国关系发展历程中的一座里程碑，将进一步密切中新经贸合作、深化两国 21 世纪互利共赢的全面合作关系。

对中国而言，《中新协定》的签署是中国实施自由贸易区战略进程中迈出的重要一步。它是中国与发达国家签署的第一个自由贸易协定，也是中国与其他国家签署的第一个全面涉及货物贸易、服务贸易、投资等诸多领域的自由贸易协定。特别是在改革开放 30 周年这样一个特殊的时刻，《中新协定》的签署充分体现了中国在新时期、新起点上，进一步扩大开放的信心与决心。

2. 主要内容

《中新协定》共 214 条，分为 18 章，即：初始条款、总定义、货物贸易、原产地规则及操作程序、海关程序与合作、贸易救济、卫生与植物卫生措施、技术性贸易壁垒、服务贸易、自然人移动、投资、知识产权、透明度、合作、管理与机制条款、争端解决、例外、最后条款。在货物贸易方面，新西兰将在 2016 年 1 月 1 日前取消全部自华进口产品关税，其中 63.6％的产品从《中新协定》生效时起即实现零关税；中国将在 2019 年 1 月 1 日前取消绝大部分自新进口产品关税，其中 24.3％的产品从《中新协定》生效时起即实现零关税。

在服务贸易方面，新西兰在商务、建筑、教育、环境等 4 大部门的 16 个分部门做出了高于 WTO 的承诺；中国在商务、环境、体育娱乐、运输等 4 大部门的 15 个分部门做出了高于 WTO 的承诺。双方还将在环境、建筑、农林、工程、整体工程、计算机、旅游等 7 个领域相互给予最惠国待遇，以保障对方的服务和服务提供者享受到不低于第三国同类服务和服务提供者所享受的待遇。

在人员流动方面，双方承诺将进一步便利两国人员往来，新西兰将为中医、中餐厨师、中文教师、武术教练、中文导游等 5 类职业提供 800 个工作许可，并承认中方学历及相关执业经历；将确保车工、焊工、电工、管道工、计算机应用工程师、审计师等 20 类职业的中方人员得到至少 1 000 个工作许可。同时，根据中新两国达成的《假期工作机制安排》，新西兰每年将为 1 000 名 18 至 30 岁的中国青年提供为期 1 年的赴新勤工俭学的机会。

在投资方面，中新两国将在投资管理、经营等方面给予对方不低于其本国投资享受的待遇，并确保对方享受的待遇不低于相同条件下任何第三国得到的待遇。同时，《中新协定》还就投资保护、投资者与国家间争端解决的程序与规则等问题做出了详细的、明确的规定,为解决与投资相关的争端建立了有效的机制。

此外,《中新协定》还针对中新双方在海关、检验检疫、知识产权等领域的合作做出了制度性规定。

3.《中新协定》的影响

中新两国商签《中新协定》的根本目的就是要促进两国经济发展,使两国人民从中受益。《中新协定》实施后,两国间的货物贸易关税将逐步降低,服务贸易市场将进一步开放,投资环境将更加规范、透明。《中新协定》的实施,将有利于两国进一步发挥各自产业优势,深化产业分工,有助于双方全面推进农牧业、林业、家电、服装等货物贸易领域的合作,并促进教育、旅游、环境、咨询等服务贸易的发展。《中新协定》为双方经贸合作提供了制度性保障,营造了更加开放和稳定的商业运行环境。双方企业和产品可按照《中新协定》提供的优惠条件进入对方市场,有利于拓展合作空间,提高竞争力,实现互利共赢。同时,两国消费者也可以更低廉的价格享受到优质的产品和服务。

(三)《中国—秘鲁自由贸易协定》简介

2009 年 4 月 28 日,在习近平副主席和秘鲁副总统路易斯·詹彼德里·罗哈斯的共同见证下,《中国—秘鲁自由贸易协定》(以下简称《中秘协定》)在北京签署。《中秘协定》涵盖领域广,开放水平高,是我国与拉美国家签署的第一个一揽子自贸协定。经双方友好协商并书面确认,《中秘协定》于 2010 年 3 月 1 日起实施,成为我国达成并实施的第 8 个自贸协定(含内地与港澳 CEPA)。

1.《中秘协定》主要特点

(1)谈判时间短。从 2007 年 11 月至 2008 年 11 月,《中秘协定》谈判从启动到结束仅用了 1 年时间。2008 年 11 月 19 日,胡锦涛主席在对秘鲁进行国事访问期间,与加西亚总统共同宣布《中秘协定》谈判成功结束。在一年时间里,双方代表团进行了八轮密集的谈判和一次工作组会议,两国谈判人员为如期达成《中秘协定》付出了艰苦努力。

(2)内容涵盖全面。《中秘协定》涵盖货物贸易、服务贸易、投资、原产地规则、海关程序、技术性贸易壁垒、卫生和植物卫生措施、争端解决、贸易救济、机构问题、知识产权、地理标识、合作等内容,是我国与拉美国家达成的第一个一揽子自由贸易协定。

(3)体现互利双赢。《中秘协定》既照顾了我国对自由贸易协定的高标准要求,也照顾了秘方的各项关注;既保护了双方的敏感产品和产业,也为各自具有优势的产品和产业进入对方市场创造了良好条件。

2. 关于货物贸易

在货物贸易方面,中秘双方对各自 90%以上的产品分阶段实施零关税。中秘两国的全部货物产品将分为五类实施关税减让。第一类产品在《中秘协定》实施后当年实施零关税,分别约占中、秘税目总数的 61.19%和 62.71%。第二类产品在《中秘协定》生效 5 年内逐步降为零,分别约占中、秘税目总数的 11.70%和 12.94%。第三类产品在《中秘协定》生效 10 年内关税逐步降为零,分别约占中、秘税目总数的 20.68%和 14.35%。第四类产品为例外产品,不作关税减让,分别约占中、秘税目总数的 5.44%和 8.05%。第五类产品将分别通过 2008 年、2012 年、2015 年、2016 年、2017 年关税逐步降为零,分别约占中、秘税目总数的

0.99%和1.95%。《中秘协定》实施后,中方的轻工、电子、家电、机械、汽车、化工、蔬菜、水果等产品和秘方的鱼粉、矿产品、水果、鱼类等产品将从中获益。

3. 关于服务贸易

在服务贸易方面,在各自对WTO承诺的基础上,秘方将在采矿、研发、中文教育、中医、武术等方面进一步对中方开放,中方则在采矿、咨询、翻译、体育、旅游等方面对秘方进一步开放。同时,为进一步便利两国人员来往,《中秘协定》为商务人员临时入境建立了透明的标准和简化的程序。

4. 关于投资合作

在投资方面,中秘双方相互给予对方投资者及其投资以准入后国民待遇、最惠国待遇和公平公正待遇;鼓励双边投资并为其提供便利;规定除非为公共利益并经法定程序不得进行征收,一旦征收应当按照公平市场价值给予投资者补偿;保证投资和收益的自由汇出;建立了以投资者——东道国仲裁为特色的投资争端解决机制。

5. 关于原产地规则、海关程序和贸易便利化等

在原产地规则方面,《中秘协定》制定了以税则归类改变标准为主、区域价值含量标准为辅的货物原产地判定标准,并就原产地证书、享受优惠关税货物通关要求、原产地核查和原产地委员会职能等作了规定。

在贸易便利化、海关合作、风险管理与货物放行等方面,《中秘协定》进一步简化和协调双方海关程序,确保两国海关及行政程序实施一致与透明,确保货物和运输工具高效快捷地运转与通关,便利双边贸易,并促进双方海关的其他合作。

6. 关于技术性贸易壁垒、卫生和植物卫生措施

《中秘协定》重申双方在WTO框架下的有关权利和义务,一方制定和实施的技术法规、标准、合格评定程序、卫生和植物卫生措施不得对双边贸易造成不必要的障碍。另外,双方将加强技术法规、标准、合格评定程序、计量、风险评估、病虫害非疫区和低流行区的认可、透明度等方面的合作和交流。建立相关合作机制,推动双方产品的市场准入,并高效解决双边贸易中产生的相关问题。

7. 关于知识产权及地理标志保护

中国和秘鲁都是具有悠久历史和民间传统的国家。《中秘协定》中,双方同意在各自法律法规框架内,开展与知识产权有关的交流与合作,采取适当措施保护遗传资源、传统知识和民间传统。

在地理标志方面,秘鲁将对我22种产品提供地理标志保护,分别是安溪铁观音、绍兴酒、涪陵榨菜、宁夏枸杞、景德镇瓷器、镇江香醋、普洱茶、西湖龙井茶、金华火腿、山西老陈醋、宣威火腿、龙泉青瓷、宜兴紫砂、库尔勒香梨、岷县当归、文山三七、五常大米、通江银耳、巴马香猪、泰和乌鸡、福鼎四季柚、南京云锦。我国将对秘鲁的皮斯科酒、楚鲁卡纳斯陶瓷、库斯科大粒白玉米和伊卡帕拉菜豆等4种产品提供地理标志保护。

二、自由贸易协定给我国企业带来的商机

在货物贸易领域,在符合原产地要求的前提下,我国和自贸伙伴国的绝大部分产品,将相互实行零关税(自贸协定的关税减让有三种类型:零关税产品、优惠关税产品和例外产

品）。这样，作为进口方的我国企业，将有机会从自贸伙伴国找到廉价物美的货源；作为出口方的我国企业，将有机会把产品打入自贸伙伴国市场或扩大市场份额。

在服务贸易领域，我国和自贸伙伴在各自承诺的众多服务部门，相互向对方服务提供者进一步开放服务市场，提供优惠待遇和条件。作为进口方的我国服务企业，将有机会更好地吸引自贸伙伴国的资金、人员、技术和服务；作为出口方的我国服务企业，可以更好地面向自贸伙伴"走出去"，开拓当地服务市场。

此外，在自贸协定中，我国和自贸伙伴将在贸易投资便利化、投资保护、人员流动、知识产权、政策透明度等方面加强交流和合作，从而为双方企业和人员进行贸易投资、增进合作交往创造更好的条件。

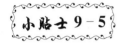

如何申领优惠原产地证书

1. 享受自贸协定优惠关税流程

自贸协定带给我国出口企业最大的好处，就是可以享受自贸协定优惠关税。我国和自贸伙伴将相互提供优惠关税，部分产品从协定生效之日起给予零关税，更多的产品从协定生效之日起逐步削减关税。享受自贸协定优惠关税流程包括以下六个步骤：

（1）掌握自贸协定降税进程。

（2）确定出口产品的关税分类，即 HS 编码。

（3）根据 HS 编码，检查是否属于进口国关税减让清单范围内的产品，并评估优惠幅度。

（4）检查是否符合原产地规则要求。

（5）准备证明文件，到检验检疫机构办理优惠原产地证书。

（6）进口时向海关提交优惠原产地证书，申报享受优惠关税。

为使我国出口至自贸伙伴的产品享受优惠关税待遇，国家质检总局设立的各地出入境检验检疫机构负责签发各类原产地证书。办理原产地证书的流程基本包括企业注册/备案和原产地证书申领。流程如下：

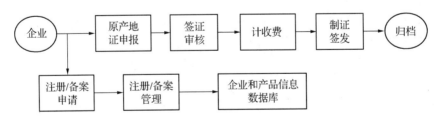

2. 原产地证书种类

（1）优惠原产地证书：A. 互惠原产地证书；B. 单惠原产地证书。

（2）非优惠原产地证书：A. 一般原产地证（简称 CO）；B. 加工装配证；C. 转口证书等

3. 原产地知识查阅

（1）书籍：《原产地专业教材》国家质检总局编

《自由贸易区原产地知识手册》国家质检总局编

（2）国家质检总局网站：http://tgyws. aqsiq. gov. cn/zwgk/ztxx/ycdywgl

 **本章小结**

通常从一国的角度，对外贸易关系分为双边贸易关系、区域贸易关系和多边贸易关系。

世贸组织是根据关税与贸易总协定乌拉圭回合多边贸易谈判达成的《马拉喀什建立世界贸易组织协定》于 1995 年 1 月 1 日建立的，并按照乌拉圭回合多边谈判达成的最后文件所形成的一整套协定和协议的条款作为国际法律规则，对各成员之间经济贸易关系的权利和义务进行监督、管理和履行的国际经济组织。加入 WTO 对中国而言，迎来了发展的机遇；对 WTO 而言，则注入了新鲜的血液，带来了新的活力。

联合国贸易与发展会议是联合国大会负责审议和处理国际贸易及有关经济发展问题的一个直属机构，简称贸发会议。它是由发展中国家倡议并根据第 19 届联大决议设立，秘书处设在日内瓦。贸发会议和中国政府一直保持着良好的合作关系，贸发会议为我国的改革开放和经济建设提供了很多帮助。中国也一贯支持贸发会议，积极参与其各项活动，在该组织有着重要的影响。

国际货币基金组织是政府间的国际金融组织，它是根据 1994 年 7 月在美国新罕布什尔州布雷顿森林召开的联合国和联盟国家国际货币金融会议上通过的《国际货币基金协定》而建立起来的。自恢复在基金组织的合法席位以来，中国与国际货币基金组织在平等互利的基础上开展了深入而富有成效的合作。

中欧经贸往来历史悠久。欧盟于 2004 年成为中国最大的贸易伙伴和出口市场，也是最大的技术引进来源地和第四大实际投资方；而中国也自 2003 年成为欧盟的第二大贸易伙伴。

东盟国家是我国的友好邻邦。近年来，我国与东盟各国的友好关系进一步发展，在政治、经济、贸易、科技、文化等各个领域的双边合作发展迅速，我国与东盟的关系也取得了新的进展。中国—东盟自由贸易区将是世界上人口最多的自由贸易区，也是迄今发展中国家组成的最大的自由贸易区。

参加 APEC 合作，是中国进一步深化改革开放的需要，是中国加速社会主义建设的需要。中国参加 APEC 不是一时的权宜之计，而是长期的战略选择。中国作为 APEC 最大的发展中成员及最具有经济潜力和活力的成员，对 APEC 的进程起着有益的推动作用和建设性作用。

中国是世界最大的发展中国家，美国是世界最大的发达国家，发展中美经贸关系不仅对中美两国经济的发展具有重要的作用，而且也是世界和平与稳定的重要因素。目前，中国是美国第二大贸易伙伴、第三大出口市场、第二大进口来源地和第一大国债持有国；美国是中国第一大贸易伙伴国、第一大出口市场、第六大进口来源地、第二大直接投资国和第三大技术进口来源地。

中日是全球第三和第二经济大国，更是东亚第二和第一经济大国，还是全球第一和第二大外汇储备国,两国拥有的外汇储备占全球外汇储备总额的约 1/2。中日经贸关系的突出特征,即经贸关系同两国交往关系始终呈互动型演进关系,两国经贸关系同两国交往关系是交织变迁的并进格局。

中国在积极参与多边自由贸易谈判的同时,也越发重视双边自由贸易协定的作用。目前,我国与周边国家和地区经济合作正全面展开,发展迅速。自由贸易协定给我国企业带来了巨大商机。

 复习思考题

1. 世界贸易组织的宗旨和目标是什么? 它有哪些职能?

2. 世界贸易组织成员有哪些权利和义务?

3. 中国加入世贸组织的法律文件有哪些? 中国在世贸组织中起到什么作用?

4. 联合国贸发会议的宗旨和目标是什么? 它的组织机构有什么特点? 中国与联合国贸发会议的关系有何特点?

5. 国际货币基金组织的宗旨和目标是什么? 它的组织机构有什么特点? 中国与国际货币基金组织的合作主要表现在哪些方面?

6. 结合当前实际,讨论中欧贸易关系的前景。

7. 结合当前实际,讨论东盟与中国"10＋1"自由贸易区建设的前景。

8. 中国加入 APEC 的重要性表现在哪些方面? 中国在 APEC 中起到什么作用?

9. 结合当前实际,讨论中美贸易关系的前景。

10. 结合当前实际,讨论中日贸易关系的前景。

11. 结合当前实际,讨论中国为什么要加快自贸区建设? 自贸区对中国企业有什么作用?

微信扫码查看

参考文献

[1] 黄汉民,钱学锋. 中国对外贸易[M]. 武汉:武汉大学出版社,2010.

[2] 徐复. 中国对外贸易[M]. 北京:清华大学出版社,2011.

[3] 翟士军,中国对外贸易概论 [M]. 北京:北京大学出版社,2014.

[4] 杨清震. 中国对外贸易概论[M]. 2 版. 北京:清华大学出版社,2013.

[5] 赵家章. 中国对外贸易概论[M]. 北京:首都经济贸易大学出版社,2013.

[6] 佟家栋,刘程. 中国对外贸易导论[M]. 2 版. 北京:高等教育出版社,2011.

[7] 阎志军. 中国对外贸易概论[M]. 2 版. 北京:经济科学出版社,2011.

[8] 刘辉群,王荣艳. 中国对外贸易概论[M]. 厦门:厦门大学出版社,2010.

[9] 王绍媛,李艳丽. 中国对外贸易[M]. 大连:东北财经大学出版社,2010.

[10] 赵志恒. 中国对外贸易[M]. 北京:中国人民大学出版社,2010.

[11] 黄晓玲. 中国对外贸易[M]. 北京:中国人民大学出版社,2009.

[12] 曲如晓. 中国对外贸易概论[M]. 3 版. 北京:机械工业出版社,2012.

[13] 中华人民共和国国务院新闻办公室,中国的对外贸易[M]. 北京:人民出版社,2011.

[14] 王珏. 中国对外贸易[M]. 北京:企业管理出版社,2006.

[15] 邹忠全. 中国对外贸易概论[M]. 大连:东北财经大学出版社,2009.

[16] 斐长洪,高培勇. 出口退税与中国对外贸易[M]. 北京:社会科学文献出版社,2008.

[17] 黄晓玲. 中国对外贸易概论[M]. 北京:清华大学出版社,2009.

[18] 苏科五. 中国对外贸易概论[M]. 上海:上海财经大学出版社有限公司,2008.

[19] 黄建忠. 中国对外贸易概论[M]. 2 版. 北京:高等教育出版社,2007.

[20] 王学,陈有真. 中国对外贸易概论[M]. 成都:西南交通大学出版社,2005.

[21] 谢国娥. 中国对外贸易概论新编[M]. 上海:华东理工大学出版社,2007.

[22] 孙玉琴. 中国对外贸易史教程[M]. 北京:对外经济贸易大学出版社,2005.

[23] 丁溪. 中国对外贸易[M]. 北京:中国商务出版社,2006.

[24] 李左东. 中国对外贸易教程[M]. 北京:北京大学出版社,2003.

[25] 邹忠全. 中国对外贸易概论[M]. 大连:东北财经大学出版社,2006.

[26] 徐复. 中国对外贸易概论[M]. 3 版. 天津:南开大学出版社,2012.

[27] 杨逢珉. 中国对外贸易概论[M]. 北京:中国商务出版社,2006.

[28] 李诗,李计广. 中国对外经济贸易概论[M]. 北京:北京师范大学出版社,2008.

[29] 廖庆薪,廖力平. 现代中国对外贸易概论[M]. 2 版. 中山:中山大学出版社,2003.

[30] 张建平,师求恩. 中国对外贸易概论[M]. 北京:机械工业出版社,2008.